novum pro

John Roomann

Gefangen
im südamerikanischen
Urwald

novum pro

Dieses Buch ist auch als **e-book** erhältlich.

www.novumverlag.com

Bibliografische Information der Deutschen Nationalbibliothek:

Die Deutsche Nationalbibliothek verzeichnet diese Publikation in der Deutschen Nationalbibliografie. Detaillierte bibliografische Daten sind im Internet über http://www.d-nb.de abrufbar.

Alle Rechte der Verbreitung, auch durch Film, Funk und Fernsehen, fotomechanische Wiedergabe, Tonträger, elektronische Datenträger und auszugsweisen Nachdruck, sind vorbehalten.

© 2019 novum Verlag

ISBN 978-3-99064-618-2
Lektorat: Bianca Brenner
Umschlagfotos: Olga Khoroshunova, Valentyna Chukhlyebova, Shchipkova Elena, Bblood, Osons163 | Dreamstime.com
Umschlaggestaltung, Layout & Satz: novum Verlag

Gedruckt in der Europäischen Union auf umweltfreundlichem, chlor- und säurefrei gebleichtem Papier.

www.novumverlag.com

Inhaltsverzeichnis

Vorwort – August 2000: In der Hitze des Sommers 7

Kapitel 1 – Brutales Erwachen im Urwald 10

Kapitel 2 – Die Flucht durch die Hölle geht weiter 56

Kapitel 3 – Auf zum neuen Uferversteck 112

Kapitel 4 – Unbekannte Indios müssen Frank retten 149

Kapitel 5 – Das Rätsel scheint gelöst zu sein 190

Kapitel 6 – Frank und das Indio-Mädchen Yamuna 217

Kapitel 7 – Diamantenrausch beim Wasserfall 259

Kapitel 8 – Gelingt die finale Flucht ins Glück? 308

Kapitel 9 – Frank kämpft alleine um seine Zukunft 351

Vorwort

August 2000: In der Hitze des Sommers

Alles begann mit einer sehr schwierigen Jugendzeit, wie das leider nur zu oft vorkommt. Und auch wenn der Roman frei erfunden ist – oder doch nicht? –, passt zumindest der Beginn der Geschichte absolut in die Realität einer jungen „Lebenspflanze". Unweigerlich stellt sich bei solchen Fällen die Frage, warum man Kinder in die Welt setzt, wenn man diesen kein kindgerechtes, anständiges und gutes Leben bieten kann. Mit „gut" ist nicht per se „luxuriös" gemeint, sondern viel mehr „würdig", ein Leben also mit Liebe von beiden Elternteilen und in geordneten Bahnen. Doch es gibt unsägliche Gegebenheiten, welche die besten Absichten zunichtemachen. Diese haben fünf Buchstaben: KRIEG. Nie lässt sich dieses verdammte Wort beziehungsweise dieser Zustand von der Erde entfernen. Nie, einfach nie, und so musste auch das Kind Frank als eines von vielen leiden. Nie bekam Frank eine faire Chance. Die Wirren des Zweiten Weltkriegs und das dadurch bei vielen Familien um sich greifende Elend, oft gekoppelt mit Armut, machten Frank vielleicht zu dem, was seinen abenteuerlichen und „gefängnisreichen" Lebenslauf ausmachte. Sein hypothetisches Tagebuch beginnt eigentlich noch recht harmonisch, wird aber Jahr für Jahr unruhiger. Aber waren tatsächlich nur der Krieg, die Abwesenheit seines Vaters, der an der russischen Front war, und dadurch die fehlende Erfüllung der Aufsichtspflicht durch seine Mutter dafür verantwortlich? Oder liegt es nicht einfach nur daran, dass man die Kinder und Jugendlichen lange Zeit einfach nicht ernst nimmt, sich nicht um ihre Bedürfnisse kümmert, sich nicht nach ihren Stärken und Schwächen richtet, ihre Ziele und Wünsche schlichtweg nicht respektiert? Bei Frank war es mit hoher Wahrscheinlichkeit Letzteres. Er hat sich schließlich immer wieder aufgerafft und war kein schlechter Junge ... bis zu einem gewissen Zeitpunkt. Was war geschehen? Er hegte den großen Wunsch, eine Steinmetz-Lehre zu absolvieren, doch dieser wurde grundlos, respektlos und sinnloserweise ausgeschlagen. Frank war mit Leib und Seele dafür gewesen, nicht zuletzt deshalb, weil sich schon in der Schule eindeutig seine zeichnerischen und gestalterischen Fähigkeiten herauskristallisiert hatten. Sogar der Frank persönlich bekannte Steinmetz wollte ihn unbedingt zu sich in die Ausbildung nehmen, weshalb der Entscheid noch unverständlicher war. Nichts da, die neunmalklugen Behörden waren partout dagegen, weiß der Teufel weshalb, es findet sich keine plausible Begründung. Ab diesem Moment war es irgendwie um Frank geschehen. Er verlor wohl das Vertrauen in die Welt, die Zeit, die Menschen. Nach und nach lief alles aus dem Ruder – wem oder was sollte er noch vertrauen! „Also scheiß drauf, dann gehe ich als letzte Option weg von hier, einfach nur weg, auf und davon, in die große, weite Welt." Doch diese Welt konnte ihn auch nicht retten, allein es fehlten auch diesmal die richtigen, ehrlichen Bezugspersonen, jemand, der ihm half, ihm vertraute, ihn in seinem Tun unterstützte. Es kam, wie es kommen musste, es folgte Desaster auf Desaster, mal kleiner, mal größer und mal „faster".

Nach einem kleinen Zwischenhoch setzte er alle Hoffnung auf das runde Jahr 2000 und den geplanten Neuanfang in Südamerika. Leider folgte in dieser „Hitze des Sommers" das größte Unheil, sein Tod schien vorprogrammiert. Er geriet, teils selbstverschuldet, in die Fänge einer gefährlichen und unberechenbaren Bande. Hätte ihn die offizielle Polizei verhaftet – ein Diamantenhändler war durch Franks Hand zu Tode gekommen –, wäre er lediglich in einem Gefängnistrakt verwahrt worden, wenngleich für Mord wohl sehr lange. Aufgrund seiner Verhaftung durch irgendeine Pseudo-Polizei oder eine andere Art von Uniformierten – er wusste selbst nicht, wer diese Männer waren – gelangte er zwar ebenfalls ins „Gefängnis", allerdings in ein „natürliches", nämlich den südamerikanischen Dschungel. Nie hätte er gedacht, dass es ihm mal derart beschissen gehen könnte, noch schlimmer als je in seinem bisherigen Dasein. Nie hätte er sich vorstellen können, fast täglich in irgendeiner Form mit dem Tod konfrontiert zu sein. Frank liebte es zwar, wenn es warm und heiß war, er war schließlich früh zum Abenteurer mutiert, aber die bevorstehende Hitze des Sommers 2000 im tropischen Urwald des südamerikanischen Kontinents sprengte im Nachhinein seine ganze Vorstellungskraft. Konnten ihm seine Komplizen und Freunde Jean-Claude aus Frankreich sowie Enrique aus Brasilien durch die Gefahren helfen, ihm vielleicht die nötige „Abkühlung" verschaffen? Oder war Yamuna, die Indiofrau, seine Rettung?

Kapitel 1

Brutales Erwachen im Urwald

In einem kleinen, gottverlassenen Ort am Rio Ventuari, der zum Wasserlieferanten des großen Stroms Orinoco gehört, am sogenannten Ende der Welt, liegt das unmenschlichste, verteufeltste Gefangenenlager, welches die in ihrer Grube bis zum Skelett abgemagerte Gestalt in ihrem Leben kennengelernt hatte. Und dieses Leben war ohnehin selten ein Zuckerschlecken gewesen, da oft die Unterstützung von Eltern oder sonstigen Mitmenschen gefehlt hatte. Dieses Lager in den Tiefen des venezolanischen Urwalds übertrifft jedoch alles negativ Erdenkliche. Das Befinden der knöchrigen Gestalt war katastrophal und es schien aussichtslos, dass sie sich aus eigener Kraft befreien konnte. Alle Fluchtgedanken und dahingehenden Hoffnungen hatte sie längst begraben. Eine von Furunkeln verunstaltete Haut hielt Franks Knochen noch knapp zusammen. Er hockte auf dem erdigen Boden eines quadratischen, tiefen Erdlochs. Seine Finger spielten mit einer Handvoll Diamanten, welche sich in einem Beutel neben ihm befanden. Doch seine Augen starrten gierig auf das fette Ende eines Regenwurms, der versuchte, im Wurzellabyrinth der glitschigen Wände zu verschwinden. Franks freie Hand schoss blitzschnell vor, zumindest so schnell es ihm noch möglich war. Mit Daumen und Zeigefinger erwischte er den „Flüchtigen". Er musste jedoch behutsam vorgehen und durfte nicht zu kräftig am Wurmende ziehen, wollte er das Tier nicht irgendwo in seiner Länge durchreißen. So dauerte es eine Ewigkeit, bis das sich kringelnde Tier zum Vorschein kam und sich in seiner gesamten Länge Franks Augen präsentierte. Frank ließ die Diamanten aus seinen Fingern gleiten. Schnell war die Erde aus dem Leib des Wurmes gequetscht und der nun schlaff in seiner Hand liegende „Schlauch" verspeist. Er schmeckte nach modrigem Wasser und manch Einen oder Eine graust es ob der Vorstellung der Verköstigung, zumal auch wieder einmal das Salz fehlte. „Genau wie damals", dachte Frank. Aber sein Verstand dachte auch daran, dass es wichtige Proteine waren, Aufbaustoffe, die sein ausgemergelter Körper dringend benötigte, um überhaupt noch bei Besinnung zu bleiben. Was blieb ihm auch anderes übrig bei diesen widrigen, menschenverachtenden Umständen.

Wenn Frank in die Höhe blickte, war es ihm aus der Tiefe seines Erdlochs vergönnt, einen geringen Teil des Himmels zu betrachten. Leider wurde das ohnehin Wenige, das er zu sehen bekam, durch ein Eisengitter verzerrt. Unten am Boden, auf zwei Seiten der Lehmwände, steckten enge Betonröhren, die der Notdurft dienten und durch die das tägliche Regenwasser abfließen konnte. In den Morgenstunden, in der Zeit, in welcher der stromerzeugende Dieselmotor abgestellt wurde und der Dschungel schlief, versuchte er sich durch eine der Röhren mit den anderen Gefangenen zu unterhalten. Das war aber ein zweckloses Unterfangen, denn sie hockten in ihren Löchern meterweit voneinander entfernt, wie er bereits bei seiner Ankunft anhand der einzelnen, im Erdboden eingelassenen Gitter bemerkt hatte. Manchmal – bewahre, längst nicht alle Tage – wurden Küchenabfälle zu ihm hinuntergeworfen. Zu trinken gab es nichts als Wasser, welches der Herrgott jeden Nachmittag fast pünktlich gegen vier Uhr vom Himmel entsandte. Doch nebst dem frischen Regenwasser pinkelten die gemeinen Bewacher zu ihrer Belustigung nur zu gerne von oben durch das Gitter auf die Gefangenen herab. Meist handelte es sich bei diesen Leuten um auf Rache sinnende Mestizen. Doch Rache auf was? Schließlich hockte er ja fast unschuldig in diesem Loch. Und als wäre dies immer noch nicht genug gewesen, hatte einer dieser verhassten Folterknechte vor einigen Tagen die ganze Notdurft über das Gitter in den Schacht hinunter verrichtet. Aber Frank hatte sich dessen Gesicht gemerkt.

In seiner Gruft konnte Frank keine normale Schlafstellung einnehmen, denn das elende Loch maß nur knapp einen Meter im Quadrat. So war es nicht verwunderlich, dass ihn jeweils sämtliche Glieder schmerzten. Vom frühen Abend bis in den Morgen hinein stand er oft bis zur Brust in dem von Exkrementen verunreinigten Regenwasser. Die Betonröhren waren letztlich viel zu eng, um die „Jauche" sofort abfließen zu lassen. Ekelerregend war vor allem auch, dass aus einer der Röhren die Ausscheidungen mehrerer benachbarter Gefangener, von denen einer sein Freund Enrique war, zu ihm ins Loch drangen, wo sie sich bis gegen Ende des Regens ansammelten. Gott sei Dank hörte dieser Zustand für gewöhnlich kurz vor Mitternacht auf, sodass Frank sich, sobald die Brühe abgeflossen war, wenigstens auf den etwas schmierigen Boden hocken konnte. Vom letzten, immer noch leicht verunreinigten Wasser löschte er seinen restlichen Durst.

Momentan machten ihm einige dicke Würmer, von den Einheimischen „Verme" genannt, arg zu schaffen. Diese steckten nämlich tief in seinem Rücken, wo er effektiv nicht hinlangen konnte. Diese „Verme" krochen aus den Eiern einer speziellen, großen Fliege, der „Verejeira". Franks Augen lagen fiebrig und gelblich verfärbt in ihren Höhlen. Eine hässliche Bartflechte bedeckte sein Kinn und seine Kleidung bestand nur noch aus Fetzen. Die ganze Gestalt schien zerfallen, zerknittert wie eine überreife Maracuja-Frucht, und es fühlte sich an, als wäre er über hundert Jahre alt gewesen. Frank hatte Hunger, er träumte von der fetten Ratte, die vor längerer Zeit des Nachts in die Grube gefallen war und die sich aus Furcht vor dem Ersaufen auf seine Schulter gerettet hatte. Leider hatte die Ratte nicht mit der Hungersnot des menschlichen Grubenbewohners gerechnet.

Fluchende Stimmen waren zu vernehmen. Frank richtete sich auf. Undeutlich bekam er mit, wie eines der benachbarten Gitter entfernt wurde. Leider entging es ihm ebenfalls nicht, dass erneut, wie so oft, ein Leichnam aus der Grube gezogen wurde. Kein Wunder bei diesen Zuständen. Schmieriges Gelächter folgte, dann der Anblick der hässlichen Fratze des Schergen, der sich erneut über seinem Gitter „entleert" hatte. Frank hoffte im Stillen darauf, dass sich irgendwann eine Gelegenheit ergeben würde, sich bei diesem Schwein zu „bedanken", sollte er diese Qualen tatsächlich überleben. Wie viele Wochen verbrachte er bereits in dieser Grube, in welcher die Zeit stehenzubleiben schien und der Tag viel mehr als nur vierundzwanzig Stunden zählte? Wie lange würde er diese Hölle noch ertragen können? Er wusste, Mitleid gab es an diesem Ort nicht. Seine anfänglichen Proteste waren ignoriert, einfach überhört worden. Und so blieb jeweils nur das Fluchen, um eine minimale Erleichterung zu finden.

Warum musste er auch unbedingt in die Region des Departamento von Putumayo im Süden von Kolumbien fahren? Er war hierhergereist, um einen ehemaligen Knastkumpel aufzusuchen, einen ehemaligen Zellenkameraden, der etwas nördlicher in Tumaco, direkt am Meer gelegen, einen besonderen Ruf als Schmuggler hatte. Nein, er hätte gleich nach Bogota fliegen und von dort auf dem Landweg weiterfahren sollen, denn dann wäre ihm diese lebensbedrohliche Lage, in welcher er sich nunmehr befand, erspart geblieben. Mit einem Bus war er von Ibarra nach Mercaderes gekommen, wo er dann im Hotel den fetten Typen, der sich als Juwelenhändler ausgab, kennenlernte. Nach einem geselligen Abend mit Weibern und etlichen Schnäpsen nahm er dem Fetten dann in dessen Suff die Diamanten ab. Dies wäre kaum von Bedeutung gewesen, hätte der dicke Trottel nicht das Zeitliche gesegnet. So ohne Weiteres ließ der Mann sich die Steine natürlich nicht nehmen. Frank war nämlich nicht umhingekommen, der verstörten Qualle, die an sein Märchen, er sei ebenfalls aus der Branche, glaubte, wenn auch nicht im Diamanten- sondern im Goldhandel, den Hals umzudrehen. Die Hotelbediensteten fanden den leblosen Fettklumpen mit herausgequollenen Augen im pomadigen Gesicht neben der Badewanne seines Appartements auf dem Rücken liegend. Zum folgenschweren Nachteil für Frank erinnerte sich das Personal an ihn, den trinkfreudigen Herrn, der am „Unglückstag" ohne seine offene Rechnung zu begleichen das Hotel hinter sich gelassen und das Weite gesucht hatte. Zum Leidwesen des Hotels hatte er in keiner Weise daran gedacht, in dieses zurückzukehren.

Als ihn eine Militärstreife in Pitalito – einem Kaff, in das sich kaum einmal ein Tourist oder Fremder verirrt – für einen der dort tätigen „Guerrilheiros" hielt und festnahm, fand sie bei ihm natürlich die hübsche Diamanten-Kollektion. Von seiner fluchtartigen Abreise aus Mercaderes und dem tödlichen „Unfall" des Juwelenhändlers waren die Männer über Funk bestens informiert. Sie wussten also genau, wen sie vor sich hatten. Diese Barbaren interessierte die Meinung des ihnen völlig unbekannten Herrn aus dem Hotel des entfernten Mercaderes nicht im Geringsten und so stellten sie ohne irgendwelche Hemmungen die These auf, dass Frank nach dem geplanten Verkauf der geklauten Diamanten von dem Erlös eine Guerrilheirogruppe zu unterstützen beabsichtigte. Eine maßlose, erfundene Theorie, aber Frank war für diese schamlosen Militärköpfe ein willkommenes Fressen. Die Steine wurden selbstverständlich gerecht unter den Militärs aufgeteilt, er jedoch verschwand ohne großes Aufsehen in diese Hölle am Rio Ventuari, die sich, wie er nunmehr leider wusste, bereits auf venezolanischem Gebiet befand. Dies schien allerdings auch nicht von Bedeutung zu sein, denn man kannte sich länderübergreifend und arbeitete entsprechend eng zusammen.

Doch woher kam Frank eigentlich? Ursprünglich aus Deutschland, geboren mitten im zweiten Weltkrieg in einem Dorf an der Nordküste Deutschlands. Sein Vater war ein einfacher Marinesoldat gewesen. Die Familie lebte gemeinsam mit den Großeltern mütterlicherseits sowie mit einer Tante, ihrem Ehemann und den Eltern in bescheidenen Mietwohnungen einer heruntergekommenen Wohnsiedlung, welche von jedermann nur „das braune Haus" genannt wurde, da die Fassadenfarbe seit der Erbauung keinen Farbanstrich mehr erhalten hatte. Die Eltern des Vaters lebten weit entfernt in Ostpreußen. Es waren noch zwei ältere Schwestern da. Die Mutter musste sie alle drei und sich selbst ernähren. Damit dies überhaupt möglich war, ging sie täglich, wenn die Kinder noch schliefen, aus dem Haus, um mit der zwei Kilometer entfernten Straßenbahn in die Stadt zu einer Fischfabrik zu fahren. Dort hatte sie zum Glück Arbeit gefunden, um etwas Geld für die Haushaltskasse zu erhalten.

Abends kehrte sie müde und verbraucht zurück, doch sie freute sich stets auf die Rückkehr, vor allem, weil sie von den Kindern bei der Straßenbahnstation erwartet wurde. Sie hausten in der im Winter eiskalten Mietwohnung im Dachgeschoss mehr, als dass sie wohnten. Nicht dass die Kälte schon genug gewesen wäre, nein, oft regnete es durch undichte Stellen herein oder der Schnee lag zum Unmut der Kinder zentimeterhoch an den verschiedensten Stellen der Wohnung. Ein Teil der Siedlung und dieses Hauses war durch eine Tellermine bis auf die Grundmauern zerstört worden. Im zweistöckigen, bewohnbaren Teil waren alle Räumlichkeiten vom Keller bis hinauf zu ihrem „Quartier" mit Menschen vollgestopft. Man kann sich unschwer vorstellen, was hier vor sich ging und welche geschmacklichen Eindrücke hier gesammelt werden konnten. Aber man lebte beziehungsweise überlebte. Zum Hause gehörte auch ein Gartengrundstück – oh Wunder – mit etlichen Obstbäumen, worin die Familie ein wenig Gemüse anpflanzte. Und dann tummelten sich dort auch Hühner und ein paar Kaninchen.

Die Nachkriegswirren, andauernder Hunger und das sichtbare Elend rund um Frank herum drückten diesem eigentlich sehr sensiblen Jungen einen unverrückbaren Stempel auf. Um seinen stetigen Hunger zu stillen, zog er zum Beispiel, sobald er einen Trauerzug sichtete, hinter diesem bis zum Friedhof her. Einen solchen Trauerzug erkannte er am Pferdefuhrwerk mit seinen weißen Engeln, den schwarzen Tüchern, natürlich dem Sarg, dem Kutscher mit seinem hohen Zylinder sowie der traurig dahinschlurfenden Menschentraube. Er wusste längst, dass es nach dem offiziellen Akt auf dem Kirchhof zum „Totenhaus" ging, wo sich die Angehörigen des Verstorbenen die Bäuche vollschlugen. So war es schließlich auch in der Wohnung unter ihnen gewesen, als die gute Frau Joweder verstorben war und er sich hatte sattfuttern können. Selbstverständlich erhielt Frank, so schmutzig, wie er immer aussah – oft war er barfuß oder mit alten Gummistiefeln an den Füßen unterwegs –, seinen verdienten Anteil von dem „Totenschmaus". Schließlich war er zur Andacht mit auf dem Friedhof gewesen! Dort hatte er sodann die nächste „Futterquelle" entdeckt. Auf den verschiedensten

Gräbern fanden sich stets frische Blumen, was er sich ungesehen zunutze machte. Er nahm von jedem dieser Gräber mit ansehnlichen Blumen einige weg, entschuldigte sich bei den Toten und bat sie um Verständnis für sein Tun. Man spürt und erkennt allein an dieser Stelle, dass er im Herzen ein guter und sensibler Junge war. Die Blumen band er zu kleinen Bündeln zusammen, die er in ebenfalls „erbeutetes" Seidenpapier einwickelte. Dann spazierte er von Tür zu Tür, um diese kleinen und schönen Blumensträuße zu verkaufen. Das machte er übrigens auch mit Fischen, die er entweder auf dem Fischmarkt klaute oder sich von Arbeitern schenken ließ. Oft waren die Fische beinahe größer als er selbst.

Irgendwie war es naheliegend, dass die Schule für ihn keine Priorität hatte, obwohl er nicht oft schwänzte. Aber Frank blieb stets nur ein mittelmäßiger Schüler. Aber im Zeichnen übertraf er alle anderen Mitschüler um Längen. Doch er war einsam; von der Mutter hatte er höchstens an den Wochenenden etwas und der Vater steckte in russischer Gefangenschaft. Und so blieb er sich oft selbst überlassen. Ein ungeregeltes Leben war also fast schon vorprogrammiert. Der Vorort, in welchem er aufwuchs, war durch vorangegangene Bombenangriffe und spätere Demontage durch die Alliierten schwer in Mitleidenschaft gezogen worden. Es handelte sich um einen Vorort mit wichtigen Werften und Industrie für Kriegsgerät. Den jungen Frank und seine Gefährten zog es oft hinunter auf die Munitionsplätze der zerstörten Werften, wo sie Schrott sammelten und „Indianer" spielten. Zerstörte Häuser, die Ruinen mit ihren Bombentrichtern, sind für Kinder ideale Spielplätze, da man hier auf nichts Rücksicht nehmen muss. Und die Ursachen des Krieges können sie ohnehin noch nicht richtig einordnen. Auch für Frank waren diese Plätze Paradiese, zumindest solange, bis einer der dort versteckt liegenden Blindgänger explodierte, einen seiner Spielkameraden tötete und mehrere andere verletzte. Das war natürlich ein einschneidendes und schreckliches Erlebnis für ihn.

Nach seiner Schulentlassung wollte er nun nicht mehr Adolf Hitler werden, wie er es eigentlich vorgehabt hatte. Er kehrte seinen bisherigen Tummelplätzen den Rücken zu und es zog ihn hinaus in ländliche Regionen, hin zum alten Oberförster Landenberg vom großen Altenberger Wald, welcher den Grafen von Falkenau gehörte. Bei diesen war seine Mutter als junges Mädel angestellt gewesen und beinahe wäre sie dort zur Gräfin geworden. Dies wäre doch nicht mehr als gerecht gewesen, dann hätte sie nicht so viel arbeiten müssen und hätte damit auch mehr Zeit für ihn gehabt, dachte er hie und da in einer ruhigen Minute. Beim Oberförster, welcher den jungen Frank wegen seiner gesunden Neugier gut leiden mochte, lernte dieser die Pflanzenwelt und die vielen verschiedenen heimischen Tiere kennen und respektieren.

Und dann war da noch der Vogt vom Schloss Klingenhorn, der Urgroßvater Meierhofer. Dieser besaß Unmengen zu essen, wovon er aber nichts abgab, er aß alles selber in sich hinein. Und dies nur, weil er seiner Tochter, also der Großmutter von Frank, gram war. Der Urgroßvater Meierhofer konnte seiner Tochter angeblich nicht verzeihen, dass diese den Großvater geheiratet hatte, welcher aus Schweden stammte. Da die Schlossherren, die Grafen von Falkenau, angeblich seit undenklichen Zeiten mit den Schweden auf Kriegsfuß standen, lehnte Urgroßvater Meierhofer die Schweden ganz grundsätzlich ab. Er war im Grunde ohnehin nur der Stiefgroßvater von Frank, denn seine Mutter wurde vor der Heirat der Großmutter mit einem Franzosen gezeugt. Diesen lernte Frank nie kennen. Einmal besuchte Frank den geizigen Vogt, als gerade die Kartoffelernte vonstattenging und sich große Kartoffelberge stapelten. Es müssen Hunderte von Tonnen gewesen sein, die Frank vor sich liegen sah. Doch der vergrämte Urgroßvater gab nicht eine einzige Kartoffel heraus. Dies wiederum lockte Frank wie früher bei seinen kleinen „Raubzügen" aus der Reserve. Er besorgte sich einen Jutesack, „organisierte" sich einige der Kartoffeln und schleppte den schweren Sack viele Kilometer zu sich heim. Solche und ähnliche Erlebnisse blieben tief in ihm haften und hatten ihre Auswirkungen.

Franks Forschungsreisen erstreckten sich bald nicht mehr nur auf die nähere Umgebung. Einmal war er so weit gewandert, dass er an dem Tage nicht mehr nach Hause fand und sich deswegen in einem Heuschober zum Schlafen legte. Am nächsten Tag, gut ausgeruht, aber voller Ängste wegen der zu erwartenden Tracht Prügel, kehrte er zurück. Doch weit gefehlt, er wurde ergriffen, abgebusselt und herumgereicht wie ein wiedergefundener Schatz. Er war logischerweise verwundert, zumal er ja eine Bestrafung erwartet hatte. Wie er dann noch vernahm, war er sogar von aller Welt via Radio gesucht worden.

Frank beneidete stets jene Schulkameraden, die mit ihren Müttern und Vätern an den Wochenenden ins Grüne fuhren oder eine Dampfertour auf dem großen Fluss oder vielleicht sogar eine Bootsfahrt auf dem kleinen Nebenfluss machen konnten. So beschloss er, seinen Vater, der eine Karte mit einem roten Kreuz darauf geschickt hatte, in Sibirien zu besuchen. Die Mutter weinte sehr und wollte Frank heimholen; man fand den Jungen, vom Regen durchnässt, schlafend unter einer Brücke am Nord-Ostsee-Kanal.

Ein anderes Mal wollte Frank nach Afrika, weil er dort nicht so hätte frieren müssen; so zumindest erklärte er dies der Polizei, welche ihn abermals aufgriff. Kleinere Diebstähle, oft nur aus Hunger begangen, sowie seine wiederholten „Forschungsreisen" brachten ihn leider in ein Landesjugendheim. Er sei vereinsamt, hieß es. Bei dem Heim handelte es sich um ein altes Wasserschloss mit Kanonen vor den Torbauten, einem gewaltigen Burggraben mit Fischen drin und einem großen, mit alten, knorrigen Bäumen besiedelten Park. Ein Gutshof, wo die Kinder jeden Nachmittag mehrere Stunden arbeiten mussten, zählte leider auch dazu. Das Schloss hatte einst den Baronen von Schenkenstein gehört, die es dem Staat vermacht oder verkauft hatten, so genau wusste er das aber nicht. Zwei von den Herren Baronen lagen auf dem Kirchhof des Ortes begraben. Mächtige Gedenktafeln erinnerten ihrer. Auf dem Kirchhof fanden sich auch viele mit Figuren geschmückte, gemeißelte Grabsteine, die Franks Interesse weckten. Nach reiflicher Überlegung wollte er nach der Schul- und Heimentlassung Steinmetz und später Bildhauer werden. Erneut brachen also seine musischen Fähigkeiten – wie beim Zeichnen in der Schule – durch. Nachdem dieser Entschluss bei ihm feststand, besuchte er den Steinmetz des Ortes und freundete sich schnell mit ihm an. Dieser gab ihm Werkzeuge und Sandsteine, welche er dann im Schloss bearbeiten durfte. Frank schien Talent zu haben, nicht verwunderlich, denn der Steinmetz wollte ihn zu sich in die Lehre nehmen. Doch es kam, wie es in solchen Fällen kommen muss. Die Jugendbehörde hatte anderes mit ihm vor, was er nie verwinden konnte. Er sollte einen „anständigen" Handwerksberuf in einer Großstadt erlernen, Maler und Tapezierer wäre bei seiner Begabung im Zeichnen genau das Richtige für ihn. Die lieben Erwachsenen wusste also wieder mal viel besser, was gut war. All sein Sträuben und selbst die Fürsprache des Steinmetzes halfen ihm nichts. Als ob Steinmetz nicht auch ein vollkommen anständiger Beruf gewesen wäre. Nun denn, er bekam seine Lehrstelle und trat alsbald dem örtlichen Boxverein bei. Und er erzielte zwar sehr gute Leistungen in diesem Sportclub, aber wegen seiner Prügeleien auf den Straßen, die er leider zu oft anzettelte, landete er immer wieder im Wochenend- und Jugendarrest. Die Jugendrichter versuchten ihm klarzumachen, dass ein „Sportboxer" dies nicht durfte. Aber es kam noch schlimmer. Den Malermeister, bei welchem er im Lehrverhältnis stand, steckte er nach über zweijähriger, in ewigem Streit verbrachter Lehrzeit in eine Kreidetonne, welche er einen Abhang hinunterrollen ließ. Natürlich lag es auf der Hand, dass der noch mehr erboste Malermeister Frank aus der Lehre warf. Darob aber war Frank ja nicht unglücklich. Früher oder später hätte er ihm das Malerwerkzeug ohnehin vor die Füße geworfen. Doch so nahm alles seinen weiteren Lauf bis in den Urwald von Südamerika.

Auf einem Fischdampfer fand er nach einiger Zeit einen neuen Job als Kochmaat. Er lernte das nordische Eismeer mit Grönland kennen, dann Norwegen und Neufundland. Auf der Halbinsel von Jütland, wo der Dampfer vor einem heftigen Orkan Schutz fand, kam er nach einem Unfall ins Krankenhaus. Etwa drei Wochen später durfte er auf einem Passagierschiff nach Kopenhagen fahren. Und sogleich, während dieser Reise, wurde ihm klar, dass er auf große Fahrt gehen müsse; auf dem Fischdampfer war's kein Leben für ihn. Die fast angeborene und erlebte Unruhe während seiner frühen Jugendjahre trieb ihn also einmal mehr an. Er fand ein Schiff der Reederei Kampmann aus Bremerhaven, welches nach China verchartert wurde. So kam Frank erstmals nach Asien und lernte dank dieses Schiffsjobs einige der dortigen Inseln und Länder kennen, bis er in Indien dann den „Schuh" machte, wie er sich in der Slangsprache ausdrückte. Auf dem Subkontinent lebte er ohne Papiere, die leider auf dem Schiff verblieben waren. Nicht sehr klug von ihm! Auch lebte er in Indien ohne Geld meist unter den Ärmsten der Armen. Einmal in den Slums von Kalkutta, ein anderes Mal in Benares oder auch in Bombay. Seine Nächte verbrachte er in zerfallenen Tempeln oder bei Nutten, für die er die anfallenden Besorgungen erledigte und die ihm auch über eine schwere Krankheit hinweghalfen. Katholische Padres päppelten ihn wieder auf. Bevor die Priester jedoch wie geplant das Konsulat einschalten konnten, war ihnen Frank, der davon Wind bekommen hatte, entwischt. Erneut sehr unklug, aber wohl seiner Natur entsprechend! Nach ungezählten Abenteuern fand er auf dem gleichen Schiff, auf welchem er zuvor angeheuert hatte, nach Deutschland zurück. Aber auch dort kam er sehr bald wieder mit den Gesetzen in Konflikt und in solchen Situationen hilft einem ohnehin kein Schwein. Er wurde regelmäßig eingesperrt, wieder entlassen und nach kurzer Zeit wieder eingesperrt. Frank bekam keinen Halt mehr unter den Füßen. Viele Lebensjahre verbrachte er so in deutschen Haftanstalten, bis er dann den alten „Ronaldo", der sich „Professor" nannte, kennenlernte. Aber der erneute Niedergang ließ nicht lange auf sich warten. Mit diesem Ronaldo kam er erstmals nach Südamerika und nach vielen Jahren auf diesem Südkontinent landete er auch dort im Gefängnis. Er wurde verdächtigt, eben diesen „Professor" umgebracht zu haben, und so wurde er deswegen hoch über Rio de Janeiro in ein Gefängnis verfrachtet. Abermals also Gitterstäbe vor seiner ungeregelten Zukunft. Frank bestritt die Tat vehement und man konnte nach über zwei Jahren beweisen, dass er unschuldig war. Doch mit dem Freispruch wurde nichts besser. Er tingelte weiter durch Südamerika.

Frank stöhnte, ein Eiterherd tobte in seiner linken Wade, dort, wo ihn einer der Wachhunde der Mestizen gebissen hatte. Mit einem Strunk aus dem Wurzelholz entfernte er den Schorf auf der Wunde, sodass die gelbe Brühe ablaufen konnte. Der Druck ließ augenblicklich nach. Nun scheuerte er mit seinem Rücken gegen die Lehmwände. Vielleicht schaffte er es so, auch die Verme nach und nach herauszudrücken, die ihm höllische Qualen bereiteten. Sie waren weiß und nie länger als etwa drei Zentimeter, konnten jedoch die Stärke eines mittleren Regenwurms annehmen und tiefe Löcher im Fleisch hinterlassen. Diese Wunden entzündeten sich in der Regel sehr schnell, vor allem tief in einem solchen Verlies. Schon einige dieser ekelhaften Schmarotzer hatte er sich mit Geduld und unter enormen Schmerzen aus den verschiedensten Körperregionen gefischt.

Des Öfteren meinte er, langsam verrückt zu werden, vor allem, wenn er daran dachte, dass er der reinen Willkür von Leuten ausgesetzt war, die er nicht einzuordnen wusste und von denen er auch nicht wusste, was sie mit ihm vorhatten, was sie planten. Nie war er vor Gericht gestellt worden, nicht damals nach der Sache in Mercaderes und nicht jetzt, nachdem er mehrere der Schergen auf dem Gewissen hatte. Keiner seiner Bekannten hatte die geringste Ahnung, wo er sich befand. Er war gefesselt auf einem Gaul durch den Urwald getrieben worden, bis er auf ein großes Motorkanu hatte umsteigen müssen. Möglichkeiten zu fliehen waren ihm durch zu starke Bewachung und die starke „Verschnürung" genommen. Die Reise hatte mehrere Wochen gedauert. An den letzten Tagen vor seiner Ankunft in diesem Lager hatte man ihm die Augen verbunden, um zu verhindern, dass er sich Merkmale in der Natur für eine eventuelle Flucht einprägen konnte. Jene Leute, die ihn hierhergeschleppt hatten, waren nicht vom Militär. Es mussten vom Hass besessene Einheimische sein, die eine Wut auf alle Eindringlinge und fremde, zwielichtige Personen hatten.

Der Lagerkomplex bestand aus einer gerodeten, mit hohen, aber morschen Bambusstäben umzäunten Urwaldfläche, auf der mehrere, aus rohen Baumstämmen gebaute Häuser standen. Elektrizität wurde per Dieselmotor erzeugt, welcher die ganze Nacht hindurch bis in die frühen Morgenstunden dahinbrummelte. Bei seiner Ankunft konnte Frank verschiedene Uniformierte mit lang angeketteten Hunden ausmachen. Aber es waren auch etliche an Magersucht leidende Gestalten in Bewegung, die irgendwelche Arbeiten verrichteten und mehr auf dem Boden krochen, als dass sie aufrecht gingen.

Mestizen befreiten ihn von seinen Fesseln. Von einem der Uniformierten wurde er nach seinem Namen gefragt und dann über den großen Platz zu einem der Holzhäuser geführt. Dessen Inneres bestand aus einem in der Mitte des Hauses verlaufenden Korridor, an dem zu beiden Seiten etliche Türen zu erkennen waren. Nachdem von einer derselben die Verriegelung entfernt worden war, wurde sie aufgerissen und er selbst durch die Öffnung gestoßen. Frank befand sich in einem finsteren, mit langen Spinnweben übersäten Raum mit einem winzigen Luftschacht oben an der Außenwand. Durch dieses Loch drangen die einzigen Lichtstrahlen zu ihm herein. Keine noch so primitive Einrichtung war zu erkennen, außer man rechnete einen auf einem Betonsockel stehenden Holzeimer für die Notdurft dazu. Verzweifelt setzte er sich in eine der vier Ecken, zu keinem klaren Gedanken fähig. Es mögen Stunden vergangen sein, als er damit begann, systematisch die Wände zu untersuchen. Kleine Spalten fanden sich zwischen den einzelnen Baumstämmen, wo er versuchte, in die Nebenräume zu blinzeln. Der eine Raum schien unbewohnt, er hörte jedenfalls nicht den kleinsten Laut. Aus einem anderen angrenzenden Raum drang hingegen ein leises Gestöhne an sein Ohr. So sehr er sich auch bemühte, es blieb ein unmögliches Unterfangen, mit den Augen die Dunkelheit zu durchdringen. Vom Korridor her waren momentan keinerlei Geräusche oder Stimmen zu vernehmen und so rief er durch eine der Spalten zwischen den Baumstämmen: „He Amigo, was ist mit dir, warum stöhnst du, als seist du am Krepieren?" Keine Antwort, nur das Gestöhne wurde, wie ihm schien, lauter. Er rief erneut und vernahm eine kaum verständliche, schwache Stimme. „Amigo, kannst du hierher an den Spalt kriechen?" Frank legte sein Ohr an die Wand und vernahm deutlich jene Geräusche, die entstehen, sobald jemand verzweifelt und mühsam versucht, sich zu erheben. Wer mochte sein „Nachbar" sein und wie lange steckte er hier drinnen bereits fest? Durch ein schwaches Flüstern wurde Frank aus seinen Gedanken gerissen. Er schob sein anderes Ohr dorthin, von wo er die Stimme vernahm. „Wer bist du, was ist mir dir?", fragte er nochmals. „Wie lange hockst du schon hier?" Frank hoffte auf eine zu deutende Antwort. „Ich heiße Jack. Vielleicht sind es acht oder auch zehn Monate, die ich in diesem Hause lebe, genau weiß ich das nicht." Ohne auf Franks andere Fragen einzugehen, fragte der sich Jack Nennende: „Du bist heute gekommen?" „Ja, nach einer längeren Quälerei durch den Dschungel. Wieso wurdest du hierhergebracht und woher stammst du?" „Ich bin aus Montreal in Kanada. Ich hatte vor, in Kolumbien Geschäfte zu machen, konkret mit Koks. Bei einer Razzia im Hotel fanden sie meine ganze Kohle, über 30.000 Dollar. Das war dann Grund genug, mich hierher zu verschleppen. Was ist mit dir?" „Ich bin Deutscher aus Nordgermany. Hatte einen ollen Juwelenhändler um dessen Diamanten gebracht. Der Trottel ging dabei drauf. Man fand ihn mit verrenktem Genick im Bad seines Hotelzimmers. In Mercaderes haben sie mich mit den Steinen hopsgenommen. Die Diamanten waren also in meinem Fall ihr Motiv. Sag, steckst du die ganzen Monate ununterbrochen in diesem Holzverschlag? Ich meine, kamst du nicht hie und da raus an die frische Luft? Was ist das hier überhaupt für ein Lager, sieht fast aus wie ein KZ, wie man es aus Filmen kennt?" „Oh mein Gott, du stellst dumme Fragen. Warum sollten sie mich hier rauslassen? Zu vernehmen gibt es nichts mehr, eine Vermisstenanzeige scheint nicht bis hierher zu dringen, und falls doch, würde sie keinerlei Beachtung finden. Diese Hunde haben außerdem alles bekommen beziehungsweise genommen, was ich bei mir führte. Nein, raus kam ich hier die ganze Zeit über nicht, aber sie kamen dafür des Öfteren zu mir herein. Was das für ein Lager ist, kann ich dir beim besten Willen nicht sagen. Ich nehme aber an, es ist ein versteckt gehaltener, vielleicht sogar illegaler Militär- oder Polizeiknast. Es müsste eine verlassene Gegend an einem relativ kleinen Seitenarm des Rio Ventuari sein und, wie ich meine, bereits auf venezolanischem

Boden." „Du erhältst doch was zu essen, oder?" Jack stöhnte zustimmend. „Also liegt es nicht in deren Interesse, dass du krepierst. Möglichkeiten, dich stillschweigend verschwinden zu lassen, gäbe es hier in dieser unwirtlichen Urwaldgegend genügend. Hör mal, Jack, die schleppten mich über mehrere Wochen unter irren Strapazen durch den Urwald. Falls sie also die Absicht hegen, dich oder eben auch mich abzumurksen, hätten sie sich diese Mühe ersparen können." „Hast ja recht, nur was haben diese Lagerbosse von halben Leichen? Wenn du mich sehen könntest, würdest du auch ins Grübeln kommen. Bin fast bis zum Skelett abgemagert, der gesamte Körper ist mit einem Ausschlag bedeckt, meine Beine sind zerschunden. Dies nur, damit du im Bilde bist, was dich erwartet. Was sollen sie also mit so einem Wrack wie ich eins bin anfangen, frage ich dich?" „Weiß ich nicht, Jack, vielleicht erhoffen sie sich später ein Lösegeld für uns?" „Na, da werden sie bei mir auf Beton gebissen haben. Ich werde von niemandem vermisst. Außerdem weiß kein Mensch, wohin ich mich begeben habe. So sieht es also aus um mich." „Das wissen die aber nicht. Auch ich werde von keiner Seele zurückerwartet. Übrigens, sind wir eigentlich die einzigen Gefangenen hier? Bei meiner Ankunft habe ich einige magere Gestalten sehen können." Als Antwort lachte Jack in sich hinein. Konnte es sein, dass er bereits verrückt war? „Pass auf, Jack, solange ich noch Kraft besitze, werde ich versuchen, von hier zu verduften. Wann bringen die Drecksäcke das Essen und wie oft kommen sie während des Tages eigentlich hierher ins Haus?"

„Geregeltes Essen, wenn du den Fraß so bezeichnen willst, gibt es nicht, vor allem nicht jeden Tag. Falls sie überhaupt etwas bringen, sind es gewöhnlich irgendwelche Abfälle. Manchmal höre ich die Teufel jede Stunde auf dem Flur, dann wieder höchstens einmal am Tag. Wir sind nicht die Einzigen hier, Frank. Vor etwa einer Woche haben sie einen der Eingesperrten totgeschlagen. Ich hörte, wie sie gemeine Witze darüber rissen, als sie die Leiche fortschleppten. Diese Mestizen sind sehr grausam, weiß der Geier, warum die so extrem geworden sind. Waren ja schließlich auch mal Kinder mit einem ‚gesunden' Her-

zen, oder? Eine Chance von hier zu verschwinden gebe ich dir nicht. Habe es selber auch versucht, das kannst du mir glauben, und wohl auch jeder andere wird sich um eine Flucht bemühen."
„Das glaube ich dir gerne, trotzdem werde ich alles daransetzen, diese Holzköpfe zu überlisten. Sonst würde man sich ja die größten Vorwürfe machen, wäre dies nicht das Ziel. Besser du legst dich wieder hin, während ich meine Bude etwas genauer unter die Lupe nehme, solange es noch einigermaßen hell ist."
„Okay, Amigo, versuch's. Ich wünsche dir Glück." Frank vernahm, wie Jack stöhnend von der Wand rückte. Was mochte das für ein Mann sein und was meinte er damit, dass die Schergen einige Male bei ihm im Raum gewesen waren? Frank hatte vergessen, danach zu fragen. Vergeblich bemühte er sich, an das winzige Loch an der Außenwand zu gelangen. Auch die kühnsten Versuche, die Wände hochzukrabbeln, schlugen fehl. Das Luftloch war demnach zu vergessen. Es blieben der Fußboden und die Tür, denn die Außenwand bestand aus durchgehenden, massiven Baumstämmen. Frank untersuchte den Boden unter seinen Füßen. Er stand auf zusammengefügten, starken „Massaranduba", Bohlen aus einem eisenharten Holz. Es war schon fast unmöglich, in solches Holz einen Nagel zu schlagen. Er kniete nieder und entdeckte wie vermutet an einigen der Bohlenenden je zwei eingelassene, größere Schraubenköpfe. Nicht alle Bohlen endeten im Raum, die meisten verschwanden unter der Trennwand zum Korridor. An der Außenwand verhielt es sich ähnlich. Nach eingehender Prüfung wies zu seinem Leidwesen nur eine einzige der Bohlen an jedem Ende zwei Schrauben auf, die sichtbar waren. Diese galt es aus ihren Versenkungen zu holen. Der Spalt, den das herausgehobene Brett erbrächte, würde jedoch ausreichen, ihn hindurchschlüpfen zu lassen, um das Weite zu suchen. Frank verfiel ins Grübeln. Wie sollte er ohne jegliches Werkzeug die Schrauben lösen? Alles, was er bei seiner Festnahme mit sich geführt hatte, war ihm genommen worden. Sogar an seinem Gürtel hatten sie Gefallen gefunden. Nicht etwa, weil sie fürchteten, er könnte sich damit aufhängen, nein, gewiss nicht. Der Gürtel bestand aus dickem, schwarzgefärbtem Leder mit einer hübschen, silbernen Schnalle. Allein daran

hatte einer der Urubus (Geier) Gefallen gefunden. Frank legte sich auf die harten Dielen, um besser nachdenken zu können. „Ein Stückchen Messerklinge würde völlig ausreichen", dachte er. Aber woher nehmen, wo sollte er nach geeignetem Material suchen? Es gab rein gar nichts in dieser Hütte. Vor Müdigkeit schlief er während des Grübelns ein. Die vergangenen Wochen waren nicht spurlos an ihm vorübergegangen. Im Traume von Messern, Schraubenziehern und mit dicken Bohlen hantierend, wurde er durch laute Geräusche aus dem Schlaf gerissen. Irgendetwas tat sich auf dem Flur. Bis auf einen winzigen Lichtstrahl umgab ihn jedoch völlige Dunkelheit, als er seine schlaftrunkenen Augen öffnete. Frank vernahm, wie die Tür zum unbelegten Nebenraum geöffnet wurde. Er hörte klatschende Schläge und einen Fall. Aha, sie hatten erneut einen armen Gefangenen angeschleppt. Die Tür wurde wieder verrammelt, die Schergen entfernten sich. Es wurde unheimlich still im Haus. Durch das Oberlicht fiel der Lichtstrahl nun direkt auf den Scheißkübel, den einzigen erhellten Fleck in der Bude, den Frank dann auch aufsuchte, um zu pinkeln. Seine müden Augen waren auf den Stinkeimer gerichtet. Noch von seinen vorherigen Träumen benommen, wollte er nicht glauben, was sie erspähten: Der Kübel hatte tatsächlich einen eisernen Henkel. Frank war umgehend hellwach. Er bückte sich, um den Henkel besser betrachten zu können. Das war die Lösung, daraus ließe sich mit Glück ein Schraubenzieher formen, sogar einer, der etwas aushielt. Frank lief erneut zur Zwischenwand, die Jack von ihm trennte, und fragte ganz aufgeregt: „Hör mal, Alter, wann werden eigentlich die Scheißkübel geleert und wer macht das?" „Was, geleert, spinnst du jetzt? Wieso kommst du mir mit so einem Quatsch? Versuch mal, deinen Kübel anzuheben. Der Dreck rutscht durch ein Loch mit Gittern in irgendeine Jauchegrube. Der Kübel sitzt wie eingegossen fest auf dem Betonsockel darunter. Sag, haben sie wieder einen Neuen gebracht? Ich bekam nicht richtig mit, was sich auf dem Gang tat." „Ja, sie haben jemanden in den Nebenraum geworfen. Weiß noch nicht, wer es ist. Werde ihn später befragen." Frank untersuchte also den Kübel genauer und fand Jacks Worte bestätigt. Der Kübel saß zur Hälfte fest im Sockel versenkt. Ihm fehlte der Boden. In der Mitte des Betonklotzes erblickte er ein etwa handgroßes, rundes Loch, welches in der Tiefe durch zwei Eisenstäbe gesichert war. Als ob jemand es fertig brächte, durch dieses Loch zu entkommen. Obwohl, wenn man die abgemagerten Gestalten betrachtete ... Scherz! Dass der Eimer aber fest eingemauert war, kam Frank nicht ungelegen, denn so konnte er doch unbesorgt den Henkel abmontieren. Wieso hatte er überhaupt einen solchen, das war doch völlig sinnlos. Ach ja, es war ja alles sinnlos hier. Wie auch immer, Frank bog solange an dem Henkel herum, bis er ihn in seinen Händen hielt. Kurz darauf war er bereits in zwei Hälften geteilt. Der Betonsockel sollte als Schleifstein herhalten, um aus einem der Enden den gewünschten Schraubenzieher zu fertigen. Er hoffte nur, sein Werkzeug würde stark genug sein, um die Schrauben zu lösen. Am Tage wollte er sich an die Arbeit machen.

Frank hatte Hunger. Heute würden sie wahrscheinlich nichts mehr bringen, es war schon Abend. Außerdem regnete es in Strömen, sodass sie sich scheuen würden, über den Platz zu laufen. Frank täuschte sich. Er vernahm Stimmen vor dem Haus. Schnell ließ er die Henkelteile in seinem Hemd verschwinden. Einige Türen wurden auf- und kurz darauf wieder zugeschlossen, auch jene von Jack. Jetzt standen sie vor seinem Raum. Als die Tür einen Spalt geöffnet war, blickte er in die gemeinen, tückischen Augen zweier Mestizen, die ihm auf einem Bananenblatt Essen in den Raum schoben. In einem zugebundenen Plastikbeutel gab es Wasser zum Trinken. Ohne auch nur ein Wort zu sagen, zogen sie die Tür zu und hauten den Riegel vor. Sie entfernten sich hin zum neu angekommenen „Nachbarn".

Im Essen – wirklich Abfälle – wimmelte es von Maden, wie er bei dem schwachen Licht erkennen konnte. Auch stank es so erbärmlich, dass er den Fraß, ohne ihn anzurühren, gleich in den Scheißkübel warf. Jetzt konnte er verstehen, dass Jack nicht nur zum Skelett abgemagert, sondern auch von vielen Furunkeln überzogen war. Vorsichtig band Frank den Plastikbeutel auf und trank vom Wasser, um den Beutel alsdann ebenso behutsam wieder zu schließen. Er holte einen der Henkelteile hervor, schliff ihn einige Zeit am Betonsockel und versuchte, ihn in die Rille eines Schraubenkopfes zu stecken. Es gelang ihm noch nicht. Er würde noch eine ganze Weile schleifen müssen. Vorerst wollte er Jack nichts von seinem Tun erzählen. Er hörte mit der Arbeit auf, da er fast ausschließlich auf sein Gefühl angewiesen war. Auf ein paar Stunden kam es nicht an, er hatte ja viel Zeit, wie er von Jack wusste. Wer mochte aber sein zweiter Nachbar sein? Er fand auch in der Zwischenwand zum Neuling mehrere Spalten. „He Nachbar, komm mal hier an die Wand, damit ich weiß, mit wem ich das Vergnügen habe." Frank hörte, wie der „Neue" die Stämme abtastete. „Geh etwa bis zur Mitte der Wand, dort befindet sich ein relativ großer Spalt." Er vernahm, wie nebenan krampfhaft mit den Händen nach dem Spalt gefahndet wurde. „Hallo Kumpel, haben sie dir auch die Kohle abgenommen wie mir?" „Nein, aber meine Diamanten. Wer bist du und von wo haben sie dich hierhergeschleppt? Von wo stammst du? Ist ja nicht gerade eine Spazierfahrt bis zu dieser Hölle." „Das kann ich dir versichern, eine Vergnügungsreise war's gewiss nicht. Ich heiße übrigens Enrique. Sie haben mich in der Nähe von Villagarzón geschnappt. Über Florencia und Puerto Asis wurde ich hierhergebracht. Ich denke, hier ist Endstation. Ich stamme ursprünglich aus der Stadt Brasilia. Und wer bist du, wenn ich fragen darf?" „Hast es ja schon getan. Ich heiße Frank und bin aus Deutschland. Kam nach Kolumbien, um einen Spezi aufzusuchen. Auf der Reise kam ich blödsinnigerweise zu einigen Diamanten. Die Mistböcke haben mich dann in Pitalito geschnappt. Bei ihrer Kontrolle fanden sie die Steine bei mir. Den Rest kannst du dir denken." „Du nennst es Blödsinn, wenn du zu Diamanten kommst? Du spinnst doch nicht etwa? Könnte es sein, dass du eine Macke hast? Sag, hockst du schon länger hier? Das würde natürlich vieles erklären." „Nein, Macke hab ich bestimmt keine, da sei unbesorgt. Ich bin wie du erst seit heute hier. Allerdings kam ich bereits in den Morgenstunden. Unser anderer Nachbar jedoch wird seit fast einem Jahr hier festgehalten. Er scheint recht krank zu sein. Vor einer Woche haben sie angeblich einen der Gefangenen totgeschlagen. Weshalb sie uns noch groß verpflegen, auch wenn das Fressen nur aus madigen Abfällen besteht, ist mir ein Rätsel. Die Brüder haben uns doch alles abgenommen. Jack, der andere Nachbar, scheint seinen Äußerungen zufolge ein lebender Leichnam zu sein." „Mal abwarten, was sich in den nächsten Tagen tut. Momentan bin ich wegen der Ruhe hier ganz froh. Muss mich etwas erholen, die Tour durch den Dschungel war nicht ganz angenehm. Sei nicht sauer, wenn ich mich jetzt hinhaue und versuche, ein wenig zu pennen. Bin echt müde, Amigo." „Gut, schlaf dich aus. Bis morgen dann. Übrigens, versuch auch du über Fluchtmöglichkeiten nachzudenken. Solange wir noch einigermaßen bei Kräften sind, sollten wir nichts unversucht lassen, um von hier den Schuh zu machen." Frank drehte sich von der Wand weg. Auch er legte sich auf die harten Bretter, auf denen er bald darauf in einen unruhigen Schlaf verfiel, aus welchem er jedoch immer wieder gerissen wurde, einerseits wegen der lästigen Steckmücken, den Pernilongos, die ihm dauernd um den Kopf summten, andererseits wegen einzelner unmenschlicher Schreie.

Im schummrigen Morgenlicht sah man Frank bereits wieder bei seiner Schleifarbeit. Und gegen Mittag war das Kunstwerk dann fertig. Es passte in die Rillen der verdammten Schrauben. Das ungeschliffene Henkelende bog er zu einem handfesten Griff, der einige Kräfte überstehen würde. Jetzt war der Augenblick gekommen. Frank wurde nervös, Schweiß rann ihm über den Körper. Würde sein Werkzeug es schaffen, die Schrauben zu lösen? Er steckte das geschliffene Ende des Bügels in eine der Rillen. Behutsam versuchte er, die Schraube zu drehen. Nichts passierte! Es gelang ihm nicht, sie zu bewegen. Unter stärkerem Druck probierte er es erneut, und fast hätte er einen Freudenschrei losgelassen, die Schraube löste und drehte sich. Er sprach ein schnelles Stoßgebet und kurz darauf hielt er das kleine Metallgewinde in der Hand. Es war eine mit Grünspan überzogene, längere Messingschraube ohne Mutter. Der Fußboden war demnach sehr einfach und primitiv zusammengezimmert; was konnte man auch anderes von diesen Dummköpfen erwarten. Die Schergen waren anscheinend nicht auf den Gedanken gekommen, dass jemand es fertigbrächte, die versenkten

Schrauben zu lösen, um durch den Fußboden einen Abgang zu machen. Nur die bereits erwähnten vier Schrauben waren also aus dem Holz zu holen, und eine davon hatte er ja schon. Hoffentlich klappte es mit den anderen drei ebenso problemlos. Ja, in nur wenigen Minuten schraubte er sie aus den Bohlenhölzern. Nun steckte er die zu Haken gebogenen Henkelteile an beiden Seiten des Brettes in eine der Fugen. Endlich, nach etlichen, vergeblich unternommen Versuchen, hob er die Bohle aus ihrem Lagerplatz. Dies wurde allerdings dadurch erschwert, dass sie sehr schwer war. Er legt sie neben den Durchschlupf auf den Boden. „Hoffentlich kommt nicht genau jetzt einer der Wächter daher!" Was er erblickte, als er seinen Kopf durch die Öffnung steckte, ließ sein Herz höher schlagen. Im Schummerlicht sah er den Erdboden unter sich. Es war klar, das Holzhaus stand auf Pfosten, wie es im Dschungelgebiet wegen des Regens, des Ungeziefers und natürlich wegen giftiger Schlangen üblich war. Er brauchte sich also keinen Gang zu buddeln, wie er anfänglich befürchtet hatte. Frank stand auf, ging zur Tür und lauschte. Nichts, es waren keine Menschen zu hören. Sollte er es riskieren, jetzt am Tage einen Sprung unter das Haus zu wagen? Ungeduld und Neugierde siegten nach kurzem Zögern über die Vernunft. Er zwängte sich durch den engen Spalt und robbte bis zum Hausende. Nur etwa hundert Meter entfernt, durch einen Bambuszaun getrennt, sah er den dichten, bläulich dunklen Urwald. Auf der anderen Seite des Hauses konnte er den gerodeten Platz und mehrere Holzhäuser erkennen. Menschen sah er glücklicherweise keine. Er befand sich fast unter den Stufen, die zum Hauseingang führten. Kurz entschlossen sprang er sie hoch und überzeugte sich davon, dass die Türe offenstand. Ein äußerst unüberlegtes, leichtsinniges Handeln, hätte er doch gesehen werden können. Sollte die Flucht aber erfolgreich sein, musste sie gut vorbereitet sein und die Umstände mussten bekannt sein. Aber er hatte Glück. Vorsichtig zog er sich zurück und zwängte sich erneut durch den Spalt in seine Bude. Sofort hob er die Bohle wieder auf ihren Platz, sodass niemand auch nur das Geringste merken konnte. Frank konnte sein Glück kaum fassen. Bevor er Jack und Enrique einweihte, begann er in Ruhe über die nächsten Schritte nachzudenken. Momentan war er zu aufgeregt, um Gespräche zu führen. Er wusste, sollten sie ihn beim Versuch zu fliehen schnappen, würden sie kurzen Prozess machen, ihn abknallen oder totschlagen wie einen räudigen Köter. Aber das würde wahrscheinlich auch sonst irgendwann geschehen. Frank träumte von einer Zigarette, die ihn beruhigen würde. „Und ein Kompass wäre ideal", dachte er bei sich. Bei der Reise hierher waren sie einige Wochen lang nur im Kanu gefahren, aber das quasi ausschließlich stromabwärts. Es schienen viele hundert Kilometer gewesen zu sein. Er wusste, die größeren Ströme und Flüsse würden hier alle irgendwann und irgendwo in den Orinoco, den Rio Negro oder den Amazonas münden. Sie mussten also zu so einem großen Fluss gelangen. Und nur mit einem Boot wäre eine solche Flucht wohl möglich. Vorrangig hatte er also den Liegeplatz der Boote auszukundschaften. Bis dahin wollte er seinen Nachbarn nichts erzählen. Alleine war es sicherer, sich über die Gegebenheiten schlau zu machen. Er musste vor allem an die wachsamen Hunde denken. Deshalb wollte er sich nachts auf die Beine machen. „He, Frank, lebst du noch? Du bist so still geworden, was ist los?" Enrique stand vor seinem Spalt. „Was hast du die ganze Zeit über rumgewerkelt, hattest du vor, die Türe aus ihren Angeln zu heben?" „Enrique, bleib ruhig. Vielleicht habe ich einen Weg gefunden, wie wir von hier abhauen können. Noch ist es jedoch nicht so weit, vielleicht aber bereits morgen. Vor Aufregung bin ich ganz durcheinander, ich brauche etwas Ruhe, um mich zu fangen. Außerdem benötige ich Zeit zum Nachdenken, was du sicher verstehen wirst." „Von hier verschwinden, da benötigst du Zeit, um nachzudenken? Du fängst doch wohl nicht an zu fantasieren? Also lag ich mit meiner Vermutung, dass du spinnst, gar nicht so verkehrt. Macht aber nichts, Junge, solange du mich nicht allzu sehr belästigst. Du spinnst doch, oder?" „Mach dir über meinen Gemütszustand keine Sorgen, Enrique. Kannst beruhigt sein, verrückt bin ich noch lange nicht. Im Augenblick geht es mir wirklich nur um meine Ruhe, das ist alles." „Na ja, dann nimm sie dir und verhalte dich still." Enrique schien nicht wirklich von dem, was Frank zum Besten gab, überzeugt zu sein, aber was machte das für einen Unterschied. Frank konnte den Abend kaum erwarten. Am Tage zuvor waren die Maden am späten Abend gebracht worden, jetzt war es bereits Nacht. Sollte der Fraß tatsächlich noch in der Dunkelheit eintreffen? Wohl kaum. Frank wartete dennoch rund zwei Stunden, bevor er sein Vorhaben startete. Etwa eine Stunde vor Mitternacht, im niederprasselnden Regen, gedachte er, den Liegeplatz der Boote ausfindig zu machen. Und der starke Regen war ein Segen. Sein Plan wurde dadurch begünstigt, dass der gerodete Platz mit Schlamm bedeckt war. Bloß um die Häftlinge nicht hungern zu lassen und auch sonst würden die Mestizen sich hüten, über den Platz zu schlittern, nur um sich unter Umständen einen nassen Arsch zu holen. Und selbst die Hunde würden wohl ihre Schnauzen in den Hütten behalten.

Bis auf den tuckernden Dieselmotor, das entfernte Kreischen der vielen Affen und die klimpernden Regentropfen war es still geworden. Doch ganz vereinzelt hörte er Flüche, Lachen oder menschliches Geschrei, welches von den umliegenden Hütten zu ihm drang. Die Schergen waren wohl am Saufen und Lamentieren, also definitiv mit sich selbst beschäftigt. Die Zeit von Frank war also gekommen, er war bereit für die Erkundungstour. Er machte sich an die Arbeit, die Bohle zu heben. Wieder rutschte er durch die Öffnung im Boden und robbte bis zum Ende der Hauswand. Der Fluss musste direkt vor ihm liegen, von wo er ein Rauschen und flüsterndes Geplätscher vernahm. Solche Geräusche können nur fließende Gewässer von sich geben. Zudem drangen von dort die nur zu bekannten Froschkonzerte zu ihm hinüber. Er musste trotzdem extrem aufpassen, denn der gerodete Platz wurde von diversen Laternen erleuchtet. Auf dem Weg zum Bambuszaun, der etwa drei Meter hoch war, nutzte Frank vereinzelt die wenigen schattigen Flächen. Das Hindernis, der Zaun, ließ sich leicht überwinden, er war morsch und alt. Im Dschungel vermodert lebloses Zeug, falls man vergisst, es zu pflegen, in kürzester Zeit. Frank fand den Pfad, der zum Fluss führte, und konnte diesen bereits dürftig in etwa fünfzig Metern Entfernung erkennen. Schreckliches Gekreische von aufgewachten Brüllaffen, die sich in der Nähe der Boote ihren Ruheplatz eingerichtet hatten, sowie das Lärmen von Sapo Martelos, Hammerfröschen, drang in seine Ohren. Hoffentlich scheuchte dieser Lärm niemanden sonst auf. Sich nach allen Seiten hin versichernd, begab sich Frank direkt zu den im Wasser liegenden Booten, bei denen es sich um ein großes, motorbetriebenes Kanu und vier ansehnliche Einbäume handelte. Glücklicherweise fand er alles ohne Bewachung vor. Die Schergen gingen also nicht davon aus, dass überhaupt irgendjemand hier herumschleichen könnte, geschweige denn die Boote klauen wollte. Frank schlich sich auf das große Boot und beugte sich über den fast neuen Johnson-Außenborder. Nach einer kurzen, wenn auch nur oberflächlichen Überprüfung stellte er keine Mängel fest. Er suchte nun nach Benzinkanistern und fand sie im Boot selbst unter einer Plane. Zurück am Landesteg entdeckte er drei weitere mit Benzin gefüllte Fässer. Mit Genugtuung erspähte er ferner in einer kleinen Hütte allerlei Werkzeuge. Frank suchte nach vielleicht liegen gebliebenem Tabak, fand zu seinem Kummer aber leider keinen vor. Doch im Grunde hatte er viel mehr entdeckt, als er zuvor zu hoffen oder träumen gewagt hatte. Vorsichtig begab er sich auf den Rückweg. Die Stelle am Zaun, welche für seine Erkundung nützlich war, fand er sofort wieder. Es hatte aufgehört zu regnen, er musste also schnellstmöglich unter den schützenden Boden des Hauses kommen. Ohne, wie zuvor, die schattigen Plätze zu nutzen, lief er flink wie ein Wiesel auf das Holzhaus zu. Ein müder Hund bellte kurz auf, mehr tat sich Gott sei Dank nicht. Trotzdem fuhr ihm das kurze Gebell in die Knochen. In seiner Bude angekommen, legte er umgehend die Bohle an ihren Platz zurück. Frank warf sich auf den Fußboden. Wie ein Fieber packte ihn die Erregung. Sein offensichtliches Glück war für ihn schwer zu fassen. Aber so war er ja schon in seiner Jugendzeit gewesen, einmal zu Tode betrübt und sauer, einmal himmelhoch jauchzend und fröhlich. In der Früh würde er seine Nachbarn einweihen, obwohl sie ihn wahrscheinlich wieder zum Spinner abstempeln würden. An Schlaf war nicht zu denken. Wieder machte sich zehrender Hunger bemerkbar. Hätte er doch vorhin am Steg nur kurz etwas zu sich genommen, irgendwelche Früchte oder sonst irgendein Grünzeug. Die Proviantbeschaffung würde aber auch auf der Flucht ein gewisses Problem darstellen, das wusste er. Eine gewisse Zeit würden definitiv die Fischlein im Fluss herhalten müssen. Der Dieselmotor war abgestellt worden, Tageslicht drang durch das kleine Oberlicht in der Außenwand. Frank rief Jack an den Spalt. Dieser hatte sich seinen Schlafplatz jetzt an der Zwischenwand zu seinem Raum zurechtgelegt. „Frank, was ist, gibt es etwas so Wichtiges, das du mich schon des Nachts aus meinen Träumen reißen musst, die einzige Zeit, in der ich frei bin?" „Jack, wirst du heute Nacht mitkommen, wenn ich von hier verschwinde?" „Was ist? Wie, wenn du von hier verschwindest? Fängst du schon nach zwei Tagen an zu spinnen? Was redest du da für einen Schwachsinn? Solltest mit solchen Sprüchen keinen Spaß treiben!" „Jack, ich meine es ernst! Ich konnte eine der Bohlen im Fußboden losschrauben und herausheben. Während der vergangenen Nacht war ich bereits auf Erkundungstour. Ich habe den Platz, an welchem die Boote festgemacht sind, ausfindig gemacht. Was ist, soll ich dich dann rauslassen? Wir werden in einem größeren Motorkanu fahren, falls du meinst, du seiest zu schwach, um zu rudern." „Frank, ich kann nicht mehr laufen. Du hättest eine ganze Zeit früher hierherkommen müssen. Stimmt es wirklich, was du da eben gesagt hast? Aha, jetzt verstehe ich. Du warst fort, deswegen kam von dir heute Nacht keine Antwort, als ich nach dir rief. Ich glaubte schon, du seiest verreckt oder sie hätten dich geholt, während ich schlief. Haha, Frank, du bist mir ein Till Eulenspiegel. Aber nun genug, lass mich noch ein wenig pennen, ja?" Jack meinte immer noch, es sei Spinnerei, was Frank ihm soeben erzählt hatte. So unverständlich war dies ja auch wieder nicht, denn wie würde er wohl auf so ein Gerede reagieren. Frank ging hinüber zur anderen Wand, um mit Enrique zu reden. „Enrique, wirst du heute Nacht mitkommen? Ich werde dich, wenn du willst, aus deiner Höhle holen." „Ach so? Kannst du nicht gleich vorbeikommen? Ich fühle mich nämlich so einsam, haha." „Enrique, ich mache keine Witze. Während der Nacht habe ich feststellen können, wo die Boote liegen, ich war also bereits draußen. Jack meint, ich spinne. Er kann angeblich auch nicht mehr laufen.

Lassen wir ihn hier, so leid es uns für ihn tun wird. Enrique, für ein schweres Motorkanu, ein solches liegt nämlich an der betreffenden Stelle, wäre es allerdings nötig, mindestens noch einen der Männer mitzunehmen. Soll ich dich also rauslassen oder willst du lieber hier bei Jack bleiben?" „Was fragst du überhaupt? Du redest so sicher, dass ich an deiner Macke zu zweifeln beginne. Hol mich raus, ich werde zuhause sein, wenn du dann hier antanzt." Wieder stieß Enrique einige versteckte Lacher aus. „Hör endlich auf zu lachen. Wir werden uns noch einen Gefährten aussuchen, den wir mitnehmen. Wenn wir uns ruhig verhalten und schnell sind, dürfte eigentlich nichts schiefgehen." „Wann hast du denn in etwa gedacht, bei mir aufzukreuzen?" „Nach dem Fraß. Ich nehme an, heute wird's wieder mal einen geben, da wir gestern ja leer ausgingen. Sobald es dunkel ist und hoffentlich auch wieder regnet. Dann können wir damit rechnen, dass sich von den Schergen kein Schwanz mehr auf dem Platz bewegt; die scheuen den Regen genauso wie die Hunde, die sich in ihren Hütten verkriechen werden. Wie ich übrigens feststellen durfte, handelt es sich bei den Vierbeinern um brasilianische ‚Filas', die sehr gut zu den zweibeinigen Berserkern passen." „Schlimme Tiere, die reinsten Bestien. Hatte selber mal einen von denen. Was für ein Motorkanu ist es, hast du es dir genau anschauen können?" „Ein schweres Motorkanu. Sprit ist genug vorhanden, sodass wir mit dem Kahn sogar nach China gelangen könnten. Es führt einen Johnson-Außenborder, ziemlich neu." „Gut, Frank, dann wäre es jetzt klüger, ein wenig auszuruhen. Wir werden alle unsere Kräfte für das Wagnis benötigen." „Also abgemacht, bis dann, Enrique. Bin froh, dass du mit von der Partie bist." Frank legte sich ebenfalls wieder zurück auf den drückenden Holzfußboden. Die Zeit wollte nicht verstreichen, das war bei ihm immer so, wenn er ungeduldig auf etwas wartete.

Die Mestizen brachten den erwarteten Fraß. Die gleiche Zeremonie hatte er bereits vor zwei Tagen erlebt. Ohne groß nachzuschauen, was sich „Schönes" auf dem Bananenblatt befand, warf er es samt Inhalt und trotz nagendem Hunger in das Notdurft-Loch. Den mit Wasser gefüllten Plastikbeutel hingegen trank er halbleer. Und trotz Ungeduld war die entscheidende

Zeit herangenaht. Er rief seinen Nachbarn an die Spalte in der Wand. „Enrique, hör zu, ich werde jetzt die Bohle herausheben und später in den Korridor treten. Bevor ich dich herauslasse, sehe ich mich nach anderen Fluchtwilligen um. Dies sage ich dir nur, damit du dich nicht beunruhigst, solltest du eine Weile nichts von mir hören." Frank hob also das lose Brett heraus, quetschte sich zum dritten Mal durch die Öffnung und schob die Bohle vom Erdboden aus wieder auf ihren ursprünglichen Platz zurück. Bis auf den laufenden Dieselmotor, das Gekreische von Affen und anderem Getier aus dem nahen Dschungel und das Rauschen des Regens war auch diesmal nichts zu hören. Es bereitete ihm keinerlei Anstrengung, in den Korridor zu gelangen. Insgesamt erblickten seine Augen darin acht Türen. Also konnten sich außer Enrique, Jack und ihm selbst noch mindestens weitere fünf Personen hier befinden. Wie er dann allerdings feststellte, waren die beiden Räume neben Jack nicht belegt. Somit blieben drei Räume auf der gegenüberliegenden Seite. Frank öffnete die erste Türe. Nichts, auch unbewohnt. Im danebenliegenden Raum fand er eine Gestalt auf dem Fußboden. „Bist du gesund? Wie lange steckst du hier in diesem Verschlag?" Die Gestalt erhob sich mühsam. Zu seinem Entsetzen erkannte Frank, dass der Mann blind war und keine Hände besaß. „Wieso fragst du? Ihr wisst doch alles. Habt ihr vor, jetzt auch noch meinen Kopf abzuhacken, wie ihr es mit meinen Händen getan und versprochen habt? Seid ihr deswegen gekommen? Nur zu, macht schon. Für mich wäre euer scheußliches Werk eine Erlösung." Frank war geschockt. So schnell er es vermochte, schob er die Tür zu und verriegelte sie. Lieber nichts weiter von dem Mann hören, helfen konnte er ihm ohnehin nicht. Was waren das für Bestien, die zu solchen Schandtaten fähig waren? Er hätte den Krüppel eigentlich nach seinem Namen fragen sollen, woher er stammte und wen er benachrichtigen sollte, doch die Tür erneut zu öffnen brachte er nicht fertig. Frank entfernte den Riegel der nächsten Tür. Auch hier fand er einen Mann auf dem Boden liegen. „Was ist mit dir, wie lange lebst du bereits hier?" Der Mann erhob sich. Leise, fast flüsternd, antwortete er: „Genau neun Tage hocke ich hier nach einer wochenlangen Schinderei durch den Urwald. Warum? Das wisst ihr doch selbst." Der Mann wankte auf die geöffnete Türe zu. „Woher stammst du und wie heißt du?" „Ich komme aus Frankreich und heiße Jean-Claude. Wer bist du, dass du mir diese unnötigen Fragen stellst? Ihr habt die Antworten doch aus mir herausgeprügelt." Ohne auf das Gerede zu achten fragte Frank weiter: „Bist du gesund?" „Noch bin ich's, nur weiß ich, bei diesem Fraß, nicht, wie lange noch." „Dann komm, aber sei leise. Verhalte dich ruhig und tu genau das, was ich sage. Wir hauen ab, ehe wir hier in dieser Hölle verrecken." „Was? Das gibt es doch gar nicht. Meine Gebete zur Mutter Gottes wurden erhört. Ich werde hundert Ave Marias plärren, falls das stimmen sollte und die Flucht gelingt." „Dann fang schon mal damit an. Komm, wir haben's eilig." Der Mann huschte wie ein junges Wiesel aus der Tür, die Frank wieder zuriegelte. „Bleib hier einen Augenblick stehen, ich muss noch eine Türe öffnen, um einen Jungen zu holen." Frank schlich zu Enriques Raum und befreite auch ihn. Enrique selbst, der Franks Tun gelauscht hatte, war schon auf dem Sprung. „Enrique, begib dich für einen Moment zu Jean-Claude, ich möchte Jack zumindest gesehen haben, bevor wir verschwinden." Frank entriegelte die Türe von Jacks Raum. „He, Jack, willst du wirklich nicht mitkommen?" „Da laust mich der Affe. Ich glaubte echt, du wärst am Rumspinnen. Nein, Frank, ich kann nicht mir dir kommen, die Schweine haben mir meine Beine zertrümmert, ich kann nicht mehr laufen. Ich werde wohl irgendwann hier verrecken. Solltest du es schaffen, dann sieh zu, dass diese Hölle bekannt und ausgehoben wird. Nun mach, dass du fortkommst, ich wünsche dir alles Glück. Sei äußerst vorsichtig. Falls sie dich packen wollen, schlag sie tot, sonst hauen sie dir den Schädel ein." „Jack, ich fliehe nicht alleine. Der ‚Neue', den sie angeschleppt haben, ist mit von der Partie und wartet bereits mit einem weiteren Gefangenen auf dem Korridor. Wir werden dich mitnehmen, gar keine Frage und keine Widerrede." Bevor Jack Protest einlegen konnte, war Frank aus der Bude verschwunden, nur um erneut mit Enrique und Jean-Claude zu erscheinen. „Enrique, du scheinst der Kräftigste von uns zu sein. Begib dich zu Jacks Füssen, Jean-

Claude und ich packen gemeinsam den Oberkörper. Los geht's, seid aber vorsichtig, nicht, dass Jack vor Schmerzen umkommt." Das beabsichtigte Vorhaben blieb eine gute Absicht. Jack schrie bei der ersten Berührung unterdrückt auf, sodass sie den Körper zu Boden gleiten ließen. Im schummrigen Lichtschein erkannten sie mit Entsetzen, dass Jacks Haut aus einer einzigen eitrigen, blutigen Masse bestand. Er würde einen Transport nicht überstehen, vor allem keine erbarmungslose Dschungelreise. Fassungslos blickten sich die drei Fluchtwilligen an. Jack riss sie aus ihrem Schockzustand heraus. „Macht schnell, kümmert euch nicht um mich. Wichtig ist jetzt, dass zumindest ihr es schafft. Schnell, schnell, weshalb wartet ihr denn noch!" „Können wir nicht irgendetwas für dich tun, Jack?" „Ja, Frank, sorgt dafür, dass dieser Platz ausgehoben wird. So, und nun ab mit euch." „Tschau, Jack. Wir werden dafür sorgen, dass man dich so schnell wie möglich hier rausholt, halte also irgendwie durch. Mach's gut, bist ein feiner Kerl." Sie drängten sich hinaus auf den Korridor und verschwanden unter das Haus. Sie krochen bis zur Hausecke. „Lauft genau hinter mir her und nutzt nach Möglichkeit die schattigen Stellen. Es muss schnell und wegen der Hunde völlig geräuschlos vor sich gehen." Geschwind, fast wie durchtrainierte Hundertmeterläufer, waren sie am Hindernis des Zaunes angelangt, welchen sie kurze Zeit danach ebenfalls hinter sich ließen. Jetzt langsamer geworden, auf äußerste Vorsicht bedacht, bewegten sie sich auf dem Pfad zum Fluss hin weiter. Das große Motorkanu war nirgends zu sehen, nur die Benzinfässer standen am Steg, wie in der Nacht zuvor. „Die sind mit dem Boot auf Reisen. Was ist, wollen wir die Flucht auf später verschieben oder in einem der Einbäume das Weite suchen?" „Abhauen", sagte Enrique, und Jean-Claude stimmte ihm zu. „Okay, dann schaut euch nach Werkzeug, Angelgeschirr und anderen brauchbaren Dingen um, während ich die Benzinfässer auslaufen lasse und die Boote miteinander verknüpfe." „Wozu das denn?", fragte Jean-Claude. „Nun, die Boote nehmen wir mit, dann können sie uns nicht gleich verfolgen, beziehungsweise haben sie dann nur noch das Motorkanu. Die Fässer leere ich aus, damit sie für das große Kanu keine Reserven mehr haben. Frag nicht so viel, mach dich lieber an die Arbeit und suche nach Brauchbarem." Die Benzinfässer waren bald so gut wie leer – die Frösche mochten die Verunreinigung verzeihen – und die Boote miteinander verbunden. Die Paddel lagen im Werkzeugschuppen, in welchem sich auch Lampen, Draht, Macheten, Messer, Dosen, Eimer und Töpfe befanden. Nachdem alles in den wohl größten und stabilsten Einbaum verfrachtet war, suchten sie nochmals die Gegend um den Anlegesteg nach sich lohnenden Dingen ab. Vielleicht wurde ja etwas übersehen? Sie fanden eine riesige und schwere Autoplane, die sie vor dem Regen schützen würde. Von den beiden anderen unbemerkt, steckte Enrique einen Lederbeutel weg, in welchem sich Feuerzeug und Tabak befand. Der Beutel lag wie vergessen auf der Werkzeugbank im Schuppen. „Sag, Frank, hast du alles Benzin auslaufen lassen?" „Bis auf einen unbedeutenden Rest dürften die Tanks leer sein. Wieso fragst du, Enrique, brauchst du etwas davon?" „Beinahe übersah ich diesen verschraubbaren Plastikkanister." Er deutete auf einen Gegenstand ganz hinten im Schuppen. „Den Rest werden wir dort hineinlaufen lassen. Ich bin davon überzeugt, wir werden ihn brauchen." Der Kanister wurde mit dem ‚unbedeutenden Rest' gefüllt, immerhin fast zwanzig Liter.

Bald schwammen die Männer in ihrem schwer beladenen Einbaum auf dem kleinen Seitenarm des Rio Ventuari dahin, im Schlepptau die anderen drei Boote. Sie mussten ihre Ohren verdammt spitzen, um rechtzeitig eines der von Mangroven und Schlinggewächsen bedeckten Ufer aufsuchen zu können, sollte das Motorkanu flussaufwärts zurückkommen. Das weite Öffnen der Lauscher war umso notwendiger, als der starke Regen ebenfalls ziemlich laut auf Wald und Fluss prasselte. Das Boot der Schergen konnte schließlich urplötzlich hinter einer Landzunge oder einer der vielen Flussbiegungen auftauchen. Außerdem lag es nahe, dass sie es irgendwo vertäut hielten, um die Nacht abzuwarten. Flussabwärts brauchten die drei Flüchtigen zum Glück nicht zu rudern und so konnten sie ihre Kräfte gut sparen; sie würden diese definitiv noch brauchen. Aber was war mit unerwarteten Wasserfällen? Kein Problem, Enrique war sich ganz sicher, dass solche im ebenen Gelände des Urwaldes nicht zu befürchten waren. Dies wurde auch durch die Tatsache bestätigt, dass die Schergen das Motorkanu nicht hätten benutzen können; für ein Tragen um einen Wasserfall herum wäre dieses Boot viel zu schwer gewesen. So bildeten Redemoinhos, Wasserstrudel, und gefährliche Untiefen für den Moment die einzige Gefahr, welche auf dem Wasser zu beachten war. Auch in diesem Zusammenhang machten ihnen die drei weiteren Boote ziemlich zu schaffen. Oft rauschten diese an ihrem eigenen Boot vorbei oder legten sich quer. Wenn sie also nicht höllisch aufpassten, lag es nahe, dass sie zum Kentern gebracht wurden. Ohne größere Unterhaltung, die bei dem niederrauschenden Regen und der ungeheuren Konzentration, die sie aufzubringen genötigt waren, sowieso schwer möglich gewesen wäre, schwammen sie dahin. Und so fuhren sie auf den Booten stundenlang den Fluss hinab, ohne irgendeine Konversation. Doch plötzlich stöhnte Jean-Claude genervt: „Wollen wir nicht bald eines der Ufer aufsuchen, damit wir die Scheißkanus loswerden? Wir könnten Löcher in sie hineinschlagen und sie absaufen lassen, was meint ihr?" Jean-Claudes gequälte Stimme klang so, als käme sie von einem Sterbelager, er war völlig am Ende. „Die Boote werden selbst mit Löchern im Schiffsbauch noch schwimmfähig bleiben, verlass dich darauf," grinste Enrique, „aber hast recht, loswerden und unbrauchbar machen müssen wir sie unbedingt. Frank, wie denkst du darüber, hauen wir ein paar Löcher rein und verstecken sie zwischen den Schlingpflanzen?" „Ja, wird ohnehin Zeit, dass wir danach Ausschau halten, wo wir selber unterkriechen können. Irgendwann wird uns wohl sowieso das Motorkanu entgegenkommen und nach Futter müssen wir uns ja auch mal umsehen. Mein Magen krampft sich seit Stunden mächtig zusammen." So suchten sie also nach einem geeigneten Anlegeplatz, was wegen dem anhaltenden Regen und der immer noch herrschenden Dunkelheit nicht ganz einfach war. Die Flussufer wirkten wie bläulich-grau gehaltene, sich ins Unendliche verziehende dunkle Bänder, die jegliche Einzelheiten verschlangen, und man hatte fast das Gefühl, die Welt ende jeweils am Flussufer. Jedenfalls konnten die drei nur schwer etwas erkennen. An der nächstbesten Flusskehre, deren toten Punkt sie ansteuerten, fuhren sie auf gut Glück ans Ufer. Anstelle des erwarteten Mangrovenmorasts betraten sie einen steinigen, aber weichen Kiesgrund, als sie aus ihrem Einbaum stiegen. Die drei mitgeführten Boote wurden mit Hammer und Macheten fahruntauglich gemacht. Bald lagen sie zur Belustigung der Fische mit Steinen beladen in Ufernähe auf dem Grund des Flussbetts. „Hier, am ruhigen Ende der Wasserschleife, müsste es trotz der Dunkelheit möglich sein, Köder für den Fischfang zu finden. Der Waldboden besteht ja aus tollem, mit Gräsern bewachsenem Humus, in welchem sich gewiss verschiedene Wurmarten tummeln und wohlfühlen." Enrique war nach der schweigenden und aufreibenden Flußreise wie ausgewechselt. Er sprühte vor Lebendigkeit. Haken und Draht waren schnell zurechtgebogen. Schnüre aus Manila-Tau gaben die Leinen her. Jean-Claude suchte nach Krebsen und Muscheln, Frank nach den notwendigen Würmern. Wohl gerade wegen des geöffneten Himmels beziehungsweise der sich lichtenden Wolkenfront hatte er schnellen Erfolg. Eine Art von Regenwurm, nur viel länger, beinahe vierzig Zentimeter lang und auch bedeutend dicker, brachte er aus der nassen Ufererde mit. „Wenn kein Fisch anbeißt, verschlinge ich diesen Wurm", sagte Frank. „Nur Geduld, Freund. Kannst die Fische ja schon mal anlocken und ihnen zuflüstern, dass wir hier auf sie warten. Falls wir überhaupt welche fangen sollten, werden wir sie wohl oder übel roh verzehren müssen, das ist euch hoffentlich klar. Nach Art der Indios Feuer zu machen, versteht wohl niemand von uns, oder?" Enrique stupste seine Kameraden in die Seite. Er war ein schlanker, großer und hellhäutiger Typ, neben dem sich der blonde Jean-Claude, der gewiss auch nicht zu den Kleinsten zählte, wie ein Zwerg vorkam. Beide sahen gleich alt aus und waren um die 30. Frank hingegen war stark gebaut, war mit mehr oder weniger gelungenen Tätowierungen versehen und mochte an die zehn Jahre älter sein. Alle drei Gesichter umrahmten wilde Bärte, die in einem missfallenden, aber harmonischen Einklang mit den zerlumpten Hosen und den zerrissenen Hemden standen. „Ich kann's nicht", meinte Frank, „dazu noch bei diesem Regen." Frank und Jean-Claude waren auf größere, im Wasser liegende Felsen geklettert, um von dort die Angel-Leinen in den Fluss zu werfen. „Auch ich bringe es, selbst ohne Regen, nicht zu Wege", entgegnete Jean-Claude. „Bei uns in Frankreich leben wir zivilisiert und benutzen Feuerzeuge oder Streichhölzer", lachte Jean-Claude. „Das tut nichts zur Sache. Die Indios, die wir Städter als recht primitiv einstufen, entfachen auch beim stärksten Regen ihr Feuer, darauf könnt ihr Gift nehmen. Das bringe ich zwar nicht fertig, aber wenn es bei Tagesanbruch einigermaßen trocken ist, wie zu erwarten, werde ich uns ein Feuer machen", prophezeite Enrique mit gesundem Optimismus. „So, und nun, nachdem die Wurmstücke am Haken stecken, werft die Leinen raus. Ich werde das Kanu, so gut ich's in der Finsternis vermag, zwischen dem Gestrüpp verbergen und uns einen Schlafplatz suchen." Frank und Jean-Claude warfen die Schnüre mit den geköderten Haken ins Wasser und hockten sich dabei auf die Felsen. „Die Flucht ist also bisher reibungslos verlaufen", dachte Frank. Sie befanden sich etliche Kilometer vom Ort des Schreckens entfernt. Jean-Claudes Leine spannte sich. Er zupfte etwas daran und mit einem gekonnten Ruck zog er einen ansehnlichen Jaú aus dem Wasser, einen Fisch der Gattung „Riesenwels", welcher über 40 Kilo haben und bis zu 1,5 Meter Länge erreichen kann. Mit dem zappelnden Fisch am Haken kletterte er daraufhin vom Felsen und versuchte einen Regentanz aufzuführen. Frank musste ob diesem theatralischen Akt lachen. Jean-Claude schien ein Spaßvogel zu sein. Warum mochten sie ihn wohl gekidnappt haben? Auch Franks Leine spannte sich und er zog die gleiche Fischart aus dem Fluss. „Jean-Claude, das läuft gut an, wir werden versuchen, noch einige von diesen Brocken zu ergattern. Sollte es Enrique also in der Früh schaffen, Feuer zu entfachen, können wir uns erstmals seit langer Zeit wieder unsere Bäuche mit gesundem Futter vollschlagen. Nur Mist, dass wir kein Salz haben." „Wenn der Hunger an einem nagt, ist Salz nicht ausschlaggebend, Frank. Hauptsache, die Bäuche werden wieder rundlicher." Enrique kam zu ihnen zurück. „Habe unser Haus gebaut. Es wäre gut, wenn wir solange hierbleiben, bis das Motorkanu an uns vorbeirauscht und dann vom Lager erneut zurückkehrt, wenn sie mit ihrer Suche nach uns beginnen. Sofern ihr

Sprit überhaupt dafür ausreicht. Hier werden sie uns kaum vermuten und auch nicht finden, wie ich meine." Er schaute verblüfft auf die mittlerweile gefangenen Fische. „Das sind ja ansehnliche Burschen. Können wir auch gut gebrauchen. In wenigen Stunden werden wir sie verspeisen, bis dahin müsst ihr euch noch gedulden, oder sie eben als Rohkost hinunterwürgen, was ich übrigens auch schon mal gemacht habe." Frank und Jean-Claude zogen die Leinen ein, wobei Jean-Claude noch einen der Fische anlandete. Das Kanu fanden sie, so gut sie es in der Nacht einschätzen konnten, sicher in den Schlinggewächsen versteckt. Enrique hatte die Plane ausgerollt und ein primitives Regendach mit drei herabhängenden Schutzseiten aufgebaut. Laub und Gräser ersetzten das Federbett. Soweit es bei der Dunkelheit zu bewerkstelligen war, wurde alles durch verschiedenartige Gewächse vor neugierigen Blicken getarnt. Nur, wie wollte es Enrique schaffen, Feuer zu entfachen? Und sollte man überhaupt Feuer machen, wenn man nie wusste, wann und wie schnell die Mestizen mit dem Motorkanu auftauchten? Dies waren für Frank im Moment die brennendsten Fragen. Vom Feuerzeug im Lederbeutel hatten er und Jean-Claude nach wie vor keinen blassen Schimmer. Auf dem Pflanzenpolster waren sie, trotz des Hungers und des Höllenspektakels von Brüllaffen, Fröschen oder auch Jacarés, Kaimanen, bald eingeschlafen. Frank hatte immerhin nunmehr fast fünfzig Stunden kein Auge mehr zugetan. Früh am Morgen wurden sie sanft durch den Duft von gebratenem Fisch geweckt und aus den Träumen geholt. „Da haut's dich nieder, wie hast du das geschafft, Enrique?" Frank lief das Wasser im Munde zusammen, aber auch Jean-Claude begann, seine Lippen zu lecken. Dieser war immer ein gemütlicher Esser gewesen, der ein anständiges Gericht zu würdigen wusste. Die Fische waren zwar keine Lachshäppchen in Sahne-Meerrettich oder mit keiner Gänseleber „aux truffes", wie Jean-Claude sie aus Frankreich gewohnt war, zu vergleichen, aber dennoch ein Weihnachtsmahl. Nach neun Tagen im Lager musste er mindestens so ausgehungert sein wie Frank. Da spielte es keine große Rolle, womit der Bauch gefüllt werden konnte, diesbezüglich hatte Jean-Claude völlig recht. Enrique lachte:

„Also, passt auf, bei den Werkzeugen im Schuppen lag ein Feuerzeug. Mit dem Benzin wäre demnach in der Not auch bei Regen ein Feuer zu machen. Deswegen vor allem trachtete ich danach, es mitzunehmen." Alle drei schlugen sich bis zum Gehtnichtmehr mit dem herrlichen Fischfleisch die Mägen voll, danach lagen sie behaglich ausgestreckt unter ihrer Plane. Von dort vernahmen sie dann plötzlich den erwarteten Motorenlärm. Sofort waren sie hochgesprungen und krochen zu den Schlinggewächsen am Ufer. Das Boot rauschte mit mehreren Personen, davon einigen in Uniform, dicht an ihnen vorbei. Wie lange würden sie brauchen, um zurückzukommen? Sie würden mit Sicherheit auf Teufel komm raus suchen, dies war allen klar. Die Zeit bis dahin musste genutzt werden. Jetzt am Tage war ihr Umfeld viel besser zu erkennen. Das in der Nacht nur notdürftig versteckte Kanu wurde besser getarnt und ihre Plane direkt zwischen langen Gräsern in ein hohes Farngewächs an Ästen befestigt, die sie einige hundert Meter entfernt aus dem Unterholz geholt hatten. Ihr „Unterstand" war vom Fluss, ja selbst vom Ufer aus nicht mehr zu erkennen. Alle Spuren, welche Menschen für gewöhnlich hinterlassen, wurden beseitigt. Für den äußersten Fall hatten sie sich einen Fluchtweg durch das Strauchwerk geschlagen, der an den Mangroven im Moder und Sumpf endete. Die Teufel konnten also mit ihrer Suche beginnen, sie würden die Flüchtigen nicht finden, die in aller Seelenruhe erneut bei den Felsen am Fischen waren, um etwas in den Magen zu bekommen. Keiner der drei hatte die viele hundert oder tausend Quadratkilometer große Gegend je zuvor gesehen. Auch Jean-Claude und Enrique waren in den letzten Tagen vor ihrer Ankunft im Lager die Augen verbunden worden, sodass nicht mal der kleine Teil der Lager-Gegend bekannt war. Sie steckten also direkt im größtenteils sumpfigen Urwald, in welchem es in den Flussniederungen keinerlei Hügel oder gar Berge gab, zu denen die Sicht durch die grünen Ufermauern ohnehin verborgen blieb. Ausgestreckt auf einem morschen Baumstamm, der zur Hälfte aus dem Wasser ragte, ließ sich eine „Ecci" von den ersten Sonnenstrahlen erwärmen. Das Reptil wurde von den Indios so genannt, das bedeutete „die Schlange, welche den

Zahn zieht". Die herausgebrochenen Giftzähne benutzten die Indios, um ihre eigenen kranken Zähne damit anzuritzen, worauf diese dann ohne Weiteres nach kurzer Zeit herausgezogen werden konnten. Schon spannend, was die Natur alles auf Lager hat. Enrique meinte: „Wenn uns die Fische mal über sind, uns das Fischfleisch nicht mehr behagt, kann ich uns zur Abwechslung ohne Weiteres mal einen bekömmlichen Schlangenbraten vorsetzen. Obwohl, er wird nicht in jedem Fall bekömmlich sein. Wir müssen jedenfalls zusehen, dass wir auch pflanzliche Nährstoffe bekommen. Zum Glück kenne ich einiges, was an Früchten und Pflanzen wild im Wald wächst und was unser Magen auch verträgt. Alles, was die Papageien fressen, können wir Menschen übrigens auch zu uns nehmen. Also schaut gefälligst hin, was die farbigen Vögel sich so alles durch den Schnabel ‚hineinziehen'. Wir werden später, sobald die Lumpen an uns vorbeigefahren sind, versuchen, Früchte zu finden." Frank zog einen Grundfisch aus dem Wasser, einen wohlschmeckenden „Bacre". Zu diesen Grundfischen gehören beispielsweise Aale, Karpfen und Zander. Eine Menge verschiedener Fischarten war also bereits auf einen hölzernen Spieß gesteckt, da vernahmen sie tatsächlich schon das mal lauter, dann wieder leiser werdende Tuckern des Außenborders. Sie konnten nicht errechnen, wie viel Zeit die Verfolger benötigen würden, bis sie vor ihnen auftauchten. Den Fluss beherrschen ungezählte und langgezogene Schleifen, die das Boot, nicht aber der Motorenlärm, zu bewältigen hatte. Allzu lange konnte es aber nicht dauern. Sie holten schleunigst ihre Leinen aus dem Wasser, verwischten ihre Spuren und verzogen sich auf den von ihnen ins Dickicht geschlagenen Pfad, bis hin zu den Mangroven, von wo sie selbst ungesehen den Flusslauf überblicken konnten. Von ihrem Versteck aus erspähten sie in der Ferne, an einer Flusskrümmung, das Kanu der Schergen. Es war vielleicht, wenn's hochkam, noch 500 Meter von ihnen entfernt. Trotzdem waren unter den Uniformierten auch Mestizen zu erkennen, solche, die sie ins Camp geschleppt hatten und denen ihr ganzer Abscheu galt. Hatte nicht auch Jack gesagt, die Mestizen seien die Grausamsten? Wer weiß, was denen für den Fall, die Flüchtlinge zu ergreifen, versprochen worden war. Umsonst würden die eine so strapaziöse und auch gefahrenreiche Suche gewiss nicht unternehmen. Sollten sie auch voller Hass auf alle Fremdlinge stecken, manchmal vielleicht sogar zu Recht, so ist es kein persönlicher Hass, keine gegen den Einzelnen gerichtete Wut. Fremdlinge sind und waren schon oft die effektiven Ausbeuter gewesen, angefangen bei den spanischen und anderen Entdeckern. Also kann man den Ärger solcher Menschen schon verstehen. Dennoch rechtfertigt das ein solch grausames Vorgehen überhaupt nicht. Solche Dinge gingen Frank in dem Moment durch den Kopf.

Das Kanu war nahe herangekommen. Die Verfolger zählten acht Personen, darunter war auch ein Indio, den sie sich wohl als perfekten Spurenleser gegriffen hatten. Er wies mit einem seiner Arme auf die Felsen, von denen aus sie ihre Angelschnüre ins Wasser geworfen hatten. Er schien den Uniformierten irgendetwas klarmachen zu wollen, denn er fuchtelte wiederholt mit seinen Fingern dicht an deren Nasen herum, wobei er verzweifelt auf das Ufer deutete. Das Boot wurde also in Richtung jener Felsen gesteuert. Die drei Flüchtigen machten sich klein. In nur etwa fünfzig Metern Entfernung verebbte der Motorenlärm, das Kanu blieb liegen. Mit Ferngläsern suchten die Bluthunde das Ufer und den dahinterliegenden Dschungel ab. Der Indio machte Anstalten, aus dem Boot zu hopsen, woran er, zum Glück für die drei Versteckten, durch den erneuten Start des Motors gehindert wurde. Die Männer fuhren zurück zur Flussmitte. „Puh, das war ausgesprochen brenzlig. Hätten die Blödmänner sich an den Indio gehalten, säßen wir jetzt wohl in der Patsche." Jean-Claude standen Schweißperlen auf seiner Stirn, die er sich mit einem Hemdzipfel abwischte. „Oder wir könnten schon keine Luft mehr schnappen", meinte Enrique. „Habt ihr die Drecksaugen dieser Hunde gesehen? Die glühten vor Tücke und infernalischem Hass." „Sollten sie uns erwischen, werden sie uns killen, soviel ist sicher." Frank lachte zynisch. „Aber immerhin angenehmer, hier gekillt zu werden, als so zu vergammeln wie Jack oder der verstümmelte Blinde, dessen Namen ich leider nicht erfragt habe. Nun bin ich gespannt, wann sie wiederkommen. Mit dem Benzin werden sie bekanntlich sparsam umgehen müssen. Aber wir wissen natürlich nicht, wo sie es beziehen und ob weitere Lager am Flusslauf bestehen. Ich glaube allerdings nicht, dass es hier in der Nähe eine Tankstelle gibt oder sich ein Lancha hierher verirrt." „Mit den meisten Kapitänen von Lanchas hat es eine eigene Bewandtnis", warf Enrique ein. „Sie sind zu allen möglichen Geschäften bereit und aus dem Urwald lässt sich Manches holen. So sicher bin ich mir also gar nicht mal, ob nicht doch wegen ein paar verlorener Indios ein Lancha hierher findet, das dann natürlich auch Benzinfässer mit sich führt. Bevor der Regen einsetzt, werde ich unsere Fische ausnehmen und tafelfertig herrichten. Schaut ihr euch derweilen nach anderem Essbaren um."

Die nächsten Stunden waren sie vor den Verfolgern sicher. Die würden mit der Sucherei an entfernten Plätzen zu tun haben. Bei dem Gedanken daran musste Frank lachen. „Lachst du über mich, oder was ist an dieser Scheiße so spaßig?", fragte Jean-Claude, der sich nach seinem Schweißausbruch wieder gefangen hatte. „Nein, ich denke darüber nach, wie die Trottel sich vergebens abmühen, um uns zu finden. Hier werden sie nicht mehr auftauchen." „Frank, sei bitte nicht so optimistisch, noch ist nicht aller Tage Abend, weshalb ich auch noch nicht mit meinen Ave Marias anfange." „Mal den Teufel nicht an die Bäume. Auf, schnapp dir eine Machete, damit wir in den Wald kommen." Frank selbst wählte für sich eine der mitgeführten Eisenstangen für den Dschungel aus. Äußerst bedächtig suchten sie sich auf dem sumpfigen Morast vorwärts zu bringen, vorbei an spitzen, fingerlangen und oft mit entsetzlichen Widerhaken bestückten Dornengewächsen. Je tiefer sie in den Wald vorstießen, desto undurchdringlicher und finsterer wurde er für sie. Warum sollten sie eigentlich das Risiko auf sich nehmen, sich an den Dornen oder den abgebrochenen Ästen zu verletzen? Eine Wunde heilte in dieser Hölle nur schwer und am Ufer oder in dessen unmittelbarer Nähe war ebenso mit Essbarem zu rechnen. Verschiedentlich verkrochen sich erschrockene Schlangen vor ihnen, wobei die eine oder andere zu einem folgenschweren Biss geneigt war, hätte sie nicht mit Franks Eisenstange Bekanntschaft gemacht. Überall war das Gekreische kleiner oder größerer Äffchen zu hören, ebenso das Gequake von allerlei Froschgetier, geradezu in harmonischer Abstimmung mit dem Gezirpe der Caprichos, der Grillen. Das Gekrächze der vielen Papageien, die versteckt irgendwo zwischen den dichten Zweigen der Bäume hockten, umrahmte dieses tierische Konzert. Raupen und anderes Gewürm war ebenfalls mit zahlreichen Spezies vertreten, zum Verzehr aber völlig ungeeignet, wie man sich unschwer vorstellen kann. Als Jean-Claude sich eine größere Araña, eine Spinne, aus dem Nacken fischte, sahen sie den Zeitpunkt für sich gekommen, sich eilends aus diesem Dickicht zurückzuziehen und wieder dem Fluss zuzuwenden. Zurück am Ufer nahmen schaukelnde, bunte Schmetterlinge und Millionenheere von Steckmücken den Platz des Gewürms und der Raupen im Walde ein. Des Öfteren sah man hier die Papageien, die in kleinen Gruppen über den Fluss flogen. Ein auf dem Rücken dunkelbläulich-grün und auf der Bauchseite gelblich-weiß gefärbter Lagarto, eine Echsenart, verschwand in seiner Wohnung, einer Höhle in einem Baumstumpf. Das Tier war enorm groß, sicher einen Meter lang. Ein herrlicher Braten, sollte man es zu fassen bekommen. Lagartos sind aber äußerst behände und scheu. „Den müssen wir uns fangen." „Wie, Frank? Ich weiß, die Viecher sind wieselflink und schlau." „Ich werde ein Netz stricken, wir haben ja genügend Manila-Garn im Lager." Zurück bei Enrique, mit nichts weiter als der guten Idee und einigen blutigen Schrammen, erholen sie sich bei den zwischenzeitlich gerösteten Fischen. „Ja, Frank, ein Netz wäre nicht das Verkehrteste. Kannst du denn ein solches herstellen?" „Kein Problem, habe in einem der Gefängnisse, in denen ich einen Großteil meines Lebens verbrachte, Fischernetze oder solche für das Militär stricken müssen. Ich kann es also definitiv." Frank nahm ein Manilatau und begann damit, die einzelnen Schnüre daraus zu rollen. Jean-Claude half ihm dabei. Sie knoteten eines der einzeln gehaltenen Bänder an einen Ast. Ein kleines Holz ersetzte den Schlegel. Auf ein Schiffchen verzichtete Frank gänzlich, mit den Fingern zog er die Schnur durch die Maschen. Bis zum einsetzenden Regen war bereits ein ansehnliches Netz mit kleinen Maschen hergestellt. Nur winzige

Tierchen oder auch kleinste Fische würden noch einen Durchschlupf durch die Maschen finden, nicht aber der Lagarto.

Sie saßen unter der Plane, die Regentropfen hatten pünktlich ihren Weg vom Himmel gefunden und es wurde in Minutenschnelle stockfinster. Ihr Lager befand sich auf einer kleinen Erhöhung, sodass eine Überschwemmung, selbst bei stärkstem Regen, nicht zu befürchten war. „Jean-Claude, wieso haben sie dich eigentlich geschnappt?" Frank war nun doch etwas neugierig geworden. „Ja weißt du, ich bin von Haus aus ein Abenteurer. Sobald ich durch meine Malerei genügend Geld beisammenhatte, legte ich meinen Pinsel aus der Hand und machte mich auf die Socken, um ferne Länder kennenzulernen. Für mein zuletzt angefertigtes Gemälde wurde mir von einem spleenigen Typen eine horrende Summe bezahlt. Mit diesem Geld und jenem, welches ich für den Verkauf meines Wagens erhalten hatte, wollte ich Südamerika bereisen. Ich flog nach Bogotá, um von dort aus das Land zu durchstreifen. Später sollten Ecuador, Peru und Bolivien folgen. In den billigsten Hotels versuchte ich unterzukommen und fuhr meistens per Anhalter, so auch nach Piendamó. In der Stadt, die ich vor allem wegen des vorangegangenen Erdbebens besuchen wollte, hatte ich vor, nur einen Tag und eine Nacht zu bleiben. Während dieser Nacht wurde ich von Uniformierten, von denen ich annahm, dass sie zum Militär gehörten, aus dem Schlaf gerissen. Sie standen in meinem Zimmer, einige von ihnen durchwühlten meine Klamotten. Und sie fanden natürlich mein Geld, fast zwanzigtausend Dollar, sowie meinen Pass. Frech und ohne jegliche Beweise stellten sie die Behauptung auf, mein kleines Vermögen sei Drogengeld. Nach diversen Schlägen musste ich mich anziehen und ihnen gefesselt zum Fahrzeug folgen. Sie fuhren mit mir zu einer Hazienda, von wo aus es mit einem Hubschrauber über die östlichen Cordilheiras zu einem Kaff am Rande des Urwaldes ging. In diesem Nest wurde ich einem Typen mit Brillengläsern dick wie Flaschenböden übergeben. Dieser Scheißtyp schleppte mich dann zusammen mit Einheimischen teils auf einem Gaul und teils im Boot hierher in die tiefe Hölle des Dschungels. Die ganze Reise dauerte fast zwei Monate. Das Schlimme an der Sache ist, ich werde mit Sicherheit lange nicht vermisst, da es meine Angehörigen von mir gewohnt sind, dass ich Monate nichts von mir hören lasse. Kein Grund also für meine Lieben, sich zu sorgen. Und mein alter Herr arbeitet als Botschaftsangestellter irgendwo in Asien, zuletzt war er in Thailand. Das wissen die Schweine, im Lager haben sie es schließlich aus mir herausgeprügelt. Wie sie mir dann zu verstehen gaben, sollte ich im Falle nach und nach zerstückelt werden. Wieso im Falle und weshalb überhaupt, das sagten sie natürlich nicht. Ist schon erstaunlich, da klauen sie dir das Geld und beschuldigen dich des Drogenhandels, machen sich aber die Mühe, dich in ein Camp zu schleppen. Geradesogut hätten sie mich ja auch umgehend umlegen können. Das ist schon alles, mehr habe ich von mir nicht zu berichten. Ihr habt also einen ganz gewöhnlichen Bildermaler vor euch, für technische Zwecke völlig ungeeignet." Die letzten Worte stieß er recht bekümmert, ja fast beschämt hervor. „Wie steht es nun aber um euch, wieso haben sie euch ins Lager verschleppt?" Jean-Claude blickte seine Kameraden fragend an. „Enrique, erzähl du deine Story, die kenne ich ebenso wenig wie Jean-Claude", sagte Frank. „Gut, also ich stamme aus Südamerika. Ich bin in einer Favela bei Rio zuhause. Schon früh in meiner Jugend wurde mir das Klauen beigebracht. Bei den Touristen war immer etwas zu ergattern, weshalb ich mich aus der Favela Caju verzog und mich an der Copacabana und in Ipanema durchschlug. Den letzten Touristen, einen Schweizer, musste ich zwangsläufig umlegen, um an dessen Kohle zu gelangen. Er nahm mich mit in sein Hotelzimmer, da er angeblich einige Fotos von mir schießen wollte. Er hatte wohl vor, sich an meinem Körper zu ergötzen oder mich vielleicht sogar zu sexuellen Spielen aufzufordern. Ich weiß es nicht und es bleibt im Grunde genommen auch ohne jegliche Bedeutung. Sein Geld lag im Zimmersafe gebunkert, das merkte ich daran, dass der Ärmste auch seine Geldbörse dort hineinlegte und danach sein Depot abschloss. Der Schlüssel baumelte an einer Kordel um seinen Hals, den ich ihm mit derselben zusammengezogen habe, bis er der irdischen Welt entrückt war. In aller Seelenruhe schloss ich den Safe auf und entleerte ihn. Ich packte alles für mich Wertvolle aus seinem Zimmer in eine vorgefundene Tasche, um dann mit dem Lieferantenaufzug und durch den Hintereingang aus dem Hotel zu verschwinden. Kein Mensch hat mich gesehen und demnach war ich keinerlei Gefahr ausgesetzt, gefasst zu werden. Mit dem Geld aus dem Safe und dem erzielten Erlös für die anderen geklauten Sachen hatte ich vor, in Kolumbien guten Stoff zu besorgen. Ich Idiot hatte tatsächlich geglaubt, in so einem kleinen Grenznest in der Region Putomayo wäre ich mit dem vielen Geld – immerhin schlappe zehntausend Dollar – sicherer vor lauernden Urubus, die ich nur zu gut kenne. Kurz vor diesem kleinen Kaff am Rande des Urwalds stand ich also am Eingang eines bescheidenen Restaurants, in welchem ich vorhatte, eine Mahlzeit einzunehmen. Die Samangos, ein in der Hauptsache gegen die Militärpolizei gebräuchliches Schimpfwort, die echt von niemandem einen Wink hatten bekommen können, schossen direkt auf mich zu, so als hätten sie doch einen solchen Tipp erhalten. Mir ist es immer noch ein Rätsel. Und das war's dann. Nun bist du dran, Frank."

„Bevor ich zu erzählen beginne, möchte ich euch klarmachen, dass ich Raucher bin und seit Wochen einen wahnsinnigen Entzug mitmache. Sag, Enrique, kennst du als Südamerikaner kein rauchbares Kraut? Gibt es hier nirgends einen wildwachsenden Tabak oder sonst was in diese Richtung?" „Du brauchst so ein Zeug im Moment noch nicht, mein Bester. Auch an Tabak habe ich, wenngleich ich Nichtraucher bin, gedacht. Beim Feuerzeug im Beutel lag auch dies hier." Enrique kramte irgendetwas aus seiner Hosentasche. Was es jedoch war, konnten die beiden anderen in der Finsternis nicht erkennen. „Warte, ich mach uns Licht. Auch wenn ich's ungern tue, denn das Benzin ist eigentlich für Notfälle gedacht, nicht für Licht oder gar zum Zweck des Rauchens, aber ich versteh es ja." Wieder wühlte Enrique herum. Dadurch, dass er in einer Favela aufgewachsen war, fand er sich in extremen Situationen viel besser zurecht als die anderen beiden. „Während eurer heutigen Dschungeltour habe ich uns auch eine kleine Lampe gebastelt", fing er wieder an zu plappern. Er zündete das Feuerzeug an und hielt es über eine geschlossene Blechdose, aus der ein Docht hervorragte. Das Ding funktionierte tatsächlich, als er die Flamme an den Docht hielt, welcher einem Fetzen aus seinem Hemd entstammte. Die Lampe verströmte ein bläuliches, irgendwie unheimliches Licht, welches leider auch die Stechmücken anlockte. Enrique lachte, als er Frank den gefundenen Lederbeutel reichte, in welchem sich der Tabak und sogar das passende Papier befanden. „Was sagt ihr nun?", fragte er immer noch hämisch grinsend. „Gar nichts, ich jedenfalls bin völlig sprachlos. Danke dir, Kumpel. Jean-Claude, rauchst du auch?" „Wenn du mir was abgibst, klar." „Was für eine Frage. Augenblick, ich dreh uns beiden eine Zigarette, danach erzähle ich." Franks Hände zitterten beim Rollen der Glimmstängel. Er saß im Schneidersitz auf seinen Füßen, an denen sich auseinanderfallendes Schuhwerk befand. „Heute ist wohl Weihnachten", stöhnte er nach dem ersten Zug. Er war mit sich und seiner Welt anscheinend wieder zufrieden. „Was so ein Kraut an Wunder bewirkt", dachte Enrique, aber auch daran, dass die Zeit kommen würde, in welcher es keinen Tabak mehr gab. Frank, mit dem schmalen Gesicht und dem von Entbehrungen gezeichneten energischen Profil, ähnelte im Licht der Benzinlampe einem struppigen Waldgeist, so wie er gerade dasaß, die Beine über Kreuz, vom dichten Qualm eingenebelt. „Also, hört gut zu …" Frank erzählte ruhig und besonnen von seinem verruchten Leben, seiner Unruhe und seinem unkoordinierten Handeln, welches ihn stets tiefer in die Kriminalität führte. Er resümierte auch darüber, dass ihm nichts von der Tugend Abweichende fremd war, leider sogar Mord, allerdings hatte er einen solchen nur einmal begangen. Er berichtete von seinen vielen Gefängnisaufenthalten, meist nur aufgrund kleinerer Delikte. Dennoch wurden diese Aufenthalte nach jeder erneuten Festnahme immer länger. Aber er gab auch zu verstehen, dass er sehr wohl auch die echten Tugenden kannte und hätte man ihm damals den Raum und Wunsch gelassen, beim Steinmetz zu arbeiten, wer weiß, vielleicht wäre Frank heute ein rechtschaffener Mensch gewesen, vielleicht mit Frau und Kindern. Eigentlich hätte er sich dies gewünscht, um auch alles besser zu machen als seine Eltern. Doch er hielt fest, dass es leider bei der Hypothese bleiben musste und er deshalb nun hier in der Hölle des Dschungels hockte, allerdings mit zwei ganz tollen Kumpels. Und so beendete er seine

Erzählungen mit der Flucht aus dem Camp. „Frank, das mit dem blinden Krüppel geht mir ebenso an die Nieren wie auch das Schicksal von Jack. Mein Gott, ich steckte direkt neben ihm in meinem Loch und blieb völlig ahnungslos. Diese Schweine", knirschte Jean-Claude. Aber auch den beiden „Notfall- und Zufalls-Mördern" Frank und Enrique kam es hoch, sobald sie an die zwei zurückgelassenen Männer im Lager erinnert wurden. „Seht ihr", meinte Jean-Claude, „nach all unseren Lebensgeschichten halte ich fest, dass wir im Herzen eigentlich alle gar keine so schlechten Menschen sind, es sind einzig ganz spezifische Schicksalsmomente, die uns auf diese Abwege gebracht haben." „Wobei, Jean-Claude war ja gar nicht auf Abwegen, sondern lediglich ein glückloser Weltenbummler, dem sein ehrlich erarbeitetes Geld auf seiner Reise in Südamerika zum Verhängnis wurde", dachte sich Frank, ohne dies anzusprechen beziehungsweise Jean-Claude zu erklären. Bei Enrique war es natürlich schon ziemlich anders. Für ihn war ein Mord durch sein Leben in der Favela nichts Außergewöhnliches. Dort gehörte dies leider quasi zum Alltag und wurde kaum mehr beachtet. „Was aber viel bedenklicher ist, sie werden oft überhaupt gar nicht erst verfolgt. Es gibt ja meist keine Fahndungen, keine Gerichtsprozesse." Solche und andere Gedanken gingen Frank zusammen mit dem Zigarettenrauch durch den Kopf, als die drei fast eine halbe Stunde nicht mehr redeten und wohl in Gedanken bei den beiden Zurückgelassenen in absoluter Ruhe dasaßen.

Sie aßen noch die letzten Fische. Es war spät geworden, als sie sich endlich schlafen legten. Doch am frühen Morgen wurden Enrique und Frank durch laute Rufe von Jean-Claude aufgeschreckt, der entsetzt auf Enriques Füße starrte. „Enrique, eine Schlange, direkt an deinen Füßen, bewege sie nicht, ich werde versuchen, das Tier zu verscheuchen. Es scheint eine Korallenotter zu sein, da ihr Leib von vielen bunten Ringen geschmückt ist." Enrique hatte sich in Ruhe die kurze Beschreibung des Reptils angehört und zog daraufhin unbesorgt seine Füße ein. Ja, es handelte sich um eine Coral, deren prächtiges, lebhaftes Zinnoberrot von zahlreichen schwarzen, rundumlaufenden Ringen unterbrochen wurde. An ihren Rändern schimmerten die Ringe grünlich-weiß. Die obere Hälfte des Kopfes zeigte sich bläulich-schwarz, dann begann er bis zum Unterkiefer grünlich-weiß zu glänzen. Ihr Schwanz war schwarz und wurde durch mehrere weiße Ringe geziert, so auch das Ende. Eine farbenfrohere und hübschere Schlange konnte man sich kaum vorstellen. „Die Corals sind nicht aggressiv, aber tödlich, sollten sie dennoch beißen." Enrique sah die Schlange an, die sich nun neugierig auf dem Boden bewegte, um sich, nachdem Enriques Füße ihren Betrachtungen entzogen war, zu Frank hin zu schlängeln. Enrique erschlug das Tier nun mit einem Knüppel. Ein sinnloses Töten. „Hättest du sie nicht einfach fortjagen können, wenn sie doch nicht aggressiv ist, wie du behauptet hast?", enervierte sich Jean-Claude. „Hör mal, ein Brasilianer erschlägt eine Schlange immer, egal wann und wo er sie antrifft. Bei einigen Tausend Toten pro Jahr durch das Gift von Schlangen kannst du es ihnen nicht verübeln. Am schlimmsten sind die Grubenottern oder die Surucucú, Giftschlangen, die ähnlich wie die Klapperschlangen das Schwanzende vibrieren lassen können. Die Surucucú gehört zur Familie der Vipern und wird auch Buschmeister oder lateinisch ‚lachesis muta' genannt, sie ist ebenfalls eine der Fürchterlichsten. Sie wird weit über vier Meter lang und enorm dick. Ohne vorherige Warnung greift sie meist sofort an. In der Nacht lauert das Reptil oft versteckt zwischen Gestein oder einem Dickicht und imitiert irgendeinen Vogel, sodass man nicht im Traum darauf verfällt, dass sich dort ein solches ‚Schlangenmonster' verborgen hält. Vor Jahren habe ich einer dieser Giftottern auf einem bewaldeten Hügel ihren Kopf abgeschlagen, der dann vor meine Füße fiel und der den Rachen noch Minuten später auf und zu riss. Wäre der scheußliche Kopf auf meine bloßen Füße gefallen, säße ich jetzt ganz gewiss nicht mit euch hier am Arsch der Welt." Enrique drehte sich um und verzog sich etwas abseits hinter einige der Sträucher, danach wechselte er zum Fluss, um ein Morgenbad zu nehmen. Später saßen alle drei am Feuer und schlürften aus ihren Blechdosen ein aromatisches Getränk aus den Gräsern des Capim Limon, das wirklich nach Zitronen roch und sehr gut schmeckte.

„Wie ich mir denken kann, werdet ihr wohl euer Netz über die Höhle des Lagarto spannen wollen", fing Enrique die Konversation wieder an. „Ich werde uns derweilen Ararutaknollen besorgen, die zum Fleisch des Lagartos herrlich schmecken." Enrique blickte seine Freunde verschmitzt an. Er wusste aus Erfahrung, der Fang eines solchen Tieres war nicht so einfach. In Rio wurden diese Echsen vorrangig mit Hilfe von dreizackigen Angelhaken, den Garateias, an welchen übelriechende Fleischstückchen befestigt werden, gefangen. Der Garateia wird an einen etwa fünfzig Zentimeter langen, dünnen Draht gebunden in die Nähe einer Lagartohöhle gelegt, wobei der Draht unter Laubwerk verborgen wird. Der für den Menschen Ekel erregende, faulige Fleischgeruch versetzt den Lagarto in Ekstase. Wie von Sinnen stürzt er sich auf den Köder, um diesen samt Garateia heißhungrig zu verschlingen. Der Draht wird an seinem anderen Ende von einer dünnen, jedoch starken, irgendwo befestigten Leine gehalten. Angelschnüre hingegen könnten den äußerst scharfen Zähnen des Räubers nicht standhalten. Frank und Jean-Claude zogen also das mit Fischstückchen geköderte Netz über den Baumstumpf. Der Fischgeruch würde bis tief in die Wohnung des Lagartos dringen und diesen heißhungrig ins Verderben treiben. Sie dürften nicht allzu lange auf den Gaumenkitzel warten müssen, den sie ja quasi schon in ihren Händen hielten. Frohgelaunt marschierten sie zurück zu Enrique, dessen hochgepriesene, wie helle Karotten aussehenden Knollen bereits im Topf lagen. „Auch aus der abgeschälten Pelle lässt sich ein Getränk herstellen, ein herzhafter, süßlicher Tee. Eigentlich fehlt es uns an nichts, sieht man von den Weibern ab." „Die wären momentan auch fehl am Platz. Über allem dürfen wir nicht vergessen, dass die Gefahren unserer unfreiwilligen Dschungelreise noch längst nicht vorüber sind." „Hast recht, Frank, wir werden übermütig, dabei wäre es angebracht, wenn wir uns sofort tiefer in den Wald verziehen würden", sagte Enrique. „Können wir den Umzug bis nach dem Festessen verschieben? Im Augenblick werden sie ja nicht gerade auftauchen. Sie suchen unterhalb des Flusses nach uns." Jean-Claude fuhr sich bei dem Gedanken an den Lagartobraten genüsslich mit der Zunge über die Lippen.

Kapitel 2

Die Flucht durch die Hölle geht weiter

„Du redest die Teufel herbei, Jean-Claude. Schnell, gießt Wasser aufs Feuer und verwischt unsere Spuren. Es muss schnell gehen, da ich sie kommen höre", rief Enrique. Auch die beiden anderen vernahmen nun das lauter werdende Geräusch des Johnson-Motors. Bei oberflächlicher Suche war nicht damit zu rechnen, dass man sie entdeckte. Aber würde die Fahndung nach ihnen eine Oberflächlichkeit bleiben, falls sie wirklich ans Ufer kommen sollten? Jean-Claude und Frank bewaffneten sich mit Macheten, Enrique nahm eines der mitgeführten Eisenrohre auf Mann. Hoffentlich kam gerade jetzt nicht auch noch der Lagarto aus der Höhle, denn wäre er im Netz gefangen, wäre wohl allen klar, dass dies kein Zufall sein konnte. Eiligst liefen sie zu ihrem durch das Dickicht führenden Fluchtweg, dem sie erneut bis zu dessen Ende am Morast folgten. Durch dichtes Buschwerk und dank der Mangroven vor suchenden Augen geschützt, beobachteten sie, was sich auf dem Fluss tat. Die Männer im großen Kanu steuerten den toten Punkt der Flussbiegung an. Der Indio deutete mit seiner Hand erneut auf den Lagerplatz, den er aber bei Gott nicht erkennen konnte. Aber Indios haben bekanntlich oft übersinnliche Kräfte und spüren vielleicht auch ohne sichtbare Zeichen, dass da was sein könnte, sein müsste. Zu allem Elend ließen die Männer diesmal ihren „Suchhund" gewähren. Dieser stieg ins Wasser, als das Boot zum Stillstand gekommen war. Die Uniformierten suchten mit ihren Gläsern pausenlos das Ufer ab. Der Indio hingegen watete auf das feste Land zu, schaute vielversprechend auf den Erdboden, hielt seinen „Riechrüssel" wie ein schnüffelndes Schwein in die Höhe und begab sich dann doch tatsächlich auf den Weg, der zur Plane führte. Einige Zeit über blieb er verschwunden. Die Männer im Boot wurden ungeduldig, sie riefen bereits nach ihm, als er sich endlich bequemte, wieder am Ufer zu erscheinen. Zur Beunruhigung der drei ließ er sich bei seiner Suche von niemandem aus der Fassung bringen, er war heiß geworden und folgte seinem Naturell nach, dem Rufen der Leute im Kanu keinerlei Beachtung schenkend, dem Weg der Gesuchten. Diese sahen die Kanaille, geschickt Deckung bietendem Strauchwerk folgend, auf sich zukommen. Enrique stand ihm am nächsten. Der Indio bemerkte ihn nicht, als er an ihm vorüberhuschte. Ehe dem armen Tropf bewusst wurde, was die Ursache der leisen Geräusche in seinem Nacken war, stürzte er, einen unartikulierten Zischlaut von sich gebend und mit vor Schreck fassungslos aufgerissenen Augen, wie ein gefällter Baum zu Boden. Enrique hielt sein Mordwerkzeug spöttisch lächelnd, aber ein wenig verkrampft in den Händen. Er hatte dem „Judas" den Schädel eingeschlagen. Schnell und leise war die Leiche im Mangrovenmorast versenkt und verschwunden. Vergeblich riefen die Schergen vom Boot aus etwas für sie Unverständliches zum Ufer hinüber. Sie erwarteten, äußerst unruhig geworden, die Rückkehr ihres Kundschafters. Jetzt wurde es wohl eng. Im Boot befanden sich drei weitere Nichtuniformierte, zwei Mestizen und ein Schwarzer. Die Mestizen wagten sich selbstverständlich auf das Land. Es musste ja etwas Unvorhergesehenes geschehen sein, das es zu ergründen gab. Vielleicht benötigte der Indio ihre Hilfe. Die ahnungslosen Tölpel machten sich nicht erst die Mühe, lange herumzusuchen, wie es zuvor der Indio getan hatte, vielmehr schlugen sie den direkten Weg ein, den der „Versumpfte" gewählt hatte, um bei den dreien dann sein Leben auszuhauchen. Die Flüchtigen lagen zwischenzeitlich etliche Meter abseits vom Morast, durch dichtes Buschwerk verdeckt, auf dem Waldboden verteilt. Die Teufel kamen langsam näher. Sie quälten sich den geschlagenen Pfad an ihren Tod heran. Enrique schlug erneut zu. Er schlug dem Hintersten der beiden mit solcher Gewalt aufs Haupt, dass dieser mit geborstenem Schädel wie vom Blitz getroffen ächzend umfiel. Verblüfft drehte der Vordermann sich zu seinem Gefährten um. Es war seine letzte Drehung im Diesseits. Ein Machetenhieb trennte ihm fast den Kopf vom Hals. Ein hässliches Grinsen im Gesicht nahm er mit hinunter auf den Waldboden, auf dem seine zuckenden Glieder ewige Ruhe fanden. Frank legte die Machete zur Seite, um bei der Taschenfilzung zu helfen. Nach der Plünderung, die nicht viel hergab, wurden die beiden Toten ebenfalls zum Indio in den Sumpf geschmissen. Frank, Jean-Claude und Enrique hörten verzweifelte Rufe nach den Verschwundenen. Es dauerte eine geraume Zeit, bis die Teufel begriffen, dass ihr Geschrei unbeantwortet bleiben würde. Daraufhin schienen sie sehr besorgt und es trat das ein, was man als eine gewisse Panik bezeichnen konnte. Heftige Diskussionen waren auszumachen. Der Mut, sich ebenfalls ans Ufer zu begeben, fehlte ihnen jedoch. Kein Wunder, solche Typen sind ohnehin nur in der Gruppe oder aus dem Hinterhalt stark. Die Ferngläser kamen erneut zum Einsatz, Nichts. Was ging da vor? Sie schienen von einer gewissen Furcht erfasst zu werden. Sie hatten keine Kontrolle über das Geschehen. So warfen sie ihren Außenborder an und brachten das Boot ein gutes Stück aus der Region, in welcher es nicht geheuer schien. Etwa eine lange Stunde dauerte es, bis offensichtlich ein Entschluss gefasst war. Das Kanu kam zurück und zwei der Uniformierten stiegen ins Wasser und strebten dem Waldrand zu. Dort blickten sie sich ängstlich um und es war nicht zu fassen, sie kehrten schleunigst zum Kanu zurück. So eine Saubande. Nur kurzweiliges Stimmengewirr drang noch ans Ufer. Die feigen Lumpen starteten den Motor, um anscheinend hurtig ihr Lager stromaufwärts anzupeilen. „Solche eierlosen Drecksäcke", zischte Enrique, „nur an Wehrlosen und in Gemeinschaft beweisen sie unendlichen Mut. Obwohl, es ist ja auch diesbezüglich kein Mut, sondern nur Schwäche. Wir müssen allerdings schleunigst von hier verschwinden, die werden mit Sicherheit in größerer Zahl zurückkommen, sobald sie sich wieder gefangen haben." Auf dem Rückmarsch zum Lager suchten sie noch den Baumstumpf mit dem Netz auf. Sie fanden es, allerdings leer von Ködern und zerrissen am Eingang zur Behausung des Lagartos. „Ja, so einfach lassen sich die Viecher nicht ergreifen. Aber ich hatte mir sowas schon gedacht, da ich die Tiere zur Genüge kenne", meinte Enrique bereits wieder gut gelaunt. „Aha, daher hast du so gegrinst, als wir das Netz über den Baumstumpf spannten", knirschte Jean-Claude bitter. Sein erträumter Braten war ihm also entgangen, ein Fleischgericht, das er x-mal im Gaumen gespürt hatte. Nun denn, sie ließen dem Lagarto sein Glück. „Natürlich hatte ich meine Zweifel betreffend einen erfolgreichen Fang, aber was soll's, ist für euch beide eine Erfahrung mehr. Die Ararutas schmecken auch ohne Fleisch." Sie verzehrten als noch schnell das süßliche Gemüse und es schmeckte wirklich nicht unangenehm.

Jean-Claude und Frank zogen das Kanu aus dem Gewirr von Schlinggewächsen, verstauten alles Notwendige darin und verwischten danach so gut wie möglich sämtliche Spuren, die auf einen Lagerplatz hätten hinweisen können. Enrique suchte derweil noch ein paar Araruta-Knollen und weitere Capim Limon. Auf der gegenüberliegenden Flussseite versuchten sie bald, schleunigst aus dem Bereich des Gefangenenlagers zu kommen, um den Bestien nicht doch noch in die Klauen zu fallen. Immer öfter bemerkten sie kleinere Nebenarme, die in den Rio Ventuari mündeten. Einen dieser Nebenarme wollten sie später aufsuchen, um an dessen Ufer ein neues Lager aufzuschlagen. Es war angebracht, sich eine gewisse Weile zu verbergen, wenigstens so lange, wie die Suche nach ihnen auf Hochtouren lief. Bislang erspähten sie keine weitere Menschenseele, was bedeutete, sie befanden sich wirklich tief im südamerikanischen Dschungel. Die Ufer des Ventuari schienen sich weiter voneinander zu entfernen. Wann würde dieser Fluss bezwungen sein und wohinein mündete er? Vielleicht wirklich direkt in den Orinoco, wie Jack meinte? Fragen, die keiner beantworten konnte, auch Enrique nicht mit Bestimmtheit. Sie beschlossen, ein vor ihnen liegendes Flüsschen, welches so schmal war, dass sich die Kronen der beiderseits am Ufer stehenden Bäume berührten, hinaufzurudern. Das Flüsschen war so windungsreich und derart mit ineinander verhakten Baumwurzeln, Ästen und Zweigen gespickt, um größeren Booten, dazu noch mit Außenmotor, keine Chance zu bieten, es zu befahren.

Es war spät geworden und immer noch war nirgends festes Ufer auszumachen, so oft sie auch danach suchten. Die Nacht würden sie wohl im Kanu verbringen, was die Sicherheit betreffend ja gar nicht so schlecht war – keine Schlangen oder sonstige Gefahren, höchstens ein paar Stechmücken. Am nächsten Tag konnten sie sich, falls es notwendig werden sollte, um einen Lagerplatz für längere Zeit kümmern. Das Kanu wurde also ein gutes Stück flussaufwärts hinter einem schutzbietenden, dicken, im Wasser liegenden Baumstamm vertäut. Sie bereiteten aus der Plane einen Regenschutz vor. Flussaufwärts wurden sie durch das dicke Holzrund verborgen und an dessen übrig gebliebenem Geäst konnten sie auch ihre Plane befestigen. Bald war der Schutz fertig, eine Art Zelt, mit nur einer völlig offenen Seite. Und ein Kentern des Bootes mussten sie ebenfalls nicht befürchten, denn es wurde ja vom Baumstamm, vom Gestrüpp und vom Wurzelwerk gut im Wasser gehalten. Das Ganze war also schon fast gemütlich und heimelig. Enrique baute sogar noch eine Kochstelle. Die umliegenden Bäume verschwanden im Dunkel der anbrechenden Nacht. Nur nahe am Feuer leuchtete ein gemütliches, warmes Rot. Ein Tee aus Capim Limon war schnell zubereitet. Während sie das Getränk schlürften, kochten sie Ararutas. Eventuell konnten sie noch einige Fische dazu fangen. Die würden ihren ausgezehrten Leibern nach wie vor guttun. Es blieb einfach zu hoffen, dass nicht plötzlich Piranhas an der Angelrute hingen. Den einsetzenden und gewohnten Urwaldregen lachten sie aus, er konnte ihnen unter dem Planendach nichts anhaben. Außerdem war die Luft mit dem reinen Wasser erfrischend. Jean-Claude und Frank hängten die Angelschnüre in den Fluss. Als Köder dienten ihnen, auf Anraten von Enrique, kleine Araruta-Stückchen. Eine andere Alternative hatten sie eigentlich ohnehin nicht, denn Würmer konnten an Land keine beschafft werden. „Einige der Fische werden so gierig und gefräßig sein, dass sie sich auf alles, was sich bewegt, stürzen, solange es nur ins Fischmaul passt." Enrique hatte wieder mal

Recht, Frank zog schon schnell den ersten Dorado aus dem Wasser, dem in kurzer Reihenfolge weitere folgten. Sie aßen sich satt. Die zwei Raucher, die es sich so bequem wie möglich gemacht hatten, sogen behaglich den Qualm ihrer Zigaretten ein. Enrique fuhr sich mit einer Hand über die Augen, er sah müde und abgespannt aus; kein Wunder. Doch die dunklen Augen und sein etwas zusammengeknautschter Mund lachten aus dem Vollbart heraus. „Wie es aussieht, wird der Regen noch andauern, was bedeutet, bald könnte dieses noch schweigsame Flüsschen zu einem reißenden Gewässer werden. Wäre in Regionen wie dieser nichts Außergewöhnliches. Morgen in der Früh werden wir den Baumstamm genauestens in Augenschein nehmen, nicht dass er sich aus seiner Verankerung löst und uns mitreißt. Im Falle einer Überschwemmung sind wir im Übrigen genauso an diesen Ort gefesselt, wie die Schergen an den ihren." Auf das Blech eines zweckentfremdeten Eimers, das als Glutunterlage diente, wurden von Enrique einige der mitgeführten und trockenen Holzscheite gelegt. „Bis in die Morgenstunden hinein wird das Feuer zwar die Stechmücken anziehen, doch letztlich wird der Qualm sie uns mehrheitlich vom Leib halten. Der Tag hatte es wirklich in sich, drei Tote und dann die überstürzte, anstrengende Flucht." Erschöpft streckten sich die drei der Länge nach aus. Sie schlossen die Augen und ebenso wie über die Schreihälse oben in den Baumwipfeln würden die Urwaldgötter hoffentlich auch über sie wachen. Der Regen rauschte wie in Bächen vom Himmel und legte dichte, graue Nebel vor den Unterstand. Der aufgekommene Wind hatte sich völlig gelegt, kein Zweig an den Sträuchern und Bäumen regte sich mehr. Dafür war ein Gewitter aufgekommen und es blitzte und donnerte ziemlich heftig. Ein besonders heftiger Donnerschlag krachte und ließ die Luft erzittern, was Jean-Claude zu einem kurzen Stoßgebet veranlasste. Das Unwetter hielt nicht lange an, weiter und weiter entfernte sich das Grollen und Donnern. Der Regen wurde ruhig und gleichmäßiger, fast schon gemütlich beruhigend. Doch leider hörte er die ganze Nacht nicht auf und auch die nächsten Tage nicht. Er ergoss sich unaufhörlich auf den Wald und die Plane der Flüchtigen. Notgedrungen waren sie, wie Enrique geahnt hatte, an den Einbaum und somit an diesen Platz gebunden. Die Zeit nutzten sie, um ihr Lager zu festigen und auch dazu, es weiter auszubauen. Aus Ästen, Zweigen und Tauenden bauten sie sich zwischen dem Boot und dem umgestürzten Baumriesen eine feste Rampe, die allen dreien als Schlafstatt diente. Wie Enrique ebenso voraussah, wurde das Flüsschen zur reißenden „Pfütze".

Der Wald schien, dem nächtlichen Gezeter nach zu urteilen, recht belebt zu sein. Hier hatten die vielen Tiere ja normalerweise auch Ruhe vor dem zerstörerischen menschlichen Wirken. Durch die Regenschleier wurde es ihnen allerdings unmöglich gemacht, die Waldgeister zu erspähen. Nichts als den täglich gefangenen Fisch, der ihnen schon bald zum Halse heraushing, konnten sie sich während der Regendauer in ihre Wampen stopfen. Was sollte es, es regnete ununterbrochen weiter, was aber allemal angenehmer war, als sich bei den Mestizen im Lager zu wissen. An einen baldigen Aufbruch war also momentan nicht zu denken, zumal die sumpfigen Mangrovenufer nicht mehr zu erkennen waren.

Frank brachte trotzdem immer wieder die Option zur Diskussion, ob man den Regen und die zusätzlichen Tage nicht zur weiteren Flucht flussabwärts hätte nutzen sollen. Denn bei diesem Sauwetter waren die Mestizen ja definitiv nicht auf Suchtour. Man war sich dazu sehr uneinig. Pros und Contras wurden diskutiert. Vielleicht hätte man es tatsächlich ausnutzen sollen, sich so schnell und so weit wie möglich vom Lager zu entfernen. Und es würden ihnen bei diesem Pisswetter wohl auch keine Boote irgendwelcher Art entgegenkommen, höchstens vielleicht mal ein Einbaum von Eingeborenen. Bei diesen wusste man allerdings auch nie, woran man war. Wer steckte unter einer Decke mit den Schergen und wer nicht? Fragen über Fragen, aber man hatte momentan ja Zeit, sich damit in Ruhe auseinanderzusetzen und die gemeinsame Strategie festzulegen. Und diese blieb letztlich bei der vor Tagen gefassten Meinung, hier vorerst zu verweilen. Doch irgendwann musste man wohl oder übel den Weg in Richtung Zivilisation antreten und das Risiko, anderen Menschenwesen über den Weg zu laufen, eingehen. Es würde schwer werden, irgendeinem Unbekannten zu vertrauen.

Der tagelange Regen verebbte tatsächlich. Aus der Tiefe des Urwaldes schallte ihnen wieder das wüste, schauerliche Geheul von dessen Bewohnern entgegen. Der Wald erwachte also ebenfalls wie sie wieder zu neuem Leben. Die Tiere führten am Tage wie auch in der Nacht ein so vibrierendes Konzert auf, dass die drei wähnten, alle wilden Bewohner des Urwaldes seien in böse Kämpfe gegeneinander verwickelt. Das Gebrüll zeigte allerdings eine gewisse Übereinstimmung und Regelmäßigkeit, denn immer wieder schwiegen die Gesellen der Bäume, wie nach einem Zeichen des Taktstockes. Meist so lange, bis unerwartet einer der Kreischer erneut seine unmelodischen Geräusche von sich gab, woraufhin die Übrigen nichts Eiligeres zu tun hatten, als es ihm gleichzutun. Manchmal glich die Tonalität dem Geknurre einer Meute Hunde, im nächsten Moment dem Grunzen wildgewordener Säue, dann wieder dem schrecklichen Schreien einer Onça, einer Wildkatze, oder eines Jaguars, der auch in diesen Wäldern hauste. Vor allem die Brüllaffen hatten sie in den vergangenen Tagen nie erspähen können, so sehr sie auch, vor allem des Fleisches wegen, nach ihnen Ausschau hielten. Jetzt, nach den Wolkenbrüchen, sahen sie die Horde gegenüber auf einem der hohen Bäume hocken, von wo sie unaufgeregt und unauffällig zu ihnen hinunterschielten. Die Affen hatten auch etwas Erfrischendes ans sich. Es war urkomisch, wie sich die langbärtigen Konzertgeber starr und ernst gegenübersaßen und sich anblickten, sobald sie ihre Stimmen erhoben. Einige der Tiere saßen etwas abseits auf verschiedenen Ästen. Frank hielt sie für ausgemachte Wachen. Für sie, die Flüchtigen, war es unmöglich, einen der Brüller zu fangen. Gewehre, Blasrohre oder Pfeil und Bogen besaßen sie nicht. Es blieb abzuwarten, wohin sich die Affen bei einbrechender Dunkelheit verziehen würden. Normalerweise suchen sie sich dann das dichte, von Schlinggewächsen durchflochtene Laubwerk der niederen Bäume aus, um sich dort dem Schlaf hinzugeben, falls sie nicht die Absicht haben, die ganze Nacht durchzubrüllen. Enrique war's, der einen der Schreihälse auf einem umgefallenen, vom Wasser umgebenen Baumstamm erblickte. Das Äffchen klammerte sich verzweifelt an die Rinde, um nicht hinunterzufallen. Brüllaffen würden eher verhungern, als ins Wasser zu gehen. Vor dem feuchten Nass schrecken sie zurück wie der Teufel vor der Bibel. Da hin zum Äffchen nirgends größere Hindernisse den Weg versperrten und nur auf Kaimane und sich auf allerlei Gesträuch gerettete Schlangen geachtet zu werden brauchte, war es ein Leichtes, das verängstigte Tier zu ergreifen. Daraufhin verfiel die ganze Affenbande oben auf den Bäumen in wütende, ängstlich gellende Schreie und sie entflohen gleichzeitig auf andere Bäume in der Nähe. Schließlich hatten sie hier noch nie solche zweibeinigen Wesen gesehen. Liebevoll betrachteten die Männer den armen Tropf, dessen geringstes Bedürfnis nach Bewegung inzwischen gänzlich erloschen war. Er gab wohl die Hoffnung auf, sich noch aus den Fängen dieser „bösen" Menschen befreien zu können. Aber die Männer mussten leider Gottes auch auf ihre Nahrungsabwechslung achten. Und so landete das Äffchen im Kochtopf und das Fleisch ersetzte endlich den eintönigen Fischfraß. Und natürlich tat es ihnen auch irgendwie leid für das Äffchen, welches vom Fell befreit fast wie ein kleines Menschenbaby aussah, aber das ist letztlich die harte Realität in dieser unnachgiebigen und unwegsamen Landschaft.

Die drei saßen plaudernd unter ihrer Plane, wobei sie nicht vergaßen, die Umgebung im Auge zu behalten. Man konnte ob dem vielen Regen meinen, ihr Boot befände sich nicht auf einem kleinen Flüsschen, sondern in einer üppig bewachsenen, schlammigen Lagune, die eine extrem artenreiche Tierwelt aufwies. Nicht nur Schlangen oder Affen hatten sich ins Geäst oder auf die Stämme abgestorbener Bäume gerettet. Nein, sie erkannten unter anderem ein Stachelschwein, mehrere Pakas, Ratten und ein Faultier, von den Indios kurz und bündig „Ai" genannt. Falls sie wegen der Überschwemmung gezwungen waren, längere Zeit über an ihrem derzeitigen Aufenthaltsort zu bleiben, war zumindest für das leibliche Wohl mehr als gesorgt. Frank schlug vor, einige der Tiere zu ergreifen und einen Fleischvorrat anzulegen. Besorgt wiegelte Enrique ab und schüttelte den Kopf mit dem struppigen Vollbart, welcher das verkrampfte, spöttische Zucken seiner Mundwinkel verbarg. „Frank, uns fehlt Pökelsalz. Ferner ist es unwahrscheinlich, dass wir auch nur annähernd so viel trockenes Brennholz auftreiben können, wie wir zum Räuchern benötigen würden. Ich denke vielmehr, wir sollten uns daranmachen, Pfeile zu schnitzen und Bögen zurechtzubiegen, mit ein wenig Übung werden wir vielleicht einige Tiere damit erlegen." Er lehnte sich zurück wie ein satter Kater. Enrique hatte wieder recht, Fleisch würde ihnen schon in kürzester Zeit verderben und gefangene Tiere am Leben zu halten, bis sie dran wären für die Feuerstelle, war von vornherein zu vergessen. Bambus, aus dem sich herrliche Pfeile schnitzen ließen, sahen sie keinen, dafür aber die dünnen, geradewachsenden Zweige des „Goti-Busches", den sie zwischen dem vielen anderen Strauch- und Buschwerk entdeckten. Aus geeignetem, umherliegendem Material suchten sie sich ferner, immer auf der Hut vor Schlangen, welche sie sogar schon aus ihrem Boot gezogen hatten, ihre Hölzer für die geplanten Pfeilbögen. Heute war es für die Herstellung allerdings schon zu spät. Sie beschlossen, diese Arbeit auf den nächsten Tag zu verschieben, schließlich eilte es ja nicht. Bevor sie ihr Nachtlager vorbereiteten, zündeten sie die Lampe an, die sie gerade wegen der Schlangen die ganze Nacht brennen lassen wollten. Jean-Claude und Frank fanden jedoch noch keinen Schlaf. Sie erhoben sich und befestigten einige kleine Reste des Affenfleisches an ihren Angelhaken. Wie gehabt brauchten sie nicht lange zu warten, bis sie die hin- und hertanzenden Leinen in den Einbaum ziehen konnten. Es hingen wie gewöhnlich die etwa armlangen Trairas und Dorados dran. Auch Enrique war wieder aufgestanden, tötete die gefangene Beute und machte sich an die Arbeit, die Fische auszunehmen. Dann meinte er so ganz nebenbei:

„Falls ihr Lust habt weiterzufischen, schmeißt die nächsten Fänge wieder über Bord. Sie würden uns ebenfalls nur vergammeln und durch ihren Geruch die Kaimane anlocken. Die sind eh schon ganz heiß auf uns, wie ich bemerkte. Sie lauern jedenfalls schon ganz in der Nähe auf uns, nur damit ihr's wisst! Wir müssen also unbedingt auf diese Großmäuler mit ihrer

tödlichen Beißkraft achten, sobald wir mal ins Wasser steigen."
Enrique hielt mit seiner Arbeit inne, ließ den Fisch, welchen er gerade in den Händen hielt, zu Boden sinken, setzte sich bequem zurecht und blickte Jean-Claude und Frank lange in die Augen. Diese begannen dadurch schon fast an seinem Verstand zu zweifeln. Doch dann, nach eingehendem Studium seiner Partner, sagte er plötzlich: „Hört mal, durch den Umstand, dass der gesamte Urwald wohl überschwemmt zu sein scheint und auch die Räuber nicht aus ihrem Lager herauskönnen, haben sie eine Menge Zeit, die sie gewiss nicht untätig verstreichen lassen. Ich mache mir Gedanken darüber, was sie bislang unternommen haben könnten, um unserer wieder habhaft zu werden. Dass sie über Funk verfügen, ist sicher. Ich stellte es bei meiner Ankunft an den Antennen auf einem der Häuser fest. Sicher stecken hier oder dort Vertrauensleute oder Menschen, denen sie eine bestimmte Belohnung zugesagt haben, wenn sie uns durch deren Hilfe ergreifen können. Wir müssen deshalb jeden menschlichen Kontakt meiden, auch jenen mit eventuell auftauchenden Indios, die vielleicht sogar hier im Urwald wohnen und sich definitiv besser auskennen als wir. Wie wir wissen, stehen auch einzelne Indios den Schergen zu Diensten. Aber natürlich dürfte es auch Indios der anderen Sorte geben, die hilfsbereit sind und nichts mit dem Pack vom Lager zu tun haben wollen. Nur wie sollen wir den Unterschied erkennen! Die Suche nach uns wird ihr ganzes Denken beherrschen und so heiß werden, dass ich meine, wir richten uns an diesem Ort wohl am besten für länger ein. Dies weniger verbunden mit der Hoffnung, dass sie uns nicht entdecken, sondern dass sie vielleicht nach mehreren Wochen annehmen, uns hätten die Jacarès oder der Urwald selbst geschluckt. Hier vermuten und finden sie uns eher nicht beziehungsweise können sie nicht jeden kleinen Seitenarm absuchen. Dieses unscheinbare Flüsschen bietet dank der vielen Hindernisse im und über dem Wasser einen guten Schutz. Mit ihrem Riesenboot kommen sie nicht an uns heran, es sei denn, sie haben sich ebenfalls kleinere Boote beschafft, um solche Stellen auszukundschaften. Das Restrisiko bleibt also, ist aber kleiner, als wenn wir die Flucht nach vorne antreten würden. Obwohl, irgend-

wann müssen wir dann doch zusehen, dass wir Land gewinnen und hoffentlich wieder unsere Heimat sehen. Zur Not könnten wir uns noch weiter in den Wald zurückziehen. Obwohl uns Letzteres nicht wirklich antreibt, schlage ich vor, dass wir morgen trotzdem einen Versuch wagen, die Gegend vom Ufer weg zu erkunden, vielleicht auch hier einen geeigneten, unsichtbaren, kleinen Pfad vorzubereiten. Es kann mit Sicherheit hilfreich sein, wenn wir genau wissen, wo die Landschaft vom Flüsschen weg hingeht und wie sie sich präsentiert. Gibt es Sümpfe, vielleicht sogar kleinere oder größere Berge hier im Umland, alles ist möglich. Jungs, was meint ihr?" Enrique blickte seinen Kameraden erwartungsvoll in die Gesichter. „Packen dürfen sie uns nicht, die reißen uns den Arsch auf. Ich bin ebenso dafür, eine gewisse Zeit hier zu verweilen", meinte Jean-Claude. „Gegen die Holzverschläge, in welchen wir noch vor Kurzem hockten und in denen wir über kurz oder lang umgekommen wären, kann der Wald allemal konkurrieren. Weshalb also über eine längst beschlossene Sache reden? Wir bleiben, ist doch völlig klar. Kannst nun ja schon mal mit den Ave Marias beginnen, Jean-Claude." Frank stupste den Franzosen in die Seite. „Hast recht, werde zumindest einen Teil davon ‚abplärren', damit das Gewissen ein wenig beruhigt wird. Versprochen ist versprochen." „Aber nicht jetzt während der Nacht", grinste Enrique. „Und was meint ihr in Bezug auf eine Erkundungstour ins nahe Hinterland dieser Umgebung?" „Ist durchaus eine gute Idee und kann bei Bedarf von großem Nutzen sein, sollten wir auf dem Landweg abhauen und uns durchschlagen müssen", antworte Frank wie aus der Pistole geschossen. Und wer würde schließlich ahnen, was dieser Landtrip noch für eine größere Überraschung für die drei ausgemergelten Freunde bereithielt. Enrique hatte sich nun den auf dem Boden des Kanus liegenden Fisch zurückgeangelt und machte sich erneut ans Schuppen. Während der Arbeit sah er mit nachdenklichen Augen und im Geiste grübelnd beinahe düster vor sich hin. Sein bärtiges Gesicht sah aus, als höre und sähe er seine Kameraden nicht mehr. Man hatte irgendwie das Gefühl, er sei mit den Gedanken weit weg. Zwischen ihm und dem alt gewordenen Frank, aber auch Jean-Claude mit seinen traurigen, nichtverstehenden Augen lag das Leben, lagen die unendlichen Rätsel des Daseins, einschließlich der Fülle menschlicher Schicksale. Die mageren, ausgemergelten Gestalten boten einen erbarmungswürdigen Anblick. Die Köpfe erschienen wie große, wackelnde Pilze unter dem verfilzten Haar. Tief lagen die Augen in ihren Höhlungen, eckig traten die Backenknochen aus den fleischlosen Gesichtern, in denen noch vor kurzer Zeit jedwelche Hoffnung erloschen schien. Jean-Claude war von Haus aus der Typ des bescheidenen, stillen, ganz in seiner verträumten Bilderwelt versunkenen Künstlers. Den täglichen Dingen, vor allem der Technik, stand er meist unbeholfen gegenüber. Dennoch machte er seine Sache gut. Wer Jean-Claude aber näher kannte, schätzte seine aufrichtige Geradlinigkeit. Frank wiederum, obwohl er kaum die Vierzig überschritten hatte, wirkte so, als sei er bereits längere Zeit pensioniert, fast etwas greisenhaft. Die Züge seines an sich gut geschnittenen Gesichtes, die ohne den verschandelnden Bartwuchs ebenfalls besser zu erkennen gewesen wären, zeigten auch so schon tief eingegrabene Falten, die kleinen Rinnsalen gleichkamen; sie gaben ihm etwas Ermüdetes, beinahe Schlaffes. Der verunsicherte Blick und die sehr stark ausgeprägte Unterlippe, auf der er ständig herumbiss, verrieten, dass er lange Zeit mit sich allein gewesen war. „Jetzt wo es wieder einmal ums Essen geht, denke ich daran, dass wir uns nach Salzersatz umsehen sollten, sonst kippen wir bald aus den Latschen. Es muss doch so etwas geben, einige Tiere benötigen das Mineral doch ebenso wie wir Menschen, oder?" Jean-Claude richtete die Frage mehr an Enrique, den er für einen wahren Lebenskünstler hielt. Und dieser entgegnete ihm sogleich: „Du bist richtig informiert. Die wildlebenden Tiere begeben sich zu Plätzen, an denen sie salzhaltige Erde oder Steine finden. Die Erde können wir von vornherein vergessen, wir sind schließlich keine Regenwürmer, interessant bleiben aber die Steine für uns. Nur jetzt während der Überschwemmung danach zu suchen ist sinnlos. Vielleicht können wir uns morgen oder sobald das Wasser wieder abgeflossen ist, bemühen, an solche Orte zu gelangen. Wir können die Suche dann ja mit unserem Ausflug in das Umland verbinden. Ich blickte mich übrigens auch schon nach

Chili um, die Sträucher müssten hier eigentlich auch wachsen, nur leider entdeckte ich bisher keine von ihnen. Mit den Chili-Früchten könnten wir unsere Speisen endlich so richtig würzen, verdammt scharfes Zeug, aber dennoch ziemlich gesund." „Gut, und falls wir die ‚Salzsteine' finden, werden wir sie ebenso zart abschlecken wie es die Tiere tun. Wird lustig aussehen", lachte Frank. Enrique schmunzelte in sich hinein, für ihn schien dies alles kein Problem zu sein.

Die Fische waren gesäubert, jetzt lagen sie auf einem Blech über dem Feuer. Das vom Äffchen übriggebliebene Fett reichte, um das Blech damit einzureiben. So schmeckten die Fische bereits bedeutend angenehmer. Nachdem die Lampe nochmals mit Benzin aufgefüllt worden und der Regen fast völlig zum Erliegen gekommen war, wie sie hocherfreut feststellen durften, legten sie sich auf ihre Schlafplätze. Eine Wache brauchten sie zu diesem Zeitpunkt, wie auch die Nächte davor, nicht aufzustellen. Hinter ihrem dicken Baum hatten sie kaum etwas zu befürchten, obwohl der kleine Lichtschimmer durchaus ein gewisses Restrisiko barg; man wusste ja nie, ob und wann die Schergen tatsächlich unterwegs waren. Vielleicht gerade des Nachts, wenn das eine oder andere Feuerchen sichtbar war. In Bezug auf die vielen Tiere bot das Feuer ebenfalls den besten Schutz.

Vom Geknurre und Geschrei einer Onça wurden sie dann trotzdem aus dem Schlaf gerissen. Sie sahen das Katzentier ganz in ihrer Nähe zu ihnen herüber äugend und auf einem anderen Baumstamm liegend. Hin und wieder riss es den Rachen auf und ließ sein tiefes Schnurren hören. Fast hatte man das Gefühl, dass sich das wunderschöne Tier in der Nähe der komischen Menschengestalten wohl fühlte. Doch Frank hatte gar keine Lust auf eine solche Nachbarschaft. So schlug er mit einem der Paddel aufs Wasser, was das Tier dazu veranlasste, mit lautem Geschrei in der Art unserer Hauskatzen in das Flüsschen zu springen. Zu ihrer Verwunderung schwamm die Wildkatze gekonnt und schnell, sodass sie sogleich das Ufer erreichte und im Dickicht verschwand. „Na, ob die es auf uns abgesehen hatte? Mir schien es, als schielte sie mit ausgesprochenem Heißhunger besonders auf mich", sagte Jean-Claude. „Quatsch, wenn mit Heißhunger, dann nur in der Hoffnung, bei uns zu einem mühelosen Fraß zu kommen. Die Onça wird gewusst haben, dass es in der Nähe von Menschen stets etwas für den eigenen Magen gibt, irgendwelche Fleischabfälle oder Knochen zum Abnagen. Falls es sich so verhalten sollte, dürften menschliche Ansiedlungen in nicht allzu weiter Ferne liegen, Onças leben in der Regel in einem abgesteckten, wenn auch größeren Revier", meinte Enrique. Nach diesem Ereignis beobachteten sie noch kurz die Kaimane und wollten sich soeben hinlegen, als plötzlich eine Terekay-Schildkröte das Wagnis unternahm, vom Uferschlamm in Richtung des Einbaums zu schwimmen. Dies wurde ihr leider schnell zum Verhängnis. Mit dem von Frank gefertigten und zwischenzeitlich reparierten Netz wurde das an sich scheue Tier blitzschnell von Enrique eingefangen. Nein, nicht von einem Kaiman ergriffen, sondern einzig und allein von Enrique. Im Dschungel gibt es kein Erbarmen. Ohne nennenswerte Werkzeuge unterscheidet den Menschen vom Tier nichts weiter als seine Intelligenz. Er war ebenso hungrig und auch für ihn galt das Gesetz: Fressen oder gefressen werden. Dem Terekay wurde ein Eisenstab ins Herz gestoßen, woraufhin der eingezogene Kopf aus dem Panzer schnellte und mittels einer Machete vom Körper getrennt wurde. Das klingt alles sehr brutal, aber wie gesagt, es waren und sind die Gesetze des Urwalds. Der Papageienschnabel am abgetrennten Kopf wollte nicht zur Ruhe kommen und so warf der sensible Jean-Claude das Teil ins Wasser, in welchem er sogleich als Appetithäppchen im Rachen eines kleinen Jacarés verschwand. Das Fleisch aus dem Panzer der Terekay-Schildkröte zu bekommen, wurde zu einer mühseligen Quälerei. Im Kochtopf wollte und wollte es zudem nicht weich werden. Und ohne Salz war das ansonsten angeblich bekömmliche Gericht fast ungenießbar. In Zukunft wollten sie nach Möglichkeit auf das Fleisch von Schildkröten verzichten. Die Eier von diesen wären hingegen eine kleine Delikatesse gewesen, vielleicht würden sie davon noch welche finden. Doch Enrique belehrte seine zwei Kumpels auch diesbezüglich. Es war sehr unwahrscheinlich, da die Schildkröten für gewöhnlich Anfang März ihre Eier legen und diese Zeit war längst vorüber.

Während der Nacht hatte sich der Wasserspiegel etwas gesenkt. Sobald es in den etwas weiter entfernten Cordilheiras zu regnen aufgehört hätte, wäre der derzeitige Wasserhochstand rasch verebbt. Dies war auch unbedingt notwendig, denn vielleicht wollten sie sich nach dem Landtrip weiter flussaufwärts um einen anderen, noch sichereren Lagerplatz bemühen. Doch die Regenzeit dauerte meist bis zum Juli und so konnte es noch ein paar wenige Wochen dauern. Mit vielen gescheiten, aber auch abstrusen Gedanken schliefen die Flüchtigen ihren verdienten und endlich auch mal tiefen Schlaf. Den brauchten sie auch, denn am kommenden Tag wollten sie schließlich ihre Erkundungen an Land in Angriff nehmen, sofern das Wasser dann über Nacht auch gänzlich versickert war. Immerhin regnete es seit ein paar Stunden nicht mehr und durch die auch nachts hohen Temperaturen sowie vielleicht viel Sonne am Morgen trocknete es auch ebenso schnell, wie es sich durchnässt hatte. Und letztlich wollte man mit der Erkundung möglichst keine Zeit verlieren.

Nach einer wirklich ruhigen Nacht wachte der Wald nach und nach auf. Die vielschichtige Musik der Waldtiere begann mit sanften Tönen zu schwingen. Alles lag in Frieden und Einklang auf der gesunden Haut von Mutter Erde. Das Wunder Urwald, auch wenn es letztlich sehr wild und gefährlich ist, bleibt unvergleichbar. Nichts kann diesem totalitären Naturbiotop das Wasser reichen. Kein Mensch wird dieses Kunstwerk von Natur, ist es mal durch Gier und Rohstoffwahn zerstört, je wieder so herstellen können. Aber der Mensch muss ja in jede Ecke unserer Erde seine Nase reinstecken. Schade, sehr schade, denn wer diese natürlichen Klänge und Düfte je erlebt hat, und sei es wie bei den drei Kameraden nur auf der Flucht, wo die Eindrücke durch den Überlebenskampf ja noch intensiver waren, der wird diesen Zustand nie vergessen und ihn irgendwann in naher oder ferner Zukunft entsprechend vermissen. Diese und andere Gedanken hatten die drei vielleicht im Traum oder beim Tagesverlauf gerade in dieser Situation nicht im Kopf, aber bestimmt später, sollten sie je aus dieser Hölle herauskommen.

Die gedämpfte Musik der Tiere wurde wie jeden Morgen lauter und lauter. Allgegenwärtig und sehr gut hörbar waren momentan die Sumpfvögel, manchmal waren sie sogar gut zu sehen, wenn sie fluchtartig über eine freie Fläche im Ufergehölz liefen. So allmählich erwachten auch die drei Männer aus ihrem Tiefschlaf, wenngleich sie noch wenige Minuten vor sich hindösten. Doch dann ging's plötzlich relativ schnell, immerhin hatte man wieder ein gewisses Tagesprogramm und dieses sollte es in sich haben. Also, Gesicht waschen, Bart geradezupfen und auch den Haaren etwas Wasser zuführen. Im Rahmen der jeden Morgen stattfindenden Prüfung der näheren Umgebung entdeckte Jean-Claude zum ersten Mal einen Cuchumbi, einen Wickelbären, im Geäst eines Baumes. Er hing im Laubgewirr und war wohl auch soeben aufgewacht. Jedenfalls betrachtete er von seinem Hochposten aus mit erstauntem Blick die hantierenden Männer. „Bärenfleisch ist was herzhaftes." Jean-Claude schnalzte mit der Zunge. „Aber nicht von so einem dürren Gesellen wie dem da oben", meinte Enrique. Ansonsten blieb die morgendliche Konversation relativ dürftig. Jeder hatte zuerst mit sich selbst zu tun. Nachdem das Frühstück – Fisch, was denn sonst – verspeist war, machte man sich bereit für den Aufbruch. Das Gelände schien bereits recht trocken zu sein, zumindest musste man nicht mehr durch Wasser waten. Schnell waren die wichtigsten Gerätschaften auf Mann … Macheten, Eisenstange, Messer, etwas Draht und andere kleine Dinge, das Feuerzeug nicht zu vergessen. Trockenes Fischfleisch wurde ebenfalls im Hängebeutel verstaut und Wasser nahm man lediglich so viel wie nötig mit. Es war nicht das Ziel, möglichst viel mitzuschleppen. Mit kurzen Handgriffen wurde die Lagerstelle zusätzlich getarnt, sodass höchstens mit Adleraugen aus der Ferne etwas hätte erspäht werden können. Und so machten sie sich auf in den Wald, um mögliche Fluchtwege zu evaluieren oder sich im Landesinnern noch ein Versteck herzurichten. Zu ihrem Erstaunen ging es anfänglich recht locker voran, der Urwald war hier offensichtlich nicht so dicht wie andernorts. Die Macheten hatten nur wenig Arbeit. Damit man aber auch den Rückweg wieder problemlos fand, wurden in regelmäßigen Abständen

Wegmarkierungen aus Holzresten platziert. Immerhin wollte man möglichst weit vordringen und deshalb musste der Rückweg schon abgesichert sein, damit das Risiko, dass man sich verläuft, eliminiert war. „Was meint ihr?" begann Enrique endlich das erste größere Gespräch. „Wie weit sollen wir vordringen? Solange, bis es fast nicht mehr weitergeht? Oder schlagen wir uns ohne Rücksicht auf die Gegebenheit mit den Macheten durch, zumindest bis zur Mittagszeit, sodass wir vor dem Eindunkeln zurück im Lager sind?" Niemand antwortete, die beiden anderen waren einerseits in viele Gedanken versunken, andererseits waren sie durchaus am Überlegen. „He, was ist los, seid ihr noch in euren Träumen? He, Jungs, aufgewacht, wir sollten uns schon abstimmen und einig sein!" Enrique war ganz kurz etwas genervt ob der einstweiligen Passivität der anderen. Frank antwortete zuerst: „Mir wäre es recht, so weit wie möglich vorzudringen, ist doch eine gute Option, sollten uns die Schergen unerwartet auf die Pelle rücken. Und wer weiß, irgendwo hört ja auch jeder Urwald mal auf und vielleicht haben wir Glück, in die Zivilisation zurückzufinden, müssen wir früher oder später ja ohnehin versuchen. Die Chancen sind mickrig, aber wir sollten nichts unversucht lassen. Im Weiteren wäre es nicht ganz ausgeschlossen, dass wir auf irgendeine Straße stoßen, an der wir uns ausrichten und welcher wir dann bei Nacht folgen könnten. Nichts ist ausgeschlossen, wenn auch eher undenkbar." „Und du, Jean-Claude, was ist deine Meinung?" „Ich bin Franzose und schließe mich der Mehrheit an", meinte dieser mit seinem natureigenen Schalk. „Vorwärtsgehen, so lange wie möglich." Keiner ahnte zu diesem Zeitpunkt, dass sie auf etwas ganz anderes, ziemlich Unerwartetes stoßen würden und vielleicht sogar für mindestens eine Nacht nicht zum Flusslager zurückkehren würden können. Aber vorerst ging es fast geradeaus weiter und die einzigen Gefahren lauerten wie gewohnt in den Bäumen, versteckt in irgendwelchen Büschen, oder in Form von Kleingetier wie Spinnen oder anderen Insekten bis hin zu Pfeilgiftfröschen direkt am Boden. Es galt also, die volle Konzentration zu halten und auch möglichst wenig zu quatschen. In der Ruhe liegt die Kraft, heißt es so schön, und Ruhe war vor allem auch im Hinblick auf mögliche Zusammenstöße mit anderen Zweibeinern gefragt. Doch es blieb bis dahin alles ohne Zwischenfälle. Einzig eine größere, an einem Baum hängende Schlange kam Enrique etwas zu nahe, und so musste die Machete für Ordnung und einen risikofreien Durchgang sorgen. Nach und nach wurde nun auch das Buschwerk dichter und ohne Macheten nahezu undurchdringlich. Aber solange kein Sumpfgelände in Sichtweite kam, waren die drei zufrieden. So ging der Trip nun schon über zwei Stunden dahin und langsam ging man der Mitte des Tages entgegen. „Was meint ihr, sollen wir uns demnächst verköstigen? Wir können das Frischfleisch mit den hier vorhandenen genießbaren Früchten anreichern. Und auf dem Rückweg suchen wir dann noch die Salzsteine. Ich glaube sogar, vor etwa einer Stunde welche erkannt zu haben; die Stelle ist markiert, schließlich bin ich Enrique, der ultimative Urwaldspezialist." Ein lautloses Lachen überzog sein Gesicht, er musste über sich selbst schmunzeln. „Komm, wir hängen noch eine Stunde an, bis die Sonne den mehr oder weniger höchsten Punkt erreicht hat, damit die ordentliche Mittagszeit eingeläutet ist." Frank hatte momentan einen fast schon hektischen Vorwärtsdrang, aber dies gereichte ja allen zum Vorteil. Also wühlten sich die Jungs weiter durch das Buschwerk. Und fast hätte sie der Schlag getroffen, sie trauten ihren Augen nicht. In der Sahara wäre man wohl von einer Fata Morgana ausgegangen, aber hier im Urwald, hier gab es nach Adam Riese keine Lufttrübungen oder sonstigen Irrtümer. Okay, man könnte kurzfristig am Tropenfieber erkrankt sein, aber so schnell entfaltet dieses nun auch nicht seine Wirkung. Die drei schauten einander an und entschieden, vorerst im Flüsterton, erstmal eine gute Weile ganz still zu verharren und erst, wenn sich nichts tat, das Unerwartete anzupeilen. Sie bewegten sich nicht und eigentlich wäre es auch sehr überraschend gewesen, wenn sich genau hier Menschen befunden hätten, denn das vor ihnen liegende Phänomen oder Wunder war wie der Urwald ziemlich stark überwachsen, in den Konturen aber gut erkennbar. Hatten sie vielleicht sogar etwas bisher Verborgenes entdeckt? Lüften wir das Geheimnis. Die drei Flüchtigen stießen auf ihrer Erkundungs-

tour sehr unerwartet auf eine alte und höchst wahrscheinlich vor langer Zeit untergegangene Tempelstadt, vielleicht war es auch eine Gedenkstätte oder ein südamerikanischer Pyramidenbau, gerade so, wie ihn die Mayas oft errichtet hatten. Das Ganze musste ziemlich alt sein und es machte tatsächlich nicht den Eindruck, als wäre hier jemals schon irgendeine Menschenseele vor Ort gewesen, zumindest keine Forscher, Archäologen oder sonstigen Entdecker, wenn, dann höchstens mal ein paar Eingeborene, wohl aber auch vor Urzeiten. Das ganze Gemäuer war jedenfalls ziemlich stark überwachsen und wirkte deshalb auf die drei „Pfadfinder" aus Deutschland, Frankreich und Brasilien sehr mystisch, gerade so, wie man es sich als Junge erträumt, mal etwas ganz Spezielles zu entdecken. Doch wie nun weiter? Die drei schauten sich gegenseitig zweifelnd an, bis Frank endlich das Wort ergriff: „He, Jungs, atmet durch. Auch ich bin irgendwie freudig überrascht, aber verunsichert. Doch es gibt mir ein enormes Gefühl der Spannung und der Neugier. Vielleicht haben wir für unsere Rettung sogar das Ei des Kolumbus gefunden, indem wir hier ein ganz tolles Versteck einrichten können, tief unten in den Gewölben dieser Geisterstadt. Vielleicht irgendwo in einem geheimen Gang, wo uns definitiv kein Schwein suchen und finden wird. Meine anfängliche Unsicherheit weicht immer mehr einer reizvollen Begeisterung. Was meint ihr dazu?"
Es kam nicht gleich eine Antwort. Sowohl Enrique als auch Jean-Claude mussten sich und ihre Gedanken zuerst etwas sortieren. Mit so einem „Fund" hatte schließlich keiner von ihnen gerechnet. Nach einer Weile, begleitet von einer fast unheimlichen Stille, gingen dann die Diskussionen los. Enrique war eher der Meinung, man sollte dieses ominöse Gemäuer meiden, man wisse ja nicht, was dort für Geister umherschwirren, und sicherlich waren die Mauern, Gänge und Keller prädestiniert für jegliches Getier. Vielleicht war es sogar im wahrsten Sinne des Wortes ein sogenannter Schlangentempel mit vielen Schleichtieren, die nur auf ihre Opfer warteten. Jean-Claude, der Künstler, war da ganz anderer Meinung und eher auf der Linie von Frank. Am liebsten hätte er gerade jetzt seine Staffelei mit ein paar Leinwänden dabeigehabt, um von dieser geheimnisvollen Szenerie

ein paar tolle Bilder hinzuzaubern. Und er wollte wie Frank ebenfalls unbedingt mehr wissen. Diese einmalige Gelegenheit sollte man sich doch nicht einfach entgehen lassen. Nein, hier galt es, den bereits durch das Urwaldleben angeeigneten Mut weiterzuentwickeln. „Kommt, Kameraden", meinte Jean-Claude, „vielleicht finden wir sogar einen bisher verborgenen Schatz, goldene Reliquien aus einer fernen Zeit." Er glaubte wohl selbst nicht wirklich, was er da von sich gab. Dennoch doppelte Frank nach. „Ja, wer weiß, es könnte ja sein, dass tatsächlich noch kein einziger Mensch diese Stätte betreten hat. Also können wir im allerbesten Fall zwei Fliegen mit einer Klappe schlagen; ein Superversteck für unser Überleben konstruieren und gleichzeitig noch reich werden. Und wenn uns die Schergen dann wirklich nicht mehr suchen sollten, so in einigen Wochen, schleppen wir den Goldschatz mit dem Einbaum aus dem Urwald." Alle lachten ob dieser Fantastereien. Und zudem wären sie mit viel Pech wieder gleich weit wie vor der Gefangennahme. Sie trügen Gold oder sonstige Schätze mit sich, was wieder dieselben unehrlichen Begehrlichkeiten dieser Militärs wecken würde. Frank legte nach: „He, sind wir nicht längst zu klassischen Abenteurern mutiert? Was haben wir denn zu verlieren? Schlagen wir uns mit unseren Macheten durch und nehmen diese rund 100 Meter auch noch unter die Füße. Danach werden wir ja sehen, was uns dort drüben alles erwartet. Wir müssen vorsichtig bleiben, aber dies ist ja nichts Neues und wir sind gewissermaßen schon gut erprobt." Da keiner der beiden anderen zu widersprechen gedachte und keine Einsprüche folgten, legte Frank ohne weitere Debatte los. Er schlug mit der Machete alles aus dem Weg, um schnellstmöglich weitere Rätsel lüften zu können. Und so dauerte es eine gefühlte halbe Stunde, bis man zur ersten Konstruktion gelangte. Es schien wirklich eine Art Pyramide oder Tempel zu sein. Mit weniger Hektik befreite man die Bauten dem Fundament entlang von allem Grünzeug, sodass man irgendwann auf einen Zugang stoßen musste. Und siehe da, schon nach dem ersten Eckpunkt mit riesigen Quadersteinen sah man einen solchen Durchgang, entweder gleich ins Innere des Tempels führend oder einfach als Tor und Zugang zur versunkenen Stadt. „Woher hatten die nur diese großen Steine und wie konnten sie diese so exakt bearbeiten?", merkte der verkappte Steinmetz Frank an. Er erstarrte fast vor Bewunderung. „Ja, die hatten schon damals etwas ‚auf der Platte', wie auch die Ägypter oder andere prominente, leider längst ausgestorbene Kulturen. Sie müssen diese Steine wohl mit Karren aus vielleicht nahen Bergen herangeschleppt haben, es kann eigentlich gar nicht anders sein. Und das Zurechtschlagen in die gewünschten Quaderformen oder andere geometrische Bauelemente war früher ja kein Problem, höchstens eine Zeitfrage." Enrique machte also wieder mal einen auf schlau, aber letztlich hatte er auch in dieser Sache mehr oder weniger recht. „Nicht schlau daherschnorren, Enrique, erstmal weitermachen und weiter erforschen", neckte ihn Frank mit einem fröhlichen Lachen. Und Jean-Claude? Dieser war so beeindruckt von dem Abenteuer, dass er gar keine Lust dazu hatte, jetzt irgendwelche Worte zu verlieren. Und die Überraschung sollte sich noch steigern, denn nachdem sie den Durchgang erreicht hatten, dehnte sich vor ihren Augen eine riesige Anlage aus. Es musste sich also tatsächlich um ein größeres Dorf oder gar um eine Stadtgemeinschaft handeln. Viele Gebäude lagen fast bis auf die Grundmauern in Trümmern, aber das Ganze war bombastisch, einerseits in der Fläche, andererseits wegen des verwunschenen Effekts. Man findet schließlich nicht alle Tage etwas so Einmaliges, und dies mitten im Urwald, am stetigen Abgrund des Lebens. Man wähnte sich schon fast in einem Film von Indiana Jones, mit dem Unterschied, dass dies hier Realität war. Es muss wohl nicht erwähnt werden, dass sich auf den vielen Trümmern, Mauern, Säulen und teils noch gut erhaltenen Bauten viele Affen und auch diverse Vogelarten tummelten. Schlangen waren den Buschjägern bisher nicht über den Weg gekrochen, doch was nicht ist, kann ja noch werden. Sie mussten stets sehr vorsichtig sein und durchdacht vorgehen. Allein ein Schlag mit der Machete konnte eine übersehene Schlange ziemlich provozieren, und wie schnell war ein Biss an der Hand oder am Arm möglich. Unbeirrt stießen sie aber weiter vor, mit dem Ziel, zuerst einen Gang, vielleicht unterirdisch, in den Tempel zu finden. Es war sehr gut möglich, dass er unter anderem auch als Grabstätte diente, vielleicht für die Eliten dieser Kultur. Und so konnten doch auch Grabbeigaben nicht ganz ausgeschlossen werden, sofern bisher wirklich noch keine Sau diese Quadratmeter betreten hatte. Realistischer war es aber, dass irgendwann vor Jahrzehnten Grabräuber oder gutgesinnte Archäologen diesen Flecken erforscht und danach wieder dem Schicksal überlassen hatten. Viele Gedanken und Fantasien schwebten durch die Köpfe der drei urchigen Männer. Alle verhielten sich sehr still und es wurde höchstens jeweils der nächste Schritt abgesprochen.

Vor lauter Spannung und Abenteuergeist vergaßen sie die Zeit ein wenig und als Enrique den Sonnenstand beäugte, musste er sich schlagartig zu Wort melden: „Verdammte Scheiße, wir haben uns von dieser Kultstätte zu stark blenden und verführen lassen. Es dürfte schon Mitte des Nachmittags sein und wir schaffen es wohl kaum noch vor dem Einnachten zu unserem Lager." Er war ziemlich enerviert, denn er hatte eigentlich überhaupt keine Lust, hier und heute einen weiteren Lagerplatz einzurichten und die Nacht fast im Freien zu verbringen. Glücklicherweise lag dieses „Kulturdenkmal" ebenfalls an einem kleinen, sehr langsam fließenden Wässerchen. Für den Durst war also gesorgt und ein nächstes Fischmenü war wohl auch machbar. Die anderen schauten nun ebenfalls zum Himmel hoch und kamen leider zu keiner anderen Erkenntnis. „Sei's drum", meinte Frank, „wir wollten ja ohnehin ein zusätzliches Versteck einplanen, also ist die Sache doch gar nicht so schlimm. Wenn wir clever vorgehen und den Pfad zu dieser überwucherten Stätte ebenfalls so vorbereiten, dass wir ihn bei einem Rückzug mit viel Buschwerk schließen können, kommt doch niemand auf die Idee, dass sich jemand bis zur Anlage durchgeschlagen hat. Und wenn, dann finden wir hier und jetzt irgendein Loch im Tempel, in welches wir uns im Notfall verkriechen und dessen Eingang wir mit größeren Steinen von innen mehr oder weniger unsichtbar machen können. Also, auf geht's, suchen wir uns diesen ‚geheimen' Raum. Und die eine Nacht bis zur morgigen Rückkehr verbringen wir irgendwo oben auf einer dicken Mauer, wo uns kaum irgendein Lebewesen gefährlich werden kann.

Und sollte es, was zu erwarten ist, wieder zu regnen anfangen, bauen wir uns mit großen Blättern und Holzstäben ein Dach über dem Kopf. Die Holzstäbe können wir unter anderem in die Mauerspalten oder Mauerlöcher schlagen, damit die Sache auch stabil genug wird." „Sag mal, bricht der absolute Pfadfinder aus dir heraus? Du scheinst ja gleich alles im Griff zu haben. Vielen Dank für deine Weitsicht", huldigte Jean-Claude Frank für seine „rettenden" Gedanken und Pläne. Enrique war nach wie vor nicht begeistert, hatte aber keine andere Wahl, als gute Miene zum bösen Spiel zu machen. Und so gingen die Erkundungen weiter, zuerst beim ominösen Tempel. Sie fanden auch ziemlich schnell die Stelle, wo der ursprüngliche Eingang gelegen haben musste, dieser war aber teilweise verschüttet. Doch dies war durchaus ein Vorteil, denn wenn sie es schaffen sollten, einen kleinen Teil freizulegen und ein Loch zu graben, um hindurchkriechen zu können, hätte man schon hier einen Sicherheitsjoker, indem auch dieses Loch von innen hätte verstellt werden können. Einziges Risiko: Man war so gefangen und hatte definitiv keinen Fluchtweg, außer, ja außer es gab noch irgendwo einen unterirdischen Hinterausgang. Es galt nun mal, zuerst diesen Eingang freizukriegen, und sie hatten eigentlich ja nur ihre Hände und ihre Manneskraft zur Verfügung. Leider standen weder Pickel noch Schaufel bereit. Doch sie waren es ja seit Wochen gewohnt zu improvisieren. Die ersten Steinbrocken und Sandmengen waren in Kürze entfernt und zu ihrer Erleichterung war die Einsturzstelle nur minimal verschüttet. Schon bald erblickten sie das Dunkel des Innenraumes. Es galt also, sogleich eine Art Fackel herzustellen. Feuerzeug und etwas Benzin hatten sie ja dabei und so rollten sie trockenes Blattwerk um einen Holzstecken und begaben sich in das doch etwas unheimliche Innere des Tempelbaus. Die Spannung war selbstredend auf dem Höhepunkt, glaubten sie doch immer noch an irgendeinen überraschenden Fund. Wieso auch nicht, man hat schon ganz andere Dinge in den Tiefen unserer Erdkugel zu Tage gebracht. Flüsternd leuchteten sie die Hohlräume aus. Es gab labyrinthartig angelegte Räume und Kammern, allesamt riesengroß. Der Nervenkitzel und der Adrenalinspiegel stiegen weiter an, als sie in der hintersten Kammer eine tiefe Treppe in den Untergrund entdeckten. Lag hier vielleicht ein ominöser Schatz aus verschiedenen Grabbeigaben? War hier vielleicht die Möglichkeit für ein sicheres Versteck? Oder konnten sie hier unten vielleicht in Ruhe und trocken übernachten? Es sollte nicht lange dauern, bis Antworten auf diese Fragen folgten. Mit vorsichtigem Schritt stiegen sie die Treppe hinunter. Das Ganze war noch sehr gut erhalten, kein Wunder, alles war ja auch äußerst stabil und gewichtig zusammengebaut. Zum Glück hatten sie gleich zwei Ersatzfackeln hergestellt. Bezüglich der Sichtverhältnisse bestanden also keine Probleme. Tritt um Tritt schlich man sich unter Tage. Fast glaubte man, die lange, unaufhörliche Treppe führe gleich direkt in die Hölle. „Frank, bist du dir noch sicher, was wir hier tun?" fragte der nun doch etwas verängstigte Jean-Claude. „Sollten wir nicht langsam zurück zum Ausgang gehen?" „Hallo, was ist denn mit dir los? Hier unten kann uns wohl kaum etwas passieren, außer wir würden einen schlafenden Drachen wecken, der hier den Untergang der Dinosaurier überlebte. Und einstürzen dürfte das Gemäuer nach so langer Zeit auch nicht gleich jetzt, während wir hier unten sind, oder was sind deine Ängste, Jean-Claude?" „Schon gut, ich dachte ja nur." Enrique beruhigte ihn ebenfalls und zudem waren sie gleich am Ende der Treppe angelangt. „Also keine Panik, und der Schatz wartet ja hier unten sicher auch noch auf uns." War dies nur Wunschdenken oder war da wirklich nochmals etwas Unvorhergesehenes?

Na, auf jeden Fall waren sie tatsächlich noch in Sicherheit, denn die Schergen waren immer noch im Lager und hatten die Suche noch nicht wieder begonnen. Es herrschte dort zwar weiterhin eine Unruhe wie auf einem Ameisenhaufen – alle waren wütend erregt, weil doch tatsächlich drei Männer die Flucht ergreifen hatten können und jeder hatte irgendeinen Plan, irrte auf dem Lagerplatz umher und fluchte die wildesten Flüche –, doch es herrschte Chaos. Erst als der wohl höchste Lagerboss seine „Soldaten" zur Ruhe mahnte und auf den frühen Abend eine Lagebesprechung anberaumte, kamen die Einzelnen wieder auf Normaltemperatur. Es dauerte vor allem auch eine gewisse

Zeit, bis man herausgefunden hatte, wie die Flucht überhaupt hatte gelingen können. Sie wussten nach wie vor nicht, wie die Schrauben der Bohlen hatten gelöst werden können. An den Henkel des Eimers beim „stillen Örtchen" dachte bisher niemand, man sah diesen ja auch nicht mehr, und zudem wurde nie etwas geleert oder gereinigt. Selber schuld!

Frank, Enrique und Jean-Claude erreichten also das tief unter dem normalen Erdboden liegende Treppenende. Es war natürlich stockfinster, aber die Fackeln hielten noch eine ganze Weile und sie konnten nach und nach dieses Geschoss ausleuchten und erkunden. Es gab unzählige Gänge in diesem untersten, beinahe quadratischen Kellergeschoss mit einer Seitenlänge von vielleicht 15 Metern. Alles war recht gut begehbar, es lagen nur wenige Steine am Boden, die sich nach Jahrhunderten von der Decke oder aus dem Mauerwerk gelöst hatten. Eigentlich schien alles normal und einfach konstruiert, wenn, ja wenn da nicht in den Außenwänden je drei Eingänge pro Seite eingelassen gewesen wären. Diese waren aber mit Holzpalisaden und Steinplatten versperrt und es gab keinerlei Ritzen, durch die man hätte hineinspähen können. Aber was bedeutete dies und was lag hinter diesen Türen? „Verdammte Scheiße, was könnte dies wohl bedeuten?", flüsterte Frank den anderen zu. Auch wenn sie sich in relativer Sicherheit wähnten, war es nicht notwendig, herumzuschreien, vor allem hallte es hier unten doch ziemlich stark. „Keine Ahnung, sieht aber recht geheimnisvoll und spannend aus", entgegnete Enrique. „Irgendwie lässt mich das Gefühl nicht los, dass uns dahinter eher etwas Positives erwarten könnte." Und plötzlich schnippte Jean-Claude ganz unerwartet mit den Fingern. „Jetzt hab ich's, ich studiere schon die ganze Zeit, wo ich etwas Ähnliches mal gesehen habe. Es war in einem Buch über die Malerei der Urzeit, über Felszeichnungen und alte Skulpturen. Genau in diesem Buch war eine ähnliche Konstruktion abgebildet, und ob ihr's glaubt oder nicht, hinter diesen Eingängen befanden sich samt und sonders Grabkammern. Hier wurden die Stammesführer von solchen Herrschaftsgebieten aufgebettet, teils sogar mumifiziert. Dieser Brauch findet sich aber mehrheitlich in Ägypten oder anderen Ländern im Nahen

Osten." Alle waren erstaunt ob dieses Halbwissens von Jean-Claude, gleichzeitig aber auch dankbar für die Hinweise. Und gleich fuhr er fort: „Hier in Südamerika dürften sich wohl eher keine Mumien finden, schon gar nicht hier im tiefen Urwald. Vielmehr hat man hier die Toten in Grabmulden gebettet und ihnen für die Heimreise ins Paradies noch etwelche Grabbeilagen mitgegeben. Sollte es sich hier also tatsächlich auch um solche Grabkammern handeln, und davon gehe ich persönlich aus, würden wir durchwegs Skelette antreffen. Aber uns interessieren ja nicht die leblosen Knochen, sondern vielmehr, ob da noch wertvolle Schätze liegen. Vielleicht Armreife mit Edelsteinen, Gegenstände aus Gold und sogar Diamanten. Dann hättest du deine quasi wieder, Frank." Dieser musste lachen ob all dieser Fantastereien von Jean-Claude. Und doch war er wie die beiden anderen nun von einem unendlichen Tatendrang beseelt. „Wir müssen diese verbarrikadierten Eingänge unbedingt freilegen, im Minimum müssen wir es bei einem mal versuchen. Ich will unbedingt wissen, was sich dahinter verbirgt." „Na klar, doch wie? Wir müssten zuerst wieder hochsteigen und Holz beschaffen, denn die Fackeln halten nicht mehr allzu lange und für den Versuch der Freilegung dürften wir einige Zeit brauchen", meinte Enrique. „Wir müssen allerdings schauen, ob sich der Rauch vom Feuer hier unten auch irgendwie nach oben verziehen kann. Sonst wird es relativ schwierig. Ich gehe davon aus, dass wir das Feuer in der Nähe der Treppe machen müssen; diese dient dann quasi als Rauchabzug. Und sollte dies klappen, schlage ich vor, dass wir auch gleich hier unten nächtigen. Hier haben wir Ruhe vor allem, Tiere sollten sich keine hier herunter verirren und das Licht vom Feuer wird draußen so auch nicht zu erkennen sein." Die anderen stimmten zu und machten sich ebenfalls dazu auf, Holzvorräte nach unten zu schleppen. Die Spannung war greifbar, man merkte bei allen dreien, dass die Ungeduld schnellen Schrittes im Anmarsch war. Man wollte jetzt endlich eine der Kammern öffnen beziehungsweise den Versuch dazu starten. Neben dem normalen Holz wurden auch noch einige Stämme nach unten verfrachtet, man brauchte wahrscheinlich eine Art Rammbock, um überhaupt etwas bewegen zu können. Noch wussten sie ja nicht, wie dick die Steinplatten und die Holzabsperrung waren. Doch dies war eigentlich nicht mal das Hauptproblem, denn in der Zwischenzeit nahte bereits der Abend und sie mussten ja auch noch Verpflegung beschaffen; ein paar Früchte, frische Fische und eine feine Torte. Scherz, Letztere war natürlich nur erträumt. Alles musste zwangsläufig vor der Dunkelheit beigebracht werden und ein Pfad zum naheliegenden Flüsschen musste ebenfalls noch geschlagen werden. „Okay, ich schlage vor, dass wir unseren Arsch nach draußen bewegen und zuerst für unser leibliches Wohl sorgen. Danach werden wir während der Verköstigung die Lage und den Zeitplan besprechen. Wir müssen morgen unbedingt wieder zurück zu unserem Lager, die Zeit ist also ohnehin knapp. Aber vielleicht schaffen wir es ja noch, bis in die Nacht hinein eine dieser verdammten Mauerausparungen zu knacken." Enrique hatte gesprochen! Alle nickten ganz gehorsam.

Das Essen war zubereitet, die Wasservorräte erneuert, das ganze Holz die Treppe hinuntergeschleppt und so war man nach dem Essen bereit für weitere Taten. Blöd, jetzt haben wir vergessen, die verflixten Salzsteine zu suchen. Wäre doch mal angenehm, die Standardnahrung Fisch ein wenig mit Salz einstreichen zu können. Sei's drum, morgen werden wir ja reiche Männer sein", scherzte Jean-Claude. „Also, was meint ihr, wie teilen wir uns vor allem morgen die Zeit ein? Wir müssen spätestens am frühen Nachmittag aufbrechen, zurück zum Lager." Frank steckte also schon mit dem ganzen Kopf in der Planungsphase. „Wir stehen also möglichst früh auf und reißen mit allen Kräften der Gewalt einen dieser Durchgänge in der Wand auf. Für heute Abend sollten wir uns einen Plan zurechtlegen, wie wir hier ein geeignetes, unauffindbares Versteck einrichten können. Sollten uns die Schergen unten bei unserem Einbaum tatsächlich zu nahe kommen, und ausschließen sollten wir dies auf keinen Fall, sind wir froh um diesen Fluchtweg und Zufluchtsort." „Ich könnte mir vorstellen", begann nun auch Enrique zu sinnieren, „dass, sollten wir eine der Kammern aufkriegen, gleich in einer solchen das Versteck einzurichten wäre. Wir müssten nur schauen, dass wir es von innen so verriegeln können, dass von außen möglichst nichts auffällt. Natürlich haben wir in einem solchen Loch das absolute Risiko, gefangen zu sein und nicht mehr fliehen zu können. Die andere Variante wäre, dass wir vielleicht noch nach einem geheimen Gang nach draußen Ausschau halten oder einen solchen kleinen, tarnbaren Tunnel unter der Mauer durch buddeln, wohl oder übel mit den Händen und der ‚Allzweck-Eisenstange'." „Wenn die Zeit reicht, werden wir das eine tun und das andere nicht lassen", antwortete Frank. „Die Idee ist sicherlich gut und wahrscheinlich auch die beste; viele Alternativen haben wir ohnehin nicht." Und so legten sie gemeinsam noch die verschiedenen Details fest, bevor es an der Zeit war, sich endlich auf die faule Haut zu legen. Ein paar große Blätter hatten sie sich noch als Grünzeug-Matratze gesammelt, und so schliefen sie beim leisen Knacken des langsam erlöschenden Feuers einen recht tiefen Schlaf. Die innere Uhr war aber trotzdem unterbewusst eingestellt, auch wenn man keinen Wecker zur Verfügung hatte.

Der Erste, der erwachte, war wieder mal Enrique. Er schaute kurz nach draußen und stellte fest, dass die Morgendämmerung nah war und sie somit die verbleibende Zeit hier unten unbedingt noch optimal nutzen sollten, sofern sie es tatsächlich fertigbrachten, eine der Kammern aufzubrechen. Er weckte also schleunigst die anderen beiden; man wusch sich mit ganz wenig Wasser richtig wach und so konnte die Schinderei beginnen. Als Erstes wurde so nah wie möglich ein Feuer gemacht, damit man erstmals überhaupt so richtig sah, wie sich das Mauerwerk in diesen Türaussparungen präsentierte. Zu ihrem Glück schien es sich bei der vorderen Wandverkleidung tatsächlich nur um etwas dickere Steinplatten zu handeln, in der heutigen Sprache sogenannte Verblendsteine. Frank setzte also bei der obersten Platte mit der Eisenstange an und hämmerte diese mit einem quadratischen Stein, ähnlich einem Hammer, in die Fuge rein. Er begann bewusst nicht unten, sondern oben, da es weniger auffällig war, sollte man hier wirklich ein Versteck einrichten. Es brauchte nicht viele Schläge und schon löste sich die erste Platte mit etwa sechzig Zentimetern im Quadrat aus der Fuge. Enrique und Jean-Claude stemmten die Platte ohne allzu große

Anstrengung hinunter. Sie wog wohl etwas mehr als 30 Kilo, für zwei Männer also ein Pappenstiel. Insgesamt waren es 12 solcher Platten, wobei sie wie gesagt nur die oberen sechs aus der Verankerung lösen wollten. Nachdem die erste also entfernt worden war, war es ein Leichtes, auch die anderen aus der Mauer zu spitzen. Was dahinter kam, war allerdings etwas weniger erfreulich. Offensichtlich folgten noch Quadersteine, die den Weg versperrten. „So ein Scheiß", lästerte Frank, „nun beginnt wohl die strengere Arbeit, aber ich will hier unbedingt durch und wissen, was sich hinter der Barrikade verbirgt. Also, auf geht's, Jungs, hauen wir diese Steine mit dem Rammbock weg!" Jean-Claude schaute ein wenig verklärt in die Mauernische und zweifelte wohl wieder mal an den Möglichkeiten. Nichtsdestotrotz krempelte er provokativ die Ärmel zurück und machte sich daran, den als Rammbock dienenden Baumstamm zu heben. „Vergiss es", räusperte sich Enrique, „den kriegst du alleine nicht in die Höhe, hier brauchen wir die Kraft von uns allen gleichzeitig. Schließlich wollen wir zusätzlich mit Wucht in die Mauer stoßen." Kurze Zeit wurde es ruhig und man hörte nur das lodernde Feuer knistern. Doch dann schritten sie zur alles entscheidenden Tat. Der Baumstamm hatte eine Länge von fünf bis sechs Metern und einen Durchmesser von rund 30 Zentimetern. Ein optimales Gerät, um ziemlich viel Stoßkraft gegen die hoffentlich letzte Vermauerung zu entwickeln. Die drei verteilten sich gleichmäßig auf die Länge des Stamms, holten Anlauf, und schon donnerte der erste Schlag auf den mittleren Quaderstein. Der Erfolg war mäßig, aber der Stein musste sich ja auch erst einmal lockern. Beim zweiten Schlag zeigte sich bereits der erste kleine Erfolg; der Stein verschob sich zirka einen Zentimeter nach innen. Hoffentlich war niemand in der Nähe dieses Tempels, denn mit hoher Wahrscheinlichkeit mussten die Schläge draußen zu hören sein. Obwohl … die Urwaldtiere machten im wahrsten Sinne des Wortes einen „Affenlärm", welcher die Schallwellen der Schläge ziemlich neutralisierte. Aber es blieb keine Wahl, die Männer waren so von der Spannung getrieben, dass die Mauer einfach wegbefördert werden musste. Schlag um Schlag preschte auf den ersten Stein zu, aber es bestand die ziemlich hohe Gewähr, dass dadurch gleich weitere angrenzende Steine fallen würden. Und siehe da, diese Annahme war vollkommen richtig. Nach fünfzehn intensiven Schlägen – viel mehr wären ohne Pause und Kräftesammeln sowieso nicht möglich gewesen – kullerte der Stein aus dem Mauerwerk und legte sich mit dumpfem Geräusch im Erdwerk nieder, zusammen mit vier weiteren Steinen, die nur noch einen einzigen Stoß nötig machten. Und schon war der Durchgang groß genug, um hindurchzusehen, und aus zeitlichen Gründen, aber auch sonst, waren die drei froh, dass nicht noch weitere Hindernisse folgten. Fast gab es ein Gedränge, wer denn nun zuerst einen Blick in das Ungewisse wagen durfte. Frank griff sich als Erster eine Fackel, entzündete diese und ging, ohne weiter zu fragen, auf das Mauerloch zu. Die Spannung stieg schon fast ins Unermessliche und sie entlud sich nicht etwa in Enttäuschung, nein im Gegenteil. „Hey Jungs, haltet euch irgendwo fest, denn was ihr gleich zu sehen bekommen werdet, wird euch entweder den Atem rauben, zum Herzstillstand führen oder euch ganzheitlich aus den Socken hauen!" Frank war ganz außer sich und fast hätte er einen Urschrei fahren lassen. „Also, lass uns endlich durch, damit wir sehen, ob du uns verarschen willst oder du nur einfach im Traum irgendeine Fata Morgana siehst." Enrique jedenfalls glaubte nach wie vor an eine Verarsche oder einen schlechten Scherz, mit dem Frank den Frust der Arbeit zu kompensieren versuchte. Weit gefehlt, wie sogleich auch er festzustellen hatte. Frank machte den Weg frei für ihn und danach auch Jean-Claude, welcher ohnehin nicht wusste, wie ihm geschah. Enrique blickte hindurch, machte einen Sprung in die Höhe und stieß sich dabei den Kopf. Die kleine Schramme interessierte ihn nicht und er warf nochmals einen Blick durch das Loch, um sicherzugehen, dass auch der Kopfstoß kein anderes Bild ergab. „Beim Barte des Propheten oder sonst einer bärtigen Kreatur! Sind wir am Durchdrehen oder seht ihr, was ich sehe? Jean-Claude, bestätige mir bitte sofort, was dein vernünftiger Blick hier erspäht!" Enrique reichte ihm die Fackel und Sekunden später befanden sich die drei in ihrem Leben bisher eher Glücklosen nahezu in Ekstase. Tatsächlich handelte es sich um eine Grabkammer, vielleicht eine von 12, und ebenso glitzerte es in der geöffneten Kammer von allerlei Goldgegenständen, ganz eindeutig Grabbeigaben aus weit vergangenen Zeiten. „Sind wir tatsächlich die ‚Entdecker' dieser versunkenen Stadt und dieses verwunschenen Tempels mit seinem Geheimnis tief unten in den Kellergewölben? War tatsächlich seit dem Untergang dieses Reichs noch nie eine Menschenseele hier unten? Oder wissen vielleicht irgendwelche Eingeborenen um die Schätze, lassen das Gold und die Edelsteine aber in Frieden zusammen mit den Toten ruhen, ganz im Zeichen ihres Respekts und ihres Glaubens? Dies kann doch irgendwie alles nicht wahr sein!" Frank schien kurz vor dem Eintritt in den Wahnsinn, doch die Fragen waren ja durchaus berechtigt. Die beiden anderen hatten sich zum Glück bereits ein wenig gefangen, ihre Augen glänzten aber gleich stark wie die von Frank. „Hallo, Frank, krieg dich wieder ein. Auch wir verstehen die Welt gerade nicht mehr, aber wir haben keine Zeit, um länger herumzuhüpfen und hypothetische Fragen in den Raum zu stellen. Antworten finden wir wohl eh keine. Aber wir müssen unseren Adrenalinwert runterfahren und uns schleunigst in Ruhe hinsetzen und in der Kürze der Zeit einen gemeinsamen Plan ausklügeln." Enrique war also am schnellsten wieder in der Realität angekommen, auch wenn es innerlich heftig brodelte und es auch ihm fast schon schwerfiel, klare Gedanken zu fassen. Die drei setzten sich also hin, es dauerte aber dennoch einige Minuten, bis das Planungsgespräch in die Gänge kam. Aber es war tatsächlich immens wichtig, jetzt nicht die Nerven zu verlieren. Immerhin stand einerseits viel in Bezug auf die Flucht auf dem Spiel, andererseits musste nun auch dieser „Lotteriegewinn" verarbeitet und geplant werden. Es war erneut Enrique, der das Wort ergriff. „Also, meines Erachtens stehen drei Fragen im Raum, für die wir einen Plan aushecken müssen. Erstens können wir unser Lager am Fluss nicht länger alleine lassen, da wir das Boot und das übrige Zubehör für die weitere Flucht zwingend brauchen; wir können uns kaum zu Fuß durch den Urwald kämpfen. Wir würden uns mit Sicherheit verirren und müssten noch höhere Risiken in Kauf nehmen;

diese Fluchtvariante kann nur als Notfallszenario herhalten. Damit wären wir beim zweiten Punkt, dem Fluchtweg und dem Versteck in diesem Gemäuer, sofern wir länger bei unserem Lager am Flüsschen verharren. Und drittens, ja drittens haben wir nun noch die Last des entdeckten Schatzes, der höchstwahrscheinlich noch viel größer ist, sollten in den anderen Kammern die gleichen Verhältnisse herrschen. Um diese jetzt zu knacken, fehlt uns die Zeit, aber wir brauchen eine Lösung für den ‚Schatz' in der ersten Kammer und vielleicht sogar eine Lösung, wie und wann wir die anderen Kammern ‚knacken', um uns der wertvollen Gegenstände zu bemächtigen." Erneut kehrte Ruhe ein und man merkte, dass die Hirnwindungen rauchten, aber es war eigentlich klar, wie es weitergehen musste; der Lösungen waren da gar nicht viele, höchstens bezüglich der Details kamen verschiedene Szenarien in Frage. „Ist es euch recht, wenn ich erstmal meine Vorschläge in die Runde werfe und ihr nur bei abweichender Meinung interveniert?", fragte Enrique vorsichtig, aber bestimmt. „Klar doch, ist sicher besser, als wenn wir alle quer durcheinander ‚quaken' und damit wertvolle Zeit verlieren", entgegnete Jean-Claude. Auch Frank schloss sich ohne Veto diesem Vorgehen an. Und Enrique war schließlich ein trickreicher Geselle, der stets clevere und meist richtige Ideen hatte. Dies stand außer Zweifel, hatte er doch schon mehrmals den richtigen Riecher bewiesen. „Also, los geht's, ich beginne gleich beim ersten Problem", kam es wie aus der Kanone geschossen aus dem Mund von Enrique. „Den Fluchtweg hierhin sollten wir uns wie bereits geplant offenhalten und das Versteck heute noch gut vorbereiten. Allerdings sehe ich dieses nicht hier in der Grabkammer, hier drin wären wir verloren, denn die Schergen würden mit Sicherheit nach unten steigen und uns entdecken, da könnten wir den Zugang tarnen, wie wir wollen. Die einzige Möglichkeit wäre, einen Fluchtstollen aus diesem Tempel und aus der Grabkammer zu graben, dafür fehlt uns aber die Zeit. Ich denke, dass wir den Suchtrupp gerade mit diesem Zugang in die Irre leiten könnten und wir uns da draußen ganz unauffällig unter irgendwelchen Trümmersteinen ein kleines Versteck herrichten, möglichst überwachsen und eher unzugänglich. Es bliebe einzig das Risiko, dass sie die Hunde dabeihaben. Aber auch deren Nase könnte über die Kammer hier unten fehlgeleitet werden. Also brauchen wir nur draußen eine geeignete Stelle zu suchen beziehungsweise zu finden und dabei möglichst wenig mit der Machete freischlagen. Ein besseres Versteck liegt nicht drin und vielleicht können wir gelegentlich einen zweiten Fluchtweg in eine andere Richtung schlagen, um die Schergen schon von Anfang an in die Irre zu leiten. Und diesen eigentlichen Fluchtweg müssen wir an diversen Stellen einfach wieder zuwachsen lassen – geht ja recht schnell –, damit unsere Flucht auf diesem Landweg noch sicherer sein kann. Einwände oder bessere Ideen?" Jean-Claude und Frank schauten sich kurz an und die Mimik zeigte eindeutig, dass sie sich einig waren und gänzlich dem Vorschlag von Enrique zustimmten. Frank meinte lediglich: „Alles einwandfrei, eine andere Wahl oder bessere Option haben wir ohnehin nicht." „Gut", antwortete Enrique, „damit haben wir Problem eins und zwei bereits gelöst. Der heutigen Rückkehr zum Lager sollte nichts mehr im Wege stehen und wir haben ja noch fünf Stunden bis zum Aufbruch Zeit. Diese nutzen wir also für die Suche des geeigneten Verstecks in diesen weitläufigen Trümmern und für das dritte Problem, den Grabschatz." Die Spannung stieg, denn diesbezüglich herrschte die größte Unrast, das größte Fragezeichen. Hatte Enrique auch dafür schon einen geeigneten Plan? Jean-Claude und Frank trieben ihn schon fast inbrünstig dazu, mit seiner Rede fortzufahren. Doch Enrique ließ sich etwas Zeit, anscheinend war er noch nicht in allen Teilen schlüssig. Dann, nach etwa zehn Minuten, ergriff er wieder das Wort und die beiden anderen waren geradezu erleichtert. „Wie könnten wir mit den vorgefundenen, aus Gold bestehenden sowie mit Edelsteinen geschmückten Gegenständen vorgehen? Es gibt meines Erachtens drei Möglichkeiten: Entweder verschließen wir die Grabkammer wieder sorgfältig und lassen die Schätze drin oder wir schleppen alles zum Lagerplatz und verfrachten es ins Boot, was aber auch eine Platzfrage ist, denn es sind ja nicht wenige Grabbeigaben, oder drittens, wir leeren die Grabkammer und verstecken den Schatz an einem mehr oder weniger sicheren Platz irgendwo in der Nähe dieser versunkenen Stätte. Damit wäre zumindest dieser Teil gesichert, sollte in der Zwischenzeit tatsächlich jemand hierher finden. Für mich sollten wir die Möglichkeit, alles zum Boot zu schleppen, ausschließen. Dies würde uns bei der Flucht nur behindern und im schlimmsten Fall würden wir den Schatz bei einem Unwetter gar verlieren." Frank gab zu bedenken, dass der Schatz aber auch eine Hilfe sein könnte, sollten sie sich irgendwann auf der Dschungelreise freikaufen oder die Dienste von Eingeborenen in Anspruch nehmen müssen. „Da hast du allerdings recht, dies habe ich nicht bedacht. Ich schlage deshalb vor, dass wir einige wenige Teile des Schatzes an uns nehmen, den übrigen, größeren Teil aber hierlassen, außerhalb des Tempels, in einem gesicherten Versteck, welches nur uns bekannt ist. Und vielleicht erlaubt es uns die Zeit in den nächsten Wochen, noch einige Male hierher zu kommen, um die anderen Grabkammern ebenfalls aufzubrechen und zu plündern. Die alten Gebeine mögen es uns verzeihen, aber wir haben diese Gegenleistung aufgrund unserer vielen Entbehrungen und glücklosen Lebensjahre schließlich verdient. So oder so, das große Problem wird sein, ob und wie wir im Fall einer gelungenen Flucht flussabwärts und raus aus dem Urwald wieder hierher finden. Eine Skizze zu fertigen nützt wohl wenig bis nichts. Es bliebe somit nur die Möglichkeit, alle unsere Wegstrecken, welche sich auf der weiteren Flucht noch ergeben, so detailliert wie möglich festzuhalten … und zu hoffen, dass wir unser einziges, jedoch großes Vermögen dereinst wiederfinden." Mit dieser eher kleinen Hoffnung schloss Enrique seinen Gedankenfluss und konnte zufrieden das Nicken von Frank und Jean-Claude zur Kenntnis nehmen.

Inzwischen war die Mittagszeit erreicht und die Sonne brannte mal wieder gnadenlos auf das grüne Dach des Dschungels. Es blieben also gerade mal rund drei Stunden, um das Besprochene in die Tat umzusetzen und die zwei Verstecke zu bestimmen. Die drei Schatzsucher erkundeten zuerst den Rest der Ruinenstadt, vorbei an einigen sonnenhungrigen Schlangen, die genüsslich auf einzelnen Steinen lagen und sich nicht von den komischen, bärtigen Gestalten nervös machen ließen. Es blieb aber beiderseits Vorsicht geboten. Die alte Inka- oder Majastadt bot ganz viele bildliche Facetten und manch ein Fotograf hätte hier die tollsten Sujets auf die Filmrolle zaubern können. Erstaunlicherweise waren nebst dem Tempel noch andere Bauten verhältnismäßig gut erhalten, auf jeden Fall waren sie in ihrer Größe und Form noch erkennbar. Natürlich waren die Dächer längst eingestürzt. Die Männer kraxelten also über viel Mauergestein und fast hatten sie schon das andere Ende erreicht und noch kein passendes Versteck gefunden. Doch dann entdeckte Jean-Claude einige Meter zu seiner Rechten einen ehemaligen Brunnen, dessen Mauerumrandung noch bis zu einem Meter über dem Boden vorhanden war. Konnte dieses Loch vielleicht eine Lösung sein? Sie kletterten zum Brunnen hin und stellten fest, dass es sich um einen ehemaligen Ziehbrunnen handelte, der jedoch vollständig ausgetrocknet war. Nun erinnerte sich Frank an ein Geschichtsbuch, in welchem solche Brunnen vorkamen. Und bei einzelnen handelte es sich um eine Art Zisternen oder eben sogar Kavernen, das heißt, ein solcher Brunnen führte zwar zylinderförmig in die Tiefe, hatte unten aber ein ausgedehntes Becken von mehreren Metern in Länge und Breite sowie einer Höhe von bis zu drei Metern. Diese Erinnerung von Frank erlangte sogleich eine große Bedeutung, denn fast hätten sie den Brunnen hinter sich gelassen, als Frank nochmal ganz bewusst in dieses Loch hinunterschaute. Die sehr dürftige Lichtzufuhr ließ noch keinen eindeutigen Schluss zu, also opferte man die letzte Fackel und warf diese mit großer Flamme in den Schacht. Und tatsächlich, unten öffnete sich eine solche Kaverne. Die Dimension war zwar nicht vollständig erkennbar, doch waren die Enden der Schlusswand nicht zu erkennen, und dies bedeutete den entscheidenden Vorteil für ein Versteck. Man konnte sich locker abseilen, unten nicht sichtbar in Deckung gehen und nach Abzug der Gefahr wieder „aussteigen". Niemand wäre wohl auf die Idee gekommen, dass da unten jemand hockte. Einzig für den Ausstieg musste noch eine passende Lösung her. Man musste mindestens eine gewisse Menge Holz in Form von kleineren Baumstämmen und tragfesten Ästen nach unten schaffen, um sich entweder eine Leiter zu bauen oder die Äste quer im Loch zu verkanten. Eine weitere Möglichkeit war, am Seil einen Widerhaken zu befestigen und diesen mit einem gezielten Wurf nach draußen zu befördern, damit man daran wieder hochklettern konnte. Der Haken musste aber aus Metall oder sehr hartem Holz bestehen. Dieses Hilfsmittel musste auf jeden Fall nicht heute konstruiert werden, aber das Holz musste man schon noch runter werfen, denn bei einer Flucht würde wahrscheinlich kaum genügend Zeit für diese Arbeit bleiben. „Was meint ihr? Mit Seil und Holz der perfekte Fluchtort. Wir können uns unten absolut unsichtbar machen und kein Schwein dürfte auf die Idee kommen, ebenfalls nach unten zu kommen. Und durch den sehr modrigen Geruch würden uns auch die Hunde, sofern diese überhaupt dabei sind, was eher unwahrscheinlich ist, nie und nimmer riechen können." Frank war absolut von diesem Vorhaben überzeugt und offensichtlich konnte er auch die beiden Freunde überzeugen. „Einwandfrei, einwandfrei und nochmals einwandfrei, wenn dieses Versteck nicht perfekt ist, weiß ich auch nicht mehr weiter." Enrique, der sonst ja eher skeptisch gegenüber den Ideen der Europäer ist, war hellauf begeistert. „So machen wir's, Jean-Claude, du brauchst dich gar nicht mehr zu äußern, es steht zwei zu eins." Natürlich stand es nicht zwei zu eins, sondern drei zu null, denn auch Jean-Claude war sich der Sache sicher.

Schon wieder war eine geschlagene Stunde um und die Macheten machten sich umgehend an die Arbeit, damit das erwähnte Holz schnellstmöglich nach unten kam. Runterwerfen genügte vorerst, das Seil hatten sie ohnehin nicht dabei, es lag gut gerollt auf dem Einbaum beim Lagerplatz. Doch wohin noch mit dem Grabschatz? Einfach irgendwo in der Nähe ins dichte Gebüsch legen? Vielleicht eingraben? Viele Möglichkeiten waren da nicht. Könnte er im schlimmsten Fall bei starken Regenfällen weggespült werden? Viele Fragen taten sich auf und sie wollten fast todsicher sein können, dass der Schatz dereinst zu barer Münze gemacht werden konnte. „Das Beste wäre meines Erachtens das Eingraben, aber nicht einfach in ein Erdloch. Nein, wir sollten eine Grube buddeln, diese aber mit größeren, möglichst schweren Steinen ausschmücken, damit der Schatz mehr oder weniger sauber bleibt, durch das Gewicht der Steine nicht fortgeschwemmt wird und durch die Vertiefung nicht sichtbar ist. Über die Grube legen wir Bambusrohre oder stecken diese über den Steinen quer in die Erde. Das Ganze verdichten wir oben mit großen Blättern und tarnen die Grube mit der ganz normalen Bodenzier sowie einigen Buschzweigen, die wir gleich selbst rund um die Grube unauffällig anpflanzen. Na, ist das was?" Dieser Enrique hatte wirklich immer eine zündende Idee auf Lager und da keiner eine bessere hatte, suchten sie auch dafür die geeignete Stelle, bauten wie vorgeschlagen die Grube, schleppten die Schätze aus dem Tempel zum kleinen, unterirdischen Bauwerk und tarnten alles unerkennbar. Um die Stelle wiederfinden zu können, sollten sie überhaupt je wieder hierher zur Ruinenstadt gelangen, markierten sie die umliegenden Bäume mit einer Rinden-Ritzung, groß genug, um sie selbst wiederzuerkennen, klein genug, um nicht von Weitem gleich aufzufallen. Und sollten sie vor der weiteren Flucht nochmals hierherkommen, um weitere Schätze zu bergen, war die Grube schon mal groß genug gebaut und sie könnten auch einen Teil der Plane verwenden, um dieses Vermögen noch besser vor den Witterungseinflüssen schützen zu können. „Einfach genial, clever, durchdacht und perfekt." Enrique lobte sich quasi selbst, aber es war wohl einfach nur die große Erleichterung, den Schatz mehr oder weniger in Sicherheit zu wissen, geschützt vor dem Zugriff anderer „Entdecker". Sie klatschten sich gegenseitig die Hände, umarmten sich kurz und waren stolz auf die ganzen zwei Tage, die sie hier verbracht und gewirkt hatten. Allerdings brauchten sie mehr Zeit als geplant und die Sonne deutete bereits auf den späteren Nachmittag hin. Wenn alles glatt lief und sie umgehend aufbrachen, war das Lager am Fluss noch vor der vollkommenen Dunkelheit zu erreichen. Jeder freute sich nach diesen mentalen Strapazen der Lösungssuche mit Sicherheit auf einen genüsslichen Schlaf im wildromantischen Einbaum. Und die Motivation potenzierte sich nicht unwesentlich aufgrund der einzelnen Schätze, die sie wie abgemacht mit zum Lagerplatz schleppten.

„Los, an die Arbeit, ihr Schlaftaschen, der zweitägige Ferienausflug zur Ruinenstadt ist vorbei, der ‚Urwald-Alltag' hat uns wieder!" Enrique brüllte herum, sodass die beiden Freunde keine Zeit hatten, langsam zu erwachen. „Hey, spinnst du, einen solchen Lärm zu vollführen und uns aus unseren heißen Träumen zu reißen!" Frank war mittelmäßig bis stark angesäuert, während Jean-Claude die Sache mit der gewohnt stoischen Ruhe hinnahm. „Was soll das, sind wir aus irgendeinem Grund in Zeitnot? Nur weil du deinen Arsch früher hochbewegt hast, ist das noch lange kein Grund, hier und jetzt ins Gebrüll der Affen einzustimmen." Frank kriegte sich fast nicht mehr ein, aber schließlich wusste niemand etwas über seinen glücklichen, ja geradezu erotischen Traum. Und dieser sollte auch geheim bleiben. Enrique wollte zuerst ebenso harsch eine Retourkutsche lancieren, musste sich aber eingestehen, dass sein gockelmäßiger Weckruf zu schrill und abrupt gewesen war. Und er hatte es keinesfalls böse gemeint, sondern eher humorvoll. Doch dies war am frühen Morgen tatsächlich fehl am Platz. „Bitte entschuldigt meine forschen Morgenlaute, es tut mir leid, ich hätte euch wirklich noch schlafen lassen müssen. Mein Eifer ging wieder mal mit mir durch, I am sorry, wird nicht wieder vorkommen, außer es bestünde aus Sicherheitsgründen eine Notwendigkeit." Eine tolle Geste von Enrique, welche Frank und Jean-Claude zu würdigen wussten, und so pendelten sie sich wieder bei der „Normaltemperatur" ein. Der Flucht-Alltag konnte weitergehen.

„Von was für einer Arbeit sprichst du überhaupt?", fragte Frank, immer noch mit etwas Matsch in den Augen. „Ja, erinnert ihr euch denn nicht mehr? Vor unserem Trip zur Schatzkammer wollten wir doch Pfeile und Bögen fertigen, um vom dauernden Fischkonsum etwas Abstand zu gewinnen, oder anders ausgedrückt, die Nahrung etwas vielfältiger zu gestalten, um bei Kräften zu bleiben oder besser zu zusätzlichen Kräften zu kommen. Ich vermute stark, dass wir diese noch brauchen werden." Enrique hatte sich erhoben und suchte sich aus dem tags zuvor angeschleppten Material geeignete Stücke aus. Auch Jean-Claude und Frank begaben sich nun umgehend an die Konstruktion dieser einfachen Waffen. Als Bogensehnen mussten vorerst Manilaschnüre herhalten. Einer wie der andere Bogen war in seiner primitiven Machart herrlich anzusehen. Nach vollbrachter Arbeit begutachteten sie gegenseitig ihre gebastelten Werke. „Nun, schön sind unsere Schusswaffen nicht wirklich zu nennen, aber sie sind auch nicht für den Louvre in Paris gedacht", meinte Enrique nach eingehender Musterung. „Sie sollen ja nur ihren Zweck erfüllen. Die Pfeile brauchen auch gar nicht so weit zu fliegen, die sich in unserer Nähe befindenden Tiere tun's auch", lachte er mit Runzeln über das ganze Gesicht. „Ich finde sie gerade wegen ihrer Einfachheit schön, aber die Geschmäcker sind bekanntlich verschieden", fand Jean-Claude, dem die Arbeiten künstlerisch gelungen erschienen. Jeder der drei schnitzte sich einige kurze, dünne Pfeile, an deren dünneren Enden sie zugespitzte Hölzchen aus schwerem Sucupira-Holz befestigten, welche dann mit Manilafäden fest umwickelt wurden.

Eine für seine Kameraden überraschend gemachte Probe mit Pfeil und Bogen erbrachte erstaunlicherweise gleich einen gewissen Erfolg. Leider hatte das klägliche Saracura, ein sogenanntes Teichhuhn, keine Freude am plötzlichen Tod durch den Menschenpfeil von Frank. „Jetzt sind wir tatsächlich auf einem tiefen Stand der Zivilisation angekommen und wissen uns trotzdem zu behaupten. Wenn das kein gutes Zeichen ist!", freute sich Jean-Claude. „Stimmt, es ist ein gutes Zeichen, musst nur daran glauben, mein Freund. Übrigens, jetzt, nachdem das Wasser beinahe schon wieder seinen Normalstand erreicht hat, werden Frank und ich nach den Salzsteinen und etwas Chili Ausschau halten, derweil darfst du uns eine Leckerei nach Art der Franzosen zubereiten. Denke während unserer Abwesenheit an die Ave Marias, sie werden uns das nötige Glück bringen. Und Jean-Claude, gib darauf acht, dass du nicht mit Giftschlangen oder den Kaimanen in Tuchfühlung kommst. Sollte im Übrigen irgendein Mensch auftauchen, ruf uns, wir werden nicht weit sein", scherzte Enrique. „Werde sehen, was ich für euch tun kann. Na, vor irgendeinem Menschen brauchen wir uns hier ganz gewiss nicht zu fürchten, ich werde jedoch wegen denen aus dem Gefangenenlager die Augen offenhalten", versicherte Jean-Claude, und mit ernster Miene fügte er noch hinzu: „Passt ihr besonders auf, ihr seid ohne Kompass und ohne wirkungsvolle Bewaffnung unterwegs. Ich bezweifle, dass ihr so kurz nach der Überschwemmung festen Boden findet; wie ich mir denke, werdet ihr im Schlamm steckenbleiben. Dann könnt ihr ja Papa Jean-Claude rufen." „Wir müssen es versuchen. Falls es diesmal nicht zum Erfolg führt, muss das Wagnis wiederholt werden. Ich habe keinen Bock mehr auf salzloses Futter. Also, dann wollen wir mal, Frank." Die zwei hatten sich mit je einer Eisenstange, Macheten sowie mit Pfeil und Bogen bewaffnet, also doch bestens ausgerüstet für kritische Situationen. Vorsichtig, aber doch zügig rutschen sie mehr, als dass sie gingen, auf verkanteten Baumstämmen dem Ufer entgegen. Als Appetitanreger und zur Augenweide der lauernden Kaimane wurde dann und wann eine im Gestrüpp verborgene Schlange aufgespürt und mit den Eisenstangen ins Wasser befördert. Wohlig sich der wärmenden Morgensonne hingebende Affen betrachteten die beiden „Urwaldmenschen", ohne Anzeichen von Furcht zu zeigen. Flimmernd lag das undurchdringliche Himmelslicht auf dem Dach des wilden Waldes und brachte dessen unendliche Farbenpracht zum Leuchten. Der üppige Blumenzauber verbreitete schwere, aber anmutend riechende Duftwolken. Auch das Ufergestrüpp stand in voller Blütenpracht, aber leider besaßen einige dieser fröhlich daher blickenden Sträucher und Lianen scheußliche, teuflische Dornen, die nur allzu oft die Haut ritzten oder tief ins Fleisch eindrangen. Nach wenigen Metern schon bemerkten sie, dass der von ihnen geschlagene Pfad durch das Unterholz ein wenig in die Höhe führte, nicht sehr, aber immerhin so viel, dass der Boden an Morast verlor. Im Wald selbst war es fast dunkel. Durch das dichte Blätterdach, teils in unermesslicher Höhe, sahen sie kein noch so winziges Zipfelchen vom Himmel. Plötzlich fuhren sie zusammen, als sie hinter sich dumpfe, raue Laute vernahmen. Eine Bisamschweinemutter mit ihrem Jungen folgte ihrer Spur. Sicherlich freuten sich die beiden Tiere aufgrund der Erleichterung, die ihnen der Pfad brachte. Frank und Enrique sprangen zur Seite, als die Sau mit ihrem Ferkel im Schlepptau an ihnen vorbeistampfte. Jetzt trampelte das ungeduldige, gute Tier selbst seinen weiteren Weg, diesmal zur Befriedigung von Frank und Enrique. „Frank, wir bräuchten eigentlich nur noch Mutter und Kind zu folgen, denn die benötigen ebenso eine gewisse Ration an Salz wie andere Tiere. Nachdem sie wegen der halben Sintflut nicht an das Mineral gelangen konnten, werden sie jetzt wohl zu den von ihnen bekannten Lagerstätten eilen." „Wäre es nicht vorteilhafter für uns, die Sau oder zumindest das Junge zu fangen?" „Nein, Frank, das wäre sogar ausgesprochen töricht. Was sollten wir mit dem vielen Fleisch ohne Salz? Und falls wir das Junge schnappen wollten, würde uns die Alte ziemlich auf die Pelle rücken. Und wollen wir trotz dem rauen Lebenskampf noch etwas menschlich bleiben und die Muttersau mit Kind verschonen. Zudem glaube ich nicht einmal, dass die alleine sind, Bisamschweine treiben sich für gewöhnlich in Rudeln herum." Kaum hatte Enrique den Satz beendet, waren erneut dumpfe Laute und die Geräusche knickender Äste zu vernehmen. Wieder stellten sie sich hinter schützendes Gebüsch. Ein starker Eber führte das Rudel an, welches hinter der Sau mit ihrem Jungen herlief. Durch die Horde rumpelte es ziemlich heftig im Gehölz. Das Rudel hatte nichts Eiligeres zu tun, als den nun recht ansehnlichen „Schweinepfad" für seinen Ausflug zu benutzen. Frank und Enrique folgten den Tieren unauffällig und es ging unaufhörlich tiefer in den Wald hinein. Sie besaßen zwar keinen Kompass, doch der Trampelpfad würde sie problemlos zurückfinden lassen, er war auch in der Finsternis augenfällig genug und meist gab es durch den Mond eine minimale Lichtquelle.

Etwa zwei lange Stunden hatten sie sich auf dem Pfad mühsam vorwärts gequält, als sie erschrocken vor einer Wegkrümmung stehen blieben. Ein nie für möglich gehaltener Lärm schlug ihnen entgegen. Quietschen, Grunzen, Kreischen und Fauchen, alles noch vielfach übertönt von donnernden Trommelschlägen und Gelächter der Affen, und dies in den unterschiedlichsten Akkorden. Es war ihnen, als hätten sich alle Hexen und bösen Geister zusammengefunden. Nach wenigen Schritten erspähten sie den Rand einer Lichtung. Blauer Himmel tat sich auf. Über sich auf den Bäumen, welche die Lichtung flankierten, sahen sie sich herumbalgende, stimmgewaltige Kapuziner-, Roll-, Brüll-

und Satansaffen. Sie alle sorgten für den schlimmsten Höllenspektakel. Die freie Fläche hingegen füllte ein unruhig wogendes Meer von bunt zusammengewürfelten Pelztieren, Unmengen von Bisam- und Nabelschweinen oder Capivaras. Letztere, die auch Capybara geschrieben werden, sind die größten heute noch lebenden Nagetiere. Mehrere Tapire, die eine ständige Bewegung des Rüssels auszeichnet, waren ebenso vertreten wie gewöhnliche Rehe und die Goatis, oder brasilianisch Quati, die Nasenbären. Der Platz selbst war nur mäßig mit Büschen und Bäumen bewachsen. Gefallene, in Fäulnis übergegangene Baumstämme lagen überall verstreut herum. An deren Stümpfen im Erdboden war zu erkennen, dass die Bäume nicht eines natürlichen Todes gestorben, sondern von Menschenhand gefällt worden waren. Höchstwahrscheinlich mochte die Lichtung einst Indios beherbergt haben, die ebenso an den vielen herumliegenden, größeren und kleineren Steinen interessiert waren, wie die Masse von Tieren, die jetzt hier zusammengeströmt war, um die salzhaltigen Steine abzulecken. „Mensch Frank, unsere Lage hat sich bedeutend verbessert, wir werden viel zu schleppen haben." „Du meinst doch wohl nicht, wir werden uns zwischen all die Tiere wagen, nur um die Steine aufzusammeln? Bei Gott, Enrique, die treten oder beißen uns tot." Frank blickte seinen Kameraden unsicher an. „Sag mal, wie kommen die Steine überhaupt hierher? Weggeworfen wird sie ja niemand haben." „Wieso die hier herumliegen, weiß ich ebenso wenig wie du, bin schließlich kein Geologe. Aber keine Sorge, wir werden vom Rande der Lichtung einige dieser Brocken aufsammeln. So verrückt bin ich wirklich nicht, mich zwischen die Tiere zu begeben, unter denen du auch gefährliche Arten erkennen kannst, etwa die Onça dort." Enrique zeigte mit der Hand auf einen Punkt am anderen Ende der Lichtung, wo sich wirklich ein Jaguar dem Salzlecken hingab. „Dann ran, schnappen wir uns ein paar von den Brocken, damit wir von dem unerträglichen Lärm fortkommen. Enrique, mir brummt bereits derart der Schädel, dass ich im Kreise springen möchte." Enrique legte seine mitgeführten Waffen auf den Erdboden und deutete Frank an, es ihm gleichzutun. Dann leckte er, fast wie die Tiere, an verschiedenen der hochgehobenen Steine, wovon er den einen oder anderen achtlos beiseite warf. Nur die für die Männer nützlichen Steine, also jene „mit Geschmack", legte er auf einen Haufen. Sie hatten wirklich viel zu schleppen, nicht einmal für ihre Waffen fanden sie noch Platz in ihren Armen. Sie ließen sie zurück, man würde sie später holen, was zwar schon etwas unvorsichtig war, aber sie hatten sich entscheiden müssen. Um bis ans Flüsschen zu gelangen, benötigten die beiden mit ihren steinernen Lasten fast die doppelte Zeit wie bei ihrem Streifzug bis zu Lichtung. Immer wieder mussten sie die schweren Steine niederlegen, um frische Kräfte zu sammeln und auch etwas Luft zu holen. In der Nähe des Bootes angelangt, vernahmen sie entsetzliche Geräusche von zuschnappenden Kaimanen. Schnell eilten sie dem Ufer entgegen. Konnten es die Bestien auf Jean-Claude abgesehen haben, der für die Viecher eine echte Abwechslung bedeuten würde? Eigentlich sind es gar keine Bestien, denn sie kämpfen wie die drei Männer oder andere Naturmenschen lediglich ums Überleben. Es sind also ganz normale Tiere, die ohnehin schon viel, viel länger auf diesem Planeten und im Urwald wandeln als viele andere Geschöpfe. Wie auch immer, trotzdem durfte Jean-Claude natürlich nichts passieren. Und so sahen sie ihren Freund, die verschiedensten Laute der „Ungeheuer" imitierend, auf der Rampe sitzen, während er dann und wann mit einem Paddel aufs Wasser schlug. Erleichtert atmeten die beiden auf. Jean-Claude drehte seinen Kopf, als er die Stimmen von Enrique und Frank vernahm. Erstaunt rief er hinüber: „Was für einen Berg habt ihr denn da mitgeschleppt? Nach der Zeit, die ihr fort gewesen seid, muss das Gebirge meilenweit entfernt liegen. Ich machte mir schon die größten Sorgen um euch – aber auch um mich, weil ich die ganze Flucht einsam und allein fortsetzen müsste. Geht mit eurer Last bitte vorsichtig über die Stämme, sie sind äußerst glitschig. Zur Freude der Kaimane wäre ich beinahe auf einem solchen ausgerutscht." Jean-Claude war aufgestanden und sah den Freunden erfreut entgegen. Na, ohne Ängste war er tatsächlich nicht gewesen, als er so ganz allein die vielen Stunden beim Boot verbracht hatte, nur versuchte er seine Furcht nicht zu zeigen. Frank und Enrique bewegten sich bedächtig auf den Einbaum zu. Dort glücklich und unversehrt angekommen, mit Ausnahme von einigen Dornen-Kratzern, warfen sie die mitgeschleppten Steine neben einen riesigen, vielleicht zwei Meter langen Pirarucu, eine der größten Fischarten im Amazonas und auch im Orinoco-Becken. Verblüfft glotzten die zwei Heimkehrer das Monstrum an. „Wie hast du den denn allein ins Boot ziehen können, ohne dass ihn dir die Jacarès als Beute wegschnappten?", fragte Frank. „Einige der Bestien erhielten von der Rampe aus eins mit dem Paddel auf den Deckel, bevor ich eines von den jüngeren Tieren – ein äußerst heißhungriges Exemplar, das sich bereits am Unterleib des Fisches zu schaffen machte – mit der Machete in den Bauch stach. Daraufhin ließ es von dem Pirarucu ab, aber seine unzimperlichen Artgenossen fielen über den erschrockenen, tödlich verwundeten Burschen her und zerfleischten ihn. Keine Rücksicht also auf Seinesgleichen! Schaut euch den Fisch nur richtig an, so ganz ohne Schäden war er nicht ins Boot zu bekommen. Auch dem Fisch musste ich übrigens mit dem Paddel eins vor den Latz knallen, damit er Ruhe gab und zu zappeln aufhörte. Sind das da die salzhaltigen Steine, von denen du erzählt hast, Enrique?" „Leck mal dran und du wirst es gleich selbst erfahren. Also, an die Arbeit. Ich werde den Fisch herrichten, so gut ich es bei diesem Burschen alleine vermag, und ihr werdet einen der Steine kochen. Es wäre ausgesprochen vorteilhaft, wenn wir uns beeilen, um das Tageslicht noch zu nutzen." „Was sollen wir? Wie meinst du das mit dem ‚Steine kochen', willst du uns auf den Arm nehmen?" Jean-Claude blickte Enrique verständnislos an. „Mann, Jean-Claude, du kannst dämliche Fragen stellen! Denk doch etwas logisch – heißes Wasser wird das salzige Mineral aus dem Stein lösen, wogegen kaltes Wasser nichts bringen dürfte, wie ich mir denke. Sonst hätten die Steine durch den über Jahrtausende fallenden Regen ihre Wirkung längst eingebüßt. Also bleibt uns nur heißes Wasser. Alles klar? Ob es uns gelingt, bleibt abzuwarten. Ich verspreche mir jedoch schon den nötigen Erfolg von einem Versuch. Und es wird meines Erachtens ebenfalls nichts fruchten, wenn wir unser Fleisch direkt mit den Steinen einreiben. Frag nun nicht mehr so blöd, fang einfach an!" Enrique hatte eigentlich nach dem strengen Tag keine Lust mehr auf solche Diskussionen. Dennoch ging die Konversation natürlich weiter. „Sag, konntest du während unserer Abwesenheit die gewünschte französische Küche unter Beweis stellen?" „Klar doch, das Sumpfhuhn liegt im Topf, dazu die Eier vom Pirarucu. Siehst ja selbst, dass ich ihm seine Eingeweide entfernt habe; einen Teil davon fraßen mir die Kaimane weg, so auch die Leber. Es wird euch trotzdem schmecken, hoffe ich. Habt ihr auch Chili finden können?"

„Nein, Jean-Claude, leider erblickte ich keinen dieser Sträucher. Mit dem Essen müssen wir noch einen Augenblick warten, so lange, bis unsere Arbeit beendet ist". Frank suchte einen Stein, der gut in den Topf passte. Bevor er ihn jedoch dort hineinlegte, schnupperte er wie ein Hund daran und leckte ihn ab. Über den hohen Salzgehalt war er erstaunt. Während er den Stein in das schon warme Wasser des Topfes beförderte, gab er diverse Laute murmelnd von sich: „Steine kochen, so was Verrücktes, was es nicht alles gibt, und dass man mir dies antun muss!" Frank schmunzelte, er hatte die kummervollen Worte dahingesäuselt und ließ nun Jean-Claude alleine kochen, um Enrique beim Entschuppen des Fisches zu helfen – eine Mordsarbeit. „Weißt du, wir suchen uns die besten Stücke aus, den Rest überlassen wir unseren Freunden im Wasser, es ist einfach zu viel Fleisch. Morgen könnten wir versuchen, eines der vielen Schweine zu erlegen, was meinst du?" Enrique blickte von seiner Arbeit auf. „Hoffe nur, es klappt mit der Salzgewinnung, Frank." Der haute den Fisch mit der Machete in einzelne Stücke, wovon sie das Schwanzende und die Partie hinter dem Kopf zur Seite legten. Der Rest wurde in hohem Bogen über den schützenden Baumstamm flussabwärts geschmissen. Dort konnten ihn sich die Kaimane schnappen und vielleicht würden die Viecher ja wenigstens für eine Weile aus ihrer unmittelbaren Nähe verschwinden. „Du, Enrique, das Fleisch von Krokodilen soll ein Leckerbissen sein, was meinst du zu so einem Braten?" „Also, ich weiß nicht, ob es gerade ein Leckerbissen ist, das muss jeder für sich entscheiden. Ich für meine Begriffe und bei meinen kulinarischen Gepflogenheiten ziehe ein saftiges Kalbssteak vor. Aber du hast recht, wir werden uns bei Gelegenheit eines der jüngeren Tiere fangen, aber stell dir dieses Vorhaben nicht zu leicht vor." Die Fischportionen waren zurechtgeschnitten. Während der Stein kochte, verzehrten sie das Hühnchen mit Beilage. „Jean-Claude, du hast wirklich Talent, mir schmeckt das Essen ausgezeichnet", lobte ihn Frank. „Mir ebenso", pflichtete Enrique ihm bei. „Ich habe es euch doch gesagt, warum sollte es auch nicht schmecken? Natürlich sah ich mich außerstande, euch ein kleines Hors d'Oeuvre zurechtzumachen, aber dieser Gaumenkitzel ist doch nicht weit davon entfernt. Habe das Huhn mit dem Darminhalt des Piracucu – lauter Pflanzenreste – eingerieben. Macht euch aber nichts draus, denkt nur zurück an den Fraß im Gefangenenlager."

Regen hatte wieder mal eingesetzt und er wurde von Minute zu Minute stärker. Auf dem glänzenden Geäst mit seinen üppigen Blättern, auf welchen sich hell die Glut des Lagerfeuers spiegelte, bildete das Regenwasser kleine, schnell abfallende Wassertropfen. „Was ist mit den Aves? Hast du wenigstens einen Teil davon runtergeleiert?" „Hab ich, Frank, aber nicht geleiert, damit würde ich die da oben erschrecken und mit dem Gesang und den Worten nicht erreichen. Durch die viele Arbeit brachte ich die Wortfolge zwar nicht ganz korrekt gen Himmel, doch das wird man mir im Himmelszelt verzeihen und die Aves trotzdem zu würdigen wissen." „Hoffen wir's, Jean-Claude, hoffen wir's", stöhnte Enrique. Immer öfter wurde eine Probe des kochenden Wassers genommen, das zur Freude der Flüchtigen zusehends salziger wurde. „Lass den Fels ruhig weiterkochen, kein weiteres Wasser aufschütten, lieber den Stein mehrmals wenden", sagte Enrique. Die ersten Fledermäuse waren dabei zu sehen, wie sie am Dickicht vorbei im Zickzack und mit ihren Schallwellen nach Insekten jagten. Und bald gaben sich auch die Brüllaffen wieder die Ehre mit ihrem haarsträubenden Gesang. Und in die Begleitmusik stimmte allerhand weiteres Getier ein. Grillen, Frösche und Papageien waren am deutlichsten zu hören. Doch ganz speziell und erschreckend war eine Art von Hundegekläffe oder von Schmatz- und Grunztönen. Nein, es waren nicht die Schweine, wie man zuerst meinen möchte, es waren tatsächlich die Kaimane, die sich in der Nähe des Bootes offensichtlich sehr wohl fühlten. Es ist sehr faszinierend und ebenso erstaunlich, welche akustischen Kunststücke die Kaimane mit ihrem Rachen vollbringen können. Sie sind wahre Meister der Imitation. Im Topf war das Wasser halb verdunstet, als sie ihn vom Feuer nahmen. Vorsichtig hoben sie den Stein heraus. Jetzt war vom Wasser nur noch etwa ein Viertel der ursprünglichen Menge vorhanden, dieses war aber ungemein salzig. Hätte es im Urwald Schnee und Eis gegeben, wäre Letzteres schlagartig von diesem Salz zerfressen worden. Enrique wollte es wissen. Er rieb drei größere Fischfilets mit der Brühe ein und begann, die Stücke zu brutzeln. Wenig später verzehrten sie die herzhaft gewürzten und wunderbar schmeckenden Leckerbissen. Fischfilet vom „Grill", keine so schlechte Mahlzeit, wenn man an die Gesamtsituation denkt – und diese sollte in Kürze ziemlich angespannt werden. Der Ausflug zur aufgefundenen Lichtung hin hatte sich somit gelohnt. Der Himmel hatte nun die Tränendrüsen geschlossen und der Regen ließ nach, es dauerte nicht lange und der Tropfenwirbel kam gänzlich zum Erliegen. Die überschwemmten Gebiete kamen nach und nach in gewohntem optischen Einklang wieder zum Vorschein. Einerseits eine Freude, dass Wasser nur noch im Fluss zu wissen, andererseits aber auch eine sehr schlechte Entwicklung, denn der Rückgang der Überschwemmung bedeutete zugleich, dass die Suche nach ihnen von Neuem beginnen konnte.

„Wir werden uns morgen, nachdem wir uns ein Schwein oder sonst etwas ‚Fleischiges' gefangen haben, weiter das Flüsschen hinauf zurückziehen. Hier hocken wir trotz einer gewissen Tarnung zu dicht am Zufluss zum Rio Ventuari", meinte Enrique. „Wenn sie uns nirgends am Hauptfluss finden, werden sie sich aller Voraussicht nach auf die Trichter-Flüsse, also die Zuflüsse, konzentrieren und jeden einzelnen so weit wie mit dem Motorkanu möglich kontrollieren. Sie werden sich mit Sicherheit eine klare, vielleicht flächendeckende Suchtaktik zurechtgelegt haben. Aber natürlich können auch sie nicht den ganzen unermesslich riesigen Dschungel absuchen. Unsere Chancen bleiben also aufrecht." Enrique schien eine gewisse Vorahnung zu haben.

Es war längst dunkel geworden, ihre Lampe brauchten sie jedoch nicht zu entfachen, da sie jetzt von einer glasklaren Nacht mit Mondschein umgeben waren. Es war fast schon eine romantische Atmosphäre und Kulisse. Trotz des ungemeinen Lärms der Urwaldtiere, welcher sie anfangs fast um den Verstand gebracht hatte, schliefen sie rasch ein. Frank schmiss sich unruhig von einer auf die andere Seite. Vielleicht lagen der Fisch und das ungewohnte Salz doch etwas schwer auf? Nein, wohl eher nicht, vielmehr traten in raschem Wechsel die Erlebnisse der Vergangenheit vor seine geschlossenen Augen. Er war ja früh auf den Weg geraten, der irgendwo und eines Tages ins Verderben führen würde. In seinen wirren Träumen tauchte das Bild der vom Krieg fast völlig zerstörten Heimatstadt auf, in deren Ruinen und Trümmern es sich, zum Missfallen der Eltern, mit seinen Freunden so herrlich spielen ließ. Nur zu oft blickte er als kleiner Bub durch die Fensterscheiben über die Straße zu anderen erhalten gebliebenen Häusern, in denen es scheinbar an nichts zu fehlen schien. Er äugte in diese fremden Bauten, nur um den Menschen beim Essen zuzuschauen, während ihm das Bäuchlein vor lauter Hungergefühlen wie ein nasser Sack herunterhing. Wie oft wurde er entdeckt, wenn er sich diesen Häusern näherte, und wie ein Hund fortgescheucht. Diese Zeit hatte ihn wohl am meisten geformt und sehr dazu beigetragen, aus ihm das werden zu lassen, was er nun war. Krieg ist einfach ein Riesenscheißdreck, warum tun die Menschen sich dies an? Kann man die Macht tatsächlich nicht kontrollieren und einengen? Offene Fragen, die offen bleiben.

Verzerrte Bilder vom Blinden, vom verfaulenden Jack und den drei erst kürzlich ermordeten Gefangenen wechselten sich in rascher Folge mit Gift- und Würgeschlangen, Affenheeren und Krokodilen mit weit aufgerissenen, vor immensen Zähnen strotzenden Mäulern ab. In einem solchen Maul verschwand er gerade im Traum, als er schweißgebadet aufschreckte und hochschoss. Frank blickte sich verstört um. Seine Freunde zeigten ebenfalls einen unruhigen Schlaf, aber sie schnarchten trotzdem genüsslich vor sich hin. Nichts als das gewöhnliche Höllenspektakel der Waldbewohner war zu hören. Frank lauschte angestrengt. Sollten ihm seine Ohren in diesem Moment einen Streich spielen oder war da doch etwas? Er hörte lauter werdende Geräusche, wie sie der Urwald für gewöhnlich nicht hervorbrachte, und zu allem Elend drangen sie vom Rio Ventuari zu ihm. Sofort weckte er die zwei Anderen, wobei er ihnen seinen Zeigefinger auf die Lippen legte, sodass keine unnötigen Laute entstanden. „Leise, seid einfach leise, aus der Richtung des Rio Ventuari höre ich Geräusche von Menschen, ich glaube nicht, dass ich mich täusche. Ihre Stimmen dringen bis hierher, sie können nicht sehr weit weg sein." Jean-Claude und Enrique erwachten ganz benommen. Auch sie waren von Wahnsinnsträumen heimgesucht worden, deren Nachwirkungen sie aufgrund der lauter werdenden Stimmen sofort von sich schüttelten. Ganz in der Nähe waren bereits Ruderschläge zu vernehmen. Sollte es tatsächlich schon nötig werden, die Ruinenstadt aufzusuchen? „Jungs, wir müssen uns klein machen. Mit unseren primitiven Werkzeugen sind wir außerstande, etwas gegen die auszurichten. Wir hätten unsere einzigen Waffen doch nicht wegen der kulinarischen Verlockungen am Rande der Lichtung bei den Salzsteinen zurücklassen dürfen. Wir müssen uns unauffällig zum Ufer schleichen, um in den Wald zu gelangen." Während Enrique eilig die aufgespannte und ins Auge fallende Plane vom Kanu entfernte, spornte er seine Freunde zur Emsigkeit an. „Nehmt so viel vom Brauchbaren mit, wie ihr schleppen könnt. Retten wir, was wir retten können. Die Gegenstände des Schatzes lassen wir hier, vielleicht sogar bewusst, denn sollten sie diese finden, könnten sie im besten Fall auf den Gedanken kommen, dass hier andere Wegelagerer oder Schatzsucher ein Camp aufgebaut haben.

Sie rafften alles Nötige zusammen und verzogen sich, von einigen unheimlich leuchtenden Augen im Wasser verfolgt, über die Baumstämme ins nahe Ufergestrüpp, auf das der Mond durch die Baumkronen hindurch goldene Flecken zeichnete. Dort angelangt bahnten sie sich, leise wie echte Indios, einen Weg den Fremden entgegen. Falls die Teufel, und nur um diese konnte es sich während der Nacht handeln, das Boot fanden, würden sie das Flussufer in der entgegengesetzten Richtung absuchen. In der Regel entfernen sich Flüchtende und laufen dem Feind nicht entgegen. So die Überlegungen von Enrique. Als die Männer in Sichtweite gelangten, blieben sie stehen, legten die mitgeführten Sachen zur Erde und verhielten sich still. „Bewaffnet euch, so gut es eben zu machen ist. Nehmt eine Eisenstange oder meinetwegen einen Holzprügel. Sollten sie wider Erwarten in unseren Bereich kommen, werden wir genötigt sein, sie unschädlich zu machen", sagte Frank. Immerhin waren es auch nur drei, zumindest waren keine weiteren Personen zu erkennen. Aber vielleicht folgte ja noch eine Nachhut? Flüche waren vom Fluss her zu vernehmen. Das Kanu gelangte bis kurz vor die Stelle, an welcher der umgestürzte Baumriese den größten Teil des Flüsschens versperrte und hinter dem ihr Einbaum lag. Die Fremden steuerten das Ufer an, wo sie ihr Boot befestigten. Sie schienen sich zu beraten, man hörte sie aufgeregt miteinander tuscheln. Das Lager der Flüchtigen hatten sie bislang nicht entdeckt, dazu lag es von ihrem Standort aus gesehen immer noch zu versteckt. Außerdem war es wirklich gut getarnt, aber natürlich trotzdem nicht ganz unsichtbar, sollten die Fremden weiter in die Nähe des Einbaums kommen.

Zwei der Männer entfernten sich, wie vorausgesehen, flussaufwärts, der andere Typ schlich jedoch geradewegs auf die drei Flüchtigen zu, dabei unvorsichtigerweise den von ihnen benutzten Pfad wählend. Am nächsten stand ihm Frank, der sich hinter einem ansehnlichen Mogno-Baum – ein Mahagonibaum – verborgen hielt. Der Mann kam langsamen Schrittes heran, als er wie zu einem Standbild erstarrt stehen blieb und Frank mit seinen unheimlichen Augen aus dem vom Mondlicht beschienenen, weiß geworden Gesicht anblickte. Bevor er einen frenetischen Schrei ausstoßen konnte, bekam er von Frank ein schweres Holzscheit auf die Birne geknallt. Dies verübeltm dem Fremden seine Lebensgeister, indem sie aus dem niedersinkenden, sich kurz aufbäumenden Leib enteilten. Jean-Claude zuckte beim dumpfen Ton des Falls zusammen. Der stille, in sich gekehrte Franzose mit den verträumten Gesichtszügen, die an einen Pariser Charmeur erinnerten, hatte von vornherein darauf verzichtet, die Rolle eines Helden zu spielen.

„Macht schnell, untersucht die Ratte, vielleicht hat dieses Aas außer dem Gewehr noch andere brauchbare Dinge bei sich", flüsterte Enrique. Tabak, Feuerzeug, Patronen, die Uhr und auch die Schuhe wechselten sogleich den Besitzer, dem Ärmsten wurden nur seine zerschlissenen Hosen gelassen. Mit einem Messer wuchtete Enrique solange am Arm der Leiche herum, bis dieser vom Körper getrennt war. „Wozu denn das?", fragte Jean-Claude entsetzt und von Ekel gepackt. „Wirst du sogleich sehen. Los, Frank, ans Ufer mit ihm." Dabei zeigte er auf den Leichnam. „Und du, Jean-Claude, verwische so weit wie möglich alle auffälligen Spuren, so gut es halt geht", lenkte er ein, als er das betretene Gesicht von Jean-Claude wahrnahm. Enrique warf den abgetrennten Arm fast bis zur anderen Uferseite, in deren Nähe ihr Einbaum lag und wo sich eine größere Anzahl von Kaimanen eingefunden hatte. Sogleich waren einige von ihnen zur Stelle, die sich um das herzhafte Armstück stritten. Danach wurde die Leiche ins Wasser befördert. Im Fluss begann es zu toben, klatschende Schwanzschläge waren zu hören, die Tiere gebärdeten sich wie wild, und zwar so, dass alle sich auf den Bäumen befindenden Affen zu schimpfen anfingen. Im Fluss kochte das Wasser. „Weißt du jetzt, was es mit dem Arm auf sich hatte?" „Non, immer noch nicht, bin wohl zu blöd", sagte Jean-Claude noch immer angewidert. „Jean-Claude, die Kaimane treiben sich in der Nähe unseres Einbaums herum und der liegt mehr am anderen Flussufer. Um den Kadaver laut, schnell und trotzdem unauffindbar zu beseitigen, mussten wir doch die blutrünstigen Wasserungeheuer auf ihn aufmerksam machen." „Ja, du willst doch wohl nicht etwa die zwei anderen Teufel extra zu uns herlocken?" „Doch, genau das war meine Absicht. Los, versuche eines der Tiere zu imitieren, wir hörten ja, dass du's kannst, als wir die Steine anschleppten." Nach kurzem Zögern fing Jean-Claude an, wie ein Hund zu bellen und Grunz- und Jaultöne auszustoßen, während Enrique, von den sich rasend gebärdenden Kaimanen scharf im Auge behalten, mit einem abgebrochenen, belaubten Ast auf die Wasseroberfläche schlug. Für nicht Eingeweihte konnte es sich nur um in Ekstase versetzte Krokodile oder Kaimane handeln, so echt klangen die von ihnen gemeinsam erzeugten Geräusche. Die zwei Begleiter des Verblichenen kamen eiligst zu ihrem Boot zurück, von wo sie nach ihrem Gefährten riefen. Als sie nach ausgiebigem Geschrei keine Antwort erhielten, war es für sie nach dem eigentümlichen Benehmen der Kaimane klar, wo er abgeblieben war. Voller Grauen banden sie ihr Kanu los, setzten sich hinein und entschwanden fluchtartig flussabwärts, in die Richtung, aus der sie gekommen waren. „Sollten wir sie nicht lieber gleich erschießen, wie sie es sicher im umgekehrten Fall mit uns machen würden?", fragte Frank. „Nein, das wäre eine ausgesprochene Dummheit. Die waren nicht allein, es werden lediglich Kundschafter gewesen sein. Das große Motorkanu wird weiter unten im Rio Ventuari liegen und die Schüsse könnten dort gehört werden. So wie die Lage jetzt steht, denken die Brüder nicht an uns Flüchtigen, sondern nur daran, dass ihr Partner den Jacarès zum Opfer gefallen ist." „Meinst du nicht, dass sie zurückkommen, sobald es hell geworden ist, um nach der Knarre zu suchen? So ein Ding verschlucken Krokodile trotz ihrer Gefräßigkeit mit Bestimmtheit nicht", stellte Frank eine durchaus berechtigte und bedenkliche Frage. „Für mich ist es zwar unwahrscheinlich, dass sie nach dem vorsintflutlichen Gewehr fahnden, doch zur Sicherheit verschwinden wir in den frühen Morgenstunden und verkrümeln uns an einem anderen Ort. Momentan werden die Drecksfinken recht geschockt sein und zum Lager ‚abdampfen'. Wenn überhaupt, dann werden sie höchstens später nach der Knarre suchen, dem Kollegen ist ja eh nicht mehr zu helfen." „Okay, Enrique, schnappen wir unsere Sachen und machen uns auf zurück zum Boot. Dort möchte ich mir in aller Ruhe bei einer Zigarette das Schießgerät anschauen", sagte Frank, wobei er das Gewehr hochhob. „Auch wenn's noch so eine olle Knarre ist, sie wird uns nützlich sein. Mein Gott, die letzten Stunden waren heikel, wir dürften irgendeinem dankbar sein, dass die unseren Lagerplatz übersahen. Jean-Claude, haust du während der Nacht bitte wieder ein paar Ave Marias raus? Ich denke mir, du wirst von droben erhört." Frank stellte seine Bitte nicht mal mehr in der etwas spöttischen Weise wie jewils zuvor. „Ja, werde dies machen. Glaube bereits selbst an die Wirksamkeit des Zaubers." Erleichtert atmeten sie auf, als sie die Plane und das Boot im vollen Mondlicht hell durch die Bäume schimmern sahen. Dort angekommen, betrachteten sie neugierig das Gewehr, ein doppelläufiges Espingarda, das zwar oft gebraucht, aber völlig aus der Mode schien. Frank hatte dem Kundschafter auch seinen Cartuchera, den Patronengurt, genommen, sodass sie mit den zwei ‚Cinturâo de Cartuchos', die sich in den Läufen befanden, über 14 Schuss verfügten. Jean-Claude passten die Stiefel, aber am meisten freute sich Frank über den erbeuteten Tabak, aus welchem er umgehend zwei Zigaretten drehte, wovon er eine dem französischen Freund rüberreichte. Enrique richtete die Plane wieder neu aus. „Schade, dass wir von hier verschwinden müssen, das ist ein verhältnismäßig angenehmer Ort. Wir könnten doch wie ursprünglich geplant den Fluss weiter hinauf paddeln, oder was hindert uns daran?" Hoffend blickte Jean-Claude seine Kameraden an. „Nein, das lassen wir am besten. Sollten die wirklich nach dem Schießeisen suchen, geschieht dies tagsüber, wobei sie dann unweigerlich auf unsere Spuren stoßen. Denk mal an den Indio zurück, solchen Natur- und Urwaldburschen entgeht auch eine verwischte Spur nicht. Die werden auf die kleinsten Anzeichen, die auf Menschen deuten, aufmerksam. Wir müssen fort, da bleibt uns keine Wahl", entschied Enrique. „Aber was ist mit unserem tollen Fluchtweg hin zum Versteck bei der Ruinenstadt? Und den vielen vielleicht noch vorhandenen Schätzen in den Grabkammern? Könnten wir denn nicht einfach dorthin flüchten?" „Theoretisch schon, aber dies war ja nur die ultimative Notlösung bei einer unumgehbaren Flucht. Aber wie kämen wir von dort, wahrscheinlich dann ohne Boot, weil sie dieses beschlagnahmen würden, wieder weg? Nein, ist wirklich keine Option, die Verschiebung mit dem Boot in einen anderen Seitenarm birgt das kleinere Risiko, obwohl sie uns vielleicht auch dort aufspüren. Ist momentan eh alles irgendwie Casino, aber wir müssen die beste der schlechten Optionen abwägen und durchziehen." Jean-Claude murmelte diverse unverständliche Laute in seinen urchigen Bart, gab sich aber wohl oder übel mit dem Plan zufrieden. Was blieb ihm auch anderes übrig?

An Schlaf war nicht mehr zu denken und so machten sie sich daran, einen Haken für den Fang eines jungen Jacarès zurechtzubiegen. Dafür geeignet war wieder mal der Bügel eines Eimers, gerade so wie bei der Flucht und dem konstruierten Schraubenzieher. Sie verknoteten den Haken an einem Manilatau, dessen Ende sie um den Ast des verkanteten, im Wasser liegenden Baumstamms banden. Ihr Kunstwerk bespickten sie reichlich mit Fischbrocken. Und die Reste des Piracucu wurden ebenfalls noch ins Wasser geworfen. Daraufhin erwachten die Kaimane aus ihrer nächtlichen Trägheit und stürzten sich, alle Gefahr außer Acht lassend, gierig auf die Beute. Einer etwa eineinhalb Meter langen Echse warfen sie dann den geköderten Haken vor den Rachen. Das Tier hatte natürlich nichts Eiligeres zu tun, als den vermeintlichen Gaumenschmaus zu verschlingen. Erschrocken, doch vergebens versuchte es unter das Wurzelgehölz in die geringe Tiefe des Flüsschens zu verschwinden. Es saß fest und durfte tobend seine jugendlichen Kräfte demonstrieren. Bevor das arme Tier nun das recht starke Manilatau durchbeißen konnte und andere ‚Kaiman-Kollegen' auf es aufmerksam wurden, musste es ins Boot gebracht werden. Mit vereinten Kräften zogen sie das Tau zu sich heran. Das immer noch rasende ‚Ungeheuer' peitschte das Wasser mit seinem Schwanz und gebärdete sich kampfeslustig. Natürlich behagte es ihm nicht, selbst als Spieß verzehrt zu werden. Frank stach mit einer Eisenstange durch den Rachen des eigentlich unschuldigen Tieres, worauf dessen Leib zwangsläufig nur noch in müde Krämpfe verfiel. Nach einigen letzten Zuckungen wurde es in den Einbaum gezogen. Schon brutal, die ganzen Überlebenskämpfe hier im Dschungel. Das weiße Fleisch wurde sogleich vom übrigen Körper getrennt und erfrischend mit dem letzten Rest der Salzlösung eingerieben. Wer wusste, wie lange es dauern konnte, bis sie eine erneute Gelegenheit bekamen, um an Fleisch ohne Fischgeschmack zu kommen? Drei feine Lendenstücke wurden sofort gebraten und mit gierigen Hungerattacken verzehrt. Im Boot wurden alle mitgeführten Sachen so verstaut, dass selbst bei einer leichten Havarie mit einem der treibenden Baumstämme nichts davon ins Wasser fallen konnte. Frank und Jean-Claude zogen sich eine letzte Zigarette rein, danach waren sie aufbruchbereit. „Wollen wir etwa unsere Waffen bei der Lichtung zurücklassen?", fragte Jean-Claude plötzlich, sich an deren Existenz erinnernd. „Ja, Jean-Claude, wir haben mit dem Gewehr einen mehr als guten Ersatz, und die vorhandenen Macheten genügen durchaus für weitere ‚Klimmzüge' im Unterholz. Wir müssen schleunigst fort von hier, glaub mir das", meinte Enrique. „Was wir aber vorher noch tun: Wir werden an der Rückseite von einem der Bäume am Ufer noch ein unverkennbares Zeichen einritzen. Dieses soll im besten aller Fälle – sollten wir tatsächlich irgendwann in naher oder eher ferner Zukunft hierher zurückfinden, um uns die Reichtümer des geheimnisvollen Tempels bei der Ruinenstadt zu schnappen – als Wegweiser und Orientierungshilfe dienen. Wahrscheinlich werden wir diesen Platz nie mehr sehen, selbst, wenn wir die Flucht ohne Unheil überstehen. Aber immerhin bleibt uns das Erlebnis und solange wir am Leben sind auch der Traum, dass das Unmögliche doch noch wahr wird.

Gesagt, getan. Frank bohrte mit seinem großen Messer ein großes Muster in einen Baum, vom Ufer her nicht sichtbar. Und er war dabei recht kreativ. Nach getaner Arbeit schmückten den Baum drei große Kreise mit jeweils zwei Augen, einer Nase und einem Mund, symbolisch für die drei bärtigen Freunde. Dies sollte dann auch gleich die Standardmarkierung sein, welche an weiteren Stellen geritzt werden sollte, gerade so, wie bei einer eigentlichen Schatzkarte. Das Ganze war ferner mit der Hoffnung verbunden, dass diese Bäume standhaft blieben und bei einer der vielen Überschwemmungen nicht weggespült wurden.

Kapitel 3

Auf zum neuen Uferversteck

Sie lösten die Stricke, mit denen sie ihren Einbaum befestigt hatten, und zogen sich an den Ästen ihres Baumstammes langsam bis zur offenen Stelle dicht ans gegenüberliegende Ufer. Flussabwärts war die Fahrt nicht mehr so übermäßig beschwerlich, sie brauchten nur auf entwurzeltes, im Wasser treibendes Holz zu achten. Ein größerer Baumstamm hätte in dem engen Flüsschen durchaus ins Verderben führen können, wenn das Boot gekentert wäre und sie der Strömung und dem Getier im Wasser ausgesetzt gewesen wären. Kurze Zeit später befanden sie sich bereits wieder auf dem Rio Ventuari. Dieser Fluss besaß, wie sie aus Erfahrung wussten, eine beträchtliche Strömung, was vor allem für die schnelle Fortbewegung von Vorteil war. Trotz dieser natürlichen Fahr- oder Schwimmhilfe gaben sie durch zusätzliches Paddeln alles, um den Einbaum noch schneller vorwärts zu bringen. Auch hier trieben ausgerissene Bäume und sogar größere tote Tiere im Wasser; die Überschwemmung und das viele Wasser hatten also einige Opfer gefordert. Ringsherum war kein menschliches Leben auszumachen, was aber nicht heißen musste, dass es in dieser Gegend keine Menschen gab. Sie konnten jederzeit oder längst von irgendwelchen versteckt liegenden Punkten aus entdeckt worden sein.

In den späten Vormittagsstunden hatten sie bereits eine rechte Wegstrecke zurückgelegt und der Rio Ventuari war um einige Meter größer beziehungsweise breiter geworden. Irgendwann musste er aufgrund der vagen Kenntnissen von Enrique in den Orinoco münden. Sie ließen sich also weiter stromabwärts treiben, immer darauf bedacht, in einen der vielen kleinen Seitenarme abzubiegen, um ein neues Versteck ausfindig zu machen. Mit dieser Taktik konnten sie sich wenigstens immer weiter vom Gefangenenlager entfernen und für die Schergen wurde der Radius für eine Suche ebenfalls immer größer. Es sah also für den Moment gar nicht so schlecht aus. Vögel und Schmetterlinge, die Lieblinge des Lichtes, waren die treuen Begleiter während der Reise auf dem Wasser. Überall trieben Inseln auf dem Wasser, manchmal so groß, dass sie bequem einen Bauernhof hätten aufnehmen können. Diese schwimmenden und grünen Pflanzeneilande hatten etwas Mystisches an sich, man wähnte sich schon fast in einem utopischen Märchen mit einer verzauberten Landschaft. Von den Baumwipfeln am Ufer krächzte wieder mal die ganze Vielfalt in den Urwald hinein. Rechts und links dehnten sich die grünlich-blauen, mit bunten Farbtupfern bedeckten Ufermauern aus allerlei Pflanzenvielfalt bestehend. Und vor ihnen sprangen anmutig die rötlich gefärbten Amazonas-Delphine aus dem Wasser, um nach ihrem Wiedereintauchen in die Fluten das Boot in beruhigender Harmonie zu umkreisen. Wie lange konnte diese Harmonie wohl noch aufrecht erhalten werden? Egal, in diesem Bruchteil der Lebenszeit zählten nur die Empfindungen im Hier und Jetzt. Die Luft roch nach Leben, doch auf diesem Fluss hieß es für die drei Überlebenskünstler, besonders achtsam zu sein. Sie mussten auf eventuell vorhandene Cataratas (Wasserfälle), Redemoinhos (Wirbel, Strudel) und Encalhars (Sandbänke) achten. Was aber bei weitem schlimmer war, waren die Aldeias, also Ansiedlungen von Indios. Und es lag auf der Hand, dass diese auch an den Flüssen lebten und hausten. Es war somit nur eine Frage der Zeit, bis Sichtkontakte geschehen würden. Gut, man konnte an solchen Aldeias einfach vorbeischippern und den Bewohnern gar nicht erst die Veranlassung dazu geben, sie aufzuhalten oder gar zu verfolgen. Vielleicht war es auch ratsamer, in der Nacht in Richtung Freiheit zu rudern, unbemerkt vorbei an irgendwelchen Gestalten.

Die Uferseiten lagen vorerst im dichten, dunklen Dschungel eingebettet, der ohne Ende zu sein schien. Gegen Abend erblickten sie weit voraus ein zum jenseitigen Ufer fahrendes Kanu. Umgehend steuerten die drei den anderen Uferrand an, um in schützende Deckung zu gehen. Aus der grünen Wand von Sträuchern und Bäumchen brachen sie schnellstmöglich, also mit hohem Tempo, blätterreiche Zweige ab, um sich und das Boot möglichst gut zu tarnen. Da das entgegenkommende Kanu weiter vorne am anderen Ufer anlegte, ließen sie sich im Schutz der Uferpflanzen vorsichtig weitertreiben. Jetzt war es für sie von außerordentlicher Wichtigkeit, den erstbesten Seitenarm anzusteuern, in welchem sie verschwinden konnten, vorerst für den Rest des Tages. Das ferne Kanu hatte also angelegt und mit Schrecken erkannten die Flüchtigen, dass es nicht das einzige Fahrzeug war. Nebst mehreren Hütten und Gebäuden erspähten ihre geübten Augen einige auf die Uferböschung gezogene und dort festgebundene Kanus sowie auch ein Lancha. Vereinzelte Gestalten waren auszumachen, die aufgeregt vor den Gebäuden hin und her liefen. Es sollte doch wohl nicht wieder ein Gefangenenlager sein!

In etwa schräg gegenüber von der kleinen Ansiedelung fanden sie glücklicherweise den erwünschten Seitenarm, ein noch schmaleres Flüsschen als jenes, welches sie heute zwangsläufig verlassen hatten. Eigentlich war der Seitenarm gar kein Flüsschen, sondern vielmehr ein Bach. Jedenfalls suchten sie schnellstens Zuflucht in diesem Rinnsal, welches auch diesmal nicht mit größeren Booten befahrbar war. Aber selbstverständlich konnte auch hier jederzeit ein Einbaum mit irgendwelchen Menschen auftauchen. Doch das hätte ja überall sonst auch passieren können. Für die drei war es schrecklich, nicht zu wissen, wo sie sich überhaupt befanden. Waren sie in Brasilien, in Kolumbien oder doch bereits auf venezolanischem Terrain? Sie wussten es nicht und konnten nicht einmal das Geringste erahnen. Schon einige Male hatten sie diese Überlegungen angestellt, so auch vor kurzem, als Jean-Claude mal wieder danach fragte und hoffte, Enrique hätte auch darauf eine passende Antwort. „Nein, Jean-Claude, ich habe auch keine Ahnung", flüsterte er ganz leise zurück. „Also, scheiß drauf, Hauptsache, wir können unseren Arsch retten!"

Anfangs kamen sie in diesem „neuen" Bachlauf, den sie momentan befuhren, zügig voran, er zeigte fast keinerlei Strömung und so war die Fahrt unbeschwerlich. Allerdings war dem Bach rudernd kaum mehr beizukommen, die Ufer stießen beinahe aneinander, auch wurde er zu windungsreich. Trotzdem trieben sie ihr Boot mit den Paddeln in die Tiefe des Waldes. Doch schon bald wurde das schwimmende Fahrzeug mehrere Male über Hindernisse geschleppt, was den Männern stetig eine enorme Kraft abverlangte.

„Diese Schinderei hat auch was für sich, eventuelle Verfolger werden ebenso gezwungen sein, die Hürden zu bewältigen. Ich glaube allerdings nicht, dass die Herren diese Bereitschaft an den Tag legen. Sie werden uns wohl kaum hier vermuten. Falls sie doch durch irgendeinen Umstand erfahren sollten, dass wir uns hier befinden und verborgen halten, was ich nicht unbedingt ausschließen möchte, und dann so überaus dumm sind, uns nachzuschleichen, werden sie mit Sicherheit den Kürzeren ziehen. Wir werden sie hören und dementsprechend aus dem Hinterhalt erwarten", lachte Enrique zynisch.

Längst war es finster geworden, die Ufer waren zu einer schwarzen Mauer verformt. Die helle Nacht reichte nur in die Tiefe des äußerst schmalen, baumlosen Bachstreifens, nicht aber in den infernalischen Wald hinein. Hartnäckiges Gestrüpp, durch welches sie sich mühselig eine Bresche schlugen, hatte sich im Wasser festgesetzt. Wenigstens war dieses Rinnsal vor Kaimanen verschont; sie hatten jedenfalls noch keinen gesehen oder gehört. Dafür erkannten sie einen enormen Fischreichtum. Nur zu oft zeigten einige dieser Wasserbewohner beim Herannahen des Bootes gekonnte Sprünge aus dem Wasser, in welches sie mit einem lauten Platschen zurückfielen. Fast schien es so, als bildeten sie ein Begrüßungskommando, im Unwissen, dass es dem einen oder anderen von ihnen bald an den Kragen gehen konnte.

Erschöpft hielten die drei inne. Große Steinblöcke versperrten ihnen den Weg, der zudem so eng und kurvenreich geworden war, dass selbst ohne diese erneuten Hindernisse ein Weiterrudern keinen Sinn mehr ergab. Sie banden das Boot an einer Baumwurzel fest. Die Nacht war warm, fast schon schwül, und der Himmel, der sich über das Flüsschen wölbte, sternenklar. Hinter den Felsbrocken richteten sie sich provisorisch einen Lagerplatz für die Nacht ein. Die Plane wurde ausgebreitet und in der ganzen Fläche über das Lager gespannt. Der Waldboden war trocken und fest, das Unterholz hingegen schien undurchdringlich und zeichnete sich teils durch ineinander verschlungene Lianen aus. Das Dickicht war ferner mit betörend duftenden Blumen versetzt. Schnell waren die zu verrichtenden Dinge getan. Enrique bereitete eine Feuerstelle vor, um das Kaimanfleisch zu braten. Alle drei verspürten einen Mordshunger, die enormen Anstrengungen hatten ihre letzten Energiereserven angezapft. Sie planten, das Feuer über Nacht in Gang zu halten, was aber bedeutete, dass sie sich in einer aufgeteilten Wache abzulösen hatten. Frank und Jean-Claude, beide mit einer Zigarette in der Hand, hockten auf dem Boden, während Enrique das Fleisch über das Feuer hielt. Das akustische Spektakel um sie herum kannten sie ja zur Genüge, Nacht für Nacht mussten sie diesen Lärm über sich ergehen lassen. Immerhin dauerte das aus allen Kehlen donnernde Inferno bis in die frühen Morgenstunden, sodass der jeweilige Aufpasser kaum dem Risiko verfiel, einzuschlafen. „Ich bin mir nicht sicher, aber ich meine gesehen zu haben, wie einige Gestalten am Rande der Ansiedlung mit ihren Armen in unsere Richtung deuteten, und zwar gerade just in dem Moment, als wir in dieses Rinnsal abbogen. Falls ich mich nicht getäuscht habe, bemerkten sie unseren Einbaum, womit wiederum klar sein dürfte, dass sie die Schergen benachrichtigen werden. Ist es nicht klüger, wir ziehen uns nach dem Essen aus diesem Bach zurück auf den Strom und schleichen uns bei Dunkelheit an der Ansiedelung vorbei?" Enrique richtete seine Frage mehr an Frank, den er für nicht gar so erschöpft befand wie den erschlafften Jean-Claude, welcher auch postwendend protestierte. Jean-Claude war zwar unkompliziert, natürlich und weder für sich noch andere schwierig, aber leider wenig widerstandsfähig. „Ich kann nicht mehr. Solche Anstrengungen bin ich als Bildermaler überhaupt nicht gewohnt, tut mir leid, versteht mich bitte." „Es war auch nur eine Frage und kein Befehl, Jean-Claude." Für Zeichen der Schwäche fand Enrique jedoch kein Verständnis. Er war etwas verärgert, schließlich ging es auch um sein eigenes Leben. Ein Pro und

Contra wollte er ausdiskutiert wissen und kein endgültiges Ergebnis aufgrund von irgendwelchen Schwächen herbeiführen. Schließlich konnte dies verheerende Folgen heraufbeschwören. In Jean-Claudes Gesicht stand ein leises, wehmütiges Lächeln. Er wusste, es war sinnlos, hier die Rolle eines unschuldig ins Unglück Geratenen zu spielen. Er wusste aber im Innern seines Verstandes auch, dass er nicht schlappmachen durfte, wollte er weiterleben. „Ich bin zwar auch deiner Meinung, Enrique, aber warum gleich den Teufel an die Wand malen? Außerdem wollen wir sie im Falle, sollten sie es wagen, hier aufzutauchen, gebührend empfangen. Vielleicht haben wir wieder mit einigen Ave Marias Glück?" Frank grinste: „Wirst noch einige davon gen Himmel schreien müssen!" „Lieber die Aves, als heute nochmal ins Boot. Nach dem Essen werde ich sie runterleiern", sagte er erleichtert darüber, dass ihm eine erneute Tortur heute erspart blieb. Enrique und Frank mussten auf seinen Spruch hin lachen, was er in gleichem Maß erwiderte. Ein gewisser Galgenhumor war allen dreien nicht abzusprechen – was blieb ihnen auch anderes übrig. „Jetzt aber mal im ernst. Was wird sein, wenn sie auftauchen sollten? Wir werden kämpfen müssen, oder, Jean-Claude? Und ein Fluchtweg durch das Dickicht steht uns diesmal nicht zur Verfügung, keine Ruinenstadt und keine Tempel. Aber immerhin haben wir die doppelläufige Flinte, mit welcher sie bestimmt nicht rechnen." „Was für eine Frage, Enrique. Klar werden wir uns wehren." Jean-Claude war offensichtlich bereits etwas munterer geworden. „Wir werden sie töten müssen. Da wir sie erwarten, könnten wir sie aus dem Hinterhalt wie Karnickel abschießen. Sobald denen nämlich einer von uns in die Pfoten fällt, ist es aus mit ihm, Jean-Claude, bitte vergiss dies nie. Also denkt daran, was Jack uns sagte. Wenn, dann killt sie, bevor sie euch erwischen. Diesen Rat habe ich vor zu befolgen." „Okay, dann ist also alles besprochen, Enrique, also sollen sie ruhig hier antanzen." Jean-Claude, dem Angst und Sorge im Nacken saßen, die Schultern fast heruntersdrückten und die Kräfte lähmten, merkte natürlich, dass sich Enrique wegen dem Entschluss hier zu verweilen nicht wohl fühlte. Aber immerhin war er deswegen nicht mehr sauer auf ihn.

Das Fleisch des Kaimans schmeckte ihnen außerordentlich gut und sogar besser als das vorangegangene. In der Hauptsache wohl deshalb, weil das Salz mehr Zeit gehabt hatte, das Fleisch zu durchdringen. Durch den Umstand, dass sie auch die Uhr des vom Jacarè verschlungenen Söldners besaßen, konnten sie sich ihre Wachen genau einteilen – alle zwei Stunden sollte gewechselt werden, und dies von sieben Uhr abends bis sieben Uhr morgens. Diese Zeitspanne bedeutete, dass jeder zweimal Wachdienst zu leisten hatte. „Jean-Claude, bei deinem erschöpften Zustand ist es wohl besser, wenn du die erste Wachsequenz übernimmst, dann könntest du von neun bis ein Uhr und danach von drei bis sieben Uhr pennen. Die Morgenwache möchte ich übernehmen, da ich ziemlich gut hören kann", grinste Enrique, und zu Frank gewandt meinte er: „Wirst mich dann nach deiner ersten Wache, also um elf Uhr, wecken, okay?" „Ist gut, Freund. Also, hauen wir zwei uns hin. Jean-Claude, bleib wach und wecke uns bei der geringsten verdächtigen Begebenheit." Kaum hatte Frank die Worte ausgesprochen, ertönte ein noch größerer, ohrenbetäubender Lärm von den Brüllaffen. Es war, als hätten sich zusätzlich alle Geister der Unterwelt auch noch in den Bäumen versammelt. Jean-Claude wünschte diesen Zerrbildern des Satans eine immerwährende Verdammnis. Dem Fauchen nach gab eine herumschleichende Onça, also eine Wildkatze, Veranlassung zu dem Gezeter, und nicht wie zuerst vermutet bereits herannahende zweibeinige Gestalten. Frank und Enrique hörten, bevor sie der Schlaf übermannte, schmunzelnd ein recht kläglich hervorgestammeltes Ave Maria. Zum Einschlafen aber dennoch die passende akustische Ergänzung zum Waldgesang.

Jean-Claude sammelte eiligst einen Arm voll Blätter vom Waldboden und trug diesen ins Boot, wo er gedachte, seine Wache zu verbringen. Auf dem nackten Erdboden wollte er wegen eventuell auftauchenden neugierigen Schlangen, der Unmengen von Ameisen oder anderen ungebetenen Gästen auf keinen Fall sitzen. Schließlich hatten sie sich wiederholt schon gegenseitig tief in die Haut eingedrungene Zecken, Würmer oder Blutegel entfernt. Jean-Claude setzte sich bequem zurecht, wobei er den müden Leib gegen sein Blätterpolster lehnte. Die Flucht und die Arbeit des heutigen Tages waren über seine Kräfte gegangen. Er war Künstler, auch Weltenbummler, doch solche Strapazen waren ihm fremd. Immer öfters fielen seine Augenlieder nach unten. Durch das Gebrüll und Gekreische um ihn herum wurde er anfangs stets vor dem Schlaf bewahrt. Er rief sich noch einige Male dadurch in die Wachsamkeit zurück, dass er das Ave Maria vor sich hinmurmelte. Er wusste schließlich, einschlafen durfte er nicht. Aber was konnte während dieser Nacht schon groß geschehen? Er setzte sich noch bequemer zurecht, er lag nahezu bereits der Länge nach ausgestreckt auf dem Boden des Bootes, was dann wie erwartet auch die Ursache dafür war, dass er vom nicht zu verhindernden Schlaf überwältigt wurde. Alle drei quälten sich somit, von Alpträumen heimgesucht, dem Morgen entgegen. Keiner von ihnen sah das Boot nahen, das zielsicher und leise den Bach heraufgeschwommen kam. Erst ein wüstes, lautes Hundegebell riss sie aus den bedrückenden Träumen. Erschrocken sprangen sie auf, die Blicke wanderten umgehend den Bach hinunter. Außergewöhnliches war noch nicht zu erkennen, doch mussten sich Menschen und Hunde direkt hinter der Bachkrümmung befinden, Menschen, die langsam, aber stetig näher rückten, wie ihnen das lauter werdende Hundegebell verriet. Enrique schnappte sich das Gewehr sowie den Patronengurt. „Kommt schnell, verziehen wir uns ins Dornengebüsch." Enrique drehte sich zu Jean-Claude um: „Darüber, dass du uns nicht geweckt hast, reden wir später! Nicht umsonst erbat ich mir die letzten zwei Stunden der Wache. Ich kenne schließlich die Gepflogenheiten der Südamerikaner, von denen die meisten vor einem Nachtmarsch durch den Dschungel zurückschrecken, dafür jedoch im Morgengrauen umso gefährlicher werden können." Der erste Feind erschien im Kanu in ihrem Blickfeld, mit einem vor sich an die Leine gelegten Hund. Die drei Freunde suchten im Uferdickicht Schutz. „Wir werden abwarten müssen, wie viele Männer sich insgesamt hinter dem ersten verbergen. Sobald sie nahegekommen sind, werden wir sie töten müssen", flüsterte Enrique. Es waren vier Männer, alle Mestizen. Möglich war aber, dass denen noch weitere in einem

Boot folgten. Deshalb wollte Enrique noch abwarten. Der mitgeführte Hund, ein Vira Lata oder Mischlingshund, würde mit Sicherheit vom entdeckten Lager aus ihr jetziges Versteck aufspüren. Noch waren die Männer etwa hundert Meter von ihnen entfernt, knapp die gleiche Strecke war es bis zur Bachkrümmung, an der sich bislang jedoch nichts mehr tat.

„Enrique, es ist notwendig, die Männer abzuknallen, solange sie sich noch in ihrem Kanu befinden. Im Wald könnten sie sich ebenso ‚dünne' machen wie wir. Aufgrund ihrer Knarren und des mitgeführten Hundes wären sie uns weit überlegen", raunte Frank. „Wart's ab, mein Freund, nichts anderes habe ich vor. Ich wartete deshalb so lange, um einigermaßen sicherzugehen, dass ihnen auch wirklich keine Nachhut mehr folgt." Enrique hob das bereits entsicherte Gewehr. Wie Donnerschläge durchdrangen zwei kurz hintereinander abgefeuerte Schüsse den Wald. Und es war natürlich kein Wunder, dass dessen tierische Bewohner, aus dem Schlaf gerissen, zu neuem, lautstarkem Leben erwachten. Mit lautem Gekrächze erhoben sich die auf den Ästen hockenden Papageien. Es erwachten mit angstvollem Geschrei sämtliche Nachttiere. Ein wildes Crescendo der Hölle, zu dem der Hund im Kanu einen angemessenen Beitrag leistete. Zwei der Männer sanken getroffen auf den Boden ihres Bootes, die anderen beiden waren mit einer vollkommenen Kühnheit ins Wasser gesprungen und versuchten von dort aus verzweifelt, geradezu in Panik versetzt, ins Gestrüpp zu enteilen. Um den angeleinten Vira Lata kümmerten sich die feigen Lumpen nicht weiter, was hätte auch anderes erwartet werden können. Bedächtig stopfte Enrique zwei neue Patronen in die leergeschossenen Läufe, legte nochmals an und traf die Flüchtenden mit einer Sicherheit, die seine Freunde in Erstaunen versetzte. Einer der Männer fiel tödlich getroffen mit dem Gesicht voran ins Wasser, der andere schrie wie am Spieß, er hatte sein Gewehr von sich geschmissen und drückte beide Hände gegen seinen Unterleib. Es schien, er verweigere seinen Eingeweiden den Blick ans Tageslicht. Mit wenigen Sätzen hatten die drei den Schreihals erreicht. Enrique gab ihm einen Faustschlag und nahm ihm seinen Cartuchera ab. „Den brauchst du Ratte nicht mehr." Mitleidslos zerrten Enrique und Frank den Burschen, der einen außerordentlich ekelerregenden Geruch ausströmte, da er sich vor Angst entleert hatte, an das trockene Ufer. Dort schmissen sie ihn auf den Boden, wo er derart zu plärren begann, dass er beinahe den Lärm der Brüllaffen übertönte. Jean-Claude fischte die Knarre aus dem Wasser. „Enrique, schau mal nach, ob die anderen zwei in ihrem Scheißkanu wirklich das Zeitliche gesegnet haben. Nicht dass wir unverhofft noch 'ne Kugel einfangen." Frank kniete sich zum Mestizen auf den Boden nieder und knallte ihm eins an den Latz. „Was ist, wie viele von euren Schmeißfliegen folgen euch?" Frank redete gebrochen dasjenige Spanisch, welches ihm sein Freund aus Buenaventura beigebracht hatte. Leider verstand der am Boden liegende Gangster durch das Geschrei rein gar nichts. Deshalb haute ihm Frank nochmal einen Hieb hinter die Löffel. „Wie viele von euch kommen noch? Sag's jetzt, sonst hole ich für deine Wampe einen Haufen Ameisen, Formigas, hörst du?" Diese Drohung ließ den Mann offensichtlich zur Besinnung kommen. Wenn auch anzunehmen war, dass er nur wenig oder überhaupt nichts von Franks Worten begriffen hatte, so wusste er doch haargenau, was mit dem Wort „Formiga" anzufangen war. Er konnte sich wohl nur zu gut ausmalen, wo diese beißenden und ätzenden Krabbeltierchen sich austoben sollten, schnell erwiderte er deshalb: „Niemand folgt uns. Wir sahen euch gestern hier ins Flüsschen verschwinden und wurden derart neugierig, dass wir beschlossen, heute hier nachzuschauen." Die letzten Worte hatte der Geohrfeigte nur noch flüsternd von sich gegeben. „Was wisst ihr in der Ansiedlung von den Flüchtigen?" „Dass sie von Jacarès gefressen wurden, so sagt man wenigstens." „Wer sagt das?" Der Mestize war am Verrecken. Nach einem mehrfachen Aufbäumen seines Körpers ging ihm die Puste aus, was Frank nicht bemerkte beziehungsweise nicht wahrhaben wollte. Als er nämlich keine Antworten mehr bekam, verabreichte er dem der Hölle Zueilenden erneut eine „Backpfeife", die es in sich hatte. „Wer sagte euch, dass sie von Jacarès verspeist wurden? Los, rede, du Knilch!" „Militär", hauchte der erschrocken noch einmal die Augen Aufreißende schwach.

Franks raue Tour hatte für einen Moment sein Sterben gestoppt. „Wann war das?" Der Lump blieb ihm die Antwort schuldig, er hatte aufgehört zu sein. Frank glaubte jedoch an eine raffinierte Inszenierung. „Wann sagten sie es euch? Gestern, heute, wann, du Miststück?" Er verabreichte dem Verblichenen weitere deftige Hiebe und gebärdete sich wie ein Rasender, vollkommen von Sinnen. Jean-Claude und Enrique rissen Frank von der Leiche weg. „Komm wieder zu dir, Frank, die Type befindet sich auf der Reise zum Teufel oder sonst wohin, wie die anderen auch, du kannst nichts mehr aus dem herausprügeln." Sie nahmen ihren etwas verwirrten Freund in die Mitte und führten ihn zum Einbaum, an welchen sie zwischenzeitlich das Kanu der Toten vertäut hatten. Denen nahmen sie die Uhren, den Tabak und die Gewehre ab. Im Kanu fanden sie zwei weitere Schießgeräte sowie einige getrocknete Fische und Früchte. In einer Hemdtasche entdeckten sie einen Zettel, worauf vermerkt stand, dass von den Militärköpfen eine hohe Belohnung für Hinweise, die zur Ergreifung der Flüchtigen führen sollte, ausgesetzt war. Die Belohnung würde auch in vollem Umfang für den Nachweis ihres Todes bezahlt werden. „Aha, siehe da. Also grundlos sind die nicht abgegangen. Die Brüder wollten auf die leichte Tour ein paar müde Dollars verdienen, indem sie uns, wenn vielleicht auch nicht gleich erschossen, so doch verraten hätten. Lassen wir sie so liegen oder vergraben wir sie nach christlicher Art?" Enrique blickte seine beiden Freunde an. Frank meinte: „Was hätten sie wohl im umgekehrten Fall mit unseren Kadavern gemacht? Nichts, also lassen wir sie liegen." „Nein, wir müssen sie unter die Erde bringen, allein schon, um unsere Spuren zu verwischen", warf der sensible Jean-Claude ein. Und eigentlich hatte er ja auch recht. „Mit dir werden wir noch reden müssen", schnaufte Enrique wie eine Dampflok. In seinem Gesicht bemerkte Jean-Claude ein nervöses Zucken, welches die Erregung verdeutlichte. „Gut, dass dein Geplärre zur Mutter Gottes zweifelsohne doch noch und einmal mehr Gehör gefunden hat." Dem ruhigen Charakter von Jean-Claude war jeder Unfriede, jeder Anflug einer Missstimmung zuwider. Er blickte betrübt, fast weinerlich zu Bo-

den. „Nun lass Jean-Claude, wer weiß, vielleicht wäre auch ich eingepennt. Außerdem ist ja soweit noch mal alles gut verlaufen, sogar besser, als wir es erwarten durften. Was machen wir eigentlich mit dem Hund?" Frank blickte zum Kanu, in welchem der Vierbeiner seine Zähne zeigte. „Scheint bissig zu sein, so wie der zu uns rüberglotzt und seine Beißerchen fletscht. Aber ich glaube, er würde sich schnell an uns gewöhnen, wenn wir ihm einen guten Happen Fleisch zu fressen geben. Mit etwas Geduld bringen wir ihn sicher dazu, handzahm zu werden. Vielleicht ist das Tier aber im Charakter bereits so kaputt, von diesen Folterknechten so böse gemacht worden, dass es vielleicht doch nicht ganz so einfach wird. Und er könnte uns zu einem späteren Zeitpunkt durch sein Gebell auch unabsichtlich verraten. Ich schlage vor, dass wir ihn einfach freilassen und er sich seinen Weg zurück zur Ansiedelung selbst bahnen muss."
„Wenn du möchtest, kannst du ihn ja mitnehmen, mich würde er grundsätzlich nicht stören", lachte Enrique, der auf Franks einlenkende Worte hin Jean-Claude seinen Schlaf verziehen hatte. Frank machte sich auf zum Boot, in welchem der große Vira Lata an seiner Leine zerrte. Frank stand im Begriff, das Tier loszubinden, als dieses knurrend, mit riesigen und entblößten Zähnen auf ihn zusprang. Ein Schuss aus einem der Gewehre beendete sowohl die Frage nach der Zukunft des Hundes und leider Gottes auch sein armseliges Hundeleben unter der Knute der Unwürdigen. „Frank, Vira Latas sind schlau wie die meisten Hunde. Dem Köter hätten wir nie recht trauen können. Dieser erlebte sein Hundeleben und seine Geschichte in den Lagern, er hätte sich wohl kaum je lieblich an uns geschmiegt. Und dir bliebe auch keine Zeit, dich um ihn zu kümmern. Armer Hund, eigentlich hat er einen solchen Abgang nicht verdient, aber nun ist's schon geschehen. Mach's gut, liebes Hundchen. Komm, sehen wir zu, dass die leblosen Körper von der Bildfläche verschwinden." „Wo meinst du Enrique, sollen wir sie verscharren?" „Verscharren, Jean-Claude? Quatsch, wir schmeißen Laub drauf und in wenigen Tagen werden eh nur noch verstreut liegende Knochen zu sehen sein. Bloß keine Sentimentalitäten, die können wir gerade noch gebrauchen! Denk

nur an uns drei, Jean-Claude, und nicht an die Scheißbrüder da", sagte Enrique, wobei er mit dem Zeigefinger der Reihe nach auf die Leichen deutete. „Jetzt vor allem denke daran, dass wir schnellstens die Kurve kratzen müssen. Vergiss auch nicht, Auge um Auge, Zahn um Zahn, so sind die Regeln hier im Urwald und für uns." Die einen Leichen wurden aus dem Kanu gehoben, die anderen aus dem Bach gefischt. Alle vier, inklusive dem eigentlich unschuldigen Hund, fanden einen Ruheplatz in der Nähe von großen Saúvas, also den Blattschneiderameisen, wo schnell mit zusammengerafftem Laub notdürftig eine Deckschicht darübergelegt wurde. „Was machen wir mit ihrem Kanu?", fragte Frank. „Es scheint stabiler zu sein als unser Einbaum, außerdem ist es breiter und etwas länger." „Wir werden ihres übernehmen und unseren Einbaum zerschlagen, gute Idee", meinte Enrique. Aber sogleich meldete sich Jean-Claude mit einer Idee zu Wort: „Besser nicht zerschlagen, sondern nur einige Löcher in den Rumpf bohren, denn dann werden etwaige Verfolger eine gewisse Zeit mit der Reparatur beschäftigt sein; ein solches Boot überlassen die nicht einfach so dem Urwald, wie ich denke. Wir selbst dagegen könnten dadurch vielleicht unseren Vorsprung vergrößern." Enrique blickte ihn erstaunt an. „Kannst anscheinend nicht nur Bilder malen und beten, sondern auch denken. Genau so werden wir es machen, Jean-Claude." All ihr angesammeltes Hab und Gut, inklusive den wenigen Schatzgütern aus dem Tempel, verfrachteten sie ins Kanu der Toten. Auch die alten Paddel wurden mitgenommen. Danach bohrten sie mehrere ansehnliche Löcher in ihr bisheriges Fortbewegungsmittel, sodass mit demselben an eine sofortige Weiterfahrt nicht gedacht werden konnte. Sie achteten darauf, dass es nur so weit beschädigt wurde, dass „Interessenten" festgehalten wurden. Gegen Mittag befanden sie sich endlich auf dem Weg zurück zum großen Fluss. Die Hälfte der Fahrt im Bach hatten sie bereits hinter sich gebracht und sie standen im Begriff, an einer noch engeren „Pfütze", als es der Bach schon gewesen war, vorüberzufahren. Da schlug Frank vor, die Fahrt zu unterbrechen und die Nacht hinter Buschwerk in diesem Rinnsal zu verbringen. „Die Menschen aus der Ansiedlung am großen Fluss werden nach den vier nicht mehr zurückgekehrten Leuten Ausschau halten. Wir dürften sogar darauf gefasst sein, in der Mündungsgegend einem Suchtrupp in die Hände zu fallen." Sie drehten ihr Kanu so, dass der Bug in den Seitenarm zeigte. Mühevoll stakten sie diesen hoch, bis ein etwas vom Wasser entfernt wachsendes Dorngestrüpp, dessen pflanzliche Ausleger sich weit in das Gewässer neigten, genügend Schutz bot. Sie banden das Boot an einige Mangroven, die hier bereits im schmalen Ufersumpf, der den Wald vom Gewässer trennte, auftraten. Der Waldboden selbst war mit Moosen, Farn und Gräsern bewachsen. Er war nicht mehr so fest wie oberhalb des Baches, aber wenigstens immer noch gut zu begehen. Auf solchem Grund mussten sie besonders achtsam sein, denn für gewisse Spezies von Reptilien, so für den Jacarè und die Sucuri (Anakonda), gilt er als besonderer Lieblingsplatz. Und schon wieder baute Enrique eine Feuerstelle, auf welcher alsbald das noch vorhandene Fleisch brutzelte. Die getrockneten Fische der Getöteten waren bereits während der Fahrt hierher verspeist worden, sodass der größte Hunger gestillt war. Die Sonne, einem roten Feuerball gleich, versank hinter den Kronen der Bäume. „Solange ihr noch etwas erkennen könnt, schaut euch unten am Bachufer nach geeigneten Beobachtungsplätzen um. Seht zu, dass ihr euren Weg durch weniger dichtes Unterholz bahnt, um gut mögliche, schlängelnde Überraschungen zu vermeiden." Wer würde ahnen, dass der Sprechende schon bald selbst damit ein gröberes Problem haben sollte. „Nehmt Gewehre und Angelgeschirr mit, wäre nicht verkehrt, einige Fische vorrätig zu haben. Nachdem unser Braten fertig geschmort ist, werde ich noch einen Topf mit Wasser aufs Feuer stellen, um wieder mal einen Salzstein zu kochen", sagte Enrique. Jean-Claude und Frank nahmen wie „befohlen" die Angelgerätschaften der Toten, schnappten sich einige der Fleischbrocken vom Kaiman sowie die Waffen und bahnten sich mit ihren Macheten einen Weg zum doch etwas entfernten Bachufer, an welchem sie arg zerschunden ankamen. Geeignete Stellen, von denen sie die Umgebung des Gewässers einwandfrei überblicken konnten, waren bald ausfindig gemacht. Blauschwarz schienen dessen Ufer in der kurzen Dämmerung. Ein leichter Wind ließ kleine, weiße Schaumkronen wie Zuckerguss auf dem Wasser erscheinen. Ein kühler Hauch von noch frischerer Luft kam vom jenseitigen Ufer her.

Sie hockten sich ins „tierfreie" Buschwerk am Rande des Waldes, in dessen sattem Grün die ins Grau verschwindenden Farbtupfer vieler bunter Blüten eingebettet lagen. Der dunkel werdende Himmel, das ruhig dahinfließende Wässerchen, auf dem abgefallene Blätter wie kleine Schiffchen eine Reise ins Ungewisse antraten, all dies rundete sich zu einem Bild des absoluten Friedens ab, eines trügerischen Friedens, wie sie wussten. „Wir werden hier auch unsere Angeln auswerfen, vielleicht beißt der ein oder andere Wasserbewohner an." Frank reichte Jean-Claude einige Köderstückchen. Kaum waren die Haken im Wasser versenkt, bissen schon die ersten Burschen an. Es waren sogar einige ansehnliche Kaliber dabei, die Cascudos genannt wurden. Als Nächstes folgten Sorumbin und einige Dorados. Was diese Raubfische in dieses mickrige Gewässer verschlagen hatte, blieb den beiden rätselhaft. Neben sich, direkt aus dem Dickicht, vernahmen sie plötzlich die Geräusche von knickenden Zweigen. Irgendetwas schob sich auf dem Moospolster zu ihnen heran. Die Freunde griffen sofort zu ihren Gewehren und sprangen hoch. Es waren doch nicht schon wieder einige Späher unterwegs? Nein, falscher Alarm, aber im Mondschein erkannten sie, wie sich ein Kaiman zu ihnen heranschlich. Der Lärm von einigen deftigen Schlägen gegen die am nächsten liegenden Baumstämme vertrieb das Tier aus grauer Vorzeit. „Stell dir vor, wir hätten die Echse überhört!", flüsterte Jean-Claude. „Sicher hatte sie es darauf abgesehen, uns zu fressen." „Quatsch, der Fisch und vor allem der Fleischgeruch seines Kollegen werden sie hergelockt haben." So ganz sicher war sich Frank dann aber doch nicht, deshalb meinte er etwas zu gekünstelt: „Weißt du, wir hören sowieso mit der Anglerei auf, mehr Fische können wir ohnehin nicht verwerten, sie würden nur verfaulen."

Bereits einige Minuten auf dem Rückmarsch zur Feuerstelle hörten sie wie aus heiterem Himmel Enrique laut nach ihnen rufen. Aus dem anfänglichen Rufen wurden markerschütternde Schreie. Sofort ließen sie ihr Angelgeschirr und die gefangenen Fische auf den Boden fallen und eilten, so schnell sie laufen konnten, die von ihnen zuvor geschlagene Bresche zurück zum Lagerplatz. Sie erblickten Enrique dicht am Ufer, von einer Sucuri, der größten Schlange der Welt, umschlungen. Beide, Ungeheuer und Mensch, wälzten sich am Boden. Die Sucuri war stark und fast so dick wie ein ausgewachsener Mann, eine kräftige und lange Anakonda. Die Riesenschlange richtete ihren Kopf in respektvoller Entfernung auf die Ankömmlinge. Das fürchterliche Reptil war die Ruhe selber, warum sollte es sich auch ängstigen, es war ja eigentlich in allen Belangen massiv überlegen, wie fast jedes Tier gegenüber dem Menschen, wenn dieser ohne Waffe ist. Das Urvieh wurde nur durch die bereits schwächer werdenden Bewegungen, die Enrique von sich gab, selbst auch auf dem Erdboden hin- und hergerollt. Frank und Jean-Claude sahen, wie sich der Leib der Sucuri in kurzen Zeitabständen enger zusammenzog, kaum merklich und immer nur dann, wenn Enrique seinen Atem ausließ. Natürlich ist hinlänglich bekannt, dass eine solche Schlange innert Kürze alle Rippen und Knochen eines Menschen brechen kann. Mit der Machete wurde dann dem optisch schrecklichen Tier der Kopf vom Körper abgetrennt. Der Rachen mit den ungeheuren, zum Schlund gerichteten Zähnen, schnappte trotzdem noch wild auf und zu, genau wie es Enrique von der Surucucu, die er am Strand getötet hatte, erzählt hatte. Es gab für den Kopf allerdings nichts mehr, was er in seinem Rachen hätte verschwinden lassen können. Sie befreiten ihren Kameraden, der einer Ohnmacht nahe war, vom kopflosen, sich trotzdem enger ziehenden Leib des monströsen „Schlauchs". Sie schleppten Enrique zum Lagerplatz ans Feuer. Das enthauptete Scheusal lag, sich gelockerten Windungen hingebend, allein gelassen etwas abseits an der Uferböschung. Seine Länge schätzten sie auf gute sieben Meter. Der Körper zeigte eine beständige Färbung. Die oberen Teile waren olivschwarz, die Kopfseiten aschgrau, die unteren Kieferränder mehr gelblich; von der Stelle zwischen den Augen verlief nach dem Hinterkopf hin eine breite, schmutzig gelbrote, seitlich schwarz eingefasste „Kappe". Unter dieser war ein schwarzbrauner Streifen, der lebhaft von der Kappe abstach. Die unteren Teile der Schlange zeigten auf einem fahlgelben Grund schwärzliche Flecken, die an einigen Stellen zwei unterbrochene Längslinien bildeten. Zur Seite dieser Flecken standen ringförmige, schwarze, innen gelbe Augenflecken in zwei Reihen und vom Kopf bis hin zum Ende des Schwanzes verliefen auf der Oberseite zwei Reihen von runden, schwarzbraunen Flecken, die am Hals und über dem Schwanzende regelmäßig nebeneinander lagen. Im Grunde war es ein faszinierendes Tier und warum musste die Schlange auch unbedingt die Wege der drei Freunde kreuzen? Man hätte ihr viel lieber das Leben gelassen, aber so musste natürlich entsprechend gehandelt werden. Essen konnte man das Fleisch der Schlange nur schwer; Indios aßen dieses ebenfalls nur in der Not und vorzugsweise stark gewürzt, aber mit einigem Widerwillen. Was sollten sie mit der Haut anfangen, die vor allem wegen ihrer Größe einen gewissen Wert hatte? Sie sahen keinen Nutzen und so ließen sie glücklich und irgendwie traurig zugleich das entseelte, schwächer werdende Tier auf dem Boden liegen. Die beiden gingen zurück zu Enrique, der halb aufgerichtet an einem Baumstamm lehnte. „Das war knapp. Wenn ihr mich nicht gehört hättet, wäre es jetzt bereits aus mit mir, dann wären meine Knochen zu Brei zermalmt. So ein Miststück. Ich sah die Anakonda einige Meter entfernt, wie sie sich auf die Feuerstelle zubewegte. Ich glaubte, meine Anwesenheit würde ausreichen, um sie zu vertreiben. Als das Ungetüm keinerlei Anstalten zur Umkehr machte, drehte ich mich kurz zum Topf um, um ihm eine Dusche mit heißem Wasser zu verpassen, doch da war es auch schon um mich geschehen, die Schlange war wohl eine Spur schneller. Die letzten Meter musste das Vieh auf mich zugeflogen sein, so schnell hatte es mich trotz meines Fluchtversuchs erreicht und mit gewaltiger Kraft umschlungen. Wenigstens hat die Riesenschlange nicht auch noch zugebissen, wäre wahrlich kein Vergnügen bei diesen großen, kräftigen Zähnen. Was ist, habt ihr Beobachtungsplätze und Fische?" Abrupt wechselte Enrique das Thema, als wäre nichts geschehen. Er versuchte wohl, die ausgestandenen Ängste und die nachfolgende Erregung zu verbergen, was ihm jedoch nicht wirklich gelang. Er stellte den umgeworfenen Wassertopf auf und richtete sowohl die verwüstete Feuerstelle wie auch seine Knochen wieder her, aber alles mit wenig kontrollierten Handgriffen, ganz anders als sonst. Gott sei Dank war der Erdboden feucht genug, sodass kein Dschungelbrand entstehen konnte. Das hätte ihnen gerade noch gefehlt. Enrique zitterten sämtliche Glieder. „Wenn man dich mal allein lässt", scherzte Jean-Claude, ohne weiter darauf herumzureiten. Frank beschrieb die ausgewählten Beobachtungsposten am Bach, von wo Jean-Claude mittlerweile die Angelgeräte und die gefangenen Fische geholt hatte. Sie legten den Fang an eine sumpffreie Stelle beim Bächlein und begannen, die Fische zu säubern. Enrique trat zu ihnen und blickte erstaunt auf die Beute. Gleichzeitig bedankte er sich noch für die Rettung in letzter Sekunde. „Ihr wollt doch nicht etwa behaupten, dass ihr diese Prachtexemplare aus dem engen und seichten Gewässer, welches teilweise höchstens bis zu den Knien reicht, gefischt habt? Da kennt sich nur der Herrgott aus, grenzt ja fast schon an ein Wunder." Er nahm Frank das Messer aus der Hand: „Ich kann es schneller und auch besser als du, lass mich mal machen." Die Fische waren in kürzester Zeit hergerichtet, woraufhin der Topf mit dem Stein vom Feuer genommen wurde, um die neuen Futterreserven mit der Lake einzureiben. „Sagt, habt ihr je zuvor einen Dorado gegessen?", fing Enrique wieder an zu reden. Die Freunde schüttelten verneinend ihre Köpfe. „Diese Fischart wird mancherorts als Leckerbissen gepriesen. Ich werde uns sogleich einige Stücke von ihm zubereiten. Ihr werdet merken, das Fleisch ist so weich und trotzdem fest, gerade wie ein Babyarsch." Und es stimmte rundum, was Enrique über dieses Fleisch gesagt hatte, es schmeckte allen vorzüglich. „Mein Gott, wenn ich an das Vieh dort denke" – dabei deutete Enrique auf die tote Sucuri – „dann wird es mir wieder ganz anders im Kopf." „Zieh mal dein Hemd aus und lass dich genauer betrachten, nicht, dass du ein paar gebrochene Rippen mit dir herumschleppst, ohne es zu merken." Enrique zog das dreckige und stinkige Hemd aus – gerade eine gute Gelegenheit, es endlich am Bach zu waschen. Ein muskulöser Körper trat zum Vorschein. „Aha, das Tier hat wirklich seine Handschrift hinterlassen, blicke mal auf deinen Bauch hinunter, überall rotblaue, ins Violette übergehende, geschwollene Würgemale." „Das Tier war ja auch nicht gerade winzig", schmunzelte Jean-Claude. Frank tastete Enriques Körper nach etwaigen Brüchen ab. „Scheinst Glück gehabt zu haben, Enrique, einen Bruch oder eine noch schlimmere Verletzung kann ich nicht feststellen. Was ist, hast du Lust, länger an diesem Ort zu bleiben?" „Wir sollten auf jeden Fall die Zeit abwarten, bis sie damit beginnen, die vier Vermissten zu suchen. Momentan wäre es nicht klug, das Versteck zu verlassen. Im Kanu sind die Einheimischen uns bei weitem überlegen. Unser Boot würden sie schnell eingeholt haben, sollten sie es auf dem Strom entdecken", sagte Enrique bereits etwas ruhiger geworden. „Während der Nacht suchen sie nicht, wir können beruhigt am offenen Feuer pennen. Ab dem frühen Morgen ist es bekanntlich notwendig, abwechselnd am Bachufer die Wachposten zu beziehen. Weitere Männer werden mit Sicherheit erscheinen und die Umgebung des Baches nach den verschwundenen Mitstreitern absuchen, verlasst euch darauf." „Alles klar, Enrique, aber irgendwann müssen wir dann doch den Hauptfluss bezwingen und uns weiter und weiter von den Schergen entfernen, im Wissen, dass wir denen auf dem Wasser stets in die Hände fallen könnten. Dennoch wollen wir den Urwald – hoffentlich möglichst bald – verlassen und in der Zivilisation abtauchen, im besten Fall irgendwie per Schiff in unsere Heimatländer zurückkehren, oder wie seht ihr dies?" Jean-Claude hatte zwar recht, er war aber etwas zu schnell in der Zukunft. Dennoch musste es das erklärte Ziel sein, diesen in allen Belangen äußerst gefährlichen Teil der Erdkugel bald ganz verlassen zu können, und zwar in lebendem Zustand. „Schon klar, Jean-Claude, aber es ist momentan einfach noch einige Tage zu früh. Wir müssen uns wahrscheinlich noch etwas in Geduld üben und unsere Überlegenheit durch den Vorteil des Hinterhalts nutzen. Aber, und da sind wir uns wohl alle einig, ewig können und wollen wir nicht vor Ort bleiben. Sobald der Zeitpunkt gekommen ist, versuchen wir es wohl wie bei unseren ersten Fluchtetappen tief in der Nacht, bei günstigen Lichtverhältnissen, das heißt bei Nachtsicht ohne den kleinsten Mondschein. Ich denke, dass wir nur so eine Chance haben, ganz zu entkommen. Wir werden sehen." Enrique hatte gesprochen und so wurde die Kommunikation für eine gewisse Zeit eingestellt.

So gut es beim Schummerlicht zu bewerkstelligen war, richteten sie ihr neues Lager unter einem riesigen Mogno-Baum her. Nach getaner Arbeit setzten sich die drei auf den Waldboden nieder, um sich am Feuer vor den Steckmücken zu schützen. Es war ein dauernder Stress, sich gegen all die täglichen und nächtlichen Naturgewalten zu behaupten. Über ihnen war wie gewohnt das aufgeregte Leben der lieben „Urwaldtierchen". Ein schwerer, süßer Duft von wildem Jasmin und Rhododendron wirkte betäubend auf ihre Gemüter. Vom Schilf und Riedgras am Ufer tönte das dröhnende Pochen der Hammerfrösche und der Pererecas. Dieser Teil des Dschungels schien noch ziemlich unberührt zu sein, denn zwischen den gewaltigen Mognos befanden sich ebenso mächtige Ipes, Jacarandas, ein Trompetenbaumgewächs mit schönen Blüten und sogar vereinzelt stehende Massaranduba-Bäume, ein Hartholzgewächs. Von den Sträuchern und Büschen kannte Enrique nur die mit Dornen versetzten Arranha-Gatos sowie die behaarten Ortigas (Brennnesseln) mit ihren weißrötlichen Blüten. Aber selbst Nogueiras, also Nussbäume, und Castanha do Para, Paranussbäume, fanden sie in der näheren Umgebung in größerer Anzahl vor. Sie sammelten deren Nüsse vom Erdboden auf. Es herrschte hier eine ganz spezielle Flora. Tief sogen sie die aromatische Luft ein, die vom Fluss herüberwehte. Über den Himmel zogen vom Wind getriebene, dunkle Wolken. Bald verdeckten sie den Mond, bald gaben sie ihn wieder frei, es sah aus, als zöge auch er mit großer Geschwindigkeit dahin. Und dies war ja gar nicht so schlecht, sollten sie demnächst die Flucht bei dunkler Nacht fortsetzen wollen.

Enrique schlief mit nur einem Auge, beim geringsten Rascheln von Zweigen, Farnen oder auch nur Gräsern schnellte er, immer noch die Sucuri vor Augen, hoch. Des Morgens fanden ihn seine Kameraden völlig gerädert beim Bad am Ufer des Baches. „Enrique, wird es nicht besser sein, heute Abend nach Einbruch der Dunkelheit diesen Ort hier zu verlassen? Wie ich mir denke, kannst du hier keine Ruhe mehr finden. Du wirst immerzu an das Scheusal dort drüben erinnert werden." Frank zeigte mit einer Hand auf den kopflosen, ausgelebten Schlangen-Körper. „Und du würdest dauernd grübeln, ob noch ähnlich große Vorzeit-Ungeheuer in der Gegend herumkriechen." „Hast recht, Frank, aber vorerst gehen wir gemeinsam auf Wache zum Bach." Frank und Jean-Claude hatten sich Zigaretten in ihre Mundwinkel gesteckt. Sie dachten bereits daran, alles für die später geplante Weiterfahrt herzurichten, damit sie sich dann nur noch ins Boot zu setzen brauchten, um die aktuelle Aufenthaltsstätte zu verlassen – nach getaner Vorbereitungsarbeit, während welcher sie neugierig und auf Distanz bedacht von einem Lontra-Ehepaar, Fischotter-Männlein und -Weiblein, beobachtet wurden. Diese beiden hatten ebenfalls hier am Fluss ihr Zuhause. Die Männer nahmen die Gewehre auf und begaben sich über den freigeschlagenen Pfad zum etwas entfernten Bachufer.

Von Natur aus hatte keiner von ihnen ein ernsthaftes Wesen, vielmehr zeigten sie normalerweise eine frohe, humorvolle Lebendigkeit. Doch jetzt, nach Wochen im Hotel der Urwald-Hölle, zeichnete sie ein eigentümliches, ernstes Gepräge aus, das sie entsprechend griesgrämig, um nicht zu sagen bösartig erscheinen ließ. Und irgendwie wussten die drei, dass sie alle „Kains" waren, Adams Söhne, und für die gab es nach einem Wechsel zur anderen, unangepassten Welt kaum eine Rettung. Der anständige Bildermaler, der Jean-Claude einst war, voller Lebensfreude und Abenteuerblut, fiel mehr und mehr in sich zusammen, die positiven Lebensgrundsätze waren mehrheitlich aus ihm gewichen. Wobei, Abenteuer hatte er ja jetzt zur Genüge, aber natürlich hätte er lieber solche ohne dauernde Lebensgefahr gehabt. Auch der Umstand, dass sie nicht genau wussten, wo sie sich befanden, machte ihnen mehr und mehr zu schaffen und sie vermochten dies auch selbst zu erkennen. Natürlich wäre es bedeutend einfacher gewesen, wenn sie eine Landkarte zur Hand gehabt und auch noch gewusst hätten, wo sie sich genau befanden. Damit wäre eine Fluchtplanung bedeutend einfacher, wenn auch nicht zwingend sicherer gewesen.

„Jean-Claude, wie weit bist du mit deinen Aves?" Ohne Ironie in seiner Stimme stellte Enrique ganz unverhofft diese Frage. Daraus war zu schließen, dass er einen Halt brauchte, irgendetwas, woran er glauben und sich aufrichten konnte. „Falls ich mich nicht verzählt habe, bin ich über die Hälfte hinaus." „Also noch gute 50", stellte Frank lakonisch fest. „Könntest du auf deinem Posten den Rest von dir geben, wir werden die da oben dringend benötigen." Frank zeigte Enrique die ausgewählten Beobachtungsplätze, wovon dieser den für sich günstigsten in Beschlag nahm. Vom neugierigen „Ungeheuer" erzählten die beiden bewusst nichts, um Enrique nicht wieder ins Rotieren zu bringen. Immerhin hatte er es sich auf seinem Platz so bequem wie irgendwie möglich gemacht, was die anderen dazu veranlasste, es ihm in ihren Verstecken gleichzutun. Nur äußerst leise wurden hin und wieder einige Worte gewechselt. Es war schlicht und einfach fast hundertprozentig sicher, dass ein neuerlicher Suchtrupp auftauchen würde, um einerseits nach den verschwundenen Personen, aber auch nach ihnen selbst zu forschen. Einzig wann dies geschehen würde, blieb abzuwarten. Die Zeit schien stillzustehen. Durch Pernilongos, die ekligen Steckmücken, sowie Ameisen, Blutegel und irgendwelches anderes Gewürm wurden sie in ihren Verstecken fast zum Wahnsinn getrieben. Dieses lästige Gekrieche von Kleintieren forderte ihrer Willenskraft einiges ab. Sie mussten es jedoch aushalten, wollten sie weiterleben. Diese Gedanken gingen ihnen dauernd durch den Kopf und dies war letztlich auch ausschlaggebend für die Durchhaltekraft. Gegen Mittag meinte Enrique, Jean-Claude solle vom gebratenen Kaimanfleisch und dem Fisch etwas holen, da sich ziemlicher Hunger bemerkbar machte, ein üppiges Frühstückbuffet blieb ihnen leider verwehrt. Augenblicklich kam ein verstört dreinblickender Jean-Claude mit leeren Händen zurück. „Da befinden sich kein Fleisch und auch kein Fisch mehr, Enrique. Ich nehme an, die Happen werden sich irgendwelche Tiere einverleibt haben." „Ja habt ihr die Sachen denn nicht in einem Eimer verstaut und diesen verschlossen?" „Klar haben wir das getan." „Na und wieso sind sie dann nicht mehr da?" „Frank und ich haben alle Sachen im Kanu untergebracht, so auch den Eimer mit Fleisch und Fisch. Dieser liegt jetzt aber umgestürzt auf dem Waldboden anstatt im Kanu, weiß der Geier wieso." „Was sind das denn für Tiere, die schwere Eimer mit gebratenem Fleisch und gepökeltem Fisch aus dem Kanu klauen und in den Wald tragen?" Selbst der alles gewohnt scheinende Enrique war verblüfft. „Vielleicht Affen, die bringen noch ganz andere Sachen fertig. Beobachtet wurden wir zur Genüge von denen." „Kann sein, Jean-Claude, aber fressen die auch gepökelten Fisch oder gebratenes Fleisch? Na ja, mag angehen, sei's drum, Frank und ich werden weiter Wache schieben, derweil du erneut einige Fische fangen darfst, ist das für dich auch okay? Wir brauchen einfach etwas in die Wampe. Sei aber vorsichtig, am besten wird es sein, du angelst gleich von hier aus, wo ich mich befinde." Kurz darauf saß Jean-Claude mit der Angel in der Hand in Enriques Nähe und zog sogleich einen etwa 30 Zentimeter langen Traira aus dem Wasser. Es folgten weitere. „Lass es jetzt gut sein. Bleib du hier sitzen, während ich mich daranmache, deinen Fang auszunehmen und zu braten." Enrique stand auf, nahm sein Gewehr, die Angelrute sowie die Fische und stand soeben im Begriff, die Feuerstelle anzupeilen, als Frank leise rief: „Aufpassen, sie kommen." Enrique blieb erschrocken stehen, ließ die Angel und den Fisch fallen, scheuchte Jean-Claude auf seinen Posten und flüsterte: „Bewegt euch so wenig wie irgendwie möglich, am besten gar nicht, und vor allem, haltet von jetzt an die Klappe." In etwa 50 Schritt Entfernung wurde ein Kanu mit drei Männern sichtbar. Diesem folgte ein zweites, ebenfalls mit einer Dreierbesatzung. Sie stakten die Boote genauso, wie sie, die Flüchtigen es gemacht hatten, und fuhren langsam an ihrem Versteck vorüber. Die Insassen der Kanus waren mit Gewehren bewaffnet und zeigten auffällig besorgte Gesichter. Irgendwie zögernd verschwanden sie dann doch, nicht weit entfernt, um die nächste Biegung. Enrique wollte sich soeben erheben, als ein weiteres Boot auftauchte. Es konnte also eng werden. Das dritte Boot war mit drei Uniformierten und einem der brasilianischen Filas besetzt, was wohl bedeutete, dass jenes Motorkanu vom Gefangenenlager unten am Hauptfluss wartete. Ein Aufbruch am

Abend war somit höchstwahrscheinlich zu vergessen. Als die Uniformierten mit ihrer Hundebestie an ihnen vorbeischipperte, beschlich Jean-Claude ein Grauen. Er meinte gesehen zu haben, jenes Horrorvieh glotze ihn an, nur um ihn dann zu fressen. „Jean-Claude, wie weit bist du mit den Aves gekommen?", flüsterte Enrique. „Es fehlen noch zehn", flüsterte dieser ebenso leise zurück. „Leier sie runter, bevor die Schweine zurückkommen." Frank war aus seinem Versteck getreten und zu Enrique gegangen. „Wie lange benötigten wir von hier aus bis zu dem Platz, an welchem wir die Toten hinterließen?" „Na, ich denke mir, es waren gut vier Stunden, warum?" „Sie werden die verlassene Lagerstätte und auch die Leichen finden, zumal sie den Hund bei sich haben. Sobald sie die Kadaver ausfindig gemacht haben, sind sie im Bilde. Sie wissen dann mit Bestimmtheit, dass wir noch nicht verreckt, sondern vielmehr schwer bewaffnet sind, und somit werden sie äußerst vorsichtig sein. Da sie uns nicht wieder in den großen Strom, den Rio Ventuari, fahren sahen, nehmen sie zu Recht an, dass wir uns in der Gegend hier verborgen halten. Die Suche nach uns wird bachabwärts vonstattengehen, da das eine Kanu fehlt, mit dem man nicht weiter in den Wald vordringen kann. Bis hierher werden sie es heute selbst bei oberflächlichster Suche nicht mehr schaffen. Ja, ich nehme an, sie werden heute überhaupt nicht mehr nach uns suchen, da sie genug mit der Bergung ihrer Kameraden zu tun haben. Aber morgen, morgen werden sie alle Männer der Ansiedlung auf uns hetzen, und denen haben wir immerhin die vier Kollegen genommen." „Genommen ist eine schöne Umschreibung für den Mord an den Leuten", murmelte Jean-Claude in seinen Bart hinein, was zum Glück für ihn von den Kameraden nicht verstanden wurde. „Kann sein, dass die Uniformierten allein weitersuchen. Wenn es stimmen sollte, was du vermutest, wäre es dann nicht klüger oder gar zwingend, während der Nacht an ihnen vorbei den Strom hinabzufahren? Falls das Motorkanu im Strom ankert, und davon müssen wir ausgehen, oder bei der Ansiedlung angeseilt ist, werden wir uns unauffällig vorbeischleichen. Hier jedoch werden sie uns morgen, spätestens übermorgen aufspüren", sagte Enrique, und weiter: „Wir werden abwarten, bis sie zurückkommen und an uns vorbei sind. Momentan haben wir kaum etwas von denen zu befürchten, also werde ich die Fische herrichten. Versteckt ihr euch trotzdem zur Sicherheit weiterhin am Bachufer, das würde mich ungemein beruhigen." „Enrique, gib Acht, dass du nicht erneut mit einem Ungeheuer zusammentriffst", schmunzelte Jean-Claude.

Es tat sich lange nichts Außergewöhnliches. Die Fische waren fertig. Enrique hatte das Feuer gelöscht und das benötigte Material gleich zurück ins Kanu getragen. Mit einem Eimer voller gerösteter Fischstückchen und als Zugabe sogar mit Mangos, die er an einem Baum am Ufer gefunden hatte, kam er zurück. „Kniet euch rein, die Stärkung brauchen wir", sagte er mit vollem Mund und einen weiteren Fischbrocken hineinschiebend. Das Mahl tat allen dreien gut, sie fühlten sich gleich um einiges wohler und wieder bei Kräften. Als Jean-Claudes und Franks Zigaretten vor sich hin glimmten, träumte Enrique von seinem süßen Kaffee, dem brasilianischen Nationalgetränk. Die Dämmerung hatte in der Zwischenzeit eingesetzt. In wenigen Minuten würde es im Wald stockfinster werden. Am Bach, den die teils gewaltigen Bäume nicht vollends überdeckten, würden sie immerhin so weit sehen können, dass ihnen die Biegung nicht verloren ging. Das Inferno in den Bäumen begann wie immer pünktlich. Frank und Jean-Claude waren praktisch nur noch durch das kurze Aufleuchten der Zigaretten zu vermuten. Und Enrique philosophierte: „Die werden jeden Augenblick hier antanzen, ich spüre es. In der Nacht haben sie Angst vor dem Wald, wie ich euch schon mal klarzumachen versuchte, wobei allerdings auch Geister eine gewisse Rolle spielen." „Magst mit deinen Geistern Recht haben, Enrique. Schön wäre es auf alle Fälle, sollten die Hirnamputierten bald auftauchen, damit die Anspannung und die Unruhe ein Ende finden." Wann würden die Schergen kommen? Es war ihnen, als lägen sie bereits eine Ewigkeit hier im Versteck. Ihre Glieder schmerzten, die Augen tränten vom angestrengten Suchen in der Finsternis. Ein großer Fisch hatte noch keine Nachtruhe, er sprang dauernd aus dem Wasser und wieder zurück. Verhalfen ihnen die Aves von

Jean-Claude zu den erflehten Schutzengeln? Oder war es allen Endes gar der Teufel, der schützend seine Pfoten über sie hielt, gerade so, als fände er Gefallen an der gegenseitigen Treibjagd? Sie mussten noch vier Zigaretten lang warten, was letztlich etwa einer Zeitspanne von zwei Stunden entsprach, doch dann erspähten sie die ersten beiden Boote mit je zwei Leichen. Langsam zogen die Kanus an ihnen vorbei den Bach hinab. Die Männer hielten die Gewehre im Anschlag, um sich nach allen Seiten hin abzusichern. Das Boot der Uniformierten war allerdings noch nicht in Sicht. „Was ist, wo bleibt diese Nachhut?" „Keine Ahnung, Frank, aber ich warnte euch vor zu großem Optimismus. Ich ahnte schließlich, dass dieses dritte Boot eventuell weitersuchen würde." „Wo bleibt denn da ihre Angst vor der Nacht im Wald, von der du sprachst?" „Denkt dran, die haben den Fila dabei und vielleicht nimmt er ihnen eine gewisse Angst, denn er schützt sie", gab Enrique zur Antwort. „Im Falle, sie sollten stutzig werden, sobald sie hier erscheinen, behaltet die Nerven, schießt nicht sofort, die Schüsse könnten gehört werden. Vielleicht sind sie völlig lautlos zu packen." „Weshalb sollten sie gerade an dieser Stelle stutzig werden?", fragte Jean-Claude. „Na eben wegen dem Fila. Der hat eine überaus feine Nase und schleppt mit Gewissheit unsere Duftmarke mit sich herum. Der könnte uns wie ein Stück Wild verbellen." „Du wirst mit deiner Ansicht nicht einmal so verkehrt liegen, Enrique, erkennen können sie uns hier in der Dunkelheit aber unmöglich, jedoch wir sie, ein nicht zu unterschätzender Vorteil. Wir werden uns hinter einigen der riesigen Anjico-Bäume stellen und ihnen eins auf die Birne schlagen, falls sie es wagen sollten, das Rinnsal anzusteuern, um den Wald abzusuchen", meinte Frank. „Und der Hund, was ist mit dem? Den dürfen wir nicht unterschätzen." Jean-Claude fürchtete diesen anscheinend mehr als die Schergen selbst. „Das Vieh wird uns anspringen und zerreißen." „Wir müssen es abwarten. Im gegebenen Falle werden wir den Fila vordringlich töten, Jean-Claude, sei unbesorgt", meinte Frank mit beruhigender Sicherheit in seiner Stimme. War dies nur Zweckoptimismus oder sah er die Sache tatsächlich positiver als die anderen?

Schwere Wolken kamen auf und hingen tief über dem Bach, dessen Wasser beinahe schwarz schien und deshalb unheimlich wirkte, fast wie ein Tor zur Hölle. Sie spähten angestrengt zu den Felsen am Bach, wo sich die Ufer dunkel über dunkel ins Nichts verloren. Trotz des konstanten Lärms der Waldbewohner hörten sie endlich die Männer im Kanu ankommen. Der sich wie rasend gebärdende Fila hatte sie tatsächlich erschnuppert, war ja kaum anders zu erwarten, wenn man selbst mal einen Hund hatte und weiß, was die alles über relativ weite Distanzen riechen können. Die Bestie roch vielleicht auch nur die gebratenen Fische, deren Düfte sich an den Pflanzen festgesetzt haben mochten. Die Uniformierten steuerten, genau wie sie am Tage zuvor, ihr Boot in die Mündung des winzigen Rinnsals. Zur anderen Bachseite hin verschwendeten sie keinen ihrer aufmerksamen Blicke. Sie waren sich demnach ihrer Sache absolut sicher, nur wussten sie nicht, dass die heiß Gesuchten ganz in ihrer Nähe auf sie warteten und sie längst kommen sahen. Bei den ersten der Urwaldriesen stoppten die Männer ihr Boot und stiegen ins Wasser. Sie ließen den Fila leider nicht wie beim letzten Mal im Boot, sondern ließen ihn umgehend frei. Dieser hatte nichts Eiligeres zu tun, als in Richtung des kräftigsten Fischgeruchs, also hin zum Kanu zu laufen. Fast wäre er über einen zuschnappenden, am Boden liegenden Kaiman gestolpert, der ihn aber verfehlte. Die Männer planschten durch den schmalen Sumpfstreifen und betraten das moosige Polster des Waldes. Nichts mehr begreifend sank einer von ihnen auf das Moosbett unter sich, durch einen fürchterlich ausgeführten Schlag in den Nacken, verursacht von Franks Gewehrkolben. Einer seiner Begleiter hörte einen letzten kläglichen Wehlaut des Partners und drehte sich sofort zu ihm um, was er besser hätte bleiben lassen sollen, denn so traf es auch ihn unbarmherzig. Sein Mörder Jean-Claude, der damit seinen Einstand leistete, stand hinter dem Unvorsichtigen, der zum Unwillen der drei Freunde einen lauten Furz und ein gequältes Lächeln von sich gab, bevor er ebenfalls zu Boden fiel. Der dritte im Bunde, aufs äußerste erschrocken und schockiert, riss in übertriebener Weise sein Gewehr hoch und verschoss sinnlos seine wertvollen Cartuchos. Daraufhin begann Enrique fast mit ihm zu spielen.

Der bereits Verlorene erhielt einige derbe Schläge mit einem Holzscheit aufs Haupt und dazu ein paar gehörige „Backpfeifen". Die Bestie von Fila kam seinem Herrn zu spät zu Hilfe. Er verbiss sich, bevor er zwangsläufig ebenfalls erschlagen wurde, zum Leidwesen von Frank noch in dessen Bein. Der Hund hatte die Wade von Frank bis auf den Knochen zerbissen und eine schrecklich aussehende Wunde hinterlassen, welche trotz der Finsternis deutlich zu erkennen war. Am Bach wurde das Bein notdürftig gesäubert und umgehend verbunden. „Frank, bleib hier sitzen. Ich werde im Kanu der Burschen und in ihren Taschen nach Verbandszeug und Medikamenten suchen. Solche Typen sind es gewohnt, alles Mögliche gegen Verletzungen bei sich zu führen." Zwei der Getöteten führten kleine, an ihrem Hosengurt befestigte Verbandskästchen mit sich, in welchen sich unter anderem Binden, Wundsalben und sogar Antibiotika befanden. „Sag, Frank, wurdest du, bevor du Deutschland verlassen hast, gegen Wundstarrkrampf geimpft?" „Sicher, Enrique, darüber mach dir keine Gedanken. Wichtig wären jedoch Penicillin oder eben das Antibiotikum, damit eine eventuelle Entzündung bekämpft werden kann." „Hier, schluck die Pillen, ich werde versuchen, dein Bein vernünftig zu verbinden." Enrique arbeitete einmal mehr schnell, sicher und gewandt. „Sag, wo hast du denn diese Kunstfertigkeit erworben? An dir ist ja der perfekte Sanitäter verloren gegangen." „Bei uns in den Favelas lernt man mancherlei, auch das Verarzten von Verwundeten. Immer wieder müssen Schwerverletzte versteckt und behandelt werden, und dabei bekam ich so allerhand mit auf den Weg." Jean-Claude und Enrique plünderten die Toten aus. Die Gewehre, darunter zwei Escopetas, waren allerdings nicht besser als jene, die sie bereits besaßen. Aber sie nahmen die Knarren inklusive der Munition trotzdem zu sich ins Boot. Jetzt befanden sich bereits acht von den Dingern in ihrem Besitz, ein wahres Waffenlager, wovon vor kurzem noch keiner von ihnen geträumt hätte. Die Rauchwaren wechselten ebenfalls zu den Lebenden. Und da waren zum Erstaunen auch noch Schokolade und eine Unmenge an Kaugummis. Die Schergen schienen Tag und Nacht am Kauen gewesen zu sein. Nach der Leichenfledderung kümmerten sie sich nicht weiter um die Entseelten, sondern ließen sie dort liegen, wo sie sich befanden. Das fremde Boot wurde zertrümmert, bevor sie ihr eigenes in die Nähe von Frank rangierten, um ihn gemeinsam hineinzuhieven. Ihr Freund schien wahnsinnige Schmerzen ertragen zu müssen, welche durch die gefundenen Medikamente nur schwach hatten gelindert werden können.

„Wir müssen uns beeilen! Falls die Knallerei gehört wurde, wird man sich fragen, was die kurz hintereinander abgefeuerten Schüsse aus nur einem Gewehr zu bedeuten hatten." Enrique drängte Jean-Claude zum Kanu, welches sie langsam den Bach hinunterbewegten. Dieser wurde bald breiter, sodass sie mit dem Rudern beginnen konnten. An der Mündung hielten sie sich dicht an die Mangroven und unter dem Dickicht das Ufer entlang. Zu ihrem Schrecken erblickten sie in der Nähe der Ansiedlung, auf der gegenüberliegenden Flussseite, das große Motorkanu vom Gefangenenlager, direkt neben einem Lancha festgebunden. Der Schrecken hielt sich aber in Grenzen, denn eigentlich hatten sie ja mit diesem Szenario gerechnet. Doch es waren noch weitere Kanus und kleinere Einbäume in auffälliger Zahl zu erkennen. Und sie machten aufgeregte Gestalten aus, die wild mit ihren Armen fuchtelnd in laute Diskussionen verstrickt waren. Zum Glück konnte das Kanu der drei Freunde von dort aus kaum gesehen werden, von weitem wurde die ganze überwachsene Uferböschung zu einem dunklen Grauton verschmolzen. Auch gaben ihnen weit ins Wasser hängende belaubte Äste und Zweige genügend Schutz. Wie schon einmal brachen sie einige davon ab, um sich und ihr Boot noch besser zu tarnen. Es war eine nervenkitzelnde Gratwanderung, aber es blieb ihnen nichts Anderes übrig. Sie mussten früher oder später an dieser Ansiedlung vorbei und besser jetzt umgehend in dieser Nacht, so mussten sie eigentlich einen weiteren Vorsprung herausholen können, denn am nächsten Morgen würden die Verfolger ja kaum auf die Idee kommen, flussabwärts zu fahren. Vielmehr würden sie ihre Boote nochmals den Bachlauf hinauftreiben, um ihre abermals vermissten Kameraden zu suchen. Alle Augen der Personen in den Booten bei der Ansiedlung und auch inmitten des Rio Ventuari dürften unter anderem auf die Bachmündung gerichtet gewesen sein, denn aus dieser Richtung erschallten viele menschliche Laute. Wie weit die drei wagemutigen Flüchtigen von der Mündung her erwartet wurden, musste offenbleiben. Doch diese Vermutung bedeutete unmissverständlich, dass Enrique und Jean-Claude äußerst vorsichtig und so bedächtig wie nur möglich vorgehen mussten, nicht der kleinste Laut oder die geringste Bewegung durfte von den Feinden erkannt werden. Wie im Zeitlupentempo stahlen sie sich an den Verfolgern vorbei, immer darauf bedacht, sich hinter oder unter den Pflanzen zu halten. Nur so hatten sie eine Chance. Zu ihrer stillen Freude kam ihnen entgegen, dass der Rio Ventuari hier schon eine ansehnliche Breite aufwies und die Distanz zu den Fremden fast zu groß war, um in der schwarzdunklen Nacht allzu viel erkennen zu können. Und so gelang es ihnen, sich behutsam aus der Gefahrenzone zu entfernen. Offensichtlich wurden sie also von diesen Leuten nicht erspäht. Ihnen kam dieser wirklich kurze Augenblick wie Stunden vor. Und die mochten auch verstrichen sein, bis sie endlich keines der feindlichen Boote mehr sehen konnten. Alle drei atmeten auf, das größte Hindernis schien überwunden.

Die Verfolger mochten ungeduldig und verzweifelt grübelnd die Nacht in ihren Booten auf dem Fluss verbracht haben und erst jetzt, in den Morgenstunden des erwachenden Tages, mit ihrer Suche am Bach begonnen haben. Den Tag über würden sie wohl vollauf beschäftigt sein und wie erhofft nicht im Traum daran denken, etwa den Fluss hinab zu fahren, nur um nach Fliehenden zu fahnden. Nein, sie glaubten ja zu wissen, dass sich die drei ganz woanders, irgendwo den Bachlauf aufwärts, aufhielten, also in der näheren Umgebung.

Diese Stunden waren ihr Vorsprung, die mussten unbedingt genutzt werden, später würden sie dann ein anderes Versteck ausfindig machen, um sich dort nach Herzenslust von der Erschöpfung und den Strapazen der letzten zwei Tage zu erholen. Ein Trost für die Freunde war, dass sie wussten, dass sie mit jedem größeren Fluss oder Strom dem rettenden Orinoco, dem Rio Negro oder direkt dem Amazonas näher kamen.

Vom fürchterlichen Krawall des Waldes war nun während der raschen Fahrt in der Mitte des Flusses kaum etwas zu hören. Jean-Claude und Enrique tauchten im Gleichschlag ihre Paddel ins Wasser, die beträchtliche Strömung tat ein Übriges, das Kanu ziemlich schnell vorwärts zu tragen. Frank, der am Heck saß, um sein schmerzendes Bein zu schonen, brachte das Boot mit einem der Paddel in die jeweils gewünschte Richtung. Alle drei hatten momentan keinen Hunger, der war ihnen vergangen. Dann und wann hielten Frank und Jean-Claude Zigaretten zwischen ihre Lippen. Bislang brachte der Fluss keinerlei Gefahren, die waren jetzt, nachdem sie das Lancha gesehen hatten, sogar völlig auszuschließen. Das Lancha war mit größter Wahrscheinlichkeit flussaufwärts gekommen, von irgendeinem der größeren Handelsposten abgehend.

Enrique, Frank und Jean-Claude fühlten sich durch die gemeinsame Flucht innerlich miteinander verbunden. Jean-Claude blickte auf zum Himmel, an dem weiße, an den Rändern rosig überhauchte Wolken dahinzogen. Er drehte sich zu seinen Kameraden um und sagte, mehr zu Frank, der zusehends mit seinem Bein zu kämpfen hatte: „Das Leben ist ein Kampf, uns allen bringt es immer mal wieder Niederlagen. Aber auch sie haben einen Sinn, auch wenn wir dies manchmal nicht begreifen. Wir müssen uns bemühen, das uns aufgezwungene Schicksal zu ertragen, was bleibt uns auch anderes übrig?" Überrascht, ja gar ein wenig bestürzt sahen Enrique und Frank sich an. Es war nicht gut, wenn Jean-Claude ins Grübeln verfiel, weil er dann den letzten Rest an Optimismus verlieren würde. Frank hatte sich der Länge nach ausgestreckt und lag mit geschlossenen Augen auf dem Boden des Bootes. Aus dem jetzt grau verfallenen Gesicht ragte hell die spitzige Nase. Mühsam keuchend ging sein Atem, seine Lippen bewegten sich unaufhörlich und er murmelte Unverständliches vor sich hin. Enrique und Jean-Claude vermochten die Worte nicht zu verstehen, und nur, wenn sie beide etwas lauter sprachen, öffnete Frank seine Augen, um sie mit klarem Blick fragend anzustarren. Enrique war der Verzweiflung nahe, er wusste keinen vernünftigen Rat mehr, um seinem Freund zu helfen.

Längst war es Tag, die Sonne hatte sich zum Horizont hochgeschoben. In der Ferne sahen sie zwei Kanus in der Mitte des Flusses auf sie zukommen. Abrupt und ohne groß nachzudenken lenkten sie ihr Boot sogleich in den Mangrovensumpf, welcher im Wechsel mit sumpflosen, dicht bewachsenen Hängen das Ufer teilte. Sie glitschten über den Morast, bis sie festsaßen. So konnten sie zwischen Deckung bietenden Sträuchern die beiden Boote auf dem Fluss genau betrachten, sie waren in nicht mehr allzu weiter Ferne. Ob auch die Menschen darin sie von weitem entdeckt hatten? Es blieb abzuwarten, und wenn, dann würden sie ihre Boote wohl in die Richtung des „Unterschlupfs" lenken. Dies erfolgt im Dschungel oft aus reiner Neugier, um zu sehen, wer sich hier in der gottverlassenen Gegend verbirgt. Aber die Kanus fuhren in Rufweite an ihnen vorbei. Aus dem Gehabe, welches die Insassen – diesmal nur Indios – an den Tag legten, ging eigentlich nicht hervor, dass sie bemerkt worden waren – was sich jedoch als verheerender Trugschluss herausstellen sollte. Den Freunden kam nicht in den Sinn, dass in dieser Region alle Bewohner oder Anwesenden über sie, die Flüchtigen, informiert worden waren und manche von ihnen nur aus Angst die Ahnungslosen spielten. Die Indios waren zu winzigen Punkten geschrumpft und bald überhaupt nicht mehr zu erkennen. Während der unverhofften Ruhepause hatte Frank sich etwas erholt und er saß wieder mit aufgerichtetem Oberkörper im Boot, so wie die ganze Zeit vor seinem Zusammenbruch. Enrique blickte ihn mit hochgezogenen Augenbrauen an, doch bevor er etwas sagen konnte, meinte Frank: „Sind sie fort?" Enrique nickte. „Dann lass uns zusehen, dass wir auch von hier verschwinden." An Mangrovenstümpfen zogen sie sich aus dem Morast, um wieder auf den Fluss zu gelangen, auf welchem sie schleunigst den Abstand zu den Indios vergrößerten. In diesem kurzfristigen Versteck hatten sie sich noch reichlich mit Mangofrüchten und Avelas, Haselnüssen, eingedeckt. Diesen kleinen und etwas einseitigen Imbiss nahmen sie nun während der Fahrt zu sich.

Vor Einbruch der Dämmerung suchten sie nach einer geeigneten Stelle, um sich dort ein Essen aus Fischen herzurichten.

Sie hatten vor, die Nacht über weiterzufahren, um ihrem Ziel, der Freiheit, näher zu kommen und während des kommenden Tages in irgendeinem Schlupfwinkel Zuflucht zu finden.

Die Flussgestade hatten eine bedeutende Breite angenommen und eigentlich nahmen sie schon fast die Ausmaße eines Stromes an. Sie befanden sich wohl immer noch auf dem Rio Ventuari, aber der Orinoco konnte nicht mehr weit sein. Auf den Mangrovensümpfen lagen vereinzelt, dicht aneinandergedrängt, Spitzkopfkrokodile, auf denen kleine, weiße Reiher herumspazierten. Sie ruhten nebeneinander ohne ein Zeichen der gegenseitigen Zuneigung, wie man es sonst bei geselligen Tierarten bemerkt. Krokodile greifen auf dem Land kaum jemals an, das Opfer, welches sie packen wollen, müsste ihnen in dem Augenblick in den Weg kommen, zu welchem sie sich ins Wasser werfen wollen. Einige der Kolosse mögen vier bis fünf Meter an Länge gemessen haben. Eventuell befanden sich im Mangrovenmorast einige lecker schmeckende Goiamun, feine Krebse also, die es sich zu fangen lohnte.

Die drei fanden nach kurzer Weiterfahrt eine zufriedenstellende Raststätte, wo sie keine der monströsen Echsen vorfanden. Einer der vielen kleinen Seitenarme bot ihnen die Möglichkeit, sich für jedwelche auf dem Fluss fahrenden Personen praktisch unsichtbar zu machen. Sie steuerten eine von Dickicht umgebene Einbuchtung an, in welcher sie ihr Kanu auf den Uferschlamm setzten. Enrique schlug einige Äste von den Mangroven, um im Boot eine kleine Feuerstelle herzurichten. Jean-Claude stieg, nachdem er sich vergewissert hatte, keinem der Krokodile zu begegnen, in den Morast, in welchem er bis zu den Knien einsank; zum Glück nicht tiefer. Er wollte nach den besagten Goiamun suchen. Der Feinschmecker in ihm war offensichtlich wieder mal erwacht. Eine fingerdünne, fast zwei Meter lange Baumschlange versperrte ihm jedoch den Weg. Erschrocken blieb er stehen und rief nach Enrique. Der schaute sich vom Kanu aus das Reptil an und stellte fest: „Jean-Claude, ich sehe sogar zwei Schlangen, hinter dir befindet sich die andere." Jean-Claude schob noch erschrockener seinen Kopf nach hinten; beinahe wäre er in Ohnmacht gefallen, als er nur etwa einen Meter entfernt eine rund 60 Zentimeter lange, knallgrüne Schlange an sich vorbeikriechen sah. Sie nutzte die dünnen Zweige von abgestorbenem Buschwerk, um sich vorwärts zu bewegen. Enrique kostete Jean-Claudes Entsetzen spitzbübisch aus, doch dann meinte er: „Verschiedene Arten dieser Schlangen besitzen zwar ein todbringendes Gift, aber ausnahmslos sind sie dem Menschen gegenüber nicht aggressiv gestimmt und somit in der Regel ungefährlich. Oft befinden sich die Giftzähne bei den Cipos, bei der längeren Schlange dort vor dir handelt es sich um eine solche, kurz vor dem Schlund. Der ovale Kopf und die runden Pupillen, genau wie die nicht ohne Weiteres zu erkennenden Giftzähne, tragen zur irrigen Meinung bei, sie wären allesamt ungiftig. Sie wird sich ebenfalls an den Ästen an dir vorbeischlängeln, und da die kleinere Grünschlange völlig harmlos ist, kannst du unbesorgt nach den Goiamun fahnden. Weißt du überhaupt, wie du diese fangen willst? Ich sehe nicht einmal einen Eimer oder Beutel bei dir. Wo willst du sie denn hineinlegen, falls du tatsächlich welche aufspüren solltest?" Selbst Frank konnte sich beim Anblick von Jean-Claudes ratlosem Gesicht und trotz seines miserablen Zustandes ein Lächeln nicht verkneifen. „Komm her ins Boot, Jean-Claude, richte du unser Essen her. Halte aber deine Augen zum Fluss hin offen, man kann nie wissen. Ich werde derweil nach den Krebsen suchen." Enrique schnappte sich einen Eimer sowie eine der Eisenstangen, dann stieg er in den Sumpf, aus dem Jean-Claude bis zum Hosengurt voller Moder beschmutzt zurück ins Boot krabbelte. Fast hätte man meinen können, es handle sich ebenfalls um einen Krebs, einfach einen etwas Größeren.

Langsam einen Fuß vor den anderen setzend suchte Enrique mit der Stange in Höhlen, Löchern und Spalten herumstochernd nach den besagten Goiamuns. Hin und wieder verschwand sein Arm, oft bis zur Schulter hin, im Morast, um ihn sogleich mit einem Krebs in der Hand daraus hervorzuziehen. Der Fang landete sofort im mitgeführten Eimer. Die Fische waren gebraten und die Krebse wurden in heißes Wasser geworfen, wo sie augenblicklich das Zeitliche segnen mussten. Arme Tiere, alles in Butter in den Sümpfen und da tauchen plötzlich diese Gestalten auf und holen sie aus ihrer sumpfigen Unterkunft. Scheiß

Menschen. Doch die Krebse waren natürlich eine willkommene Abwechslung auf dem Speiseplan. Enrique nahm sich vor, noch einige dieser Tiere auf Vorrat zu fangen, bevor sie später weiterfuhren. Krebse würden im Eimer immerhin einige Zeit am Leben und somit frisch bleiben.

Der Eimer mit den erneut gefangenen Krebsen wurde an Bord verstaut, die Dämmerung war der Nacht gewichen, eine Onça gab einen Laut von sich und die Männer waren so weit wieder startklar. Frank war noch einmal frisch verbunden worden. Die Wunde sah gar nicht gut aus, sie hätte schon zu Beginn genäht werden müssen. Vielleicht war eine Heilung durch das nur beschränkt vorhandene Penicillin unmöglich. Franks Schmerzen mussten höllisch sein. Aber er musste ja irgendwie durchhalten. Die beiden anderen versuchten immer wieder, ihn so weit wie möglich zu motivieren und bei Laune zu halten.

Sie schoben sich aus dem Sumpf. Die Bäume waren vom Ufer zurückgewichen und gaben somit den Blick zu hoch aufragenden, bewaldeten Hängen frei. Die zum Greifen nahen Sterne sahen wie schimmernde, in der Luft schwebende Perlen aus. Der Mann im Mond zeigte die eine Hälfte seines Territoriums und sorgte auf dem Wasser für eine glänzende Strahlenstraße. Obwohl sie in der Flussmitte schneller vorwärtsgekommen wären, blieben sie diesmal eher in Ufernähe, damit sie sich bei Gefahr sofort in die üppigen Büsche schlagen konnten. Sie wussten nicht annähernd, wie viele Meilen sie vom Gefangenenlager trennten. Sie wussten ebenso wenig, in welchem Land sie sich gerade befanden. Enrique wusste einzig, dass der Orinoco nach Norden floss und noch in Venezuela ins Meer mündete. Sollten sie also dorthin geschwemmt werden? Immer wieder dieselben Fragen, die unbeantwortet blieben und sie fast zur Verzweiflung trieben. Und das Schlimme, nirgends konnten beziehungsweise durften sie nachfragen oder auch um Schutz ansuchen. Sie wurden schließlich per Steckbrief als Mörder gesucht, was ihnen das vorgefundene Papier bei einem der Getöteten bestätigte. Scheinbar schien kein Schwein das Morden der Schergen zu hinterfragen, dieses war offensichtlich legal und wurde oft aus Angst einfach als konform betrachtet.

Im Morgengrauen, das den Fluss mit einem dicken Nebel verschleierte, fanden sie an einer angesteuerten Insel eine versteckt liegende Bucht, in welcher sie beschlossen, den neuen Tag zu verbringen. „Jean-Claude, wir werden abwechselnd wachen. Diesmal darfst du aber nicht wieder einschlafen. Alle vier Stunden könnten wir uns in der Wache ablösen. Nach dem Essen kannst du dir deine Wachstunden auswählen." Enrique bereitete die Krebse vor, von denen Frank keinen Bissen zu sich nahm. Er hatte trotz des verabreichten Penicillins Fieber, sein Bein war außerdem stark geschwollen. Sie brachten eine Schiene an, damit es Ruhe vor unnötigen Bewegungen fand. Eine geraume Zeit über war Frank schon am Stöhnen. Was würde geschehen und welche Entscheide müssten getroffen werden, sollte sich sein Zustand weiter verschlechtern? Den Kameraden, der Enrique aus der fürchterlichen Hölle des Lagers befreit und zudem im Wald das Leben gerettet hatte, würde dieser unter keinen Umständen im Stich oder gar lebendig verfaulen lassen. Sie wollten vorerst abwarten, wie Frank diesen Tag überstand. „Weißt du, Jean-Claude, man sollte dem Herrgott für jeden Tag dankbar sein, den er einem schenkt. Ich weiß aber nicht recht, wenn ich den eingefallenen Frank anschaue, ob mich diese Zeit in der Hölle hier zu Dank verpflichtet." Enrique wollte sich partout nicht eingestehen, dass auch ihm hundeelend zumute war. In seinem Gesicht spiegelte sich in diesen Momenten eine hoffnungslose Ohnmacht, doch seine Augen blickten ansonsten aufmerksam und scharf wie sonst an der geradlinigen Nase vorbei. Noch unauffällig zwar, aber trotzdem begannen seine schwarzen Wuschelhaare an der Stirn zurückzuweichen. Jean-Claude nickte zu allem, was Enrique sagte, selbst wenn er auch nicht immer derselben Meinung war. Er schien tief damit beschäftigt, zu ergründen, ob ihre gemeinsame Flucht wirklich das einzig Richtige war. Aber was hätten sie sonst unternehmen können, um aus den Klauen der Schergen zu entkommen? Er kam einmal mehr zur Einsicht, dass es keine andere Möglichkeit gegeben hatte. Mit zusammengepressten Lippen starrten sie hinunter auf ihren Freund, dessen müde Augen einen schwer zu enträtselnden Ausdruck vermittelten.

Da Jean-Claude sich nach kurzem Überlegen die erste der Wachen erbeten hatte, legte Enrique sich erschöpft auf die faule Haut. Er fiel nur schwer in den Schlaf und dieser war wieder einmal sehr unruhig und voller Alpträume, aber wer konnte es ihm und den beiden anderen verdenken, in Anbetracht der täglichen Prozeduren. Und der Schlaf dauerte dann auch gar nicht lange, denn Jean-Claude rüttelte ihn aus diesem auf. Sofort besah er das Bein von Frank. Dieses schien den Verband unter der angebrachten Schiene sprengen zu wollen. Es war zu einer unförmigen Masse angeschwollen. Fieber schüttelte Frank und bereitete ihm Wahnvorstellungen. Seine Lippen waren spröde und die Augen zeigten einen seltsamen, abwesenden Ausdruck, stumpf blickten sie ins Leere. Trotz der voraussehbaren Folgen beschloss Enrique, eine der Ansiedelungen aufzusuchen. Falls diese dann ohne Sanitätsposten sein sollte, würden die Indios Hilfe leisten müssen, notfalls unter Gewaltandrohung. Indios kennen sich bekanntlich bestens mit Naturheilkräutern aus. Die Angst um das eigene Wohl war selbst aus Jean-Claude gewichen, jetzt hieß es, den Kameraden zu retten.

KAPITEL 4

Unbekannte Indios müssen Frank retten

Sie brachten das Kanu in die Flussmitte, sie wollten nun aus dem Sachzwang heraus gesehen werden. „Jean-Claude, hau dich jetzt hin, du benötigst den Schlaf ebenso wie ich. Ich werde dich wecken, sobald ich es für nötig halte." Jean-Claude tat, wie ihm von Enrique geheißen worden war, und er schlief nach sehr kurzer Zeit ein. Lautlos glitt das Kanu den Fluss hinab. Enriques Blicke schweiften überall umher, hauptsächlich aber zu Frank hinüber, dessen Zustand ihm arg zu denken gab. Wolkenlos blau war der Himmel, die Luft voll von sanfter, eigentlich beruhigender Wärme. Auf dem Fluss war es ausnahmsweise mal angenehm, ja fast bezaubernd still. Enrique hockte leicht vorgebeugt im Boot, sein Gesicht zeigte eine gewisse Starre, fest presste er seine Lippen aufeinander. Ein Zug von totaler Erschöpfung lag um seinen Mund, aber nichtsdestotrotz beobachtete er hell und wachsam die Umgebung. Fortwährend spähte er den Fluss hinab. Und wenn er dann hinunter sah auf das ruhig dahinfließende, dunkle Wasser, aus dem dann und wann Fische sprangen, um in weitem Bogen wieder in ihr Element zu tauchen, kam für einen Augenblick Leben in seine eingefallenen Züge.

Von Weitem kam ihnen ein Einbaum entgegen, woraufhin Enrique seine Paddel aus den Händen legte und zum Gewehr griff. Zwei Indios steuerten ihr Boot an. Als diese aber das Gewehr auf sich gerichtet sahen, wendeten sie den Einbaum, um schleunigst zu entfliehen. Sofort legte Enrique das Gewehr hinter sich, hob seine Arme zum Zeichen seiner friedlichen Absichten und deutete an, die Indios mögen zu ihm kommen. Diese zögerten, an ihren Gesten erkannte er, dass sie sich beratschlagten. Sie ließen sodann von ihrem Vorhaben zu fliehen ab und steuerten ihren Einbaum erneut auf Enrique zu. Einer der beiden Indios konnte sich glücklicherweise auf Portugiesisch und Spanisch verständigen. Nachdem er begriffen hatte, worum es ging, vertäuten sie ihr Fahrzeug an dem der Flüchtigen. Sie schauten sich Franks Bein und seinen allgemeinen Zustand an, und als sie dann auch noch Jean-Claude friedlich auf der Plane schlafen sahen, war alle Angst vor irgendwelchen bösen Absichten von ihnen gewichen. Sie bedeuteten Enrique, ihnen zu folgen. Nach etlichen Meilen steuerten sie einen passablen Seitenarm des Flusses an. Wieder legten sie ihren Einbaum längsseitig an, einer von ihnen stieg zu Enrique ins Boot und ergriff eines der Paddel. Allein hätte er das Boot nicht flussaufwärts bringen können. Fast schweigend ruderten sie beinahe eine volle Stunde, als Enrique an einem der Ufer mehrere Hütten entdecken konnte. Auf dieses kleine Hüttendorf steuerten sie also zu. „Es wird sich um die Residenz der beiden Indios handeln", dachte er bei sich, und er sollte damit richtigliegen.

Sie gelangten von ängstlichen, aber auch neugierigen Augen bestaunt ans Ufer. Kläffende Hunde sprangen auf sie zu. Frank wurde von ein paar herbeigeeilten Indios aus dem Kanu gehievt und in eine der Hütten getragen. Ein spindeldürrer Greis, dessen entzündete Augen so sehr aus den Höhlungen zu wandern schienen, dass Enrique meinte, sich daran festhalten zu können, kam auf sie zu. Der Portugiesisch sprechende Indio übernahm die Rolle des Dolmetschers und übersetzte Enriques Worte. Der Curandeiro, seines Zeichens der Medizinmann – und nur um einen solchen konnte es sich bei dem Alten handeln –, nickte nach jedem übersetzten Wort zustimmend mit dem Kopf, oder aber er schüttelte ihn energisch, je nach Bedeutung des Gesagten. Er verbarg geschickt ein leises Erschrecken hinter einem kummervollen Lächeln, als er sich zu Frank niederkniete, um dessen Bein zu betrachten. Nachdem ihm ein Messer gereicht worden war, schnitt er die schmutzige Binde durch und entfernte sie samt der Schiene. Dann bedeutete er allen Anwesenden, die Hütte zu verlassen, er wollte allein sein. Der Indio erklärte Enrique, er solle den alten Mann jetzt nicht stören, indem er zurück in die Hütte gehe, dadurch würde er ihn nur verärgern. In der Zwischenzeit war Jean-Claude erwacht, verwundert blickte er Enrique an. Vor Erschöpfung hatte der Franzose fast wie ein Toter gepennt. „Was für Hütten sind das, Enrique, haben sie uns nun doch noch am Arsch bekommen?" Jean-Claude richtete sich auf, noch immer zeigte er sich schlaftrunken und fand keinen rechten Durchblick. „Wir befinden uns in einem abseits vom Fluss liegenden Indiodorf. Ein alter Greis bemüht sich dort in der Hütte um Frank." Enrique wies mit dem Arm auf die Hütte mit dem Verletzten. „Es scheinen friedliche Leute zu sein, so wie ich die Sache im Moment einschätze. Vielleicht können wir sie auch bei Laune halten, indem wir ihnen etwas vom Schatz der Ruinenstadt anbieten und für ihre Hilfe und Gastfreundschaft schenken. Wir werden aber abwarten müssen, was der Alte mit Frank anstellt. Du weißt selbst, wir beide hätten überhaupt nichts mehr für ihn tun können außer beten vielleicht. Sogar eines deiner Ave Marias hätte kaum geholfen", meinte Enrique noch etwas scherzhaft. Jean-Claude versuchte ohne Kenntnis der Zusammenhänge natürlich umgehend zu Frank in die Hütte zu gelangen. Doch Enrique hinderte ihn sogleich vehement daran. „Ich wollte auch bleiben, wurde aber darum gebeten, den Alten allein zu lassen. Wir zwei sollten diese Anweisungen respektieren, Jean-Claude, umbringen werden sie Frank nicht."

Alle Männer, Frauen und Kinder waren zusammengeströmt, um die Fremdlinge zu bestaunen. Sie schnatterten wie Gänse, verstehen konnte man kein einziges Wort davon. Doch immerhin sahen Enrique und Jean-Claude wieder mal weibliche Wesen. Dies war zwar auf der Flucht nie ein Thema gewesen, aber gewisse Entzugserscheinungen dürften bei jedem der drei schon vorhanden gewesen sein, auch wenn sie selten eine echte Beziehung zu einer Freundin gehabt hatten. Man hätte als Außenstehender sofort bemerkt, dass gewisse verstohlene Blicke zu den holden Indio-Mädels wanderten; dass deren Brüste, wie oft bei solchen Völkern, nicht verdeckt waren, tat nicht mal viel zur Sache. Man konnte zwar nicht in die Köpfe reinschauen, aber eine tolle Nacht mit so einem Weibsbild – man wäre wahrlich kein Kostverächter. Aber natürlich hielten sie sich mit Anstand und Respekt zurück, sodass diesbezüglich keinerlei Reiberein entstanden. Und wer wusste heute, hier und jetzt schon, ob sich einer der drei vielleicht demnächst noch verlieben würde?

Zwei Indios kamen mit einem lebend gefangenen Tatu, einem Gürteltier, und einem Gamba de Cachorro, einem Stinktier, daher. Beide Tiere waren an einer Bambusstange befestigt, die auf ihren Schultern hing. Als sie die zwei Weißen erblickten, waren sie so erstaunt, dass sie ihre Bambusstange samt den Tieren auf den Boden fallen ließen. Die Menschen hier schienen demnach nur wenige Kontakte zur „weißen Rasse" zu haben, was eigentlich äußerst vorteilhaft erschien. Ein jüngerer Bursche reichte ihnen in einer Caneca, einem Becher, einen süßen, kühlen und wohlschmeckenden Saft aus wilden Maracuja-Früchten. Die zwei bedankten sich und warteten voller Ungeduld darauf, dass der stieläugige Greis endlich wieder aus seiner Hütte trat, in welche dann und wann eine der hübschen Indiofrauen irgendetwas Heilendes hineintrug, zuletzt war es eine große Holzschale mit heißem Wasser.

Endlich, nach gefühlten Stunden, erschien der dürre Alte und wandte sich an einen der ebenfalls wartenden Indios, an jenen, der sie hierhergeführt hatte. Er gab ihnen für die Freunde unverständliche Anweisungen und schien keinerlei Widerrede zu dulden. War er vielleicht gleichzeitig der Häuptling oder Oberste dieses Dorfes? Jedenfalls war er eine Respektsperson. Enrique und Jean-Claude wurden indessen etwas unruhig, sie wollten verständlicherweise erfahren, was mit ihrem Freund Frank war, vor allem, ob es der Schamane geschafft hatte oder noch schaffen würde, das Fieber zu senken. Bis der knöcherige Wunderheiler in einer etwas abseits liegenden Hütte verschwunden war, blieben die zwei Indios, ohne ein Wort zu sagen, auf ihrem Flecken Erde stehen. Jetzt kamen sie auf Jean-Claude und Enrique zu und führten diese zum Lager des Kranken. Auf einer Unterlage aus Blättern und Gräsern, welche auf einem Gerüst von kunstgerecht zusammengesteckten Ästen befestigt war, lag Frank mit geöffneten Augen und schaute seinen Freunden entgegen. Sein Atem ging ruhig und gleichmäßig, das gefährliche Fieber schien gesunken zu sein. Doch seine Schwäche sah man ihm natürlich noch an. Franks Bein, nunmehr mit Blättern umwickelt, lag auf einem erhöhten Polster. Der Alte hatte gute Arbeit geleistet. Enrique drückte seinem Freund die Hand. „Frank, wir bleiben solange hier, bis du gesund bist. Wir befinden uns übrigens in einem Indiodorf, wie du wahrscheinlich selbst schon unschwer feststellen konntest. Die Menschen scheinen uns wohlgesonnen, mach dir also keine Sorgen, hörst du?" „Ich mache mir aber Sorgen. Haut allein ab. Sollten die Schweine hier antanzen und uns finden, ist der Ofen aus, und das wisst ihr ebenso gut wie ich." „Wir werden bleiben, Alter. So, und nun penn dich gesund. Wir sind froh darüber, dass es dir wieder etwas besser geht, es sah wirklich nicht gut aus. Noch etwas, um Jean-Claude brauchst du dich nicht zu ängstigen, ich werde ein Auge auf ihn schmeißen, nicht, dass er im Suppentopf der Indios verschwindet", ulkte Enrique, aber dies hörte Frank schon nicht mehr, er war wieder eingeschlafen. Enrique und Jean-Claude verließen die Hütte, welche von den Dorfbewohnern nicht aus den Augen gelassen wurde.

Enrique marschierte zum Kanu und suchte Angelhaken, je zwei Messer und Macheten hervor, um die Sachen jenen zwei Indios aus dem Einbaum zu überreichen. Doch der Portugiesisch Sprechende deutete auf die Gewehre. „Jean-Claude, der will 'ne Knarre. Wir haben genug davon, benötigen sie also nicht unbedingt, was meinst du?" „Gib sie ihm, vielleicht weiß er ja sogar damit umzugehen." Enrique holte eines der Gewehre aus dem Boot und reichte es dem Indio. Dieser nahm es in seine Hände und zur Verwunderung der beiden untersuchte er das Gewehr fachmännisch. Ein solches „Gerät" war ihm demnach vertraut. Die Dorfbewohner, die den Vorgang aufmerksam beobachteten, verdrängten hierauf ihre Zurückhaltung und Scheu, sie wurden sogar ausgesprochen zutraulich. Den zweien wurde eine leerstehende Hütte zugewiesen, in der sie die Sachen, die sich im Kanu befanden, verstauten. „Enrique, meinst du, es war wirklich richtig, dem Indio die Knarre zu überlassen?" „Du hattest es doch vor Augenblicken selbst für gut befunden, wieso kommen dir plötzlich Zweifel? Denk mal darüber nach, wie leicht es denen fallen würde, uns die restlichen sieben Gewehre abzunehmen. Nur der Umstand, dass unsere Freunde den Diebstahl verabscheuen oder einen solchen gar nicht kennen, da dieses Wort, soweit ich weiß, in deren Sprachschatz fehlt, bewahrt uns vor dieser Katastrophe. Ja, ich meine, es war gut, das Gewehr herauszurücken. Angst, dass er uns damit erledigt, brauchen wir keine zu haben. Mit seinem Pfeil und Bogen oder den mit dem fürchterlich wirkenden Urari-Gift getränkten Pfeilen seines Blasrohres wäre er uns hier in seinem Bereich ohnehin ebenbürtig wenn nicht gar überlegen. Wir dürfen sie uns also nicht zu Feinden machen. Über uns scheinen sie eher nicht informiert zu sein, sonst hätten sie aller Voraussicht nach anders reagiert. Aber natürlich wissen wir beide nie, welches Spiel sie spielen und ob das wohlgesinnte Verhalten nur eine befristete und raffinierte Schau ist. Aber dieses Risiko müssen wir auf uns nehmen, wollen wir, dass Frank wieder gesund wird."

Der schier undurchdringliche Wald umgrenzte die von den Indios beanspruchte Lichtung, welche auf festem Land an einem sanften Hang angelegt war. Zwischenzeitlich waren der Tatu und der Gamba getötet und ausgeweidet worden. Die Ärmsten brutzelten bereits über einem Feuer in der Mitte des Dorfplatzes. Die beiden Freunde wurden eingeladen, an der Mahlzeit teilzunehmen, was sie sich natürlich nicht zweimal sagen ließen, denn wie sie gesehen hatten, gab es auch Manioc-Knollen. Die Indios redeten aufgeregt durcheinander. Außer jenem sprachgewandten Emporkömmling schien niemand der übrigen Waldbewohner Spanisch oder Portugiesisch zu verstehen. Der genannte Indio namens Mogari aber saß schweigend neben Enrique am Feuer und ließ das Geschnatter seiner Leute, das durch herzhaftes Schmatzen und Rülpsen hin und wieder unterbrochen wurde, über sich ergehen. Er sprach kein Wort, solange, bis das Mahl beendet war. Dann drehte er sich zu Enrique um, den er wohl für den Anführer der drei hielt. Er wollte wissen, wie sie heißen, woher sie kamen und wohin sie wollten. Enrique nannte ihre Namen, auch den von Frank, zögerte jedoch bei dem Woher, was von Mogari belustigt registriert wurde. Die Indios schienen Weißen ganz generell aus dem Weg zu gehen, darauf deutete ja auch die vorerst panikartige Flucht auf dem Fluss hin.

Und dies war definitiv nicht allein dadurch zu begründen, dass Enrique da sein Gewehr in Händen gehalten hatte. Nein, denn auch das anfänglich scheue Verhalten der Dorfbewohner verdeutlichte die Berührungsängste zu Weißen. Wahrscheinlich kein Wunder und eine verständliche Reaktion, hatten sie wohl bereits ihre negativen Erfahrungen gemacht. Enrique konnte Mogari im gesamten Umkreis keine Ansiedlung mit Namen nennen, er wusste ja nicht einmal, ob der große Fluss aus den Cordelheiras kam, ein Zufluss des Orinocos oder des Rio Negro war, er kannte nicht einmal mit Gewissheit dessen Namen. Sicher war aber, dass die Indios den Ort des Gefangenenlagers kannten und vielleicht sogar wussten, welche Hölle sich dort befand. Sollte er es wagen, dem Indio die Wahrheit zu sagen? Enrique blickte kurz zu Jean-Claude, der seine Gedanken erriet und ihm unauffällig zunickte. Jean-Claude war demnach für Offenheit. Und so gab sich Enrique einen Ruck und sagte betont langsam: „Kennst du den Ort und das Flüsschen, wo sich ein Camp befindet?" Der Indio nickte bejahend und meinte: „Ja, das Lager der tausend Schreie am Fluss. Was fragst du danach?" „Nun, wir kommen von dort. Es war schwer, bis auf diesen großen Fluss zu gelangen." Enrique betrachtete aufmerksam Mogaris Gesichtszüge, doch konnte er darin keine versteckte Bedrohung erkennen. Mogari ergriff erneut das Wort: „Einige von uns, darunter ich, wussten es bereits. Ich wollte es von dir bestätigt wissen, sie suchten auch hier nach euch. Man sagte, dort, wo ihr auftaucht, tötet ihr, auch wir hier würden von euch nicht verschont bleiben. Deshalb haben sie uns geraten, euch sofort umzubringen, sollten wir euch erspähen, und es würde uns obendrein zur Belohnung ein heißbegehrtes Gewehr einbringen." „Nun, das Gewehr habt ihr, sogar noch Facas (Messer) und Facaòs (Buschmesser). Ihr braucht uns also wegen der Belohnung nicht umzubringen. Wir haben auch nie und nimmer die Absicht, euch ein Leid zuzufügen oder gar zu töten. Wer uns nichts antut, dem tun auch wir nichts an. Wir haben uns bisher nur gegen dieses Gesindel verteidigt und da musste leider der eine oder andere Geselle mit seinem Leben büßen. Man hat euch die Unwahrheit über uns erzählt." „Ich weiß, wir kennen die Hunde aus dem Lager am grünen Fluss und deren Lügen. Auch aus unserer Mitte suchen sie sich mitunter die stärksten Männer aus, um sie dorthin zu verschleppen. Sie entkamen bisher immer aus dem Lager, wurden allerdings, bis auf wenige, jedes Mal gefasst und augenblicklich erschossen. Ihr braucht nicht zu befürchten, dass wir euch etwa verraten." Mogari drehte sich zu den Dorfbewohnern um und berichtete das von Enrique gehörte. Die Reaktionen zeigten, dass einiges an Bewunderung für die drei hervorgelockt wurde, denn außer einigen Indios war es bislang niemandem gelungen, der Hölle am grünen Fluss zu entfliehen. Selbst die Indios, die es geschafft hatten, waren bis zu diesem Tage nie mehr bei ihrem Stamm aufgetaucht. Vor Angst, erneut aufgegriffen zu werden, irrten sie im unendlichen Dschungel umher. Sie flohen also sogar vor der eigenen Rasse. Wieder direkt zu Enrique gewandt, sagte Mogari: „Bleibt, bis euer Freund gesund ist. Die Teufel, gefährlicher als die Jacarès, waren vor wenigen Tagen zum zweiten Mal hier. Jetzt werden sie höchstwahrscheinlich woanders nach euch suchen, aber wir können es auf keinen Fall ausschließen, dass sie plötzlich auch zum dritten Mal hier vorbeikommen. Sobald wir etwas Wichtiges erfahren sollten, bekommt ihr es zu wissen." Mogari war aufgestanden, das Mahl war beendet. Jean-Claude und Enrique schauten nochmals nach Frank, der ruhig auf seiner gepolsterten Unterlage schlief. Wenn die beiden darüber nachdachten, kamen sie zum Resultat, dass sie es trotz allem noch recht gut getroffen hatten. Morgen würden sie Mogari mal fragen, ob er etwas über die versunkene Ruinenstadt wusste und ihm vielleicht sogar noch etwas vom Schatz berichten; zeigen wollten sie die mitgeführten Teile aber eher noch nicht.

„Jean-Claude, mir geht nicht aus dem Kopf, weshalb die Schergen ein so großes Interesse daran haben, Menschen einzufangen, um diese unter größten Strapazen zum Lager am grünen Fluss zu verschleppen. Das muss doch einen ganz besonderen Grund haben. Bei uns ist es ja noch einigermaßen erklärbar, sie haben sich schließlich ungerechtfertigt unserer Wertsachen bemächtigt und erhoffen sich des Weiteren vielleicht noch ein anständiges Lösegeld. Außerdem überließen sie den Einheimischen den strapaziösen Transport durch den Urwald. Aber, da sie auch vor den Indios keinen Halt machen, die nichts weiter als Pfeile und Bögen mit sich führen, keine Reichtümer besitzen und in der Regel keiner menschlichen Seele etwas antun, muss es doch irgendeinen triftigen Grund für sie geben. Sie scheinen auch nur an kräftigen Männern interessiert, wie Mogari erzählte. Es ist aber kaum anzunehmen, dass sie die Indios nur als Diener benutzen. Mogari nannte den Ort „das Lager der tausend Schreie", was mir arg zu denken gibt. Es muss einfach irgendeinen plausiblen Grund geben, weshalb sie dies alles tun, und erst noch mit dieser extremen Härte." Ja, diesen Grund gab es wirklich! „Kann es sein, dass die Indios und all die anderen als Arbeitssklaven herhalten müssen?" „Arbeitssklaven wofür, nein, glaub ich nicht. Die werden genau wissen, dass Indios keine guten Sklaven abgeben. Arbeiter hält man sich außerdem gesund, füttert sie ausreichend und lässt sie nicht einfach ‚verfaulen'. Ich hoffe, niemals mehr einem von den Schweinehunden zu begegnen. Sollte es aber doch passieren, werde ich dem die Wahrheit aus seiner Schnauze prügeln, bevor ich ihn in den Bratofen zum Teufel schicke, darauf kannst du Gift nehmen!" Allein beim Gedanken an die Schergen fingen Enriques Augen an zu glühen, sie sprühten einen unbändigen Hass aus. Er ahnte, dass das Lager ohne jegliche Rechtsgrundlage geführt wurde, also illegal war. Aber in dieser unüberblickbaren, riesigen Waldgegend zählte ohnehin das Recht der Stärkeren, und dies waren sie. Dennoch schienen sie nicht ganz so gerissen wie seine zwei Freunde, was aber nicht bedeutete, die Schergen in irgendeiner Form unterschätzen zu dürfen. Jean-Claude steckte sich soeben eine Zigarette an, da standen wie aus dem Boden gezaubert Mogari und dessen Begleiter aus dem Einbaum vor ihm und erbaten sich ebenso etwas vom Tabak und dem Papier. Jean-Claude reichte ihnen den Tabakbeutel und geschickt wussten die Waldbewohner sich ihre Zigaretten zu drehen. „Sag, wo hast du dir eigentlich deine Portugiesisch- und Spanischkenntnisse angeeignet, Mogari?" „Die brachte mir vor langer Zeit ein Brasilianer bei. Er nahm mich des Öfteren in seinem Lancha mit zu den weit auseinanderliegenden Ansiedlungen. Der gute Mann ist nun schon lange tot und der jetzige Führer des Lanchas – ein Kapitän mit bösen Augen – zeigt nur Interesse für seine Geschäfte, dem würde es nicht im Traum einfallen, mich mitzunehmen. Wir hegen für diesen Typen nicht die geringsten Sympathien, er bleibt uns fremd, da er sich nie Zeit für uns nimmt." „Kann es sein, dass jenes Lancha hier vor kurzem vorbeikam und es sich momentan flussaufwärts befindet?" Fragend blickte Enrique den zwei Indios in ihre Gesichter. „Nein, das kann nicht sein, hier bei uns kommt es nie vorbei. Aber es stimmt, es kam den großen Fluss hinauf. Der Kapitän ist ein Freund der rücksichtslosen Teufel, was niemanden wundert, sie können sich gegenseitig Geschäfte zuschanzen oder sonstwie von Nutzen sein. Er darf nie erfahren, dass ihr euch hier befindet oder, wenn ihr wieder fort sein werdet, dass ihr überhaupt je hier gewesen seid. Er würde es denen aus dem Lager umgehend erzählen. Was dann geschehen würde, könnt ihr euch wohl ausmalen." „Weshalb helft ihr uns, Mogari?" „Weil wir sie mehr als die Jacarès hassen. Sie haben unsere Männer verschleppt und getötet. Wir hoffen, dass sie nie etwas von eurem Aufenthalt erfahren werden. Lasst uns aber das Thema wechseln, es könnte sonst fast sein, dass wir diese Verbrecher herbeireden." „Mogari, ihr seid uns in eurem Einbaum entgegengekommen, hattet ihr vor, euch zur Ansiedlung am großen Fluss zu begeben?" Der Indio nickte mit dem Kopf, um dann zu sagen: „Ja, Jean-Claude, dahin fährt das Lancha, sobald es den Fluss heraufkommt. Wir hatten mit dem widerwärtigen Kapitän ein Tauschgeschäft vereinbart und führten Felle, Häute und einige Kristalle mit." „Was wolltet ihr tauschen?" Enrique war wie elektrisiert. „Kristalle? Was für Kristalle, Mogari?" „Wir finden sie an einer weit entfernten Stelle unter einer riesigen Felshöhlung im Sand oder im Schlamm auf dem Grunde eines unwegsamen Flusses. Es ist beschwerlich, sie zu finden, und eine mühselige Arbeit, die Kristalle vom Grund des Flusses zu holen. Dies vor allem darum, weil der Fluss meist kein klares Wasser führt, gefährliche Strudel aufweist und zu allem Übel noch von Krokodilen ‚bewacht' wird." „Da ihr ja wegen uns nicht bis zur Ansiedlung gelangt seid, müsstest du einen solchen Kristall hier haben. Kannst du uns so einen Stein holen, damit wir ihn betrachten können? Wir zeigen euch dafür gleich noch unseren kleinen Schatz von der unentdeckten Ruinenstadt, auf die wir bei unserer Flucht überraschend gestoßen sind. Doch alles der Reihe nach." Mogari ging wortlos zu seinem Boot und fischte einen zwischen den Fellen und Häuten versteckten Lederbeutel hervor. Enrique und Jean-Claude schauten sich den Inhalt des Beutels an. Was sie erblickten, ließ sie schneller atmen, und man kann es erahnen, es waren tatsächlich die von Enrique erhofften Diamanten, Flussdiamanten, wie sie in dieser Gegend und im ganzen Amazonasgebiet an verschiedenen Stellen zu finden sind. Die Indios erkannten offensichtlich nicht den ungeheuren Wert der Steine. Sie schienen bisher von niemandem aufgeklärt worden zu sein. Allein dieser Umstand ließ Enrique auch an der Aufrichtigkeit des so hochgepriesenen, verstorbenen, früheren Lancha-Kapitäns zweifeln. Dieser Mann – der neue Kapitän sowieso – musste genau vom wahren Wert der Diamanten gewusst haben. „Mogari, dem früheren Kapitän, deinem ehemaligen Freund, hattet ihr dem auch solche Steine zum Tausch angeboten? Und wenn ja, fandet ihr sein Tauschangebot angemessen?" Enrique blickte den Indio lauernd an, eine Antwort auf seine Frage schien ihm sehr wichtig, sie konnte unter Umständen von großer Bedeutung sein. „Ja, wir tauschten mit ihm auch solche Steine. Er handelte anständig. Meistens gab er für die Kinder des Dorfes ein Geschenk extra, was dem jetzigen Kapitän nicht in den Sinn kommen würde, dieser handelt nur eigennützig!" Jean-Claude und Enrique sahen einander an. Was war auf so viel Einfältigkeit noch zu sagen? Wie Enrique bereits vermutete, hatte auch der vorherige Kapitän des Lanchas die Naivität der Indios für seine Zwecke genutzt, wahrscheinlich einfach taktisch viel cleverer als der Neue, indem der einen auf Freund machte. So kam er viel einfacher in den Besitz der Diamanten. Es wäre auch zu außergewöhnlich, dass ausgerechnet ein auf Profit bedachter brasilianischer Händler uneigennütziger Freund der Indios geworden wäre. „Was gibt euch der Kapitän im Allgemeinen für die Kristalle, Mogari?" „Das, worum wir ihn bitten. Manchmal allerdings müssen wir noch Häute und Felle dazulegen, wenn ihm die Kristalle zu klein sind oder es zu wenige waren." „Was bittet ihr ihn konkret, euch zu geben?", hakte Enrique nach. „Na Kleidung, Angelgeschirr, Messer, Medikamente, Alkohol, Salz, eben alles, was er so mit sich führt. Nur Gewehre rückt er nicht raus, er meint, er würde in Teufels Küche kommen, wenn er's täte und es rauskäme." „Da gehört er auch hin, in die Hölle", brummte Jean-Claude vor sich hin. Der Mann bot alltagstaugliche Artikel für die wertvollen Steine an, und wer weiß, wie oft dieser ungerechte Handel schon gelaufen war. „Hm, Salz haben wir zwar keines, zumindest kein anständiges, und auch keinen Alkohol, dafür aber Medikamente und die vom Händler verweigerten Gewehre samt Munition. Für diese Steine hier gebe ich euch noch ein Gewehr, was meinst du zu dem Angebot?" Enrique holte eines der für die Indios unerschwinglichen Gewehre samt Munition herbei, ein „Espingarda" mit nur einem „Cano" (Lauf) für jeweils eine einzige Patrone. Von Letzteren zählte er Mogari zehn Stück in seine Hände. Ohne großes Palaver wechselten das Gewehr und der Beutel die Besitzer. Keiner der beiden, nicht Enrique und nicht Jean-Claude, kannten sich mit Diamanten aus, und so erahnten sie nicht annähernd deren Wert. Doch so viel war ihnen klar, sie hatten soeben ein kleines Vermögen gewonnen. „Mogari, habt ihr noch mehr von den Steinen bei euch hier im Dorf? Wenn nicht, könnten wir die Zeit, die wir bis zur Genesung unseres Freundes Frank hier bei euch verbringen dürfen, dafür nutzen, noch einige der Steine zu suchen? Ihr könntet noch eines der Gewehre, nein, sogar zwei von uns bekommen." „Weißt du, Enrique, der Weg zum Fundort ist weit und nicht ohne Gefahren. Wir müssten wirklich dorthin, da es unsere letzten Kristalle im Beutel waren. Die zu befahrenden Flüsse werden wie erwähnt von Krokodilen und anderen gefährlichen Tieren bewacht. Auch Piranhas treiben beim Fundort ihr Unwesen. Es würden mindestens drei Monate vergehen, ehe wir wieder hier eintreffen, aber für euch ist es vielleicht sogar besser, für einige Zeit von hier zu verschwinden." „Wir haben Zeit und keine Angst vor den Tieren, Mogari. Fahren wir?" Enrique war heiß geworden.

Der Gedanke, als armer Teufel, ärmer als er zuvor gewesen war, in die Favela bei Rio zurückzukehren, war genug Ansporn, die Reise zum Fundort der Steine zu wagen. Und vielleicht ließ sich ja sogar in nicht allzu ferner Zukunft der Schatz der Ruinenstadt noch zu weiterem Reichtum verwerten. In Enrique brannte die Glut in vollen Zügen und die Dollarzeichen leuchteten geradezu in seinen Augen. Jean-Claude hingegen war weniger besessen, er galt bekanntlich vom Naturell her als genügsamer Mensch, der mit dem erzielten Erlös seiner gemalten Bilder vollauf zufrieden war. Wie gerne wäre er gerade jetzt in dieses alte Leben zurückgekehrt. Mit dem damaligen Einkommen hatte er seinem Leben jeweils die gewünschten, ruhigen Formen aufzwingen können. Dadurch jedoch, dass all sein Erspartes geraubt und selbst er als Mörder gesucht wurde, freundete auch er sich mit dem Gedanken an, eine kleine Handvoll von den Diamanten mit nach Frankreich nehmen zu können. Die bisher erduldeten Strapazen, die Leiden seit ihrer Flucht, wurden aus ihrem Gehirn verdrängt, der auf sie zukommenden, vielleicht qualvollen Reise wurde keine Beachtung geschenkt. Sie musste der finanziellen Bereicherung wegen einfach sein! „Wir werden fahren, nachdem wir euren Freund tiefer in den Wald gebracht haben. Dort leben die Alten und Schwachen von uns. Der Curandeiro wird mit ihm ins Walddorf ziehen, zu dem er sich ohnehin zurücksehnt. Von dem Dorf wissen nur wir, die Schlächter des Lagers haben keine Ahnung davon. Euer Freund ist bei den Alten sicher, während unserer Abwesenheit wird man sich um ihn kümmern." „Okay, alles klar, das machen wir so. Über den von uns mitgeführten ‚Schatz' können wir uns dann während der Fahrt zu den Flusssteinen unterhalten, wir haben spannende Informationen zu einer Ruinenstadt, die auch euch interessieren könnte, vielleicht handelt es sich bei den Erbauern sogar um eure Ur-Ur-Ur-Vorfahren. Lasst euch von unseren Ausführungen überraschen." Jean-Claude und Enrique besuchten nach dem gefassten Beschluss das Krankenlager von Frank. Ihr Freund lag mit geschlossenen Augen und ziemlich bleich auf dem gefertigten Polster. „Eine unerträgliche Hitze hier in der Hütte. Warum lässt man den Eingang nicht offen? Draußen brennt die strahlende Sonne das letzte bisschen Feuchtigkeit aus dem Laub der Bäume und Frank liegt im Dunkeln, wie in einer Gruft, wo man ihm fast jeden Luftzug absperrt." Enrique war stinkwütend und riss die Tücher, die den Hütteneingang verdeckten, zur Seite. Während Enriques Geschimpfe hatte Frank seine Augen geöffnet und er blickte seine Freunde nun erstaunt an. Die zeigten ihm den Beutel mit den Diamanten und klärten ihn auf. „Frank, bei den Alten im Walddorf der Indios scheinst du sicherer zu sein, immerhin könnte es sein, dass die Schergen während unserer Abwesenheit unerwartet nochmals hier aufkreuzen. Wir werden gut drei Monate fortbleiben, sagte Mogari, der Mann, der uns hier ins Dorf führte." „Sollte sich der Spaß für uns am Ende doch noch gelohnt haben? Na, die Guten lässt der Herrgott eben nicht im Stich", lachte Frank. „Ihr scheint begriffen zu haben, was es heißt, ‚to make money', ganz richtig. Seid vorsichtig, meinen Segen habt ihr, sofern ich einen entsprechenden Anteil erhalte", scherzte Frank weiter. „Hört euch mal um, in welcher Ecke des Urwalds und in welchem Land wir uns überhaupt befinden, damit wir nach eurer Rückkehr von der Diamantensuche einen endgültigen Abgang zurück in die Zivilisation machen können." „Wir werden uns geographisch schlau machen und uns wenn möglich einen Gesamtüberblick verschaffen. Zum Ort der Flussdiamanten soll es übrigens sehr weit sein; wo die Diamanten zu finden sind, hat uns Mogari allerdings nicht gesagt. Ein Spaß wird die Reise ganz sicher nicht, die Flüsse sollen einmal mehr voller Ungeheuer sein. Nun penn dich gesund, Frank, die alte Mumie wird sich weiterhin um dich kümmern, dürfte 'ne Art Wunderheiler sein, der allerdings sein Fach zu verstehen scheint." Um Frank brauchten sie sich also keinerlei Sorgen zu machen – oder vielleicht doch? Wie sie soeben bemerkten, wurde er von einer Unzahl Weibern verköstigt und umsorgt. Und es waren viele hübsche Indio-Mädels dabei, mit ihren langen schwarzen Haaren, den wohlgenährten und knackigen Naturbrüsten und insgesamt anmutigen Körperproportionen. Eine solche Naturschönheit brachte ihm soeben das Essen, als sie die Hütte, in der die Luft schwer und drückend war, verließen.

Es war dunkel geworden, als sie sich zu einer Gruppe von Indios ans Feuer gesellten, über welchem Fische, wohlschmeckende Trairas, hingen. Morgen also würden sie Frank in den Wald bringen, um sich dann selbst „unbeschwert" der Diamantensuche hinzugeben. Enrique konnte kaum die Zeit des Aufbruchs erwarten. Ein Rausch, ähnlich jenen der alten Goldgräber aus Kalifornien, Alaska oder Klondike, befiel ihn. Schon fast hätten sie die großen Risiken von jederzeit und überall auftauchenden Schergen ausgeblendet. War es diese zusätzliche Reise wirklich wert? Ja und nein, die Pros und Contras hielten sich in etwa die Waage. Doch der Reiz, sich nach überstandener Flucht etwas leisten zu können, war um einiges größer. Man kann es ihnen nicht verübeln. Doch würde die finale Flucht auch wirklich gelingen? Niemand wusste es zu diesem Zeitpunkt, aber die Hoffnung stirbt bekanntlich zuletzt, und außer ihrem Leben konnten sie ja nichts verlieren. Doch, schon, immerhin hatten sie schon einen Beutel voller Diamanten, was wohl bereits ausgereicht hätte. Die Abenteuerlust indessen war stärker. Es hatte erneut angefangen zu regnen und deshalb suchten sie schon bald ihre Hütte zum wohlverdienten, vielleicht wieder einmal tiefen Schlaf auf. Bei den Gedanken an die Steine störte selbst das laute Orchester der tierischen Waldbewohner für einmal nicht mehr.

„Enrique, meinst du nicht, dass die Indios unsere Knarren klauen werden, wenn diese ihnen so viel bedeuten?" „Nein, Jean-Claude, ich sagte es dir doch bereits: Indios aus den Wäldern klauen nicht, die sind noch nicht so verdorben wie wir und die zivilisierte Welt. Falls die sich ungefragt etwas nehmen, so ist es geliehen und sie tragen den Gegenstand nach Gebrauch an den ursprünglichen Platz zurück. Ich bin gespannt darauf, wo und wie tief die Steine im Sand oder Schlamm verborgen liegen. Ein guter Taucher bin ich nicht und die Piranhas machen mir dabei schon ein wenig Sorgen. Man weiß ja, wie schnell ein größerer Schwarm ein Lebewesen bis auf die Knochen vertilgen kann. Sollte es dort wirklich solche ‚Fischchen' geben, müssen wir diese wohl irgendwie mit Blut und Ködern ablenken." Enrique schien nur noch die Diamanten im Kopf zu haben, es war fast schon etwas beängstigend. „Wir werden es ja bald erfahren, Enrique. Für mich ist es vorerst wichtiger, dass wir, abgesehen von der kleinen Katastrophe mit Franks Bein, bislang mit heiler Haut davongekommen sind. Hoffentlich werden wir auch weiterhin vom Pech verschont bleiben." „Na, dann ist's wohl klar. Beginne wieder mit den Ave Marias, scheinen echte Glücksbringer zu sein und ich bin schon drauf und dran, es selbst einmal damit zu versuchen", spaßte Enrique so zu Jean-Claude hinüber.

Die Nacht verbrachten sie, von den Indios wohl behütet, behaglich in Hängematten aus Pflanzenfasern. Der Regen hatte schon vor geraumer Zeit aufgehört, sich den Weg bis zum Erdboden zu bahnen; es sollte also beim Aufbruch ins unbekannte Diamanten-Abenteuer trocken sein. Kein riesiger Vorteil, aber immerhin besser.

Am frühen Morgen zeigte sich ihnen eine rege Geschäftigkeit auf dem freien Platz vor den Hütten. Frank lag auf einer Trage und winkte ihnen munter zu, mit einem Auge auf das hübsche Indiofräulein zu seiner Linken blinzelnd. Sein Bein war zwar noch immer stark geschwollen, doch das Fieber hatte sich fast völlig verflüchtigt. Falls er noch Schmerzen verspürte, so wusste er diese geschickt vor seinen Freunden – und vielleicht dem Indio-Frauchen – zu verbergen. „Auf geht's, was ist mit euch? Es ist beinahe schon wieder Abend", lachte er seinen Kameraden neckisch zu. „Haben etwa alle Dorfbewohner vor umzuziehen?", fragte Jean-Claude. „Nein, das wohl nicht gerade, aber soviel ich mitbekam, wird mir ein größeres Geleit gewährt, das heißt doch was, oder?" Bevor die beiden etwas erwidern konnten, kam Mogari, der hager wirkte, auf sie zu. Er zeigte auf die Gewehre. „Die lasst in eurer Hütte, ihr braucht sie nicht! Wir werden übrigens auch euer Boot mitnehmen, damit es von hier verschwindet; man würde es erkennen und somit gewisse Schlüsse ziehen. Später werden wir es verbrennen." Mogari drehte sich um und rief ein paar Namen, woraufhin einige der Umstehenden zu ihm kamen. „Enrique, wir werden heute Abend zurück sein. Zwei der Männer halten an der Flussmündung Wache, die übrigen Leute werden sich um euch kümmern." „Ja fahren wir denn nicht mit euch?" „Nein, Enrique, meine Brüder und auch ich sind dagegen. Nach Möglichkeit wollen wir es vermeiden, dass unsere Zufluchtsstätte, das Dorf im Wald, entdeckt wird. Frank werden seine Augen verbunden. Wenn er Interesse daran hat, in Sicherheit zu sein, wird er es über sich ergehen lassen müssen, er kann während dieser Zeit etwas dösen oder gar schlafen." Mogari wandte sich zu den Dorfbewohnern, um einer aufkommenden Diskussion aus dem Weg zu gehen. Was blieb den beiden Flüchtigen übrig, sie hatten sich mit den Tatsachen abzufinden und mussten sich fügen. Sie verabschiedeten sich von Frank, der damit einverstanden war, dass seine Augen mit einem Tuch abgedeckt wurden. Er kannte das Prozedere einer blinden Urwaldreise von der Entführung zum Lager zur Genüge, es machte ihm nichts aus. Einige der Indios trugen ihn in einen der abfahrbereiten Einbäume. Bald entschwanden Frank, die Boote und die ganze Besatzung hinter einer Flussbiegung. Ein letzter Blick und weg waren sie. Jean-Claude und Enrique überlegten, was sie mit dem angebrochenen Tag anfangen sollten, dessen Verlauf sie sich völlig anders vorgestellt hatten. Im Dorf gab es nichts Besonderes zu erkunden, es blieben also nur Fischen oder Ausruhen, was wohl das Beste war in Anbetracht der bevorstehenden Strapazen zum „Diamanten-Fluss". Doch ausruhen ging nicht, dafür waren sie zu nervös, zu aufgewühlt über den hoffentlich nur vorübergehenden Abschied von Frank. Den Wald aufzusuchen fanden sie nicht lohnenswert, durch dessen Unwegsamkeit würden sie sich nur unnötigen Verletzungsgefahren aussetzen. Obwohl, vielleicht war ja wieder eine Ruinenstadt in der Nähe. Jean-Claude holte die Angeln aus der Hütte, deren Haken mit den Resten vom zuvor verzehrten Tatu-Fleisch geködert wurden. Die Köder wurden ihnen bereitwillig von der Dorfjugend gereicht. Die Leinen hingen im Wasser und kurze Zeit darauf saß der erste Fisch, ein Piau, fest, dem ein stattlicher Surubi folgte. Jean-Claude wurde ein zahmes Rolläffchen, ein „Kapuziner", auf seine Schultern gesetzt, das ihm sogleich etwas ins Ohr flötete und sich an seinen Haaren festklammerte. Vor Schreck ließ Jean-Claude seine Angel fallen, woraufhin alle Anwesenden in schallendes Gelächter ausbrachen, was das Äffchen wiederum dazu veranlasste, ebenfalls mitzukichern. Er hob das

Tier von den Schultern und nahm es in seine Arme. Er begann, es am Bauch und am Hals zu kraulen. Das Äffchen war dermaßen entzückt und fing vor lauter Wohligkeit an, komisch-lustige Stöhnlaute von sich zu geben. Die Halbwüchsigen versuchten vergeblich, Jean-Claude etwas klarzumachen. Immer wieder zeigten sie auf das Tier und stupsten ihn selbst mit den Fingern an. Sollte es etwa bedeuten, er sah für die Indiokinder ebenso wie ein Affe aus? Enrique, der den Vorgang lachend beobachtete, meinte: „Da haben wir uns die Köpfe darüber zerbrochen, wie wir die Zeit totschlagen können, und dabei die Kinder vergessen. Gerade ich, der ich aus einer Favela stamme, hätte an sie denken sollen. Sobald die Kleinen einmal Vertrauen zu uns gefasst haben, werden wir sie nicht mehr los. Du wirst es erleben, das Angeln kannst du nun glattweg vergessen." Dann, ernster geworden, sprach er weiter: „Jean-Claude, die wollen dir den Affen schenken, ein gutes Zeichen. Hol den Kaugummi der Schergen aus der Hütte, er liegt in einem Verbandstornister." Jean-Claude kam bald darauf mit dem Affen auf dem Arm und dem Kaugummi zurück. Alle Kinder erhielten ein Geschenk, was sie derart zu würdigen wussten, dass sie allesamt wie junge Ferkel drauflosschmatzten. Für derartige Aufmunterungen sind alle Kinder der Welt empfänglich, schließlich sind sie ja noch unvoreingenommen. Bald fanden sie heraus, dass man das elastische Fresszeug auch in die Länge ziehen konnte. Der Spaß fand seinen Höhepunkt, als Jean-Claude den Kindern vormachte, wie sie den Kaugummi zu Blattern aufblasen und mit einem leiseren oder lauteren Knall zerplatzen lassen konnten. Die Kinder übten sich in allen möglichen Grimassen. Viel Interesse löste er dann noch mit dem Bau von Papierschiffchen aus, welche er aus Zeitungspapier fertigte und im Wasser schwimmen ließ. Nach all diesen Aufmerksamkeiten hatte er die Dorfjugend in kürzester Zeit für sich eingenommen und demzufolge auch zu Freunden gewonnen. Somit überließ er das Angeln zwangsläufig seinem Kameraden Enrique. Die Kinder ließen nicht mehr locker und nahmen den lieben Jean-Claude vollkommen in Beschlag. Er wurde zum Mittelpunkt allen Geschehens gemacht. Dabei behielt er das Äffchen auf seinen Schultern, von wo aus der herzige

Kapuziner erwartungsvolle Blicke auf die Hosentasche warf, welche den Kaugummi verbarg. Er wurde das Ziel aller möglichen Scherze. Ein winziger Bub schob sein Händchen in die Riesenpranke von Jean-Claude und plapperte zutraulich auf ihn ein. Enrique musste einmal mehr über das Schauspiel lachen. Aufmerksam hörte Jean-Claude zu, was der Kleine ihm zu sagen hatte, hin und wieder nickte er verstehend mit dem Kopf und gab irgendeine Antwort. Natürlich verstand er die Sprache nicht, aber er spürte wohl beim einen oder anderen Wort des Knaben, was dieser aus dem Herzen meinte. Bald standen sie in einer angeregten Unterhaltung, bei der keiner auch nur ein Wort des anderen verstand, was dem herzlichen Einvernehmen jedoch keinen Abbruch tat.

Die Kinder reichten Jean-Claude rohe Vogeleier, die er auszuschlürfen hatte, oder allerlei verschiedenartige Kriechtierchen zum Verzehr. Aufgrund der Flucht war er vieles gewohnt, und so verschlang er alles, was im Angebot der Kinder war, bis dann die kleinen Maden gebracht wurden. Das war dann doch des Guten zu viel, eine gewisse Blässe zeichnete sich auf seinem Gesicht ab und ohne Ankündigung entleerte sich sein Mageninhalt direkt vor die Füße seiner erstaunten „Wohltäter". Diese, mit ziemlich erschrockener Mine, verzehrten eiligst selbst die restlichen Appetithäppchen. Enrique, der vom Flussufer aus alles beobachtete, bog sich derart vor Lachen, dass er den Fisch an seiner Angel erst bemerkte, als die Schnur seinen Händen entglitt und das Tier die einmalige Gelegenheit nutzte, wenn sicherlich auch entrüstet, in die Tiefe des Flusses zu verschwinden. Dort wird sich der Ärmste früher oder später mit der langen Schnur im Schlepptau stranguliert haben.

Der zart besaitete Jean-Claude lag ohne Regung auf dem Boden des Dorfplatzes, der Affe hockte stolz auf seiner Brust, die Kinder des Dorfes um ihn herum. Irgendwie war das trotz einfachsten Lebensbedingungen eine zufriedene und ganz normale Welt, eigentlich viel, viel normaler, als das stetig unrühmliche Gebaren der sogenannten Zivilisation. Es wurde viel geflüstert, getuschelt und beratschlagt, wie ihrem gerade eben gewonnen Freund zu helfen war. Offensichtlich war ihm durch die krabbelnde Nahrung schlecht geworden und er hatte einen bewegungstechnischen Aussetzer. Einige Kinder verfielen umgehend der Idee eines Trichters, aus einem großen Blatt gefertigt, um Jean-Claude durch diesen mit kaltem Wasser wieder auf die Beine zu bringen. Sie schleppten Material und Wasser herbei und übergossen den Darniedergesunkenen mit größeren Mengen Flusswassers. Zu allem Übel und ob der heftigen Wasserdusche pinkelte nun vor Schreck noch der Affe auf die Brust von Jean-Claude. Danach machte das Äffchen einen gewaltigen Satz auf die Schulter des betroffen aus der Wäsche blickenden Jean-Claudes. Der Affe betrachtete ihn, der ihm nicht mehr ganz geheuer erschien, ganz argwöhnisch. Nun hockten also die Kinder zusammen mit dem Affen, der momentan tatsächlich einen etwas verhaltensgestörten Eindruck machte, um ihr „Opfer". Alle betrachteten Jean-Claude interessiert wegen des entfremdenden Verhaltens ihres Freundes aus einer anderen, ihnen unbekannten Welt. Die Dorfjugend glaubte an sonst etwas, nur nicht daran, dass sie Jean-Claude wegen ihrer Leckerbissen quasi auf dem Gewissen hatten. Enrique, abermals von Lachanfällen heimgesucht, kam vom Flussufer zu ihnen herüber. Er setzte sich zu seinem Freund auf den Boden, der aschfahl und mit glanzlosem Blick gerade zu sich kam. Sofort entdeckte Enrique einen von Jean-Claude ausgespuckten Käfer, der sich in den wuchernden Brusthaaren festgesetzt hatte. Mit den Fingern schnippte er diesen Fremdling weg. „Jean-Claude, deute bitte mit keiner Miene an, dass dir die ‚Liebesgaben' nicht behagen, denn damit würdest du deine neugewonnenen Freunde zutiefst verletzen. Ich werde ihnen klarmachen, dass du eine lange Zeit auf so etwas Feines verzichten musstest und dein Körper ein solch fettes, üppiges Mahl einfach nicht mehr gewohnt ist, ich denke, das werden sie sicherlich verstehen." „Das lässt du schön bleiben, die schleppen mir sonst jeden Tag derart grauenhaftes Insekten-Zeug an", stöhnte der noch immer vom Ekel gepackte Jean-Claude. „Warum lässt du dich nicht von denen füttern, wenn du meinst, es seien solche leckeren ‚Liebesgaben'?" „Ich werde mich hüten, darum zu bitten. Außerdem bin ich ja nicht derjenige, den sie sich zum Spielgefährten auserkoren haben." Die aufmerksam dem Gespräch lauschende Jugend, die den Sinn der Worte sowieso nicht verstand, war über den Erfolg ihrer Behandlungsmethode sehr erfreut und sogleich wurden Jean-Claude von einem seiner besorgten Fans einige besonders dicke Maden zur Stärkung in den Mund geschoben. Kurzum, man trug Jean-Claude danach zur Hütte der beiden. In seiner Hängematte fand er endlich Zuflucht und Sicherheit. Bis zur Ankunft von Mogari blieb er nun für seine jugendlichen Freunde unerreichbar. Diese hatten sich, nichts verstehend, um die Hütte gelagert, doch sie sahen Jean-Claude tatsächlich erst wieder im Gefolge der Rückkehrer aus dem Walddorf, welche ihn aus seinem Versteck holten. Müde lächelte er den „Feinschmeckern" aus einiger Entfernung zu. Auf besorgte Fragen der Kinder nach dem Wohlbefinden ihres Freundes wurden sie von Mogari, der über den Vorfall unterrichtet worden war und der sich bei den Essgewohnheiten der Weißen in etwa auskannte, beruhigt. Er erklärte den Kindern, dass Weiße in der Regel solche „Götterspeisen" verabscheuen.

Frank war nach einem Gespräch Mogaris mit den Bewohnern des Walddorfes von diesen herzlich aufgenommen worden. Sie wollten sich bis zur Rückkehr Mogaris um den Kranken kümmern. Von den Alten des Walddorfes wurde Frank fast schon bemuttert. Jean-Claude und Enrique brauchten sich diesbezüglich also keinerlei Sorgen zu machen.

Die Frauen der Indios hatten ein festliches Abschiedsessen vorbereitet; Schildkröteneier, gebackenen Fisch und Capiwara-Braten (Wasserschwein) sowie Fleisch, das mit den vielen Zutaten fast wie Kalbssteak Supreme mit Champignons schmeckte. Doch dieser Happen entstammte den Lenden von jungen Jacarès. Zu all dem gab es Kokoswein, welcher das Galadinner abrundete. Die von der Sonne getrockneten oder von den Indios leicht gesottenen Schildkröteneier schmeckten den Freunden, die anderes gewohnt waren, ausgezeichnet.

Mogari hatte ihr Boot, wie bereits zuvor angekündigt, nicht wieder mit zurückgebracht. „Alles was bei einem eventuellen Auftauchen der Männer vom Gefangenenlager auf euch deuten könnte, darf während unserer Abwesenheit nicht hierbleiben.

Wir werden die Sachen im Wald gut verstecken." „Enrique, du meintest, wir werden etwa drei Monate fortbleiben. Denkst du, wir werden nach dieser langen Zeit noch etwas von unseren Utensilien wiederfinden, wenn wir sie im Wald tarnen?" Mogari, der die Worte sehr wohl verstanden hatte, schaute den Fragesteller mit hochgezogenen Augenbrauen an. Dieser Indio wusste offensichtlich mit dem Wort Diebstahl etwas anzufangen und glaubte deshalb, Jean-Claude würde annehmen, die Habseligkeiten der beiden Freunde würden von Mogaris Leuten gestohlen werden. Diese Interpretation war schließlich nicht von der Hand zu weisen, denn auf eine andere Art konnten die Gegenstände nicht abhandenkommen, Tiere waren ebenfalls auszuschließen. „Wie meinst du das, Jean-Claude?" Enrique, der das gefährliche Aufblitzen in Mogaris Augen wohl bemerkt hatte, sprang Jean-Claude zu Hilfe. „Mogari, kann es nicht sein, dass es im Wald Überschwemmungen gibt und unsere Sachen fortgeschwemmt werden?" Der zusammengeschrumpelte, alte Schamane, der wieder mit zurückgekommen war, um die Abreisenden mit einem Ritual vor bösen Geistern zu beschützen, zog den großen Bissen vom Lendenfleisch der Jacarès, welcher schon halb hinter den brüchigen, gelben Zahnstummeln verschwunden war, erschrocken zurück. Er glotzte Mogari und die zwei Fremden nichts verstehend benommen an, als er jedoch nichts vom erwarteten Streit der drei verspürte, fing er sich und hockte sich gemütlicher auf seinen verhornten Fersen zurecht, um unter verhangenen Augen stumpf auf die Fleisch- und Fischberge zu starren. Dabei bewegte er ununterbrochen malmend und kauend seinen knochigen Kiefer. „Achso. Nein, das ist ausgeschlossen. Wir werden die Sachen etwas erhöht liegend verstecken, seid ohne Sorge", sagte Mogari, ebenfalls wieder beruhigt. „Für den Notfall nehmt eure Gewehre sowie genügend Munition mit auf die Reise", sprach er mit gelockerter Stimme weiter. „Unsere Waffen reichen zwar normalerweise völlig aus, doch jetzt, nach all dem Vorangegangenen und eurer Vorgeschichte, kann man nie wissen. Morgen in der Früh fahren wir in zwei Einbäumen mit je vier Personen an Bord los. Tragt ansonsten nur das Notwendigste in die Boote."

Das Mahl war beendet. Mogari und der Schamane standen auf, um sich gesättigt in ihre Hütten zu begeben. Enrique musste damit noch kurz warten, weil Jean-Claude noch seine allabendliche Zigarette zu inhalieren hatte. Doch danach ging es ebenfalls schleunigst zum „Schlafgemach". Das Innere ihrer Unterkunft wurde noch leicht vom Schein des Lagerfeuers erhellt, über welches ein primitiver Schutz gebaut war. Nach einigen Tagen mit herrlichem Sonnenschein hatte wieder mal ein leichter Regen eingesetzt. Sie waren froh, dass auch das Dach ihrer Hütte wasserdicht mit Naturmaterialien abgedeckt war. Wären sie nicht auf der Flucht gewesen, hätte die Stimmung beinahe nicht von zusätzlicher Romantik überboten werden können, außer durch eine Person weiblichen Geschlechts. Aber vielleicht gelang ja dem armen, vorderhand noch bettlägerigen Frank das Kunststück, sich von einer holden Indiomaid verzaubern zu lassen.

Vor dem definitiven Schlafengehen richteten Jean-Claude und Enrique noch die Sachen her, die sie mitzunehmen gedachten, unter anderem auch die feste Autoplane, die schon viele gute Dienste zu ihrem Schutz geleistet hatte. Pflichtproviant bildeten auch diverse Messer, Macheten, Angelgeschirr und die möglicherweise wichtigen Medikamente. Danach suchten sie sich die beiden besten Gewehre aus und legten genügend Munition zurecht. Dann endlich begaben sie sich in ihre Hängematten. Enrique versank umgehend in tiefen und überfälligen Schlaf, während Jean-Claude noch lange Zeit wach lag und mit dem „fliegenden Bett" hin- und herschaukelte. Er konnte, wie so oft, keine Ruhe finden. Schwere Gedanken zerfurchten seine Stirn. Erst weit nach Mitternacht fiel auch er in den Schlaf, allerdings in einen unruhigen, von drückenden Träumen erfüllten Zustand. Erst Enrique erlöste den schweißgebadeten Jean-Claude am frühen Morgen von seinen Alpträumen – oder waren es gar keine solchen, sondern vielmehr unbewusste Vorahnungen, was alles auf sie zukommen würde? Jedenfalls war der Franzose froh, nicht mehr schlafen zu müssen; ein seltenes, aber nachvollziehbares Ereignis.

Ihre Sachen, die nicht mitgenommen wurden, verstauten die Indios in mehr oder weniger wasserfesten Holzbottichen, welche danach durch dichtes Dornengestrüpp tief in den Wald getragen wurden. Niemand, der diesen Platz nicht kannte, konnte ihn finden. Man hätte allerhöchstens zufällig darüber stolpern können, denn keine Spur deutete mehr darauf hin, dass sie sich je an diesem Flecken Urwald aufgehalten hatten. Nebst Mogari und dessen ständigem Begleiter, den man Legone nannte, waren weitere vier Indios für die beschwerliche Reise ausgesucht worden. Es handelte sich bei diesen um vier kräftige junge Burschen. „Auf der Hinreise werden wir die längsten Strecken immer rudern müssen, später dann stets von einem Ufer zum anderen, um gegen die starken Strömungen ankommen zu können. Die Flüsse werden teilweise wirklich sehr reißend werden und all unsere Kräfte in Anspruch nehmen, wir sollten mit unserer Energie also gut haushalten. Auch müssen wir die Boote teilweise durch den Wald und über Gestein tragen, im Wasser ist dann und wann nicht an ein Weiterkommen zu denken. Die Reise dauert also nicht nur lange, sie ist auch mühsam und vor allem, nicht zu vergessen, gefährlich, aber das sagte ich euch bereits." Mogari sprach die letzten Worte mit ernster Miene. Stumm wurde von den Zurückbleibenden am Ufer Abschied genommen. Indios zeigen den Schmerz, den eine Trennung mit sich bringt, nicht so offensichtlich, wie es bei Weißen Brauch ist. Doch tief verschlossen in der Brust und im Herzen wird der Abschiedsschmerz auch bei den Indios mitgefühlt.

Die Männer ließen sich auf den großen Fluss hinaustreiben, wo sie auf das Boot ihrer Wachen stießen. Deren Besatzung erhielt von Mogari noch einige Anweisungen und Verhaltensregeln, bevor sie auch diese Kameraden hinter sich zurückließen. Nach etlichen Stunden gelangten sie in einen gewaltigen Strom, den sie sich ebenfalls noch hinuntertreiben ließen. „Bald werden wir ständig stromaufwärts rudern müssen", meine Mogari, immer nach fremden Booten Ausschau haltend. Enrique und zwei weitere Indios hockten bei ihm im Boot, Jean-Claude in jenem Einbaum von Legone. „Sag, Mogari, wo befinden wir uns eigentlich, wie nennen sich die Flüsse, die wir befahren?"
„Wir kamen vom Ventuari und befinden uns nun im Orinoco in Venezuela. Bald werden wir jedoch Flüsse befahren, die aus den Cordelheiras kommen und in Kolumbien liegen. Und nur

in einem von denen befinden sich die Kristalle, nach denen wir suchen werden." „Und wie steht es mit den nach uns fahndenden Schergen vom Militär?" „Was fragst du nach den Folterknechten? Sie werden tot sein, sobald wir sie erblicken. Da ihnen Barmherzigkeit kein Begriff ist, wird es auch für sie keine geben. Denk nicht mehr an diese Männer, die den Frieden des Waldes rauben." „Mogari, das wird mir schon durch Franks Zustand unmöglich gemacht. Aber auch zwei Gefangene aus dem Lager gehen mir nicht aus dem Sinn. Einem von denen haben sie nicht nur das Augenlicht genommen, nein, sie haben ihm auch beide Hände abgehackt und dem anderen die Beine zertrümmert. Sie verfaulen beide in ihren Löchern." „Zwei tragische und nie nachvollziehbare Schicksale, aber es gibt noch Schlimmeres, und zwar, wenn sie unverhofft über uns Indios herfallen und all jene, die nicht schnell genug entfliehen können, niedermetzeln, ob Kinder, Frauen oder Alte. Sie schlitzen den Frauen die Bäuche auf oder schlagen ihnen die Köpfe ab. Die Kinder werden manchmal sogar lebendig den Jacarès zum Fraß vorgeworfen. Kein nur einigermaßen normaler Mensch kann nachvollziehen, was in ihren Köpfen vor sich geht. Wir tun ihnen ja eigentlich nichts zuleide und sind zufrieden, wenn sie uns einfach in Ruhe lassen. Auch haben wir keinen echten Reichtum – die Kristalle mal ausgenommen –, um den sie uns bringen könnten. Und die Kristalle geben wir ihnen ja im Rahmen eines fairen Tausches. Also warum tun diese Männer solche schlimmen Dinge? Meist sind wir eigentlich sogar die gleichen Landsleute, wenn auch nur mit anderer Hautfarbe und anderem Lebensstil. Ich kann deshalb nicht mehr an Gott glauben; es hat zwar immer schon kriegerische Auseinandersetzungen zwischen verschiedenen Menschengruppen und vor allem Religionen gegeben, auch alles sinnlos, aber diese abscheulichen Taten hier im Urwald dürfte eine Gottheit zu keiner Zeit zulassen. Und fassen sie einen der kräftigen Männer, lassen sie ihn zwar in der Regel am Leben, verschleppen ihn aber ebenfalls, wahrscheinlich in irgendein Urwald-Camp. Was sie dort mit ihm machen, wissen wir nicht, nie ist einer lebend zu uns zurückgekehrt." „Mogari, nach unserer Flucht suchten die Teufel uns mit einem großen

Motorkanu. Bei ihnen im Boot befand sich auch ein Indio, der ihnen unsere Spur verriet, was er besser unterlassen hätte, denn jetzt gibt es ihn nicht mehr. Wisst ihr etwas über den Indio, oder wie verhält sich die Sache?" „Nein, davon wussten wir nichts, Enrique. Was du mir da erzählst, stimmt mich äußerst traurig, aber es war gut, dass du mir davon berichtet hast, so müssen wir selbst vor unseren Stammesbrüdern auf der Hut sein. Es ist mir schleierhaft, was diesen Indio dazu veranlasst hat, aber höchstwahrscheinlich handelte er unter Zwang."

Vorbei an im Wasser treibenden Pflanzeninseln, Strauchwerk und sogar entwurzelten Bäumen ging die Fahrt zügig voran. Bislang begegneten sie nur in großem Abstand einigen Booten, darunter aber auch zwei Lanchas. Den ganzen Tag und die darauffolgende Nacht verbrachten sie auf dem Orinoco. Am Tag danach erst steuerten sie gegen Mittag einen kleinen Seitenarm an, um am morastigen Ufer die Boote festzubinden. Mitgenommene Fische, Fleisch und Früchte wurden herumgereicht. Sie alle waren hungrig. Nach dem Essen ruhten sie sich für eine Weile aus, gepeinigt von den überaus lästigen Steckmücken. Danach wurde die Fahrt fortgesetzt. „Wären nicht die über den Strom tanzenden Schmetterlinge oder andere fröhliche Tiere zu sehen, könnte man durch das unendliche Einerlei vom Wahn gepackt werden und bald einmal vollkommen durchdrehen", dachte Jean-Claude so bei sich. Kurz vor Einsetzen des Regens und der Dämmerung verließen sie den Orinoco, der hier in nördlicher Richtung eine Kurve bildete. Wenn die Flucht in einigen Wochen fortgesetzt werden konnte, mit Frank, versteht sich, würden sie wohl erneut hier an dieser Biegung vorbeikommen. Denn es schien ziemlich klar zu sein, dass sie dem Orinoco bis zur Mündung ins Meer folgen mussten, um via Küste definitiv in die lang ersehnte Sicherheit zu gelangen. Und um von dort vielleicht mit einem großen Frachtschiff – mit möglichst vielen „Kristallen" in der Tasche – ihren jeweiligen Heimathafen anzusteuern. All diese Hoffnungen lagen aber noch in weiter Ferne.

Sie steuerten den ebenfalls noch großen Seitenarm des Orinoco an und ruderten dort eine ganze Weile entlang. Sie suchten nach einer günstigen Haltestelle und alle waren froh, für eine gewisse Zeit endlich das Wasser verlassen zu können. Die Ufer lagen auch hier noch recht weit auseinander. Sie waren gesäumt von mächtigen Bäumen, deren Baumkronen wie Riesenpilze unter dem blauen Himmelszelt dahinwedelten. Mogari nannte den Fluss wie auch die Riesenpilze, die seine Uferkulisse bildeten, Jacaranda, die Weißen nannten den Fluss dagegen den Guaviare. Dieser war hier so mächtig, weil er sich nicht weit entfernt mit dem Inirida vereinigte, beide mündeten dann quasi gemeinsam in den Orinoco. „Wann wart ihr zuletzt in diesem Gebiet, Mogari?" „Es ist lange her, vielleicht mögen zwei Jahre vergangen sein, aber warum fragst du?" „Nun, da ich dich die ganze Zeit über beobachtete und feststellte, dass du des Öfteren verzweifelt nach irgendetwas Ausschau hältst. Wie ich denke, werden es Erinnerungsmerkmale sein, nach denen du dich jedoch vergebens umsiehst." „Du hast mich gut beobachtet, ja, ich halte verschiedene Stellen in meinem Gedächtnis fest. Ein Jahr ist im Urwald eine lange Zeit, zwei Jahre ein noch viel längerer Abschnitt. Die Wasserläufe kleinerer Flüsse verschieben sich und damit verändern sich auch die Flussufer. So bleiben dem Suchenden gewisse natürliche Kennzeichen verborgen." „Der Jacaranda ist aber, wie man sieht, ein großer Fluss. Verschiebt sich sein Flussbett etwa auch?" „Er ist zwar gewaltig, aber dennoch nicht so sehr, wie man aufgrund der Mündung denken würde. Du wirst es schon bald erfahren, wenn wir ihn verlassen und in den Inirida wechseln." Mogari hatte zwischen den Mangroven und dem Strauchwerk einen kleinen Zulauf entdeckt, den er ansteuern ließ, um festes Land im Wald zu erreichen. Über ihnen wölbten sich, wohl gut fünfzig Meter und höher, die Baumwipfel, durch die das Licht einer fahlen, kurzen Dämmerung sickerte. Immer undeutlicher wurden die Konturen, trotzdem war eine passende Stelle schnell von Pflanzen und Gestrüpp befreit. Hier richteten sie sich für die Nacht ein. Das Lager wurde nach dem üblichen Schema eingerichtet; Plane gegen den Regen und Feuer für das Essen. Drei der mitfahrenden Indios griffen nach ihren Blasrohren, um essbare Lebewesen zu erlegen. Legone und der andere Indio planschten im Morast herum, wohl um nach Krebsen zu suchen.

Ein mächtiger Windstoß fuhr durch die Dickichte und riss an deren blütenreichen Zweigen, dann platschten die ersten schweren Tropfen auf das Wasser und das Blätterdach der Bäume, viel zu früh, wie Mogari meinte. Ohne großen Schaden anzurichten, schlug ein heller Blitz in einen der hohen, weit über den Fluss hinausragenden Baumriesen ein. Gleich darauf ließ der Donner jedes andere Geräusch untergehen. Mit ihren grauen, eingefallenen Gesichtern verrichteten die beiden Freunde vor dem aufkommenden Unwetter ihre Arbeit. Jean-Claude hatte dabei mit Abelhas Cachorros, Bienen, zu kämpfen, die sich in seinen Haaren und dem Bart festgesetzt hatten. Die Tiere summten derart in seinen Haaren herum, dass er verzweifelt und trotz des Gewitterregens durch den Morast auf das Wasser zulief, um seinen ganzen Kopf in die Fluten des Flusses zu tauchen. Zum Glück für Jean-Claude stachen diese Bienen nicht zu, sie summten eben nur, doch das Gesumme war derart lästig, dass er dadurch kurzfristig fast um seinen Verstand gebracht worden war. Auf jeden Fall zeigte sein Gesicht einen ziemlich verstörten, geradezu irren Ausdruck. Zu guter Letzt wurden die durchnässten und vorübergehend fluguntauglichen Bienen mühsam von Enrique aus seinen Haaren gepult. „Wir sollten bei Gelegenheit mal daran denken, uns die Haare und den Bart zu stutzen, sind nebst anderen Nachteilen lästige Insektenfänger", meinte Enrique nach der vollbrachten Pulerei. „Eigentlich hätten wir dies schon längst mal tun sollen, aber man hat ja kaum Zeit für die Körperpflege, da wird es Frank trotz schmerzender Verletzung wohl etwas besser haben, bei dem hübschen ‚Personal' im Walddorf." Jean-Claude nickte, gab dazu aber keine weitere Antwort ab.

Auf dem Blätterdach des Waldes gaben die prasselnden Regentropfen ein eigentümliches, wellenförmig an- und wegrauschendes, lautes Trommeln ab. Selbst das Gezeter der Brüllaffen war nur noch knapp als leise Begleitmusik zu vernehmen.

Die Jäger kamen leider mit leeren Händen zurück, vergebens hatten sie sich eine Beute erhofft. Kein Wunder, bei diesem Hundewetter hielten sich auch die Waldtiere möglichst versteckt in ihrem Unterschlupf. Legone und dessen Begleiter dagegen schleppten in ihren Eimern einige Krebse und Enguias, Aale, herbei. Diese Aalarten hatten die Gewohnheit, sich mit der gesamten Länge ihres Körpers senkrecht in den Modder zu wühlen, um so nur den nach Beute trachtenden Kopf daraus hervorzustrecken. Man musste allerdings auf der Hut vor ihnen sein, denn einige Arten teilen elektrische Schläge aus, die letztlich zwar ungefährlich, aber dennoch recht unangenehm sind. Und wer weiß, vielleicht laden sie sich bei diesen immensen Blitzen zusätzlich auf. Zuunterst in Legones Eimer kringelten sich zwei armlange, fingerdicke und rötliche Minhocas, Regenwürmer, die Jean-Claude umgehend an sein rausgewürgtes Mahl bei seinen Freunden, den Kindern im Dorf, erinnerten. Den Minhocas wurde der Sand und Modder aus ihrem Leib gedrückt und sogleich landeten sie bei den Krebsen im heißen Wasser. Dadurch büßten sie ihre rötliche Färbung ein und nahmen zwangsläufig eine helle Leichenblässe an. Die Enguias wurden ausgenommen und über das Feuer gehalten, wo sie sich, längst entseelt, noch eine gewisse Weile argen Verrenkungen hingaben. Der Hunger trieb Jean-Claude dazu, auch von den Aalen und Krebsen zu essen. Die Wurmstückchen ließ er aber mit einer klaren Willensäußerung links liegen. Er überließ seinen „Anteil" gerne Enrique, welcher sie zu genießen schien.

Nachdem das Urwald-Futter verspeist worden war, die Kochutensilien wieder ihren Platz im trockenen Boot gefunden hatten und noch einigermaßen trockenes Holz für das Nachtfeuer zusammengetragen worden war, verkrochen sich auch die Männer auf das Boot und unter die darüber gespannte Plane. Die Raucher drehten sich eine Zigarette zurecht und so saßen sie für einige Minuten stillschweigend zusammen, bis Mogari das Wort ergriff. „Hey Enrique, du hast doch vor dem Verlassen des Dorfes erwähnt, dass du mir noch etwas von einer ominösen Ruinenstadt oder so ähnlich erzählen wolltest. Jetzt wäre eine gute Gelegenheit dazu, denn wer weiß, wie schnell wir wieder solch ruhige Abende haben werden. Und schließlich bin ich echt gespannt, um was für eine Geschichte es sich handelt. Komm, schieß los mit deinem Urwald-Märchen!" Enrique hatte eigentlich geplant, sich auf die faule Haut zu legen und langsam in den Schlafzustand überzugehen. Doch nun war er wieder hellwach, denn das Entdeckervirus begann in ihm zu rotieren, und vielleicht kannten die Indios diese versunkene Stadt ja bereits. Ob sie in diesem Fall auch etwas über die reichhaltigen Schatzkammern wussten? Wohl eher nicht, denn sie hätten diese sicherlich längst aufgelassen und die Grabbeilagen blauäugig dem Kapitän des Lancha verkauft. Es konnte natürlich auch sein, dass ihnen dieser verwunschene Ort heilig war, in der Annahme, es handle sich bei den Erbauern um ihre längst dahingegangenen Vorfahren. Diverse Fragen kreisten also in Sekundenschnelle durch seinen Kopf, doch er lenkte sogleich ein, schließlich war die Spannung auch bei ihm und Jean-Claude immens. Was wussten die Indios über diese Ruinen? „Ja natürlich, gerne erzähle ich dir unsere Erlebnisse mit den sehr speziellen Entdeckungen im tiefen Urwald-Gewirr. Nach mehreren Tagen auf unserer Flucht verzogen wir uns in einen ganz kleinen, unscheinbaren Nebenfluss des Ventuari, mit dem Ziel, uns dort ein Lager einzurichten und für längere Zeit still zu verharren. Um für den Notfall eine weitere Option für die Flucht zu haben, beschlossen wir eines Abends, nebst dem Fluchtweg auf dem Fluss auch einen solchen zu Lande, also direkt durch den Wald, vorzubereiten. Natürlich wussten wir nicht, wie dicht das Gehölz und Dschungelgebüsch war und ob sich ein solches Unterfangen wirklich lohnen würde. Wir waren aber einstimmig der Meinung, dass es nicht schaden würde, uns im unübersichtlichen Wald zu verkriechen. So starteten wir am frühen Morgen mit unseren Macheten, Messern und einer Eisenstange. Am Anfang schlugen wir praktisch keine Schneise, damit die Verfolger gar nicht erst auf die Idee kommen konnten, uns in diese Richtung zu suchen. Nach einigen hundert Metern begannen wir dann einen guten und vor allem schnell begehbaren Weg freizulegen. Stunde über Stunde wühlten wir uns vorwärts. Jeder Meter Weg gab uns irgendwie ein Glücksgefühl, Sicherheit und Cleverness machten sich in unseren Köpfen breit. Eigentlich hatten wir die Absicht, am ersten Tag so weit vorzudringen und den Fluchtweg vorzuspuren, um gegen Abend hin wieder im eigentlichen Lager zu sein. Doch dann geschah etwas Unerwartetes, im Nachhinein gesehen fast Unglaubliches." Enrique steigerte sich beim Erzählen in eine mit Wortschwallen besetzte Euphorie. Seine Augen fingen an zu glänzen, seine Hände vibrierten und flogen wild gestikulierend durch die Abendluft. Die Spannung war nahezu greifbar und auch Mogari rutschte unruhig und äußerst neugierig auf seinem Ruheplatz hin und her. „Na komm schon, Enrique, spann uns nicht so auf die Folter, was geschah denn dann?" Enrique setzte wie von einer Tarantel gestochen zum erklärten und vielleicht tatsächlich geschichtsträchtigen Höhepunkt an. „Wir kamen nach einer Wegkrümmung zu einer kleinen Lichtung und erspähten von Weitem stark überwuchertes Mauerwerk. Im ersten Moment dachten wir an eine Felsformation und den Beginn von steinigem Hinterland. Doch bei genauem Hinsehen war dies nicht möglich, es musste sich um Mauern handeln. Die im Vordergrund liegenden Umrisse deuteten sogar auf eine Art Pyramide oder besser einen Tempel hin, so wie man diese Bauwerke aus archäologischen Entdeckungen und Bilderbüchern kennt. Es wurden ja immer mal wieder uralte Stätten der Inkas, Mayas oder der Azteken in unzugänglichen Gebieten gefunden. Natürlich gingen wir nach eingehender Besprechung davon aus, dass es sich hier auch um ein bereits bekanntes Kulturgut handeln musste, doch warum hat man ein solches wieder so massiv zuwachsen lassen? Wieso gab man dem Urwald die Möglichkeit, über diese Mauern herzufallen und alles wieder mit Wurzeln, Bäumen, Büschen und Dornen zu beherrschen? Nun gut, vielleicht hatte dieser Ort keinen wesentlichen geschichtlichen Hintergrund und bot auch keine Schätze, die zu bergen gewesen wären. Zudem lag er wahrscheinlich so tief im Urwald, dass es sich nicht lohnte, diese alte, kleine Stadt für die Nachwelt zu erhalten. Ist in solchen Fällen oft auch eine Kostenfrage." „Verdammt, Enrique, mach es doch nicht noch spannender, so wie ich euch kenne und einschätze seid ihr ja sicher zu den Bauwerken vorgedrungen, also erzähl schon weiter!" Mogari schien fast durchzudrehen, immerhin lag dieser verwunschene Ort nicht gar so weit von ihrem Dorf entfernt, zumindest in Relation zur ganzen Ausdehnung und Fläche des Urwaldes in einer überschaubaren Distanz. Und vielleicht hatte es ja tatsächlich etwas mit ihren Vorfahren zu tun. Mogari kullerten fast die Pupillen aus den Augen vor lauter

Interesse und offensichtlicher Unkenntnis dieses Platzes. Also fuhr Enrique umgehend fort mit seinen überdetaillierten Ausführungen. Es machte ihm offensichtlich Spaß, Mogari auf die Folter zu spannen. „Die Mauern waren ungefähr 300 Meter Luftlinie von uns entfernt, und selbstverständlich haben wir uns dahin durchgeschlagen. Dies nicht zuletzt sogar in der Hoffnung, uns in dem Mauergewirr ein sicheres Versteck einrichten zu können, irgendwo in einem vielleicht noch erhaltenen Kellergewölbe oder sonst einem Steinloch. Nach längerem Sinnieren sind wir von dieser Idee aber wieder abgekommen, denn bekanntlich haben die Ganoven stets einen oder mehrere Hunde dabei, die uns locker hätten ausfindig machen können. Wir hätten also gar kein echtes Versteck gehabt und hätten eingeengt in der Falle gesessen. Nichtsdestotrotz musste dieses Gemäuer aber erkundet werden. Automatisch verfällt man dem Gedanken, es könnte ja irgendwo in diesem Steinlabyrinth ein Schatz vergraben sein, selbst wenn der vorhandene Realitätssinn kein solches Szenario zeichnet. Wie auch immer, wir ‚griffen' für diese letzten 300 Meter an und ließen mit unseren Macheten geradezu die Funken sprühen. Wir hatten fast eine Stunde benötigt, um durchzukommen, und es wurde uns sogleich bewusst, dass an eine Rückkehr gleichentags zum Lager am kleinen Flüsschen nicht mehr zu denken war. Doch dies war uns zu dieser Stunde gelinde gesagt scheißegal. Wir wollten alles erkunden, jedes einigermaßen erhalten gebliebene und erkennbare Gebäude sowie natürlich vor allem den Tempel. Wie sich schnell herausstellte, handelte es sich definitiv um einen solchen. Er ist im Grundriss quadratisch aufgesetzt und verengt sich nach oben mit großen Abstufungen. Auch er ist ziemlich stark mit dem Wald verwachsen, aber immerhin gegen oben mehrheitlich frei von größeren Pflanzenansammlungen. Da sich dessen Höhe im Bereich der Baumkronen befindet, ist nichts mit einer bombastischen Aussicht auf das Umland. Trotzdem kamen wir uns auf den obersten Steinblöcken wie Inkakönige vor. Wie du erahnen kannst, interessierte uns aber vor allem das Innere dieser Tempelanlage, und damit komme ich zum Höhepunkt unserer Entdeckungen. Der Eingang zum Bauwerk befindet sich erhöht auf der zweiten Ebene der riesigen Steinblöcke, und von dort führt eine breite und lange Treppe hinunter, bis unter das eigentliche Erdniveau, also in eine Art Untergeschoss oder Keller, oder wie wir umgehend vermuteten, eher in ein Grabgeschoss. Im Innenraum befanden sich labyrinthähnliche Gänge, an den Außenmauern jedoch waren ehemalige Durchgänge erkennbar; schön eingefasste Rahmenkonstruktionen mit großen, zugehauenen Risalit- und Quadersteinen. Leider waren die Durchgänge, immerhin drei an der Zahl pro Außenwand, also insgesamt 12 Stück, mit großen, ebenfalls maßgerecht und millimetergenau gearbeiteten Steinquadern versperrt. Man hatte keinerlei Sicht durch die minimen Ritzen beziehungsweise Fugen zwischen diesen Steinen. Wir konnten auch nicht feststellen, in welcher Tiefe diese Durchgänge versperrt waren. Aber, du wirst es erahnen, es wurde zum erklärten Ziel, irgendwie eine der Kammern aufzubrechen. Da in Kürze bereits die Dämmerung mit der Verdunkelung startete, galt unser Augenmerk aber dringend dem Nachtlager, der Verköstigung und dem Feuerholz. Wir teilten uns auf und im Nu hatten wir ein paar Fische gefangen und einen trockenen Holzbestand angelegt, der über die Nacht hinweg ausreichen sollte. Der Entscheid über den Ort des Nachtlagers war schnell gefällt. Wir blieben gleich hier unten im Kellergeschoss des Tempels. Erstens waren wir praktisch sicher vor irgendwelchem Getier, zweitens konnte der Rauch relativ gut abziehen und drittens war das Feuer nicht zu erkennen. Bevor wir uns dann den verdienten Schlaf gönnten, musste noch der kommende Tag geplant werden, einerseits zeitlich, denn am nächsten Tag wollten und mussten wir zurück beim Lager sein, andererseits in Bezug auf das Schleifen eines der zwölf Durchgänge. Es war keinesfalls sicher, dass uns dies gelingen würde, und wir wussten nicht, wie lange es dauern könnte. Immerhin war das Vorgehen relativ schnell klar, es musste eine Art Rammbock her. Zu diesem Zweck war ein kleiner bis mittelgroßer Baum zu fällen. Dieser Stamm sollte dazu dienen, mit vereinten Manneskräften, sechs Armmuskeln an der Zahl, den ersten Stein zu verschieben, um danach die restlichen relativ einfach, je nach Gewicht und Größe, aus der Mauer zu schlagen. Der Plan war also klar und damit war der Tag beendet und umgehende Bettruhe verordnet. Schließlich wollten wir am frühen Morgen topfit sein. Um die Sache für einmal etwas abzukürzen, wir schafften den ersten Steinquader relativ einfach, da dessen Maß in der Tiefe nicht sehr groß war. Er ließ sich bei jedem Rammschlag um wenige Zentimeter aus der Verankerung lösen, und als er endlich nach hinten in die Kammer fiel, traf uns fast der Schlag. Die Luft blieb uns weg und unser Atem stocke unweigerlich." Enrique trieb die Spannung nun final auf die Spitze und der Indio Mogari hatte ob dem Durchbruch zu dieser Kammer bereits erste Schweißperlen im Gesicht. „Der Anblick übertraf all unsere Erwartungen! Es handelte sich definitiv um eine Grabkammer und rund um das uralte Knochengerüst kam uns viel Gold- und Edelsteinglanz entgegen. Es war unglaublich, welche Schätze hier vollkommen verborgen lagerten. Aber unabhängig von diesen befiel uns ein Gefühl von Stolz, Macht, Freude und Belohnung für all die schweren Zeiten, die wir bisher verlebten. Wir schienen tatsächlich die Ersten zu sein, die diese Ruinenstadt entdeckt haben, mit Sicherheit die Ersten, welche auf die Grabkammern stießen und gar eine solche öffneten. Leider aber war es uns aus zeitlichen Gründen und wegen der Umstände nicht möglich, weitere oder gar alle Kammern aufzubrechen. Dies wurmt uns heute noch und wird es wohl das ganze Leben lang tun. Da findet man einen solch reichhaltigen Schatz und kann ihn weder bergen noch zu Geld machen. Gut, man muss festhalten, dass es keineswegs sicher ist, dass in den anderen Kammern ebenfalls solch üppige Grabbeigaben versteckt liegen. Anzunehmen ist es, aber wie gesagt nicht sicher."

Endlich kam auch Mogari wieder mal zu Wort: „Und, was habt ihr mit den Schätzen gemacht? Es war wohl unmöglich, diese alle mitzuschleppen. Habt ihr den Durchgang wieder zugesperrt und die Schätze so gesichert, dass es euch gelingen könnte, sie zu einem späteren Zeitpunkt zu bergen?" „Nein, es wäre zu mühsam gewesen, alles wieder zu verschließen, und so haben wir alle Schätze aus der einen Grabkammer rausgenommen und diese dann an einer von uns unscheinbar markierten Stelle vergraben. Dabei musste ein Teil der Plane dran glauben. Die

Gegenstände sind vor den Wirren und Gefahren der Natur sicher. Sie können jedenfalls nicht durch Regen nass werden und Überschwemmungen sind dort nur schwer vorstellbar. Zudem haben wir die Grube sehr gut gegen grabende Urwaldviecher gesichert. Und wir haben einen ganz kleinen Teil dann doch mitgenommen und im Boot verstaut. Aktuell sind die vergoldeten und teils mit Edelsteinen besetzten Utensilien in einer Tasche, die wir zusammen mit unseren anderen Dingen eben in der Nähe eures Dorfes unentdeckbar gelagert haben. Gerne würden wir euch bei unserer Abreise, vorbehaltlich, dass alles rund läuft und wir die Flucht dann fortsetzen können, etwas davon als Geschenk überreichen." Während der ganzen Erzählung hatte Jean-Claude fast andächtig daneben gesessen und die ganze Berichterstattung Enrique überlassen. Nun griff er aber doch noch in das Gespräch ein, schließlich ließ ihn dieses Erlebnis mit der Ruinenstadt und dem Schatz keineswegs kalt. Gerne wollte auch er irgendwann zurückkehren und die Ruinen zur finalen „Plünderung" aufsuchen, vorbehältlich, dass sie den Ort auch wiederfinden würden. Doch vorher wollte er bei dieser Gelegenheit und nach den Ausführungen von Enrique die Sicht der Indios, in erster Linie diejenige von Mogari, eruieren. Wie dachten sie darüber? Betrachteten sie den Tempel als Heiligtum, unabhängig davon, ob sie den Standort kannten? Der Zeitpunkt konnte nicht optimaler sein, um in das Gespräch einzugreifen. „Lieber Mogari, mich würde brennend interessieren, wie du oder deine Dorfgemeinschaft diese Sache beurteilt. Offensichtlich ist euch diese versunkene Stadt kein Begriff und ich gehe davon aus, dass dies auch bei anderen Stämmen dieser Region nicht der Fall ist, sonst wüsstet ihr bestimmt davon." „Wie soll ich dies beurteilen können? Wir wussten bisher tatsächlich rein gar nichts von einer solchen Stätte, es wäre aber mit Sicherheit spannend zu wissen, ob dies irgendetwas mit unseren Ahnen zu tun hat." „Und wie siehst du die faktische ‚Schändung' der Grabkammern und das Räubern, oder anders ausgedrückt das Aneignen der Schätze? Ist doch mit eurer Verwurzelung und Glaubensausrichtung kaum eine begrüßenswerte Aktion, oder?" „Eine gute und schwierige Frage", entgegnete Mogari. „Auf der einen Seite sollte man eine Grabesruhe grundsätzlich nie stören, auf der anderen liegen die Gebeine und Schätze schon so lange dort, dass es vielleicht sogar wünschenswert wäre, wenn diese der Allgemeinheit zugänglich gemacht würden. Sicher hält sich demzufolge meine Begeisterung in Grenzen, wenn sich Einzelpersonen, egal ob ihr drei oder andere Leute, in Eigenregie und nur zur eigenen Bereicherung, solche wertvollen Schätze aneignen und diese dann irgendwo verhökern, unwiederbringlich für die Nachwelt. Aber so scheint der Lauf der Dinge zu sein, wer zuerst kommt, frisst zuerst! Am liebsten wäre es mir, wenn dieser Ort auch die nächsten paar tausend Jahre unentdeckt geblieben wäre. Damit hätten wir weiterhin unsere Ruhe hier im Urwald, abgesehen von den vielen Ganoven, die sich hier ebenfalls tummeln." Dies war eine klare Ansage von Mogari und Jean-Claude hatte durch die etwas suggestiven Fragen auch Antworten in diese Richtung erwartet. Aber Mogari wusste natürlich ganz genau, dass er nichts ausrichten und es nicht verhindern konnte, sollten die drei Freunde dereinst tatsächlich nochmals bei der Ruinenstadt auftauchen und die Kammern plündern. Doch bis dahin dürfte ohnehin noch sehr, sehr viel Wasser die Urwaldströme hinunterfließen. Und zudem hatten sie jetzt sowieso andere Prioritäten. Viel mehr gab es momentan zu diesem archäologischen, sehr speziellen Ereignis ohnehin nicht zu sagen. Und so wusste eigentlich jeder von ihnen, was in Bezug auf die Ruinenstadt noch kommen konnte – oder auch nicht. Mogari bedankte sich dennoch für die Offenheit und die Offenbarung über das Vorhandensein von Ruinen und Schätzen. Natürlich erwähnte er nicht, dass vielleicht sogar er und seine Männer mal nach diesem geschichts- und reichtumsträchtigen Ort suchen würden. Dies war auch Enrique bewusst, also ging man nach dem Motto „Es kommt, wie es kommen muss" schlafen.

In der Nacht hielten sie das Feuer auf Flamme, die Wachen würden es in Gang halten. Je zwei Mann, ausgenommen Jean-Claude und Enrique, wechselten in der Wache. Eine solche war weniger wegen der Verfolger notwendig als vielmehr wegen ungebetener tierischer Gäste. Im Wald herrschten schließlich die Onças und am Flussufer die Jacarès oder die Spitzkopfkrokodile.

Gegen Mitternacht hörte der Regen ausnahmsweise nicht auf, ja, er hatte sogar an Stärke zugenommen. Der Donner war noch lauter, die Nacht noch dunkler geworden, nahezu pechschwarz. Furchterregende Blitze erhellten für Augenblicke immer wieder den Fluss samt seinen Ufern. Anhaltende Gewitter waren im Anmarsch, nichts deutete aktuell auf eine Beruhigung hin. Die Freunde waren froh, ihre Plane mitgenommen zu haben. Mogari gab Anweisungen, die Boote an starken Mangroven zu vertäuen. Er selbst und Legone verbunkerten alle mitgenommenen Sachen in irgendwelchen Sackbeuteln, selbst die Holzeimer, Töpfe, Gewehre und Pfeile. Danach wurden die zu Säcken verformten Beutel an hohen Ästen von nahestehenden Bäumen festgemacht. Bogen und Blasrohre banden sie zusammen und hängten sie zur Verwunderung der beiden weißen Mitreisenden ebenso in die Höhe. Nur die Macheten behielten sie bei sich. Sie lösten die Plane und bedeuteten Jean-Claude und Enrique, in eines der zwei Boote zu steigen. Die sechs Indios folgten ihrem Beispiel. Dicht hintereinander, wie Hühner auf ihren Stangen, hockten sie alle acht im Kanu und legten sich die Plane über ihre Köpfe. Mogari sagte dabei: „Im festgezurrten Kanu sind wir sicherer als im Wald, unsere Sachen jedoch sind dort gut aufgehoben und eure Plane bietet uns hier den nötigen Schutz vor dem Unwetter. Auch bilden die Mangroven einen natürlichen Wall gegen die reißenden Fluten." Jean-Claude drehte, in der Dunkelheit ganz auf sein Gefühl angewiesen, mehrere Zigaretten. Jetzt konnten die einst geraubten Feuerzeuge den Indios den wahren Wert beweisen. Nur Enrique und zwei der Waldbewohner rauchten nicht.

Der Wind entwickelte sich zu einem Sturm. Sie setzten sich umgehend auf die Ränder der Plane, die ansonsten von den in kurzen Abständen folgenden Windböen fortgefegt worden wäre. Der Donner war ohrenbetäubend und bald zerrissen, wie Mogari vorausgesagt hatte, grelle Blitze von allen vier Himmelsrichtungen die Nacht. Ein Weltmeer schien sich auf die Plane über ihren Köpfen zu ergießen, so gewaltig waren die niederprasselnden

Regentropfen. Die Boote lagen längst nicht mehr auf dem Morast, der Fluss, zum reißenden Strom geworden, zerrte empört an den Stricken. An Schlaf war so nicht zu denken. Mogari meinte, die Unwetter würden zwar nicht die ganze Nacht über dauern, doch an eine Weiterfahrt war vorerst nicht im Traume zu denken. So gut es ihnen möglich war, lehnten sie sich gegeneinander, vor allem der müden Glieder wegen, um sich einen guten Halt zu geben. Das himmlische Chaos hielt gemäß Indioprognose nicht an, gegen den Morgen hin war von Sturmböen und schwerem Regen kaum noch etwas zu spüren, das Inferno hatte sich verzogen oder in Luft aufgelöst. Doch was Jean-Claude und Enrique zu sehen bekamen, als sie unter der Plane hervorlugten, erinnerte sie an die Geschichte von Noah und der Sintflut. Vom Flusslauf war kaum noch etwas zu erkennen, kein Land war auszumachen, nur Gestrüpp und Bäume ragten aus dem Wasser, welches selbst die Mangroven zu verschlingen drohte. Eine gewaltige Strömung rauschte an ihnen vorbei, alles mit sich reißend, was nicht fest genug verwurzelt war. Es würde viele Stunden dauern, ehe sich die Wassermassen verzogen haben und weitere Stunden, bis der Waldboden wieder begehbar sein würde. Diese Überschwemmung übertraf alles bisher Dagewesene. Nein, an eine Weiterfahrt war an diesem Tag definitiv nicht zu denken. Zum Leidwesen aller befand sich auch das Angelgeschirr in den an den Bäumen hängenden Säcken. Ohne groß ein Wort zu verlieren, begab sich einer der Indios ins Wasser und hangelte sich zum Lagerplatz durch, von wo ihm aufgeregtes Affengebrüll entgegen keifte. Die Tiere waren wohl vom Fisch- und Fleischgeruch angelockt worden, vielleicht auch nur aus Neugier. Jedenfalls hatten sie sich über die glücklicherweise gut verschnürten Beutel hergemacht. Jetzt erbosten sie sich durch zusätzliches Geschrei über die menschliche Störung. Zum Erstaunen und Leidwesen der Tiere fischte der Indio in kürzester Zeit den Bottich mit den Krebsen und den Enguia-Resten hervor. Auch das Angelgeschirr konnte er ergattern, um alles zusammen in die Boote zu bringen. Der Indio war mit seinen Lasten kaum bis zu den Mangroven gelangt, wo er sich nach allen Seiten hin nach auf der Lauer liegenden Krokodilen umsah, da sprangen schon die Affen wieder um die

Beutel herum, an denen sie kräftig zu zerren begannen, gerade so, wie es ihnen der Indio unbeabsichtigt vorgemacht hatte. Sie konnten jedoch kaum einen Schaden anrichten, die Beutel waren erneut sehr gut verschlossen worden.

Mittlerweile war das Boot Mogaris mit jenem von Legone längsseits hin verbunden, in welchem dieser nebst drei weiteren Indios Platz fand. So hatten sie alle mehr Bewegungsfreiheit. Jean-Claude und Enrique blieben im Einbaum von Mogari, der sie nach einem dürftigen „Imbiss" aus Essensresten nötigte, sich hinzulegen, damit sie ein wenig Schlaf bekamen. Er selber wollte mit dem anderen im Boot befindlichen Indio versuchen, einige Fische aus dem Wasser zu holen, entweder einen gewaltigen Jahu oder einen unscheinbaren Piau. Die Freunde beherzigten den Rat Mogaris und legten sich auf den Boden des Einbaums. Zum Einschlafen hatte das Rauschen des Wassers durch das konstante Geräusch nun eher eine beruhigende Wirkung. Mogari und Zonga, so hieß der andere Indio im Boot, hatten versprochen, sie später zu wecken, damit sich diese beiden dann selbst für eine Weile aufs Ohr hauen konnten.

Enrique und Jean-Claude waren vor Erschöpfung und Übermüdung sofort der Wirklichkeit entrückt. Sie schliefen bald so fest, dass sie nicht einmal vom Lärm erwachten, den herannahende, sich in einem großen Boot befindliche Männer verursachten. Erst als ganz in der Nähe ein Gewehrschuss krachte, richteten sie sich erschrocken auf. Mogari bedeutete ihnen, sich flink und leise ins Wasser zu begeben, um die Gewehre von den Bäumen hinter den Dickichten im Wald zu holen. „Schnell Enrique, Jean-Claude, noch werden sie euch aller Wahrscheinlichkeit nach nicht ausgemacht haben, da ihr auf dem Boden des Bootes lagt. Aber jetzt, wo ihr von dort hochgekommen seid, werden euch eure Bärte schon von Weitem verraten. Macht euch so flach, wie's nur irgendwie geht, wir alle sind schutzlos. Unsere Waffen befinden sich, bis auf die Macheten, mit denen wir nichts ausrichten können, allesamt in den Beuteln im Wald." Enrique und Jean-Claude blickten kurz auf den Fluss hinaus, dem riesigen Kanu entgegen. Es unterschied sich vom Lagerboot nur insofern, als kein Motorenlärm zu hören war, sondern Ruder im Wasser tauchten. Es waren ebenso acht Personen wie ehedem. Noch war ihnen die Möglichkeit gegeben, ungesehen in den Wald zu entfliehen, wohin sie sich augenblicklich, die empfindliche Verletzungen hervorrufenden Dornen am Uferdickicht ignorierend, verzogen. Unter größten Anstrengungen, immer darauf gefasst, mit lauernden Jacarès oder Krokodilen zusammenzutreffen, bewegten sie sich auf dem glitschigen Waldboden, teils bis zum Bauchnabel im Morast watend, auf die an den Bäumen hängenden Beutel mit den Gewehren zu. Dort angekommen wurden als Erstes die aufdringlichen Affen vertrieben. Danach fischten sie sich ihre Gewehre und ausreichend Munition aus den Beuteln. Umgehend wandten sie sich wieder dem Ufer zu, um sich in dessen Dickicht zu verbergen. Zwischen der aus weißen Schurken und Schwarzen bestehenden Besatzung des ankommenden Kanus war nur ein Uniformierter zu erkennen. Drei der Männer hielten ihre Gewehre auf die Indios gerichtet, einer von ihnen lag mit Mogari in einem heftigen Wortgefecht auf Spanisch. Während der Diskussion trat die ganze widerliche, abscheuliche Verachtung, welche solche Schurken für die reine Rasse der Waldbewohner hegen, zum Vorschein, da sie auf die in den Booten hockenden Indios herabspukten. Die kranke Bande stand bereits im Begriff, ihr großes Boot zu wenden, als einer von ihnen auf die zusammengeknautschte Plane zeigte. Sofort richteten die drei Gewehrträger erneut die schon aus den Händen gelegten Waffen auf die Ärmsten. Die Plane stammte aus Beständen des Militärs, also von einem ihrer Boote. Ein Wortschwall ergoss sich über die Indios, bis unverhofft ein ohrensausender Schuss ertönte, der Mogari auf den Boden des Bootes warf. Jetzt war Enrique nicht mehr zu halten, er knirschte: „Wir hätten es längst tun sollen." Er hob sein Gewehr, zwei kurze, hintereinander abgefeuerte Schüsse krachten aus der Doppelflinte und zwei der unfairen Ganoven kippten aufschreiend, den Jacarès zum Fraß, aus dem großen Kanu. Während Enrique sein Gewehr nachlud, gab auch Jean-Claude seine Schüsse ab, die weitere zwei der verdutzten Schurken ins Jenseits beförderten. Die drei vermeintlichen Revolverhelden sowie einer der Ruderer hatten ausgelebt. Die restlichen vier, darunter auch der Uniformierte, hoben ihre Arme und erflehten sich Gnade bei den für sie unsichtbaren Schützen. Enrique und Jean-Claude waren aus dem Dickicht getreten und kamen vorsichtig durch den vom Wasser überdeckten Mangrovensumpf auf die Leute zu. Als die beiden Mogari blutend auf dem Boden des Bootes liegen sahen, waren sie nicht mehr willens, Gnade zu gewähren. Mogari hatte sich im Grunde für sie geopfert. Enrique dachte an sein Versprechen zurück, jetzt fand er die Gelegenheit vor, zu erfahren, was mit den Verschleppten im Lager geschieht. Einen der tödlich getroffenen und zappelnden Schergen riss er am Haarschopf hoch, während er schrie: „Was macht ihr mit euren Opfern im Lager, rede, du Scheißkerl, eine Chance für dich." Gleichzeitig knallte er dem Einen eine heftige Backpfeife. Der so zusätzlich Traktierte, dessen Brust derart zerfetzt war, dass nicht die geringsten Überlebenschancen bestanden, bäumte sich auf. Die Umstehenden vernahmen zwischen dem Gebrüll deutlich die Worte: „Laboratorium". Nachdem er noch einen Schlag an den Latz bekommen hatte, keuchte die entfliehende Seele schwach: „Kokain". Der nächste Hieb bewirkte, dass er zusammensackte, um dem gehörnten Gottverderb entgegenzueilen.

Ihre Gewehre in Zeitlupentempo hebend, legten sie auf die sich vor Angst in die Hose machenden Teufel an; weitere vier Schüsse beendeten ihr widerliches Gewinsel. Große Klappe und kein Maß an Menschlichkeit in der Übermacht, kleinlaut und flehendes Gebet bei Unterlegenheit. Was sind das bloß für Menschenkinder? Man hätte doch respektvoller miteinander umgehen können, Laboratorium und Kokain hin oder her. Die Indios kamen ihnen bei irgendwelchen Machenschaften ja nicht in die Quere. Zwei der verruchten Seelen waren leider nicht sofort tot, sie zappelten noch mit ihren Gliedern wie Fische am Haken. Enrique fand, dass Cartuchos, also Patronen, eine reine Verschwendung wären, und so erschlug er den einen vor den Augen des zuckenden Kollegen. Gott straft sofort, wird er sich wohl gedacht haben. Jean-Claude hat auch hier seine guten Manieren nicht abgelegt; bevor er mit dem Gewehrkolben das Leben des anderen Männleins um ein gutes Stück verkürzte, entschuldigte er sich bei der schlotternden Gestalt.

Kapitel 5

Das Rätsel scheint gelöst zu sein

„Jean-Claude, also Kokain, warum sind wir nicht selbst darauf gekommen? Aber warum diese massiv übertriebene Brutalität? Drogenkonsum gehört ja beinahe zum Alltag, also warum dieses bösartige Gebaren? Ist mir absolut schleierhaft, auch wenn es sich wohl um einen großen Wirtschaftszweig handelt. Die armen Indios und andere Gefangene müssen also für die Arbeit in irgendeinem Laboratorium herhalten, deshalb die mageren Gestalten, von denen Frank redete. Aber warum alles in dieser Form? Man könnte die Arbeit doch von Freiwilligen verrichten lassen und die Arbeitsbedingungen etwas optimieren, also ich verstehe diesen Schlamassel nicht." Enrique war immer noch erzürnt, vor allem wegen der Kugel, die in Mogari steckte. „Übrigens, denk einmal zurück an die zwei Boote auf dem großen Fluss. Die Indios in den zwei Einbäumen hatten uns anscheinend sehr wohl bemerkt und anschließend mit hoher Wahrscheinlichkeit verraten." „Magst recht haben, aber nun ist es ja Gott sei Dank ausgestanden, einmal mehr, wir brauchen von diesen acht hier nicht mehr zu reden." Jean-Claude wollte verhindern, dass ihre Freunde mitbekamen, sie würden zu allem Überdruss vermuten, Indios hätten sie in diese heikle Lage gebracht. Er beugte sich wie die anderen Männer über Mogari, dem das Blut aus der Schulter quirlte. Mogari lebte, und wie es schien, würde er an den Verletzungen nicht zu Grunde gehen. Bevor der Ohnmächtige von seinen Freunden verarztet wurde, pulte Enrique ihm mit einem heißen Messer das Geschoss aus der Wunde. Verbandszeug fanden sie wie erhofft im Boot der Toten. „Wie sieht es mit den Leichen aus, lassen wir sie für die hungrigen Tierchen im Fluss liegen?" Enrique stellte die Frage so, als sei es nicht besonders bedeutungsvoll, acht Leichen vor sich zu haben. „Die Tiere sind bereits im Anmarsch, es wäre ohnehin nicht ratsam, sich momentan ins Wasser zu begeben, nur um die Toten herauszufischen", meinte Jean-Claude. Sie bemerkten, wie die Jacarès vom Blutgeruch angelockt auf die Kadaver zuschossen. Das Wasser mit ihren Schwänzen peitschend, sodass es hoch aufspritzte, fielen die Bestien über die Höllenbrut her. Ein schreckliches Bild, das sich ihren Augen bot, doch nach zwei Zigarettenlängen war von all dem nichts mehr zu sehen. Die gefräßigen Tiere blieben nach dem Schmaus in ihrer Nähe bei den Booten, in der Hoffnung, es würden weitere Happen abfallen. „Jetzt lass die Indios den Rest erledigen, die werden wissen, was zu tun ist", sagte Enrique. So, als hätten sie ihn verstanden, machten sie sich daran, das Boot mit den restlichen Leichen sowie das leere Boot von Legone an den mit Beuteln behangenen Bäumen vorbei in den Wald zu staken. Sie brachten das Riesenkanu tief ins dornenreiche Dickicht, wo sie es am vorhandenen Buschwerk verkanteten. Hier würde dieses hölzerne Ding nun relativ schnell verrotten. Auf dem Rückweg im Einbaum Legones suchten sie ihre verräterischen Spuren zu verdecken, indem sie Geäst und herabhängende Lianen miteinander verbanden. Ein guter und kräftiger Regen und von den Spuren dürfte kaum mehr etwas zu sehen sein. Nach dieser getanen Arbeit holten sie zum Ungemach der Affen sämtliche Beutel und Bögen von den Bäumen. Die erbeuteten Gewehre, Macheten, Feuerzeuge und andere „Beilagen" waren für die Indios ein angemessener Lohn für ihren Mut, den Flüchtigen Schutz zu bieten und sie bei sich aufzunehmen. Enrique stieß Jean-Claude in die Seite: „Die Diamanten können wir nun vergessen. Ich denke, wir benötigen verdammtes Glück, um überhaupt heil zum Dorf zurückzugelangen. Die Banditen werden bald als vermisst gelten, du kannst dir selbst vorstellen, wie sie ausschwärmen werden, um unserer endlich habhaft zu werden. Willst du es nicht wieder mal mit ein paar von den Ave Marias versuchen?" Enrique schielte Jean-Claude erwartungsvoll von der Seite her an. Er war ja eigentlich ein gläubiger Mensch, und so glaubte er auch fest daran, die Aves von Jean-Claude hätten bewirkt, dass bis jetzt ein größeres Unheil von ihnen ferngehalten worden war. „Dir zuliebe werde ich später einige davon runterleiern, Enrique." „Nein, nicht leiern, du musst sie schon gottgefällig bringen, sonst wirken solche Gebete nicht." „Okay, heute Abend fange ich erneut damit an. Ich hoffe nur, unsere Freunde hier bekommen dann von dem Gebrabbel keinen Brummschädel", grinste Jean-Claude.

Die Wolken hatten sich ganz verzogen, der Himmel war blau und fast schon heiß brannte die Sonne auf die Männer in ihren Booten. Die Beutel, Bogen und Blasrohre lagen gut verstaut in den Einbäumen, Lagerspuren waren auch für geschulte Augen kaum noch zu erkennen. Regungslos und stumpf stierten sie vor sich hin, einige rauchten lustlos dahin, sodass die Zigaretten in den Händen verglimmten. Nicht einmal aus dem Wasser springende Flussdelphine vermochten sie aus ihrer Lethargie zu reißen oder auch nur die geringste Aufmerksamkeit zu wecken. Sie blickten auf Mogari herab, dessen Gesicht einen eigentümlichen Zauber ausströmte. Ohne die Zustimmung des Führers wollten die Indios den Platz nicht verlassen. Sie wechselten den angelegten Verband. Die Wunde blutete nicht mehr und zum Erstaunen der beiden Freunde hatte sie sich schon fast vollständig geschlossen. „Das liegt an den unbekannten Kräutern, die sie ihm unter den Verband gelegt haben. Waldindios kennen sich in der Naturheilkunde besser aus, als die meisten unserer geschulten Quacksalber, die von denen hier allesamt noch eine Menge lernen könnten." Enrique hielt mit seiner Rede inne, da Mogari anfing, sich stöhnend zu bewegen, um dann, nach wenigen Augenblicken, zu sagen: „Jetzt wird er bald seine Augen öffnen, erst zu der Zeit werden wir erfahren, wohin unsere Reise geht. Wäre jetzt auch Frank hier, ich glaube, wir hätten mit dem großen Kanu der Schergen unsere Flucht von hier aus weitergeführt. Doch zurück zu Mogari: Dem hier im Boot angesammelten Blut nach zu urteilen, hat er gute zehn Liter davon eingebüßt. Ihm wird's vor den Augen flimmern, sobald er sie aufreißt. Aber solche Burschen sind bekanntlich zäh wie alte Schuhsohlen." „Enrique, ich hoffe nur, beim Erwachen ist sein Kopf klar." Enriques unerschütterlicher, schwarzer Humor brachte Jean-Claude zum Glück auch etwas Positives, er wischte ihm die aufkommenden Gedanken weg, er sei durch den Umstand ihrer gemeinsamen Flucht zum Mörder geworden.

Der nachhaltige Blutgeruch hatte sich bereits so in den Nasen der Männer festgesetzt, dass er Übelkeit hervorrief, als endlich zwei der Indios darangingen, das Boot zu reinigen. Dies rief erneut die Jacarès auf den Plan. Sie jagten wie irre geworden im rotgefärbten Flusswasser umher, nach weiteren vermeintlichen Leckerbissen suchend. Zum Glück entfernte sich das für bestimmte Flusstiere appetitanregende Blutwasser mit der rauschenden Strömung sehr schnell.

Mogari erwachte am frühen Nachmittag. Er lag gut gebettet auf der zusammengefalteten Plane, welche ja primär die Schuld an seiner Verletzung trug und noch weiteres Unheil heraufbeschwören sollte. Der Erschöpfte verlangte nach Wasser, welches ihm umgehend gereicht wurde. Er brauchte nach der flüssigen Stärkung eher überraschend nur wenige Augenblicke, um seine Benommenheit abzuschütteln; das war schon eindrücklich und absolut bewundernswert. Nachdem Mogari sich mühsam nach allen Seiten hin umgeblickt hatte, fragte er: „Wie steht es mit den Ausgeburten der Hölle, sind sie fort, haben sie euch unbeschadet gelassen?" Mogari konnte ja nicht wissen, was sich ereignet hatte. Legone berichtete es ihm in allen Einzelheiten, woraufhin er die Freunde sehr ernst und lange anblickte. Er schien einen Entschluss gefasst zu haben, trank von dem dargereichten Wasser und meinte nach kurzem Zögern mit einer Stimme, aus der sie eine eindeutige Entscheidung heraushörten: „Wir fahren zum Diamantenfluss. Man wird beginnen, nach den Verschwundenen zu fahnden, jedoch noch intensiver nach euch." Dabei sah er die beiden Weißen an. „Sie werden logischerweise flussabwärts auf dem Fluss Guaviare und danach auf dem Orinoco suchen. Darauf, dass ihr so verrückt seid, unter Aufbietung der letzten Kraftreserven hier flussaufwärts, dem fließenden Wasser entgegen, zu rudern, verfallen sie nicht. Demnach sind wir ziemlich sicher, wenn wir uns nun zum Flüsschen Inirida begeben. Um die Leute im Dorf brauchen wir uns nicht zu sorgen, im großen Fluss befinden sich Tag und Nacht Wachen und im Wald sind sie den Ganoven trotz der einfacheren Waffen weit überlegen. Habt ihr bei denen im Kanu etwas Essbares finden können?" Die Indios schüttelten verneinend ihre Köpfe. „Also, dann macht euch an die Arbeit, fangt Fische, solange es noch hell ist. Geht nicht in den Wald und auch nicht ins Wasser. Die Nacht über bleiben wir hier, bis die neu aufgebotenen Suchenden in diesem Gebiet sind, müsste es einige Tage dauern, also haben wir eine erholsame Nacht vor uns. Denkt daran, dass ihr die Boote über Wasser haltet, nicht, dass wir in der Früh auf dem Sumpf festsitzen. Nehmt auch die Plane unter mir fort, ich benötige sie nicht. Deckt sie wie gestern über unsere Köpfe, sobald der Regen einsetzt, und es wird regnen. Bereitet eine kleine Feuerstelle vor und hängt einen Topf mit Wasser darüber. Nun lasst mich schlafen, bis wir bei Tagesanbruch aufbrechen,." Mogari schloss seine Augen. Er, der sich halb aufgerichtet hatte, ließ sich erschöpft zurücksinken, um in ein unergründliches Schweigen einzutreten. Sollten sie wirklich die Plane, wie er erbeten hatte, unter seinem Körper hervorziehen? Die Indios nahmen den Freunden die Antwort ab, sie taten, wie ihnen geheißen worden war. Sie hoben den Verletzten an, entfernten die Plane und legten ihn auf den nackten Boden des Bootes zurück. Dies befremdete die beiden „Weißlinge" irgendwie. Nun, Mogari war, genau wie der vertrocknete Alte im Dorf, dessen Sohn er war, wie sie mittlerweile herausgefunden hatten, eine absolute Autoritätsperson. Alles wurde so gemacht, wie er es sagte; und in aller Regel hatte er mit seinen Entscheidungen und Taten stets recht.

Der Topf mit dem Wasser hing bald darauf über der Feuerstelle, die ersten Fische waren zubereitet und die Plane war für den Regen bereitgelegt. Sie beschlossen, diesmal die Nacht in den beiden Booten zu verbringen, die Plane war groß genug, um die Männer in zwei Booten zu überdecken. Bei allem Tun wurde dabei nicht vergessen, stets den Fluss im Auge zu behalten. Die Indios betrachteten immer aufs Neue die erbeuteten Gewehre. Es war ihnen klar, dass sie diese verborgen halten mussten, zumal es sich hier um Militärwaffen handelte. Aber was sollte es, es war ihnen ohnehin bei größten Strafandrohungen untersagt worden, überhaupt Schusswaffen zu erwerben. Eigentlich eine absolute Anmaßung und Frechheit; jeder Weiße durfte offensichtlich Waffen erwerben und diese bei sich tragen, nur die Indios nicht. „Wie ungerecht ist dies denn?", dachte sich Enrique. Aber die Gewehre würden sie ziemlich sicher bis auf den Tod verteidigen. Ihm konnte das nur recht sein.

Bevor der Regen einsetzte, war der soeben von Jean-Claude, dem erprobten Gourmet, zubereitete Fisch verkostet worden. Alle zogen nun die Plane über, denn eine Wache brauchte für einmal nicht aufgestellt werden, denn dunkle Wolken verdeckten den Mond und das gesamte Himmelsgestirn. Niemand würde sie sehen können, die Nacht lag wieder einmal im dunkelsten aller dunklen Schwarztöne vor und über ihnen. Sie brauchten lediglich, aber unbedingt, wie ebenfalls von Mogari befohlen, darauf zu achten, dass sich die Boote nicht auf Grund setzten. Es würde eine immense und vollkommen unnötige Arbeit bedeuten, sie vom gefährlichen Sumpf zu befreien. Und schließlich brauchten sie all ihre Kräfte zwingend für die bevorstehenden Rudereinsätze. Mit einigem guten Willen konnten sie je zu viert in den Einbäumen Ruhe finden, auch wenn sie ihre Körper nicht ganz ausstrecken konnten.

„Morgen wird es also weitergehen", dachte Enrique. Die Reise würde lange dauern, wie Mogari erklärt hatte. Wochen stetig stromaufwärts, bis sie ins Gebiet des Caqueta kamen, von dem er ungefähr wusste, wo es sich befand. Es mussten hunderte, wenn nicht über tausend Kilometer sein, die zu bewältigen waren. Ein besonders großer, glitzernder Diamant tanzte vor seinem geistigen Auge herum, bevor er in einen tiefen Schlaf verfiel. Jean-Claude erging es nicht anders, nur war er längst eingeschlafen, während Enrique im Geiste noch den Diamanten sah. Doch Jean-Claude tanzten keine Steine durchs Hirn, sondern Banditen im Rachen der Jacarès und ein mit weit geöffnetem Maul auf ihn zustürzender Fila Brasil. Enrique dachte vor dem tanzenden Diamanten aber auch noch an Frank, wie erging es wohl diesem? Hatte er sich schon eine holde Maid angelacht?

Vor allem gingen die Gedanken auch in die Richtung, dass man den ganzen Weg zurück zum Dorf auch noch vor sich hatte und sie sich diesbezüglich wieder massiv ins Feindesgebiet begeben mussten. Vielleicht bestünde aber auch die Möglichkeit, dass er und Jean-Claude hier irgendwo warteten, die Indios Frank zu ihnen brachten und alle drei dann die Flucht in Richtung Meeresküste in Angriff nehmen konnten. Man würde sehen, was die nächsten Wochen und Monate noch an plan- oder unplanmäßigen Überraschungen bereithielten.

Die Nacht verlief ohne besondere Zwischenfälle, wenn man davon absah, dass sich während dieser Zeit eine vollgefressene Sucuri um eine der Mangroven schlang und in der Früh verwundert zu ihnen ins Boot glotzte, als sie die Plane entfernten. Wer mag es dem eleganten Tier verübeln, so zu gaffen, wenn da plötzlich irgendwelche komischen Gestalten aus dem „Untergrund" auftauchen. Enrique fielen alle vollbrachten Sünden ein, er wurde zusehends blasser. Ein leichter, das beeindruckende Tier nicht verletzender Hieb mit dem Paddel auf den Kopf vertrieb es ins Wasser, wo es empört unter Mangrovengewächsen verschwand. „Da soll sich einer auskennen", dachte die Schlange wohl, „man windet sich friedfertig, ohne irgendwelche bösen Absichten, erfreut die ersten Sonnenstrahlen nutzend, um einen Mangrovenstumpf, und von den zum Würgen aussehenden Gestalten dort im Boot wird man auf respektlose, Kopfschmerzen verursachende Weise vertrieben. Da muss es sich wohl um Menschen handeln, von denen mir andere Schlangen erzählt haben!" Jean-Claude hatte den Hieb ausgeführt, doch auch die Indios waren eher für die Schlange, denn sie zeigten trotz ihrer Angst eine gewisse Verehrung für die „Mutter der Flüsse".

Mogari lag wach auf dem Boden des Einbaumes. Zwei der Indios reinigten erneut seine Wunde und legten einen frischen, mit Kräutern bespickten Verband über die Verletzung. Kurz darauf erhielt er einen heißen Sud zu trinken, der auf seine Anweisung hin aus hier gefundenen Pflanzen zusammengebraut worden war. Nachdem sie sich alle an Fischen gütlich getan und die Plane zusammengerollt hatten, sagte Mogari: „Wir müssen nun schnellstens verschwinden. Denkt daran, auf Dauer vermag man nicht gegen den Strom zu schwimmen. Früher oder später schwinden während des Versteckspiels die Kräfte, vor allem aber die Sinne für Aufmerksamkeit und Wachsamkeit. Eines Tages würden uns die Bluthunde hier an diesem Ort packen." Diesmal blieben Enrique und Jean-Claude gemeinsam mit Zonga im Boot von Mogari, der das Startzeichen zum Abmarsch gab. Die Boote wurden freigebunden und man begann noch frohen Mutes zu rudern, eigentlich wie schon zuvor, und so, als sei zwischenzeitlich überhaupt nichts Außergewöhnliches passiert. Sie bemerkten nicht das am gegenüberliegenden Ufer vorbeiziehende Kanu, dessen Insassen sie jedoch aufmerksam beobachteten, als sie den kleinen Seitenarm verließen, um erneut in den Guaviare zu gelangen und vor dort aus dann flussaufwärts zu rudern. Mogari hockte am Heck des Bootes, mit den nun schwer bewaffneten Leuten. Zu Enrique gewandt meinte er: „Morgen Nacht könnten wir bereits in den Inirida gelangen, dessen Lauf wir etwa zwei Wochen lang folgen werden. Ansiedlungen werden wir nur nachts an der gegenüberliegenden Flussseite passieren. Übrigens, ich denke, das große Boot der Gambas kam aus einem Höllennest hier am Guaviare, dort soll sich ein Militärposten befinden, wie ich mal gehört habe, ich selbst war nie dort oder in dessen Nähe. Niemand wird im Traum daran denken, dass wir den Inirida befahren, niemand wird uns in diesem Gebiet vermuten." Mit keiner Miene zeigte Mogari irgendeine Beunruhigung, als von Ferne einige Boote auf sie zukamen. Noch war es unmöglich, dass irgendein Hinweis in Bezug auf das Verschwinden der Getöteten verbreitet worden war. „Sind die Boote nahe genug herangekommen, legt ihr zwei euch unter die Plane", sagte Mogari. Es waren vier Kanus mit Indios. Über die Flüchtigen war der Regenschutz gelegt, unter dem sie nicht mehr als einige schwach zu vernehmende Worte zu hören bekamen, welche sich die Indios von den verschiedenen Booten aus zuriefen. Nach geraumer Zeit befreite Zonga sie von der erdrückenden Kunststofflast. Die fremden Boote waren nur noch als kleine Punkte auszumachen, dafür aber arbeiteten sich hinter ihren Einbäumen schwer beladene

Lastkähne den Fluss hinauf. In stetem Rhythmus klatschten die Wellen gegen die Rümpfe der Boote.

Am späten Nachmittag suchten sie sich die nächste Bleibe für die Nacht. Das dichte Laubwerk über einem Angicobaum bot ihnen ausreichend Schutz, doch der Waldboden war durch die vorangegangene Überschwemmung immer noch ziemlich durchnässt und entsprechend rutschig, aber wenigstens doch einigermaßen begehbar. Für Mogari wurde ein Ruheplatz aus mitgeführten Decken hergerichtet. Danach folgten die eingespielten Arbeiten für den übrigen Lagerplatz. Zonga und Quajajara, einer der anderen Indios aus Legones Boot, dessen restliche zwei Besatzungsmitglieder übrigens Furaru und Carimun hießen, holten in Windeseile etliche prächtige Tambaqui aus dem Wasser. Furaru und Carimun zogen mit ihren Blasrohren los und brachten diesmal auch etwas mit, nämlich ein Paca von beinahe acht Kilo. Während Enrique und Jean-Claude die Plane auf dem Waldboden ausspannten, um sie auf allfällige Schäden hin zu untersuchen, legte sich Mogari, dessen Wunde beinahe gänzlich geschlossen war, schlafen. Trotz des guten Heilungsverlaufs bereitete ihm die Schussverletzung immer noch große Schmerzen. Aber er war ja quasi ein Indianer und solche kennen gemäß dem abgedroschenen Spruch keine Schmerzen. Sie kennen sie wohl, aber sie zeigen sie meistens nicht. Im Feuerschein der brennenden Holzscheite wurde das Paca ausgenommen. Sie gilt im Amazonas-/Orinoco-Gebiet neben dem Tatu (Gürteltier) als gemeinstes Wildbret. Das Tier besaß eine so feine und dünne Haut, dass die Indios diese nicht wie üblich abzogen, sondern es mit heißem Wasser brühten, als sei es ein junges Schwein, welchem es übrigens ohne Kopf und Füße zum Verwechseln ähnlich sah. Es gehört ja auch zur Gattung der Meerschweinchen, ist aber das größte Nagetier in Südamerika. Das vorzüglich schmeckende Fleisch wurde mit reichlich Salz und anderen gesammelten Gewürzen eingerieben. So wurde es kaum von anderem Fleisch übertroffen, das ebenbürtig an Fein- und Zartheit wäre. Die zwei Freunde waren begeistert und wähnten sich im feinsten Gourmet-Tempel irgendwo in Paris oder London.

Der Regen prasselte auf die Plane, die von den Indios an verschiedenen Ästen aufgespannt worden war und wie bestens erprobt in drei Richtungen bis zum Boden herunterhing. Außer den plätschernden Regentropfen, den sonderbar hell klingenden, metallischen Stimmen von Kolbenfuß-Fröschen, dem Gezirpe der Gafanhotos (Grillen) sowie hin und wieder einem Schrei von Macacos war es außergewöhnlich still. Das mag wohl daran gelegen haben, dass die Tiere während und nach der massiven Überschwemmung die Flussebene mieden und sich in höher gelegenen Bereichen herumtrieben. In der nächsten Nacht würden sie dann in den anderen Fluss wechseln, was bedeutete, dass Mogari vorhatte, die Nacht über rudern zu lassen. Enrique legte sich ebenso behaglich zurecht wie die Indios. Jean-Claude nuckelte an seiner Zigarette rum, guckte andauernd in die dichten Baumwipfel hinauf und versuchte durch die kleinen Löcher im Blattwerk den dunklen Himmel zu erspähen, um vielleicht den einen oder anderen Engel zu erspähen. Gleichzeitig dachte er so bei sich: „Es wurde vom Schicksal so eingerichtet, dass jeder seine Fehler selbst begehen und daraus die Lehren ziehen muss." Sein Fehler war der gewesen, dass er am verkehrten Ende begonnen hatte, indem er sein Reisegeld möglichst in die Länge ziehen wollte, das heißt, möglichst lange damit reisen wollte. Auf alle Fälle hätte er in so einem Land wie Kolumbien die billigsten Hotels meiden sollen. In einer gutbürgerlichen Herberge wäre ihm dieses Kidnapping mit Sicherheit erspart geblieben. Aber später ist man immer klüger und es lohnt sich nicht, sich den Kopf zu zerbrechen. Auch ihm fielen ob dieser tiefgründigen Gedanken die Augen zu und er tauchte ab in einen bleiernen, schweren Schlaf.

In den Morgenstunden, es war noch stockdunkel, erwachten sie vom aufgeregten Geschnatter ihrer Indiofreunde, von denen drei vor dem Regendach im Schein des verglimmenden Feuers eine Art Freudentanz aufführten. Dies war der erste Eindruck, der entstand, es war aber kein Freudentanz. Nein, sie hatten sich auf die Erdlöcher von großen, bissigen Ameisen gesetzt, welche flugs ihre ganzen Körper eroberten. Die drei rissen sich die Kleider vom Leib und schlugen diese an den Stamm des Anjico-

Baumes. Gleichzeitig verabfolgten sie sich schnelle Hiebe, um die Quälgeister, die sich auf ihren Körpern zu schaffen machten, loszuwerden oder besser zu vernichten. Enrique und Jean-Claude mussten trotz dieser unangenehmen Ruhestörung beim Anblick, welchen die drei boten, lachen. Dies wurde ihnen aber sogleich von den Gepeinigten durch strafende Grimassen verübelt. Mogari, der ebenso aufgewacht war, fragte, wieso sie die Hängematten nicht aufgespannt hatten. „Wir wollten es ja, Mogari, doch wir waren einfach zu müde dazu. Wir waren froh, uns endlich hinlegen zu können. Die Hängematten liegen immer noch im Boot von Legone." Mogari blickte auf Quajajara, den die Ameisen anscheinend verschont hatten. „Warum schläfst du nicht in deiner Hängematte?" „Zonga und ich fingen Fische, während die anderen eine Paca erlegten. Es war bereits zu dunkel, als wir an die Matten dachten. Ich versuchte noch, sie aus dem Boot zu holen, ließ es aber wegen der Jacarès bleiben." „Nehmt sie nächstes Mal gleich mit ans Ufer, sobald wir einen Lagerplatz erkoren haben. Ohne Hängematten ist es im Dickicht recht gefährlich", sagte Mogari ernst. Legone, Carimun und Furaru hatten ihre Kleidung von den Ameisen befreit und die Textilien wieder über ihre Körper gestreift. Sie legten einige Holzscheite auf die Eingänge der unterirdischen Höhlungen und ließen sich in der Nähe von Enrique und Jean-Claude nieder. Ungeachtet dieses Zwischenfalles schliefen alle wieder ein, obwohl es mehr ein Schlummern als ein Schlafen war. Dieses Dösen dauerte immerhin fast zwei Stunden. Erst als die zur Futtersuche startenden Papageien ihr „Morgengebet" im und aus dem Wald kreischten, war es mit Schlaf- oder Schlummerabsichten vorbei.

Nach den morgendlichen Nebelschwaden zu urteilen, die über dem Fluss dahinzogen und die der Wald langsam von sich streifte, würde es ein heißer Tag werden. Die Morgensonne holte sich die letzte Feuchtigkeit aus dem Blattwerk der Bäume. Bevor Mogari an den Aufbruch dachte, wurden die restlichen Fleischstücke des Pacas über das leicht entfachte Feuer gehalten. Es gab für einmal also bereits zum Frühstück ein zauberhaftes Mahl. „Mogari, sag mal, wie haben deine Leute dieses Tier überhaupt fangen können? Meines Wissens ist ihm ohne Hunde nicht leicht beizukommen." „Wie ich vernahm, fanden die Männer ein Erdloch, wie es sich nur Pacas graben. Sie aus ihrem Bau zu holen bleibt in den meisten Fällen ein vergebliches Unterfangen. Deshalb versteckten sich die Männer in der Nähe des Höhleneinganges und verhielten sich still. Lange brauchten sie nicht zu warten, denn kurz vor dem Dunkelwerden kommen Pacas für gewöhnlich zum Vorschein, um auf Futtersuche zu gehen. Ein Pfeil aus einem der Blasrohre verhinderte dann, leider zum Nachteil des Tieres, dessen Absichten." „Wurden die Pfeile mit Curare-Gift bestrichen?" Enrique schaute sich die dünnen, kurzen und zu einem Fünftel mit einer schwarzen Schicht bedeckten Pfeile an. „Nein, wir benutzen Urari-Gift, es ist nicht so schwer herzustellen und zeigt seine Wirkung in wenigen Augenblicken. Am Inirida werden wir auf viel Wild treffen, der Wald ist dort von Menschen fast unberührt und die Tiere zeigen kaum Furcht vor ihm. Da werden wir unsere Pfeile dann gebrauchen." „Mogari, das von uns verspeiste Paca besaß ein herrlich anzusehendes Fell. Das kurz anliegende Haarkleid war oben und an den äußeren Teilen gelbbraun, auf der Unterseite und an den Innenseiten der Beine gelblich-weiß. Von der Schulter verliefen zu beiden Seiten fünf Reihen runder, ebenfalls gelblich-weißer Flecken bis zu den Rändern der Schenkel. Wieso habt ihr dieses Fell dem Tier nicht wie üblich über die Ohren gezogen, geschabt und dann mit euren speziellen Pflanzenextrakten bestrichen sowie letztlich zusammengerollt?" Enrique war im Grunde ja ganz froh darüber, denn er dachte dabei an den Verwesungsgeruch, den solche Felle meist von sich absonderten. „Wir Indios lassen im Grunde keine Felle liegen, die eine Verwendung finden könnten – ganz so, wie alle Indianervölker trotz des Tötens alle Lebewesen respektieren und so weit wie möglich deren Körper verwerten. Das dünne Fell der Paca aber würde uns aller Voraussicht nach während der langen Fahrt verderben, weshalb sich also erst die Mühe machen? Wir werden zudem von unserer Reise viele Häute und Felle mit ins Dorf zurückbringen, sodass es sich für uns in jedem Fall gelohnt hat, die vielen Wochen fortgeblieben zu sein." Was sollten die beiden Flüchtlinge darauf groß erwidern? Sie wären verrückt gewesen, hätten sie Mogari klarzumachen versucht, dass sie sich für den Erlös der ‚Kristalle' jeden Luxus würden leisten können; nein, das kam zu diesem Zeitpunkt überhaupt nicht in Frage. Das Lager wurde abgebrochen, die Sachen zum Uferrand getragen und dort aufgehäuft. Im Moment war es nicht wirklich ratsam, die Boote zu beladen. Die in unmittelbarer Nähe „geparkten" Jacarès beobachteten mit ihren neugierigen Augen das Treiben der Männer. „Werft die restlichen Fleisch- und Fischstückchen etwas entfernt in den Fluss", sage Mogari zu seinen Leuten, „die gefräßigen Reptilien werden von den platschenden Geräuschen auf dem Wasser und danach dem Geruch des Fleisches angelockt, sodass uns genügend Zeit bleiben wird, die Boote zu beladen." Und wirklich, die Tiere schlichen sich sofort hin zur Stätte der verlockenden Geräusche.

Die zwei Einbäume schwammen bald darauf etwas in der Mitte des Flusses. Immer wieder mussten Enrique und Jean-Claude sich unter der schützenden Plane verkriechen, denn nur allzu oft kamen flussabwärts fahrende Boote dicht an ihren Einbäumen vorbei. Wie vorausgesehen wurde es ein unangenehmer, heißer Tag, der selbst die mitgeführte Plane schlaff werden ließ. Somit kamen sich die zwei jeweils vor, als würden sie ganz nah an einem Hochofen stehen, sobald sie unter der Plane zu verschwinden hatten. Mogari reichte den beiden ein äußerst scharfes Messer und deutete auf ihre Bärte. „Versucht, so gut es eben zu machen ist, endlich euren Wildwuchs im Gesicht zu entfernen, ich möchte schließlich nicht, dass ihr immer mehr den Affen gleicht", fügte er noch scherzhaft hinzu. Natürlich hatte er recht, ihre äußerst wilden Bärte waren ein nicht zu unterschätzender Unsicherheitsfaktor. Man sah ihnen schon von Weitem an, dass sie von irgendwo entflohen sein mussten. Gegenseitig brachten sie sich um die verfilzten Manneszierden, was vor allem von Mogari und Zonga mit Beifall gewürdigt wurde. Aber auch Legone und seine Begleiter blickten wohlwollend zu den zweien hinüber. Ihnen allen fiel irgendwie fast ein Stein vom Herzen, denn ihnen war sehr wohl bewusst, sollten die Verbrecher die Flüchtigen entdecken, wäre es auch um sie, ja vielleicht sogar um das gesamte Dorf geschehen. Es war alles in allem also schon ein sehr großes Opfer, welches die Indios ihnen mit dem gut gesinnten Verhalten darbrachten. Wahrscheinlich taten sie es mitunter auch, um den bereits verstorbenen Stammesmitgliedern würdig zu sein und diese vielleicht im einen oder anderen Fall damit zu rächen.

Am Abend ließ Mogari die Boote zum weit entfernten gegenüberliegenden Ufer rudern. Anstatt dass sich der Fluss wie bisher in kleinen Schritten verengte, hatte er hier die Breite eines Stroms angenommen und dieses Phänomen – das keines ist – wurde ihnen auch sogleich erklärt. „Wir werden in wenigen Stunden den Inirida ansteuern, die beiden Flüsse treffen hier aufeinander, nur deswegen haben sich ihre Ufer so weit geteilt. Wir werden die ganze Nacht durchrudern und erst in den frühen Morgenstunden einen Ruheplatz suchen", sagte Mogari, wobei seine Augen unablässig den Fluss überblickten.

Die Indios hatten Angelschnüre an den Bootswänden befestigt, die sie mit geköderten Haken hinter sich herzogen. Hin und wieder wurde während der Fahrt ein armer Fisch aus dem Flussbecken gezogen. Bis auf Mogari, der vom Heck seines Einbaums die Gesamtlage im Griff hatte und mit wachem Auge jede Bewegung ausmachte, ruderten alle Männer, um die Boote gegen die recht starke Strömung vorwärts zu bringen. Gegen Mitternacht meinte Mogari, sie hätten soeben den Guaviare hinter sich gelassen. Nun, er musste es wissen, Jean-Claude und Enrique hatten jedenfalls von einem Flusswechsel nichts mitbekommen.

Der Regen hatte sich zurückgezogen, ein klarer, sternenüberfluteter Himmel wölbte sich fast greifbar über sie. Die Uferregionen wurden wieder verlassen, um in der Mitte des Flusses schneller und leichter vorwärts zu kommen. Jean-Claude fing plötzlich ob der tollen Nachtkulisse zu philosophieren an: „Was meinst du, Enrique, könnte es nicht anstatt des einen, mehrere oder gar unzählige Universen geben? Schau doch hinauf ins unendliche Weltall, voll von ungezählten Galaxien. Wenn ich an die Theorie denke, dass sie alle durch eine heftige Explosion, den Urknall oder auch Big Bang genannt, hervorgerufen wurden, frage ich mich doch automatisch, wo die Kraft der Explosion endet und was danach kommt. Kann es nicht sein, dass im

Danach ein anderer Urknall stattfand, und dort ein anderes, uns nicht bekanntes Universum existiert … und immer so weiter? Vielleicht rudern gerade jetzt in einer anderen All-Gegend, auf einer anderen Planeten- oder Sternenkugel, irgendwelche Lebewesen übers Wasser oder gar über eine andere Flüssigkeit. Wenn, dann lagen die Alten mit ihren vielen Göttern vielleicht gar nicht so verkehrt, unser Herrgott wird in diesem Falle ungezählte Brüder haben, von denen jeder einzelne über sein eigenes Universum verfügt und darüber herrscht, was meinst du?" Enrique war ziemlich verwirrt ob der plötzlichen Regung von Jean-Claude. „Denk lieber an die Diamanten, anstatt dass du anfängst zu spinnen. Mir ist es außerdem völlig wurst, wie viele Universen existieren, mir reicht der kleine Teil, in dem wir leben, vollends aus." Enrique blickte amüsiert zu Jean-Claude. „Aber nichts für ungut, während dieser trotz einiger Abenteuer eintönigen Dschungelreise kommen mir auch hie und da die absonderlichsten Gedanken. Wenn ich nicht genau wüsste, unsere Tour wird irgendwann ein Ende finden, bliebe mir ebenfalls nichts übrig, als in den Schwachsinn zu verfallen. Schau dir doch nur die trostlosen, dunklen Ufer an, sie wirken wie drohende, unendliche Mauern, hinter denen oft genug umgehend der Tod lauert." „Besser diese dunklen, doch lebenden Mauern, als jene um die Löcher des grauenhaften Schweigens im Gefangenenlager."

In tiefen Zügen atmeten die Männer die würzig frische Luft, die von den Ufern zur Mitte des Flusses drang, durch Mund und Nase ein. Allmählich wich die Dämmerung dem Tageslicht, die Sonne schob sich über die Baumwipfel empor, aus denen wie auf Knopfdruck die ersten Schwärme von Papageien über den Fluss zogen. Sie suchten wie geplant das Ufer auf und fanden sich in einer kleinen, geschützten Bucht ein, wo sie sich am Gestrüpp bis auf das feste Land hangeln konnten. Die gewohnten Arbeitsprozesse wurden fast schon wie von Robotern detailgetreu vorangetrieben. Die Plane wurde auf dem Waldboden ausgebreitet. Auf die Hängematten verzichteten sie diesmal bewusst, da sie gedachten, die Reise erneut gegen Abend fortzusetzen. Die unterwegs gefangenen Fische wurden zubereitet und auf der Plane, die sie gegen Ungeziefer schützte, mit einem Bärenhunger, fast ohne zu kauen, vertilgt. Ihnen allen waren die enormen Anstrengungen anzumerken. Eine Wacheinteilung wurde bestimmt, nur Enrique und Jean-Claude ließen sie ungestört pennen. Normalerweise hätten die beiden das nicht akzeptiert, da sie aber bedingt durch die Flucht schon um einiges länger unterwegs waren, meinten sie diesen durchgehenden Schlaf auch verdient zu haben. Zudem waren sie es nicht in dieser Weise gewohnt, den ganzen Tag beziehungsweise die Nacht mit Paddeln durch Flüsse zu rudern, schon gar nicht flussaufwärts. Sie hatten manchmal schon beinahe das Gefühl, die Paddel seien ihnen an Händen und Armen angewachsen. Doch für die Aussicht auf den Diamanten-Überfluss spielte dies alles keine Rolle. Sie waren dazu bereit, diese und noch kommende Strapazen in Kauf zu nehmen und vor allem zu überstehen.

Es ging auf den frühen Nachmittag zu, die Indios befanden sich bereits in reger Geschäftigkeit, als die beiden Flüchtigen erwachten. Furaru und Zonga fanden im Sand einer kleinen, vorgelagerten Insel bei der Bucht einige Schildkröteneier, die sie sogleich zum Lagerplatz schleppten. Carimun und Legone brachten Sumpfhühner von ihrer Jagd zurück und Quajajara hatte die Wunde Mogaris geprüft und abermals neu verbunden. Enrique und Jean-Claude zeigten einige Bewunderung für die Zähigkeit ihrer wilden Freunde. Nun gut, wie gesagt und gedacht, diese waren ja im Urwald zuhause und fast ständig mit ihren Booten unterwegs. Aber vor allem wussten sie natürlich ihre Kräfte besser einzuteilen, sodass sie die Strapazen, die eine solch lange Reise mit sich brachte, leichter verkraften konnten. Mogari und Legone zumindest kannten die weite Strecke bis hin ins Gebiet des Caquetas und, wer weiß, wie oft sie diese bereits bewältigt hatten. Sonderbar war vor allem, dass sie aus mehr als tausend Kilometern Entfernung von der Fundstelle der Diamanten wussten. Enrique beschloss, während des Essens danach zu fragen. „Ja, weißt du" – Mogari zwang Enriques Blick in seine Augen – „die Sache verhält sich folgendermaßen: Unser Stamm lebte nicht von Anbeginn an auf venezolanischem Boden, er war einst in den kolumbianischen und ecuadorianischen Cordelheiras beheimatet. Es ist lange her, eine Ewigkeit. Zu

Beginn wurde unser Stamm durch Benalcazar bis tief hinunter zum mittleren Caqueta getrieben, wo die Verfolgung durch die Weißen jedoch längst kein Ende fand, sodass wir uns, anstatt wie zu Urzeiten in den Bergen zu leben, mit dem unendlichen Urwald verschmolzen haben, ihn quasi zur Heimat wählten. Schon zur damaligen Zeit waren uns die Fundstellen der Kristalle bekannt, welche unseren Herrschern früher zur Zierde dienten. Wir können uns also einen Begriff darauf machen, warum die Weißen heute ganz versessen darauf sind. Der jetzige Kapitän des Lancha meint zwar steif und fest, wir würden ihn mit unseren unverschämten Forderungen zugrunde richten, das nehmen wir ihm jedoch nicht ab. Sag selbst, hätte uns der frühere Führer des Lanchas sonst immer noch etwas für die Kinder des Dorfes dazugelegt?" „Jean-Claude und ich, wir können beide natürlich nicht darüber urteilen, inwieweit eure Forderungen zurecht bestehen. Um dies zu können, müssten wir einmal bei einem solchen Tauschgeschäft dabei gewesen sein. Die Steine besitzen für die Weißen schon einen gewissen Wert, Mogari, und ich bin der Meinung, du solltest nicht schwach werden, der Mann wird eure Wünsche weiterhin akzeptieren." Nach einem Blick zu Jean-Claude meinte Enrique weiter: „Also, dann habt ihr über Jahrhunderte, über viele Generationen hinweg, das Geheimnis mit euch getragen? Haben die Weißen nie versucht zu erfahren, woher ihr die Steine habt?" „Doch, natürlich schon, Enrique, einige von uns wurden sogar auf das Schrecklichste gefoltert, wie auch früher schon. Die Weißen, die sich daraufhin mit uns Indios zur Fundstelle aufmachten, sind nie zurückgekehrt." „Wieso zeigt ihr uns die Stelle, müssen auch wir befürchten, auf immer zu verschwinden?" „Nein, auf keinen Fall. Ihr hasst die Weißen wie wir auch, obwohl sie eure Brüder sind; das verbindet uns. Ihr gabt uns zudem spontan die Gewehre und wir sollen nach dieser Reise noch welche bekommen. Zusammen mit denen, die wir den Toten abgenommen haben, verfügen wir über eine ernst zu nehmende Bewaffnung. Wir gehen außerdem davon aus, dass ihr nach diesem Besuch nie wieder in diese für euch so fremde Welt treten werdet. Sollte dies aber dennoch geschehen, wird man euch töten. Ihr drei seid unsere

Freunde, ihr sollt die Steine bekommen, die wir gemeinsam bei der Fundstelle holen." „Mogari, wir hassen die Weißen nicht alle, da mach dir keine falschen Vorstellungen, sondern nur die Ganovenbande vom Gefangenlager und alle, die denen gefällig sind." „Das läuft auf dasselbe hinaus, denn andere Weiße gibt es hier gar keine." Mogari hatte sich umgedreht. Der Schmerz, den die Verschleppten oder Getöteten seines Stammes bei ihm hervorrief, saß zu tief in seiner Brust. Und er war auch nicht dazu bereit, ein zu nichts führendes Gespräch über die Folterknechte zu führen.

Regen würde es heute keinen geben, die letzten heimkehrenden Papageien waren über den Fluss geflogen, flatternde Fledermäuse hatten sich die Flussniederung erobert und ein Blauspecht krächzte von einem der näher stehenden Bäume. Als sie sich zurück in die Boote begaben und in die Flussmitte ruderten, setzte das Geschrei von Affen und das Gequake von Fröschen ein. Andere Fahrzeuge waren nur wenige zu sehen, was nicht bedeutete, dass es an der Flussmündung nicht gefährlich war. Während des Tages konnte unter Umständen ein reger Verkehr herrschen, zu jeder Stunde mussten sie auf der Hut sein. Es wurde für einmal kaum ein Wort gewechselt, Gespräche hätten zusätzliche Energien verschwendet. Die tagsüber bunt gesprenkelten Ufer waren nun in der dämmrigen Dunkelheit als blaugrüne Wände zu erkennen. Die Flussmitte brachte nebst dem leichteren Rudern noch den Vorteil, dass sie vom nächtlichen Spektakel der Waldtiere und den lästigen Steckmücken im Großen und Ganzen verschont blieben. Laut Mogari hatten sie erst viel später auf Stromschnellen, Strudel oder Untiefen zu achten. Ansonsten brachte der Fluss eigentlich keine Gefahren. Ein Tag wechselte in gleicher Monotonie mit dem anderen. Die Ufer waren bereits merklich näher zusammengerückt, als Mogari, dem seine Wunde kaum noch zu schaffen machte, bekanntgab, dass sie am kommenden Tage in den Caruiri rudern würden, um von diesem Seitenarm aus den Rio Danta (Tapir-Fluss) zu befahren. Den Danta wiederum würden sie nach etwa drei Tagen verlassen, um über dessen Zulauf, den Mordedor (Beißer), in den Vaupé zu gelangen. Vom Mordedor aus mussten sie dann die Boote eine Strecke durch den Wald sowie über spärlich bewachsenes Geröll schleppen. Die Flüsse gehörten schon nicht mehr zum Einzugsgebiet des Orinoco, sondern zum Stromgebiet des Rio Negro.

Während der vergangenen zwei Tage war ihnen kein fremdes Boot mehr begegnet und keine noch so kleine Hütte war am Ufer zu erkennen gewesen. Dies bedeutete, dass sie sich derzeit tief in einer menschenleeren Region befanden. Seit Längerem ruderten sie deshalb auch während des Tages, um hauptsächlich dann ausspannen zu können, wenn der Körper danach verlangte. Heute, am letzten Tag auf dem Inirida, ließ Mogari bereits vorzeitig eine versteckt liegende Bucht ansteuern. Bevor sie ans Ufer gelangten, verschwand eine auf der Oberseite kastanienbraun und auf der Bauchseite schmutzig grünlichgelbe, hässliche Mata-Mata (Fransenschildkröte), so schnell sie es vermochte, in den modrigen Schlamm. Wie immer wurden sie mit einem schrecklichen Geschrei begrüßt, als sie die Boote über den Morast ans unwegsame Ufer zogen. In diesem Gebiet herrschten die Rollaffen vor, wovon der Gay, der Kapuzineraffe, in der Überzahl war. Einer von den tollkühnen Baumbewohnern kletterte, als sie den Waldboden betraten, behände an einer Liane, die von einem überhängenden Ast hinunterrankte, bis zum Wasser hinab, um dort seinen Durst zu löschen. Dies hätte er besser auf einen späteren Zeitpunkt verschoben, denn Carimun war flugs mit seinem Blasrohr zur Stelle, der arme Affe hatte keine Chance. Carimun schoss dem Tier einen seiner Giftpfeile in die Brust, woraufhin er so schnell wie möglich versuchte, den kleinen, mit fürchterlichem Gift getränkten Pfeil aus dem Fleisch zu ziehen. Allein, das Geschoss war halb durchschnitten, die Giftspitze brach ab und blieb im Körper stecken, furchtbar genug, um auch einem viel größeren Tier die Lebenskraft zu rauben. Mit jener Waffe erbeuteten die Indios auch diejenigen Affen, welche sie sich dann als „Gefangene" halten wollten. Haben die Indios also vor, einen Affen für diesen Zweck zu zähmen, wie etwa den, welchen sie Jean-Claude aufgedrängt hatten, so bestreichen sie ihre Pfeilchen mit geschwächtem Urari- oder Curare-Gift. Stürzt das Tier daraufhin betäubt zu Boden, wird ihm seine Wunde umgehend ausgesogen, was logischerweise nicht immer ohne Folgen für den Saugenden bleibt. Danach begraben sie den Affen bis zum Hals im Erdboden und flößen ihm eine starke Auflösung salpeterhaltiger Erde oder Zuckerrohrsaft ein. Ist der so Traktierte dann etwas zu sich gekommen, wird er aus der Erde herausgeholt und wie ein kleines Kind mit Tüchern umwickelt. In seiner Zwangsbekleidung bekommt das Äffchen einige Tage nur Zuckerrohrsaft zu trinken und in Salpeterwasser gekochte Speisen, stark mit spanischem Pfeffer gewürzt. Sollte diese Gewaltkur allerdings nicht anschlagen, wird der Affe sogar einige Zeit über in den Rauch gehängt, wo sich dann schon bald seine Wut über die Gefangenschaft und die üble Behandlung legt. Die zuvor boshaften Augen werden mild und sobald dies der Fall ist, wird das Tier aus dem Rauch genommen und die Tücher entfernt. All seine vorherige aggressive Bissigkeit ist verloren, ja, er scheint vergessen zu haben, dass er je frei im Urwald lebte.

Die Bewegungen des Affen wurden zusehends langsamer, bis sie dann völlig zum Stillstand kamen und er tot ins Wasser stürzte, von wo er blitzschnell herausgefischt wurde, nicht, dass er noch im Bauch eines damit liebäugelnden Jacarès landete. Das Tier war bald ausgeweidet und, wie es die Indios liebten, stark gewürzt. Und schon hing das arme Opfer über dem Feuer unter einem großen Castanha-Baum. Aus der Bucht im Fluss wurden mühelos einige der gefräßigen Piranhas geholt, und kurz vor der Dämmerung schleppten Zonga, Legone und Furaru noch einige Tiere an. Dabei handelte es sich primär um Sumpfhühner, aber es war auch eine etwa fünfzig Zentimeter lange Jaguarundi, auch Gato de Monte oder Bergkatze genannt, dabei. Es war ein schlankes, schmächtiges Tier, welches durch seinen gedehnten Körper und seinen langen Schwanz an einen Marder erinnerte. Sein Kopf war klein, die Behaarung kurz, dicht und von schwarzgraubrauner Farbe. Die Katze, die ihr Fell einbüßte und deren wohlschmeckendes Fleisch daraufhin zubereitet wurde, ist zwar ein gewaltiger Räuber, aber sie greift den Menschen nicht an. Das macht ja ohnehin kein einziges Tier, wenn es nicht bedroht wird oder sich in die Enge getrieben sieht. Enrique, der vom Ufer aus den Fluss beobachtete, köpfte mit seiner Machete eine mehr als zwei Meter lange Baumschlange, eine der gefürchteten Jaraquas, wie er sogleich feststellte. Die Schlange hatte ihm vom Geäst eines Baumes aus den Rückweg versperrt. Doch eigentlich hatte die Schlange gar nichts versperrt, denn erstens war sie ja zuerst da gewesen und zweitens war dies ihr Zuhause und nicht jenes von irgendeinem Menschenwesen. Aber so handelt der „Zweibeiner" nun einmal, vor allem hier in der Wildnis.

Im Feuerschein bearbeiteten die Indios die Felle vom Macaco und dem Jaguarundi, die sie dann zusammengerollt zu den vielen anderen zwischenzeitlich angesammelten Fellen legten. Der Verwesungsduft, den die Felle verströmten, war nicht ganz unerheblich, aber damit mussten Jean-Claude und Enrique wohl leben. Wie Mogari zuvor angekündigt hatte, besaß das Gebiet um den Inirida eine unermesslich artenreiche Tierwelt. Doch Jean-Claude und Enrique warfen immer öfters einige unverständliche, strafende Blicke auf die angehäuften Fellballen, was Mogari nicht entging. „Auf der Reise hin zum Caqueta haben wir die Möglichkeit, eine unbegrenzte Anzahl an Häuten und Fellen zu erbeuten, der Rückzug beziehungsweise die Rückreise wird dann viel schneller vonstattengehen und uns kaum Zeit zum Jagen lassen", meinte er so ganz beiläufig und rechtfertigend. Regen träufelte durch das dichte Laubwerk auf das Dach der Plane und alles war so eingerichtet wie gewohnt. Kriechtiere waren durch die Hängematten nicht zu befürchten und die Rollaffen gehörten zu einer Spezies, die in der Regel ebenfalls nachts schläft. Und so konnten sich die müden Männer zumindest in dieser Hinsicht unbesorgt zur Ruhe legen.

Frühmorgens, gleich nachdem sie gespeist hatten, machten sie sich zum Cuiriri auf, einem wenig langen Seitenarm des Iniridas, den sie gegen Mittag erreichten, aber bereits am nächsten Tage wieder verließen, um die Boote zu entladen. Nun folgte also die angekündigte Schlepperei der gesamten Fuhre inklusive den Einbäumen über Stock und Stein. In sehr mühevoller Arbeit führte diese schier unwegsame Etappe über bewaldetes Felsgestein an einen Zufluss des Dantas, welcher sie dann weiterbringen sollte. Die lange, beschwerliche Wegstrecke musste mehrere Male wiederholt werden, bis all die Dinge an ihrem Bestimmungsort lagerten. Man kam sich vor wie an einem sportlichen Langstreckenlauf mit mehreren Runden. Um dann über diesen Zufluss in den Danta zu gelangen, benötigten sie weitere zwei volle Tage, in denen sie wiederholt die Boote an kleinen Schluchten und sonstigen Untiefen vorbei über mit Macheten geschlagene Breschen schleppten. Auf dem Danta ruderten sie danach bis ins Quellgebiet, wo sie in einen Seitenarm auswichen, der sie wiederum in die Nähe des nächstens Flusses, zum „Beißer" beziehungsweise Mordedor, brachte. Und erneut waren sie gezwungen, die Boote mit allem Proviant gefahrvoll über hügeliges Waldgebiet zu lotsen. Aber was war man alles bereit zu leisten, wenn man vor dem geistigen Auge eine Menge Kristalle, besser mit dem Wort „Diamanten" bezeichnet, glitzern sah. Dennoch wussten weder Jean-Claude noch Enrique, ob sie tatsächlich auch welche finden würden und falls ja, wie viele. Allein die menschliche Gier ließ sie fast alles ausblenden inklusive der Realität ihrer eigentlichen Situation sowie der wochenlangen Schinderei. Doch eine weitere, größere Hürde war bewältigt, das Flüsschen Mordedor lag unscheinbar vor ihnen. In der Nähe seiner Quelle war es gerade so breit und tief, dass es die Boote aufzunehmen vermochte. Die Nacht wurde genüsslich am Ufer verbracht, zwischen großen Felsbrocken und unter einem blühenden Sawari-Nussbaum. Wieso das Flüsschen den Namen Mordedor trug, sollte den beiden Freunden schon bald bewusst werden.

Während der Nacht wurden sie durch ein Rauschen, und zwar ein völlig fremdes, geweckt; es war nicht das gewohnte Geräusch der Flussströmung. Ein hin- und herflatternder Schwarm von Fledermäusen war die Ursache dieser außergewöhnlichen Schallwellen. Die Luft wurde durch diese Tiere geradezu belebt, der Himmel zusätzlich geschwärzt, so viele waren es an der Zahl. Sie umkreisten ununterbrochen den Sawari-Nussbaum. Es handelte sich um Blattnasen, blutsaugende Fledermäuse, die ab und an auch Menschen nicht verschonen. Die Wunden, die sie verursachen, entzünden sich fast immer, und der Blutverlust, den das Opfer, welches den Biss während des Schlafens nicht immer bemerkt, kann nach mehrmaligem Beißen gefährliche

Formen annehmen. Doch wie kann es sein, dass man einen solchen Biss nicht merkt, ist ja schließlich nicht nur eine kleine Mücke? Die Erklärung ist ganz einfach: Gleichzeitig mit dem Biss initiiert die Blattnase ein Betäubungsgift, sodass man den Einstich der Zähne tatsächlich nicht immer mitbekommt, vor allem, wenn man todmüde in tiefem Schlaf versunken ist oder bei anderen Abenteuern, mit genügend Alkohol, dem Schlafdelirium verfällt.

Die Männer in ihren Hängematten waren dank der Plane und des flackernden Feuers gut vor ihnen geschützt, was aber keinesfalls heißen soll, dass sich diese Flugtierchen nicht doch mit einem völlig ruhigen Verhalten an die Schlafenden heranarbeiten würden. Immerhin hört man einzelne Fledermäuse fast gar nicht, wenn sie durch die Luft gleiten. Dadurch, dass die Männer aus ihren Hängematten gekrochen waren und sich vor der Plane lautstark unterhielten, verzogen sich die unberechenbaren Tiere weiter fort an einen von Weitem sichtbaren Hügelhang. Bis auf Jean-Claude, der die eigenartige Familie der Blutsauger länger betrachtete, schliefen die Männer bald wieder ein. Erneute unbekannte Geräusche aus der Baumkrone über ihnen lenkten Jean-Claudes Blicke umgehend dort hinauf. Was er zu sehen bekam, veranlasste ihn dazu, Enrique gleich wieder aus dem Schlaf zu reißen. „Enrique, der ganze Baum ist immer noch voll mit diesen Blattnasen, du machst dir keinen Begriff von deren Größe. Glaub mir's, die Tiere haben es auf unser Blut abgesehen, sonst säße diese zweite Horde gewiss nicht auf dem Baum. Schließlich gibt es für sie auf diesem sonst nichts zu saugen." „Jean-Claude, du spinnst, komm, pack dich in deine Hängematte, damit du morgen ausgeruht bist." Enrique war zum Leidwesen von Jean-Claude nicht zu bewegen, er machte keinerlei Anstalten, wieder aus der Hängematte zu klettern. So wandte er sich an Mogari, der zu seiner Beruhigung vor die Plane getreten war und die Baumkrone betrachtete. Mogari grinste schalkhaft, er mochte Jean-Claude und liebte dessen ruhige und oft auch ängstliche Art. „Jean-Claude, diese Fledermäuse auf dem Baum gehören zwar auch den Blattnasen an, sie zählen aber zu einer anderen Art dieser Gattung, es sind nicht dieselben wie vorhin, von denen der Fluss übrigens seinen Namen hat. Diese Tiere auf dem Baum sind zwar echte Vampire, sie saugen aber höchstens das Blut von kleinen Vögeln, am liebsten vertilgen sie Kerbtiere und Früchte. Wie du bemerkt haben wirst, steckt der Baum voller Blüten. Die Fledermäuse pulen sich aus deren Kelchen die Insekten heraus, du darfst also ganz beruhigt sein und dich, wie Enrique sagte, zur Schlafensruhe hinlegen." Jean-Claude traute der Sache nicht recht, was man auch irgendwie verstehen kann. Schließlich sahen diese Fledermäuse nicht so anders aus als die vom ersten Schwarm. Er machte sich also daran, die Tiere im Baum weiterhin zu beobachten. Diese „Mäuse" waren etwa 15 bis 20 Zentimeter lang, wiesen in der Breite aber geschätzte 70 Zentimeter auf. Die Köpfe waren dick und lang, die Schnauzen vorgezogen und die Ohren ragten hoch empor. Nichts Hässlicheres konnte er sich im Moment vorstellen als den Gesichtsausdruck dieser unheimlichen Geschöpfe. Die großen, lederhäutigen, weit von den Kopfseiten abstehenden Ohren, ihr speergleicher, aufrechtstehender Nasenaufsatz, die funkelnden, glänzenden und schwarzen Augen, all dies vereinigte sich zu einem Ganzen, welches ihn an die Kobolde aus Sagen und Fabeln erinnerte. Er sah dann tatsächlich, wie sie sich an den Blüten zu schaffen machten, von denen auch die eine oder andere zu Boden schwebte. Jean-Claude war nun doch auch beruhigt, sodass auch er endlich wieder seinen luftigen Schlafplatz aufsuchen konnte.

Morgens, als duftender, goldbrauner Blütentee die Blechdosen füllte, meine Mogari: „Jean-Claude, die Vampire sehen bodenlos hässlich aus, nur deswegen werden mit ihnen fälschlicherweise dämonische Begabungen assoziiert. Der Vampir ist aber eine der harmlosen Fledermausarten." „Ich glaub es dir, Mogari, ich habe sie während der Nacht noch lange beobachten dürfen und dabei bemerkt, wie sie sich die Insekten und Käfer aus den Blütenkelchen holten." Zum Frühstück gab es Affenfleisch und Mandioca, ein kräftiges Mahl, zu welchem die Indios aus den Baumrinden gefischte Kerbtiere verspeisten. Alsbald wurden die Boote beladen und die „Edelstein-Reise" fortgesetzt. Diesmal ging es zur Abwechslung in rasanter Fahrt wieder mal flussabwärts. Sie mussten höllisch achtgeben, dass sie nicht kenterten. Nachmittags vernahmen sie ein tosendes Geräusch, vor ihnen stürzten sich die Wasser in die Tiefe. Die Boote wurden durch den entstandenen Sog immer schneller, sie schafften es aber mit all ihrer Kraft noch rechtzeitig ans Ufer. Dort klammerten sie sich solange an entwurzelte, aber verkantete Baumstämme, bis sie sich durch das Dickicht an Land zu ziehen vermochten. Von der Felskante stürzten solche Wassermassen in die Tiefe, dass die Bäume von der Gischt vollkommen vernebelt und kaum noch zu erkennen waren. Es herrschte ein Riesenlärm und man mochte sich gar nicht vorstellen, was passiert wäre, wenn sie samt den Booten dort hinuntergestürzt wären. Und so blickte Enrique Mogari ziemlich wütend an und fragte ihn: „Sag, wusstest du nichts von diesem horrenden Wasserfall? Die ganze Angelegenheit war recht knapp, ebenso gut wie hier am Ufer ankommen hätten wir jetzt irgendwo zerschellt liegen oder tot dahinschwimmen können." Mogari straffte sich, sein Gesicht verfinsterte sich, er presste seine Lippen fest zusammen, während es in seinen Augen gefährlich aufblitzte. Die anderen Indios getrauten sich kaum, ihre Köpfe zu heben. Sie fürchteten wohl Mogaris scharfe Zunge, mit der sie alle schon Bekanntschaft gemacht hatten. Enriques Frage grenzte für Mogari an eine schwere Beleidigung, was sie im Grunde auch darstellte. Zum Glück fing sich der Indio schnell wieder. In aller Würde die Taktlosigkeit hinunterschluckend sagte er kurz angebunden: „Enrique, es werden noch weitere solche Stellen folgen. Wie weit entfernt wolltest du denn ans Ufer gesetzt werden, um dir dann mühselig einen Weg durch die dornenbesetzten Dickichte zu bahnen, damit du unterhalb des Falls wieder an den Fluss gelangst?" Mogari blickte Enrique unübersehbar strafend an. Er kannte die Weißen und deren dumme Fragen. Seine blutleeren Lippen zitterten aber vor Erregung, seine Augen hielten Enrique gefangen und schienen ihn nicht mehr loslassen zu wollen. Enrique las einen ungeschwächten Mut darin, trotzdem war es ihm, als zucke ein leiser Spott um Mogaris Mundwinkel, dessen Atem tiefging und gut zu hören war. Seine Knöchel der Hände, die sich um einen Baumstumpf krampften, schimmerten schneeweiß. Mogari fuhr sich nach einer Weile mit einer Hand über die Augen, er sah nun müde und abgespannt aus. Betroffen und unverständig blickte Enrique den Indio an, der den Vorfall aus seinem Inneren verdrängt hatte und bereits wieder grinste. Seine Augen strahlten eine verstehende Wärme aus, er mahnte seine Leute, nicht herumzustehen, sondern sich einen Weg zu bahnen, damit sie den beschwerlichen Transport auf die merklich tiefer gelegene Flussterrasse möglichst schnell hinter sich brachten. Enrique wusste, Mogari war wie sein alter Vater eine Person, die keine Kritik duldete. Auch wenn es ihm schwerfallen sollte, musste er sich zukünftig mit Fragen zurückhalten, wollte er ohne unnötigen Ärger an noch mehr Diamanten kommen. Wie Mogari zuvor gesagt hatte, bestand der Uferrand bis unterhalb des Wasserfalls und auch weiter abwärts aus stark bewachsenem „Pflanzenbefall", Dornen, Lianen und anderem Geäst ohne Ende. Man würde kaum glauben, dass man ohne irgendein Sprengmaterial hier überhaupt durchkommen würde. Doch selbstverständlich kann dies einen Indio nicht erschüttern oder gar von seinem Vorhaben abbringen. Und dann kam unten auch wieder mal eine Horde von Jacarès dazu, die zuerst mit gefräßigen, fokussierten Blicken stillhielten, dann aber in ihrer Ruhe gestört das Wasser aufsuchten. Drei mit Macheten und Gewehren bewaffnete Indios bahnten einen ungefähr 100 Meter langen Weg, damit sie die Boote nebst den vielen mitgenommen und auch angehäuften Sachen durch das Dickicht schleppen konnten, Schwerarbeit par excellence. Es dauerte Stunden, ehe sie mit den neu beladenen Booten zur Weiterfahrt bereit waren. Der Wasserfall war von unten geschätzt rund 30 Meter hoch und einige Meter breit. Und es wurde mitgeteilt, dass noch zwei ähnlich hohe und gefährliche Hindernisse folgen sollten.

Am dritten Tag, nach Fahr- und Gehdistanz auf oder neben dem Mordedor, gelangten sie gegen Mittag bereits in den Vaupé. „Hört, dieser Fluss wird oft befahren. In seinem Quellgebiet befinden sich die Ortschaften Calamar, Sanchez und Miraflores, zur Grenze Brasiliens hin die Stadt Mitù. Wir werden wieder nur während der Nacht fahren und den Vaupé bereits nach der zweiten in der Nähe von Miraflores verlassen, um uns über einen seiner Zuflüsse in den Rio Pecari, den Nabelschweinfluss, zu begeben. Den Pecari rudern wir bis zum Rande der Santa de Chiribiquete, von wo aus wir den Cerro Otare in der Ferne erkennen können. Von dort aus müssen wir die Boote nochmal ein gewaltiges Stück über das Land tragen, um hin zum Rio Tatupoju, Gürteltier-mit-der-gelben-Hand-Fluss, zu gelangen. Dieser trägt uns dann in den Yar. Wir werden uns danach etwas westlich der Ortschaft Macaranai halten. Der Yar ist wiederum einer der Quellflüsse des Caquetas, an dem sich dann auch „unser" Flüsschen befindet."

Am Vaupé wurden die Boote im Schlinggewächs versteckt. Enrique und Jean-Claude begaben sich ans Ufer und suchten mit ihren Augen den Fluss ab. In einiger Entfernung erblicken sie mehrere Boote, der Fluss schien demnach tatsächlich stark befahren zu sein. Bis zum Abend hielten sich die Männer im Verborgenen, dann wurde flussaufwärts gerudert. In der zweiten Nacht gelangten sie in den Pecari, den sie bis zur Morgendämmerung, von einem Ufer zum anderen wechselnd, hinauffuhren. Die Landschaft hatte sich merklich verändert, bergiger Regenwald löste den undurchdringlichen Morastdschungel, den sie bislang zum größten Teil befahren hatten, beinahe vollständig ab. Der Pecari kam aus der Sa. de Chiribiquete und sie mussten diesen beschwerlichen Nebenfluss des Vaupé hinter sich bringen, wollten sie mit den Booten und all dem Gepäck den Tatupoju erreichen, der sie in den Yar und dann kurz vor das Ziel tragen sollte.

KAPITEL 6

Frank und das Indio-Mädchen Yamuna

Natürlich dachten die beiden „Diamanten-Sucher" und „Strapazen-Bewältiger" Jean-Claude und Enrique oft an Frank, aber keiner der beiden wollte sich den Emotionen hingeben und darüber sprechen. Jeder wusste vom anderen mehr oder weniger, was er hie und da darüber denken mochte, denn schließlich waren alle drei ja irgendwie im selben Boot, normalerweise sprichwörtlich, hier aber ganz konkret. Und nur Frank musste oder durfte das Boot gegen eine weichere Unterlage tauschen. Jean-Claude und Enrique waren jeder für sich selbst absolut überzeugt davon, dass Frank viel lieber bei ihnen auf der Abenteuerfahrt zu den „Kristallen" gewesen wäre, als bettlägerig in einem äußerst abgelegenen Urwalddorf herumzuliegen. Wenn sich die beiden Edelstein-Schürfer da nur nicht täuschen sollten. Selbstverständlich würde es sie massiv wundernehmen, wie es ihrem Freund Frank derzeit ging, verbunden mit der Hoffnung, dass die Banditen das Walddorf bisher nicht gefunden und überfallen haben. Aber Mogari hatte ja versichert, dass dies geradezu unmöglich war. Die Schergen hatten ihre Ansiedlung am Fluss zwar schon öfters angesteuert, aber mit Ausnahme von jeweils ein paar wenigen Schritten haben sie ihre Boote nie groß verlassen. Schon gar nicht wären sie auf die Idee gekommen, dass die Ansiedelung der Indios noch über einen geheimen, gut versteckten Rückzugsort verfügte. Dieses Horrorszenario konnte also tatsächlich und endgültig ausgeschlossen werden. Aber vielleicht waren da noch andere Risiken? Ja, es gab welche, aber komplett andere, als sich die beiden nur im weitesten Sinne hätten erdenken können.

Wie also ging es nun dem lieben Frankyboy? War seine Verletzung schon ausgeheilt? Gab es noch Nachwirkungen? Und der Medizinmann, war dieser vielleicht doch nicht so erfolgreich, wie sie anfänglich gedacht hatten und gab es deswegen ungeahnte Komplikationen? Wie konnte er sich überhaupt mit den Einheimischen verständigen, er konnte ja weder Spanisch und schon gar nicht die indigene Sprache? Viele „Unbekannte" taten sich in ihren Gedanken auf. Dennoch blieben sie optimistisch, sie mussten ja ohnehin, und so steigerte sich die Freude täglich in ganz kleinen Nuancen, bald die Rückkehr antreten und sich gegenseitig über das Erlebte austauschen zu können. Als Höhepunkt würden dann schließlich die gewonnenen Edelsteine präsentiert werden können. Es blieb im Moment leider noch offen, ob und wie viele es sein würden und welcher Reichtum sich daraus ergeben würde. Dass aber Frank ebenfalls einen Höhepunkt zu präsentieren hatte, konnten Jean-Claude und Enrique nicht im Leisesten ahnen, und dass es sich dabei ebenfalls um einen „Edelstein" handelte, schon gar nicht, das wäre ihnen niemals in den Sinn gekommen. Aber er würde sie zuerst etwas auf die Folter spannen und nicht gleich mit der Türe ins Haus beziehungsweise ins Boot fallen. Sie sollten zuerst erraten, um welche Art von Edelstein es sich bei ihm handelte und wo er ihn gefunden hatte.

Frank war nach dem Abschied von den beiden Mitkämpfern ziemlich traurig, die beiden fehlten ihm gewaltig. Wohl nicht zuletzt auch wegen der Verständigungsprobleme, schließlich konnte er keine normale Konversation führen, nein, er musste sich hauptsächlich mit Füßen und Händen artikulieren. In den ersten zwei, drei Tagen hintersinnte er sich fast, vor allem wenn er resümierte, dass die beiden nicht nur wenige Stunden oder Tage verreist waren. Laut Mogari waren es Monate, bis zu drei oder gut zwölf Wochen an der Zahl. Was sollte er nur während dieser ganzen Zeit hier in diesem abgelegenen Dorf am Arsch der Welt tun? Nach unendlich vielen negativen Gegenwarts- und Zukunfts-Gedanken, vor allem tagsüber, wo nicht wirklich an Schlaf zu denken war, kam er am vierten Morgen nach der Trennung von seinen Kumpels plötzlich zur Besinnung und begann langsam wieder Mut und den lebenserhaltenden Optimismus zu fassen. „Ist doch alles halb so wild", begann er sein Selbstgespräch, „schließlich habe ich vorläufig überlebt und den sehr kritischen Zustand nach der Verletzung recht gut überstanden. Noch ein paar Tage in horizontaler Körperhaltung und danach raus aus der Hütte und mal erkunden, was zu tun ist. Es gibt hier doch sicher jedwelche Arbeit zu verrichten, sei es eine oder mehrere der Hütten in Stand zu halten, Ausbesserungen vorzunehmen und vielleicht sogar zusammen mit den restlichen Indios eine Neue zu konstruieren. Sicher wären die Einheimischen auch dankbar, wenn ich mich bei der Jagd nützlich machen würde, so weit ich dies im Rahmen meiner Kenntnisse vermag." Er war schon wieder so optimistisch, dass er ganz zappelig wurde und seine Pfleger schon fast an einen neuerlichen Schub von Wahnsinn glaubten. Schnell war diesbezüglich für Entwarnung gesorgt. „Ja natürlich, und dann kann ich sicherlich auch beim Bau eines Einbaums helfen, kleine Einrichtungsgegenstände zimmern oder mein sonstiges Handwerksgeschick an den Mann oder die Frau bringen. Bezüglich der Jagd will ich unbedingt den Umgang mit der Waffe ‚Blasrohr' lernen und beherrschen, wer weiß, ob wir dies bei der weiteren Flucht noch gut gebrauchen können. Immerhin kann man damit still, leise und unerkannt aus dem Hinterhalt irgendwelche Widersacher eliminieren, ohne das Schüsse weitere Kämpfer auf den Plan rufen." Man sieht, er war schon wieder voll in Gedanken verloren und sinnierte in vielen Details über die Zukunft. „Doch wie ist das mit der Verständigung? Ich habe nicht die kleinsten Grundkenntnisse von der hier vorherrschenden Sprache. Mal sehen, ob ich vielleicht sogar dafür geeignet bin und einen Lehrer oder eine Lehrerin finden kann. Das müsste doch möglich sein." Nach diesen vielfältigen geistigen Anstrengungen merkte Frank alsbald, dass er schon noch nicht so bei Kräften war, wie er es sich vorstellte. Sein Geist wurde matt und der Körper gesellte sich in gleichem Maß in diesen Zustand. Er entspannte seine Glieder, trank den vorbereiteten, sehr süßlichen Tee und versank ziemlich schnell in einen sanften, ausnahmsweise eher mit angenehmen Träumen verbundenen Schlaf. Zu viel durfte er aber doch nicht schlafen, sonst lag er dann nachts wieder wach, um Pläne für die weitere

Flucht zu schmieden. Da aber kein elektrischer Wecker zur Seite seiner Pritsche stand, musste der Zufall über sein Erwachen entscheiden; die Einheimischen unterbrachen seinen natürlichen Schlaf nämlich nie. Sie wollten damit sicherlich auch die Genesung zusätzlich fördern.

Er träumte wie fast immer sehr intensiv, sah zierliche Engelswesen vorbeiziehen, Urwaldtiere lächelnd auf ihn herunterblicken und ihr Kanu mit einem „Affentempo" den Orinoco flussabwärts in Richtung des ins Meer mündenden Deltas düsen. Auch der eine oder andere Edelsteinbeutel durchkreuzte seine nachmittäglichen Schlafgedanken. Mit diesen vielen Traumsequenzen war klar, dass sein Unterbewusstsein in vielen schnellen Umdrehungen rackerte und kaum vor dem Erwachen stillstehen würde. Ginge wahrscheinlich jedem in dieser Lage so, denn die extremen und teils lebensbedrohlichen Eindrücke, der tägliche Kampf ums Überleben, und das alles in sehr kurzer Zeit, beißen sich wie ein hartnäckiger Sukkulent oder Flechtenpilz an der Hirnschale fest. In einer solch intensiven Erlebniszeit dürfte wohl keiner traumfrei durch die Schlafphasen kommen. Doch wie gesagt, dieser heutige, nachmittägliche Traum hatte praktisch nur erfreuliche Momente. Leider erinnert man sich nach dem schlaftrunkenen Erwachen nicht mehr oder höchstens in nicht zusammenfügbaren Bruchstücken an das unterbewusst Erlebte. So lag er gut gezählte vier Stunden in der Abtauchphase und erwachte erst, als ein sanftes Geräusch sein Hörorgan erreichte. Seine ständige Pflegerin schaute ganz vorsichtig nach dem Rechten, denn der Tag neigte sich langsam dem Ende entgegen. Die Abendsonne stand schon recht tief und schimmerte noch knapp mit ihrem purpurroten Kopf unter den Baumwipfeln hindurch. Eine Stimmung wie aus dem Bilderbuch. Frank öffnete langsam die Augen, denn er wusste zwar noch nichts von der tollen Sonnenkulisse draußen vor der Hütte, durch das Geräusch und die grazilen Bewegungen aber vom zweiten „Sonnenschein", der das Innere der Hütte zum Strahlen brachte. Endlich Abend, endlich Pflege und noch endlicher Gesellschaft in Form seiner stetigen Pflegerin. Sie war offensichtlich für ihn abdelegiert worden und schien seine Genesung und sein Wohlbefinden als oberstes Gebot vom Schamanen erhalten zu haben. Frank konnte dies nur recht sein. Er hatte sich längst an die regelmäßige Anwesenheit seines indigenen „Schutzengels" gewöhnt. Er freute sich fast schon wie ein nachpubertärer Jüngling auf die Besuche seiner Fachfrau für Krankenpflege. Ohne sie hätte er wohl den notwendigen Optimismus noch nicht wiedergefunden. Aber wer bei diesem Anblick ein Pessimist bleibt, den müsste schon fast der Sensenmann zu sich holen. Ihr Name war Yamuna. Frank hatte noch nicht klären können, was dieser Name bedeutete, wie auch, aber er würde auch dieses Geheimnis bestimmt noch lüften. Wenn es wirklich zwei bis drei Monate dauern sollte, bis die Männer von ihrer wertvollen Reise wieder zurück waren, blieb noch genügend Zeit übrig. Doch jetzt wollte er zuerst mal den Moment auskosten.

Yamuna deutete an, die Wunde zu prüfen, frische Kräuter aufzulegen und den Verband neu auszurichten. Eigentlich hätte er dies nun mehr oder weniger wieder selbst durchführen können, aber bei dieser sanften und fröhlichen Behandlung war klar, dass er sich nicht wehrte. Yamuna war eine junggebliebene Indiofrau, vielleicht so im Alter von 30 bis 35 Jahren. Oft ist es bekanntlich schwierig, bei solchen Mädels das genaue Alter – auf eins bis drei Jahr genau – zu erraten. Sei's drum, sie war und wirkte vor allem jung und doch erwachsen genug. Sie hatte einen eher hellbraunen Teint und trug lange, gerade abfallende, dunkelschwarze Haare. Ihre rehbraunen Augen stachen aus dem Gesicht und gaben diesem zusammen mit der porentief reinen Haut ein glasklares Aussehen. Die Augenbrauen waren sehr schön gezurrt oder sogar von Natur aus so angeordnet. Ihre Lippen waren feingliedrig, also nicht dick, so wie es oft bei dunkelhäutigeren Frauen der Fall ist. Ihre Figur war ohne jeden Makel, die Hände fein wie Seide und ihre Brüste knackig und wohlproportioniert. „Hätte ich eine Modelagentur oder eine andere seriöse Werbeagentur, Yamuna wäre mein Topmodel, mein persönlicher Star", schwärmte Frank leise flüsternd vor sich hin. Er war rundum begeistert und musste sich stets arg im Zaum halten. Erstens wusste er nicht um ihr Umfeld, war sie vergeben, verheiratet, versprochen oder was auch immer, zweitens wollte er höflich beziehungsweise in keiner Art und Weise aufdringlich sein. Er war hier schließlich nur Gast und hatte sich somit auch gebührend aufzuführen. Nicht verboten, so seine klare Meinung, waren jedoch nette Blicke und ganz subtile Flirtversuche, mindestens so lange, bis diese offensichtlich abgelehnt wurden. Dies konnte und durfte man ihm nicht verwehren, solange keine „beziehungsrechtlichen" Fakten bekannt waren. Auch heute Abend war Yamuna wie gewohnt hübsch und lieblich gekleidet. Sie trug ein buntes Hüftröckchen, ein bauchfreies Oberteil im schönen Blütendesign und um den Kopf ein azurblaues Stirnband mit ganz kleinen Perlmuttverzierungen. Einige Frauen des Dorfes, vor allem eher ältere, liefen in der Regel brustfrei herum, Yamuna nicht. „Vielleicht wegen mir, ich denke aber, dass sie dies so oder so nicht macht und sich eher stilvoll verhält. Dass andere Frauen hier keine Hemmungen zeigen, hängt wohl damit zusammen, dass dies aufgrund von irgendeinem Dorf- oder Indioritual so gelebt wird." Ist nicht immer ein wirklich angenehmer Anblick, wenn da die großen, dicken „Kugeln" durch die Gegend tanzen und über den Bauch runterhängen, doch dies nur nebenbei und keineswegs despektierlich gemeint. Frank war's sowieso egal, er hatte nur Augen für Yamuna, die mit ihren schön geschmückten Mokassins durch die Hütte huschte, um die Pflegeutensilien für seine Wunde herbeizuschaffen.

Was bei diesen Menschen im Allgemeinen sehr beeindruckend ist und viel Freude bereitet, ist das natürliche und fast den ganzen Tag anhaltende Lächeln. Diese Fröhlichkeit erstaunt manchmal schon ob der doch recht harten Lebensumstände. Und doch, eigentlich haben sie alles, was es zum (Über-)Leben braucht. Die – noch – gesunde Natur gibt ihnen alles, was nötig ist: Wasser, gesunde Luft und relativ vielfältige Nahrungsmittel, Früchte jeglicher Art, Fleisch von verschiedenen Beutetieren, Fisch im Überfluss, Kokosmilch als Abwechslung zum Wasser und allerlei gesunde Teegetränke. Selbst essbare Insekten – die sollen ja gesund sein – laufen oder robben in rauen Mengen durch die Gegend. Ist aber nicht jedermanns Sache, Jean-Claude lässt grüßen! „Würde mich irgendwo in Europa eine Frau so herzlich und irgendwie fast erotisch anlächeln, ich glaube, ich wäre schon fast verlobt, würde ich mir alle Hoffnungen dieser Welt machen", sinnierte Frank gedankenversunken vor sich hin. Aber nur gedankenversunken, denn seine Augen waren wach wie die eines jungen Adlers, der aus luftiger Höhe sein „Opfer" beobachtet. Natürlich war Yamuna kein Opfer, sondern einfach ein wunderbar anzuschauendes, sympathisch auftretendes Weibsbild. Für Frank die Perfektion und Ästhetik in Reinkultur. Und damit wäre an dieser Stelle auch der Vergleich der Höhepunkte dargestellt. Für Jean-Claude und Enrique waren dies die Diamanten, für Frank die eine, menschengroße, weibliche Perle. Beides sind Schmuckstücke, für die sich jeder Einsatz lohnt. Frank freute sich schon heute, den bärtigen, urchigen Kumpels diesen Vergleich vor Augen zu führen; er wusste ja nicht, dass die Bärte schon längst ab waren. Dies brachte Frank umgehend zur Frage, was er eigentlich optisch für ein Bild abgab. Die Frage machte ihn schlagartig nervös, hatte er doch auch für sich noch das alte Bild vor Augen: Ungepflegt von Kopf bis Fuß, Bart fast vom Hüftansatz bis zur Stirn; man durfte froh sein, wenn man Augen, Nase und Mund noch sah. Sogleich griff er wie von einer Tarantel gestochen und entsprechend beängstigt in sein Gesicht, obwohl er eigentlich längst hätte spüren müssen, dass da keine Haare mehr wucherten und welkten. Zum Glück rauschte die Strömung des Flusses mit einigen Dezibel durch die Gegend, denn ansonsten hätte man wohl den Stein mit einem lauten Knall gehört, der Frank vom Herzen plumpste, als er erstmals nach Wochen sein Babyface so richtig und intensiv wahrnahm. „Mensch, bin ich froh und erleichtert, ist zwar dasselbe, aber egal, Hauptsache mein Äußeres kann sich einigermaßen sehen lassen, schließlich soll Yamuna nicht einen Yeti oder sonst einen behaarten Höhlenbewohner behandeln müssen." Diese Erkenntnis war ihm sehr wichtig, sie rettete ihm irgendwie den Verstand. Er wirkte ab diesem Moment schon richtig glücklich und vergaß beinahe seine eigentliche Situation als Flüchtender. „Scheißegal, ich genieße das Hier und Jetzt, und damit basta!" Frank kippte von glücklich fast zum Gemütszustand verärgert, aber nur ganz kurz und dies war definitiv gut so. Viel wichtiger war jetzt und für die kommenden Tage und Wochen, das gesamte Äußere einer eigenen Kontrolle zu unterziehen. Er wollte also ganz offensichtlich der tollen Yamuna imponieren, im Minimum einfach den bestmöglichen Eindruck machen. Schien sich am Ende die männliche Eitelkeit breit zu machen? Frank hätte dies zwar abgestritten, aber besser kann man sein Gebaren kaum beschreiben. Als er in der Hütte sogar einen kleinen Spiegel erspähte, war seine nächste Handlung fix, aber natürlich wartete er den Zeitpunkt ab, an dem Yamuna die Hütte für eine gewisse Zeit verlassen würde. Egal, ob er erst am nächsten Morgen den Schönheitscheck bei sich durchführen konnte, sie durfte auf keinen Fall etwas davon mitbekommen. Es war also definitiv Eitelkeit, aber eine von Herzen verständliche Anwandlung.

Zuerst stand jetzt aber das „Abendprogramm" auf der Traktandenliste, das hieß Nachtessen, Waschen am Fluss und Augen zu. Viel mehr war da nicht in dieser geographischen Einöde.

Und so kehrte Yamuna denn wie gewohnt mit der Verpflegung in die Hütte von Frank zurück und fast war es wie in einem Hotel, Essen im Bett und Bedienung durch eine tolle Zimmerdame. Frank legte die Schüssel mit dem gebratenen Fleisch und den verschiedenen Früchten zurecht, schaute Yamuna tief in die funkelnden Augen und bedankte sich mit einem Nicken und einem leichten Augenzwinkern für den perfekten Service. Natürlich konnten die beiden (noch) nicht wirklich miteinander kommunizieren, aber immerhin hatte Frank während seiner ganzen Zeit in Südamerika einige Brocken Spanisch gelernt und Yamuna schien nebst ihrer Schönheit und Eleganz auch noch Intelligenz zu besitzen. Sie konnte jedenfalls bei der spanischen Kurzkonversation problemlos mithalten. Entweder hatte sie all dies von Mogari gelernt oder es einfach nur bei Anwesenheiten von Fremden aufgeschnappt, vielleicht sogar effektiv gelernt. Auch wenn es hier im Busch keinen geregelten Schulbetrieb gab, waren Bücher kein Fremdwort. Frank hatte sogar den starken Eindruck, dass ihr Spanisch bereits etwas Fachmännisches beziehungsweise „Fachfrauisches" hatte, als hätte sie sich effektiv über Bücher in dieser Sprache autodidaktisch ausgebildet. Wie auch immer, es waren gute Aussichten, dass man sich wider Erwarten über den entscheidenden Sprachaustausch etwas näherkommen konnte.

Es war nicht so, dass Frank noch nicht wieder selbst gehen konnte, nein, aber er wollte das Essen noch nicht mit den Anderen am Lagerfeuer einnehmen. Seine Kräfte reichten hingegen so weit aus, dass er mit einer hölzernen Gehhilfe, einer Astgabel aus hartem Holz, zum Fluss humpeln und sich alles Notwendige am Körper waschen konnte. Es liegt auf der Hand, dass es sich so viel besser schlafen ließ, und zudem wollte er sich dann doch nicht von Yamuna waschen lassen, er war ja kein kleines Kind mehr. Obwohl, die Berührungen wären sicherlich sehr angenehm gewesen. Dennoch war es ihm wichtiger, die Dinge wieder selbst in die Hand zu nehmen und seinen Mann zu stehen. Schließlich sind ja auch die Indios keine Weicheier. Er war deswegen überzeugt, damit mehr Eindruck bei Yamuna schinden zu können. Somit schleppte er auch die vollständig leer gegessene Schüssel zum Fluss und wusch diese selbst aus. Yamuna machte ja sonst schon genug für ihn. Er kämpfte sich nach der Reinigung von Körper und Essgerät in seine Hütte zurück und machte es sich alsdann wieder bequem auf seiner Bettstatt. Die Dämmerung war schon weit fortgeschritten und es dauerte nur noch wenige Minuten, bis die ganze Dunkelheit über diesen Flecken Erde hereinbrach. Yamuna kam ein letztes Mal vorbei, um die Schüssel zu holen und noch kurz nach dem Rechten zu sehen. Sie sah schnell, dass Frank ihr einen Teil der bisherigen Arbeit schon abgenommen hatte. Sie blickte ihn noch eine kurze Weile an, winkte mit der Hand zum Gute-Nacht-Gruß und verschwand mit einem sinnlichen Lächeln im Gesicht auf leisen Sohlen in die Nacht beziehungsweise hin zu ihrer Unterkunft. Und schon rotierten Hirn und Herz von Frank in alle Richtungen. Er sprach in dieser Einsamkeit wieder mal zu sich selbst. „Verflixt, ich muss mehr über Yamuna herausfinden. Ist sie vielleicht mit einem Indiomann verheiratet? Oder ist sie quasi erst verlobt und einem Stammeskrieger versprochen? Wie geht dies hier überhaupt vonstatten? Darf sie selbst über einen Angetrauten entscheiden oder ist dies Sache des Dorfältesten? Was würde eigentlich geschehen, wenn ihr ein weißer Mann die Aufwartung machen würde? Würde wohl einen ziemlichen Ärger verursachen oder gar unmöglich sein. Ist sie möglicherweise die Schwester von Mogari? Könnte durchaus sein, dieser hat schließlich auch eine gewisse Rasse und Klasse." Und so brummelte er minutenlang vor sich hin und langsam verschwanden all die Fragen am Horizont der Schlaftrunkenheit. Wie er am nächsten Morgen feststellen sollte, waren es ein wunderbares Einschlafen und ein tiefer, ungetrübter Schlaf.

Da er mit den vielen Gedanken recht früh eingeschlafen war, wurde er glücklicherweise entsprechend früh wach. Und dies war immens wichtig, immerhin stand die eingehende Kontrolle seines Äußeren auf dem Programm, und zwar möglichst bevor Yamuna ihre Aura in die Hütte trug. Und so war er schnell hellwach und wusch sich umgehend das Gesicht mit dem bereitgestellten Wasser aus einem Holzbottich. Als Kamm hatte er schon vor Tagen einen kleinen „Rechen" aus einem breiteren Holzstück geschnitzt. Dieser funktionierte sehr gut, es ließ sich fast jede erdenkliche Frisur damit zurechtlegen. Also, Gesicht frisch und Haare ansprechend rund um den Kopf zur Frisur gestrichen. Somit musste er sich schnellstens den kleinen Spiegel zu Nutze machen, um das Gesamtbild seines Äusseren zu prüfen. Er humpelte eiligst zur gegenüberliegenden Wand, wo das schnuckelige Spieglein aufgestellt war. Er musterte sich von Kopf bis Fuß und kam, trotz einzelner Schönheitsfehler wie zum Beispiel zu langer Fußnägel, etwas unsauberer „Krallen" an den Fingern sowie einer nicht wirklich bilderbuchartigen Stellung seiner eher bräunlichen Zähne zum Schluss, dass er durchaus gut und männlich aussah. Und schließlich hatte er erst ganz wenige Ansätze von kleineren Runzeln. Er kannte Männer in seinem Alter, die fast schon eine „Wellblech-Visage" mit sich trugen. Wie auch immer, Vergleiche hinken sowieso und damit war er mit sich und der Welt sehr gut zufrieden. War seine Selbsteinschätzung vielleicht zu euphorisch? Was für ein ehrliches Urteil würde wohl Yamuna abgeben? Er hoffte, dies und anderes mehr in Kürze erfahren zu können. Und er wusste auch schon, wie er dies anstellen würde, nämlich ganz einfach über das Lernen der spanischen oder gar der Dorfsprache. Sprache heißt Kommunikation und diese wiederum bedeutet, Zeit miteinander zu verbringen und im besten Fall sich auch nur so näherzukommen. Allein der Einstieg in diese Absicht war nicht unbedingt ganz einfach, doch zu verlieren hatte er ja ohnehin nichts, er konnte also nur gewinnen. Mit dieser Erkenntnis sowie mit viel Elan startete Frank also in den neuen Tag. Er konnte es kaum abwarten, dass Yamuna seine Hütte betrat. Doch zu seinem Leidwesen machte ihm eine ziemlich alte, ungepflegte Indiofrau ihre Aufwartung. Das Gesicht von Frank zeichnete schlagartig ein Bild von Weltuntergang. Vor lauter Untergang vergaß er beinahe zu atmen. Der Klumpen der kurzfristig zerstörten Hoffnung blieb ihm dick und fest im Halse stecken. Die ältere Frau schien seine Enttäuschung aufgrund ihrer Erfahrung im Umgang mit Menschen schnell zu erkennen, sie deutete jedenfalls beim Nähertreten sogleich in abgehacktem Spanisch an, dass „junge Frau erst morgen wiederkommen". Frank nickte höflich und versuchte ihr ein erzwungenes Lächeln entgegenzubringen, schließlich war er gegenüber all seinen Gastgebern höflich und dankbar. Also nahm er den eintägigen Dienst dieser Urfrau dankend an. Viel war ja auch nicht mehr notwendig, war er doch schon wieder ziemlich beweglich, sowohl körperlich als auch geistig. Und dieser Geist schickte sogleich einige Gedankenblitze durch seinen Schädel. Er musste zwar einen ganzen Tag und eine lange Nacht auf Yamuna warten, dies aber eröffnete ihm die Möglichkeit, an seinem Feintuning zu arbeiten. Konkret wollte er heute mit einem rauen Stein seine Zehennägel zurechtstutzen und mit kleinen Holzspänen am Fluss die Fingernägel und auch die Zähne blitzblank reinigen. „Ach du Scheiße, da könnte mir nur ein Zahnarzt helfen, und ein solcher ‚Weißmacher' findet sich hier definitiv nirgends." Sei's drum, immerhin ein wenig kosmetische Weiterentwicklung. Er konnte Yamuna dann gleich auf die Probe stellen – würde sie seine „Schönheitseingriffe" von selbst erkennen? Wenn ja, war dies vielleicht sogar ein kleiner Wink für ihre Sympathiebekundungen. Also ab an die Arbeit, danach warten, Tee trinken und die Minuten zählen.

Frank schien tatsächlich verknallt zu sein oder war dies nur eine Laune der Einsamkeit und sogar der Abstinenz vom weiblichen Geschlecht? „Ich werde bald mehr wissen, mehr erfahren und alles unternehmen, um Yamuna näherzukommen. Und wenn sie mich nicht umgehend abwehrt, stirbt die Hoffnung bekanntlich zuletzt." Diese und andere Gedanken schwirrten wie ein Wespennest in und um seinen Kopf. Und Ablenkung war nicht in Sicht, im Dorf war alles ruhig, die meisten saßen im Schatten ihrer Hütten und widmeten sich irgendeiner Zweckarbeit zu Gunsten der Dorfgemeinschaft. Also blieb auch er im Hintergrund und schnitzte planlos mit wenigen Bewegungen an verschiedenen Holzstücken herum. „Aber halt, ich bin ein vollkommener Idiot, anstatt planlos Holzteile vom Kern zu entfernen, gäbe es da doch eine optimale, perfekte Alternative", sprach er gleich mit euphorisierter Stimmung zu sich selbst. „Klar doch, warum schnitze ich Dödel nicht etwas Richtiges aus dem Holzklotz, eine schöne Figur zum Beispiel, ein Geschenk der Anerkennung sowie des Dankes für Yamuna. Frauen lieben doch Geschenke und ich möchte ihr von Herzen etwas ganz Tolles überreichen, vielleicht sogar mit ein paar schönen, farbigen Blumen oder Buschblüten geschmückt. Unbedingt, das will ich machen und mir damit gleich noch die mit Ungeduld bespickte Zeit vertreiben."

Die Nacht schlief sich dem Ende entgegen, die Tagesdämmerung öffnete in kleinen, blinzelnden Blicken ihre Augen und das Wiedersehen mit Yamuna war nicht mehr fern. Frank wirkte wie ein kleines Kind vor dem Weihnachtsfest, er konnte es kaum erwarten, Yamunas Schritte zu hören. Wie am Vortag richtete er sein Äußeres fast schon übertrieben her; wäre da ein Badezimmer gewesen, darf man vermuten, dass er schon ab circa vier Uhr morgens für Stunden darin zu Werke gewesen wäre. Sogar die eher schokoladefarbigen Zähne putzte er durch und rieb sie mit einem fein riechenden Kraut ein. Er hatte doch nicht die Absicht, Yamuna schon jetzt zu küssen? Natürlich nicht, er wollte bei einer allfälligen Konversation nur gut riechen, obwohl, aber nein, mehr durfte und wollte er sich nicht ausmalen. „Also Frank, verflixt nochmal, bleib auf dem Teppich, reiß dich zusammen und sei ein galanter Gentleman. Mach ihr die kleine Freude mit der Schnitzerei und lass alles Weitere auf dich zukommen", sprach Frank diesmal in deutlichen Worten vor sich hin. „Ruhig Blut, alter Kämpfer!"

Die Uhr drehte sich nun endlich in schnellen Umdrehungen zu seinen Gunsten und sie arbeitete sich zusammen mit seiner stets steigenden Vorfreude zum morgendlichen Highlight hin. Die Wald- und Dorftiere palaverten schon fleißig vor sich hin und gaben der gesamten Situation ein tolles Flair, wenn da nur nicht die stetige Angst vor den Verfolgern im Hinterkopf gewesen wäre. Dies war das Einzige, was ihn beschäftigte, und natürlich auch das Wohlergehen seiner Freunde bei der langen Fahrt zu den Kristallen.

Der ganz kurze, nachdenkliche Gemütszustand verflog in Sekundenschnelle, er hörte das sanfte Tappen von Yamuna, sie musste es sein, denn er kannte dieses Geräusch sehr gut, es gab keinen Zweifel. Und da war sie, der Anblick war wie bisher umwerfend. Ein Bild von einer Frau und dies mitten im Urwald. Frank konnte seine Begeisterung unmöglich verbergen und deshalb winkte er ihr freudig zu. Ein herzliches Lächeln umgab Yamuna, während sie Frank das Morgenessen überreichte. Er dankte ihr ebenso herzlich und bat sie mit all seinem zusammengekratzten Spanisch, ob sie nach dem Essen etwas Zeit für ihn hätte. „Tienes tiempo después de la cena, hablar contigo?" Sie schien zu verstehen und ohne zu zögern nickte sie bejahend, verbunden mit einem „Sí, Sí, con alegria." Frank bedankte sich, bevor er also mit der Nahrungsaufnahme begann, dies natürlich erst, als sie die Hütte wieder verlassen hatte. Er schlang die Mahlzeit fast ungekaut runter, im Glauben, das „Danach" würde so schneller stattfinden. Sicherlich nicht, denn Yamuna hatte auch ihren zeitlichen Plan, und wer wusste, für welche Dorfbewohner sie noch zu sorgen hatte. Frank hätte sich besser mehr Zeit für das Essen gelassen, dann wären ihm die Brocken nun nicht mühsam aufgestoßen. Aber wie so oft gilt die Tatsache: „Wo die Liebe hinfällt, löst sich der Verstand in Luft auf." Aber irgendwie ist dies auch gut so. Nun denn, er hatte zu warten und schließlich dauerte es ja nicht gar zu lange, bis sie die leeren Geschirrutensilien wieder abholte. Es waren lediglich rund 45 Minuten, für ihn allerdings gefühlte zwei Stunden.

Yamuna kam mit einem Behälter, gefüllt mit heißem, fein riechendem Tee sowie einigen Kokosnuss-Stücken als Dessert. Zu seiner Freude stellte Frank fest, dass sie auch zwei Trinkgefäße dabeihatte, was im Prinzip schon fast auf ein Date hinauslief. Nicht fast, es war ein Date! Frank wollte das bessere Kennenlernen vorerst auf die Ebene der sprachlichen Ausbildung verlagern und so bat er sie, alles in gebrochenem Spanisch und mit Handzeichensprache, ob sie ihm die Sprache beibringen würde, welche sie gemeinsam am besten sprechen konnten. „Hablando en español o me aprendes idioma Indio?" Und natürlich machte Frank ihr im Verlaufe dieser „Sprechstunde", die übrigens unerwartet und zur großen Freude von Frankyboy bis weit in den Morgen hinein dauerte, auch etliche Komplimente. „Tú muy bonita y muy amable, me gustas mucho!"

Und so hatten allein diese ersten gemeinsamen Stunden schon viel Sprachliches bewirkt, aber natürlich noch einiges mehr, auch wenn noch gar nichts eindeutig war. Dennoch hatte Frank nicht nur Schmetterlinge im Bauch, nein, es mussten fast schon größere „Dinge" seine. Eine wichtige Frage verkniff er sich aber vorerst noch, der Zeitpunkt wäre nicht der richtige gewesen und es hätte wahrscheinlich sehr aufdringlich gewirkt. Welche Frage könnte dies wohl sein, was tippen wir? Logisch, er wollte so bald wie möglich wissen, ob sein Werben überhaupt erlaubt war und ob die liebliche Yamuna schon verheiratet oder einem Stammesbruder versprochen war. Dies musste er schließlich früher oder später wissen, um entsprechend respektvoll mit dieser Frau, aber auch den übrigen Gastgebern umgehen zu können. Er wollte auf keinen Fall irgendjemanden dieses tollen Stammes, der ihm schließlich das Leben gerettet hatte, vor den Kopf stoßen, keine Traditionen und Regeln verletzen. Nur so hatte ein Näherkommen überhaupt den Hauch einer Chance. Ansonsten musste er seine Gefühle zwangsläufig vollständig verdrängen und sich in dieser emotionalen Lebenslage mit Anstand verhalten. Das wäre ihm nicht leichtgefallen, aber es gab nur diese zwei Optionen. Ein Techtelmechtel oder ein heimlicher One-Night-Stand kamen für ihn zu keinem Zeitpunkt in Frage. Zu hoch wertschätzte er Yamuna und alle anderen Dorfmitglieder. Er war in solchen Dingen schließlich und endlich ein absoluter Ehrenmann.

Der tolle Tag ging dem Ende entgegen, Yamuna verabschiedete sich nach dem Abendritual mit einem warmen und langen Händedruck sowie mit den Worten „bis morgen". Frank war im siebten Himmel und freute sich erstmals seit vielen Wochen und Monaten auf einen unbelasteten, vollkommen entspannten Schlaf. Alles war gut und die Banditen konnten ihm momentan den Buckel runterrutschen. Er freute sich einfach nur auf die kommenden Tage, verbunden mit einer gesunden Hoffnung auf eine für beide wohlbestimmte Entwicklung. Mit einem kurzen Gedanken an seine Freunde Jean-Claude und Enrique entschwand Frank im traumhaften Wandeln der Nacht, begleitet von einer Tiersinfonie aus den Baumkronen. Hier herrschte nachts eher selten ein unerträgliches Gekreische der Affen, wohl nicht zuletzt, weil diese die Dorfbewohner gewohnt waren. Der Mond baute durch die vielen kleinen oder größeren Ritzen in der Hüttenwand zusätzlich ein Lichtspiel auf, welches künstlich kaum zu erzeugen gewesen wäre. Heile Welt im Natur gebliebenen Paradies also, vielleicht sogar mit Yamuna als Eva und Frank als Adam ...

Während der weiteren Tage kamen sich die beiden näher, vorerst aber nur sprachlich. Doch gerade dies bildet doch letztlich das Fundament für mögliche weitere „Fortschritte". Sie konnten sich schon recht gut verständigen, sie wollten das Vokabular aber ausbauen und weiter miteinander lernen. Jean-Claude und der Brasilianer Enrique, vor allem Letzterer, würden staunen, wenn sie bei ihrer Rückkehr seine Konversation mitbekamen. Und vielleicht gab es bis dahin noch mehr Positives zu berichten.

Nach gut zwei Wochen war für Frank der Moment gekommen, um Yamuna zu ihrem „Zivilstand" zu befragen. Dies war in jeder Hinsicht wichtig für sein weiteres Verhalten; musste er sich in Zurückhaltung üben oder durfte er in die Offensive gehen? Schließlich war er hier ja nicht in der eigentlichen Zivilisation, wo solche Dinge an der Tagesordnung sind und man um einiges schneller zur Sache kommt. Diese Tatsache beweist eigentlich erneut, dass die Welt im Dschungel, abgesehen von verbrecherischen Aktivitäten, noch in Ordnung ist. Nach den nunmehr gewohnten Sprachübungssequenzen nahm Frank Yamuna bei der Hand, schaute ihr tief in die Augen und begann, so wie es der bisher erlernte Wortschatz zuließ, mit seinen Fragen: „Liebe Yamuna, darf ich dich fragen, ob du einen Mann hast oder du bereits einem solchen versprochen bist? Oder ob es andere Regeln gibt, die man in Bezug auf die Liebe beachten muss?" Beim Wort „Liebe" war Yamuna ganz leicht zusammengezuckt, jedenfalls glaubte Frank dies so wahrgenommen zu haben. War dies nun ein gutes oder ein schlechtes Zeichen? Um dies herauszufinden, musste er nun weiter in die Offensive gehen: „Liebe Yamuna, ich frage aus einem ganz einfachen, aber sehr schönen und wichtigen Grund. Ich habe mich ganz fest in dich verliebt, aber ich möchte dein Leben auf keinen Fall durcheinanderbringen. Deshalb möchte ich sehr gerne wissen, wie es um dich steht." Yamuna atmete etwas stärker, aber zum Glück blieb ihr die Luft nicht im Halse stecken. Sie war wohl überrascht von Franks Direktheit, schien aber irgendwie auch etwas erleichtert zu wirken. Immerhin bestanden seit Wochen ein gegenseitiger Respekt und eine große beiderseitige Sympathie, dies war unverkennbar. Für den Moment herrschte eine absolute Ruhe. Frank drängte nicht weiter und ließ ihr die Zeit, die Antworten zu finden. Beide schauten sich aber tief in die Augen. Aus diesen kullerten bei Yamuna alsbald einige Tränchen, die Frank kurz etwas verunsicherten respektive verängstigten – waren dies nun Freudentränen oder kleine Rinnsale, entstanden durch Traurigkeit? Zum Glück wusste er im Inneren, dass nun, hier und jetzt, die Würfel der Gefühle fallen würden, in welche Richtung auch immer. Es ist doch schließlich und endlich in solchen Situationen immer für beide betroffenen Menschen wichtig, einander aufrichtig und fair die Wahrheit mitzuteilen. Und noch wichtiger ist es, diese dann auch zu respektieren, im besten Fall ist die Liebe ja gegenseitig und dann braucht es im Wortsinn nur ein Laufenlassen der Gefühle. Frank war sich dessen bewusst, auch wenn er es vielleicht nicht so treffend hätte niederschreiben können. Die Spannung stieg für Sekunden fast ins Unermessliche, es brodelte förmlich unter der schützenden Hand des Liebesgottes Amor. Und was jetzt folgte, hätte Frank nie und nimmer erwartet, fast hätte es ihn brutal aus den Socken gehauen, so er denn überhaupt solche getragen hätte. Yamuna bewegte ihren Mund auf seinen zu und küsste ihn innig. Frank war vorerst gar nicht dazu in der Lage, den Kuss zu erwidern, so verdattert war er. Nach und nach begannen Hirn und Herz wieder im Vollmodus zu arbeiten, sodass er sie nach einer kurzen Kussunterbrechung wieder zu sich zog und mit einem zweiten, herzlichen Kuss seine Künste des Schmusens unter Beweis stellte. Seine Augen ließen zwar keine Tränen kullern – schließlich war er ja ein Mann –, aber sie glänzten trotzdem wässrig im Abendlicht. War dies also die Antwort, die er nicht erwartet, aber in seinen Tag- und Nachtträumen erhofft hatte? War Yamuna sozusagen noch frei und ungebunden? Hatten sich bei ihr ebenfalls Schmetterlingsgefühle breitgemacht? Es musste so sein, die Küsse konnten nichts Anderes bedeuten … und sie taten es auch nicht. So saßen sie diesen Abend dicht beieinander, sprachen gar nicht viel unnötiges Zeug und küssten sich in regelmäßigen Abständen, verbunden mit zärtlichen Streicheleinheiten.

So lief der Uhrzeiger von dannen und irgendwann kurz vor Mitternacht deutete Yamuna an, dass es Zeit wäre, sich schlafen zu legen. Für beide war klar, dass es noch nicht der Abend oder die Nacht war, welche sie gemeinsam verbringen sollten. Das zarte Pflänzchen des Liebesglücks sollte gesund gedeihen, eine weitere körperliche Annäherung hatte für beide noch überhaupt keine Notwendigkeit. Zu schön waren die letzten paar Stunden gewesen, als dass man sich dies mit sexueller Gier hätte kaputt machen wollen. Dies würde sich zur rechten Zeit schon ergeben. Und so verabschiedete sich Yamuna mit vielen hübschen Lachfältchen im Gesicht und natürlich mit einem Gutenachtkuss. Frank winkte ihr noch zu, bis sie unter der Hüttentür im Dunkel der Nacht unsichtbar wurde. Frank hätte am liebsten die verrücktesten Luftsprünge vollführt, aber sein Bein hatte vorläufig noch etwas dagegen; für extreme Bewegungen reichte es noch nicht, dennoch wurde es von Tag zu Tag besser. Und mit dem zur Realität gewordenen Liebesglück würde die Heilung noch schneller voranschreiten.

Frank lag noch lange wach auf seinem bequemen Bettlager. Er war natürlich entsprechend aufgewühlt, aber nicht allein wegen der Liebesgefühle, nein, in ihm begann eine drückende Angst zu nagen. Wie sollte dies gutgehen? Sie, ein wohlerzogenes Fräulein ohne Einträge in einem Kriminalregister, und er, eigentlich auch wohlerzogen, aber nach ihm wurde intensiv gefahndet, obwohl er tatsächlich auch nicht viel verbrochen hatte, nicht bis zur elenden Geschichte mit den Diamanten. Wie konnten sie so überhaupt eine gemeinsame Zukunft haben? Die einzige kleine Chance bestand darin, dass Yamuna mit ihm käme, um die Flucht fortzusetzen und möglichst erfolgreich zur Meeresküste zu gelangen, wo man sich dann definitiv auf einen Dampfer nach Europa retten konnte. Doch was, wenn sie erwischt wurden? Um sich selbst machte er sich dabei keinerlei Sorgen, aber was, wenn Yamuna in deren Hände fallen würde? Nicht auszudenken, und deshalb von vornherein klar, dass dies nicht in Frage kommen konnte. So einen Entscheid konnte und wollte er nicht verantworten. Aber bleiben konnte er wie gesagt auch nicht, das Risiko für Yamuna sowie die übrigen Dorfbewohner war ebenfalls zu hoch. Frank drehte ob dieser Gedanken, Fragen und fast schon auf der Hand liegenden Antworten fast durch. Da hatte er die Liebe seines Lebens gefunden, an einem Ort, den er nie für möglich gehalten hätte, und nun sollte dem Glück gleich wieder die Türe zugeschlagen werden. Er konnte es drehen und wenden, wie er wollte, es waren gegebene Fakten, es gab kaum einen Ausweg. Er drehte und wälzte sich hin und her, stand auf, legte sich wieder hin, er ging zur Tür und einige Schritte vor die Hütte, um Yamuna irgendwie näher zu sein. Alles nützte nichts. „Verdammte Scheißsituation", fluchte er leise vor sich hin. Und es ergossen sich weitere Flüche, die man besser nicht hören möchte. Er war in diesen Minuten restlos verzweifelt, auch wenn die schönen Liebesgefühle hinter einer Mauer der Ratlosigkeit hervorlugten. Er legte sich wieder hin, mit dem Ziel, nochmal alle möglichen, realistischen Szenarien durchzudenken, es musste doch eine Lösung geben. Es war doch schon in der Bibel festgeschrieben, dass sich das Meer teilte, als die Flüchtigen keinen Ausweg mehr hatten, sich damit aber ein solcher ergab und die Verfolger chancenlos wieder vor dem geschlossenen Meer standen. Damit sagt doch schon die Bibel, dass es immer einen Weg gibt, wobei dieser manchmal auch den Tod bedeuten kann. Doch genau dieser Weg des Todes kam nicht in Frage, also musste er weiter den Kopf kochen lassen und nach diesem Weg suchen. Für Frank war klar, dass er ohne eine für beide Verliebten gangbare Lösung kein Auge zubringen würde. So lief er fast schon eine Furche in den Hüttenboden durch sein ewiges Hin- und Herschreiten. Und plötzlich kam ihm die Erleuchtung. Er ärgerte sich schon fast, dass er nicht früher darauf gekommen war. Beim Durchdenken seines Plans, der ihm möglich schien, sofern Yamuna eine Zukunft mit ihm haben wollte, schlief er dann doch noch kurz vor der Morgendämmerung ein.

Entsprechend müde sah er aus der Wäsche, als Yamuna früher als sonst an seine Bettstatt trat. Mit einem sanften Kuss weckte sie ihn auf, unwissend, dass er nur zwei bis drei Stunden geschlafen hatte. Seine Augenringe waren zwiebelgroß, sein Blick anfänglich noch ein wenig getrübt. Schnell lichtete sich seine schläfrige Visage zu einem etwas heitereren Gesichtsausdruck. Yamuna entging seine Müdigkeit natürlich nicht und so begann das Gespräch dann auch mit der Frage: „Frank, du siehst müde aus, hast du schlecht geschlafen? Warum denn? Es ist doch alles gut, es war doch ein wunderschöner Abend gestern." Frank nickte, als wollte er sagen: „Ja du hast recht, aber es ist eben nicht alles ganz gut." Er überlegte, ob und wie er ihr dies erklären sollte. Doch je schneller sie sich der Situation bewusst wurde, desto besser. Also keine Zeit verlieren. Er bat sie, sich zu ihm auf die Bettkante zu setzen. Und so begann er seinen nächtlichen Gedankenkrieg vorzutragen, immer wieder mit dem Zwischenschub, dass er über alles in sie verliebt sei. Auch wenn er sprachlich schon massive Fortschritte gemacht hatte, war es nicht immer einfach, die Sache auf den Punkt zu bringen. Doch Yamuna war ja nicht nur wunderhübsch, sondern auch sehr klug. Frank spürte, dass sie sehr wohl verstanden hatte, denn plötzlich wurde auch sie ziemlich nachdenklich. Ihr Blick wurde trauriger, das Lächeln war verschwunden und es dauerte nicht lange, bis bei ihr einige Tränenkügelchen über die Wangen tropften. Dies war keinesfalls die Absicht von Frank gewesen, auch wenn sie beide den Tatsachen direkt ins große Auge blicken mussten. Aber Frank hatte ja noch den Aufmunterungsjoker in Form der wohl einzigen Lösung, den beide jetzt gut gebrauchen konnten. Dieser Weg wäre nicht einfach, war er doch mit einer Zeit der Trennung verbunden. Aber dieses Opfer mussten sie bringen, wollten sie vor allem das Risiko von Yamuna bei null halten. Auf keinen Fall durfte ihr Leben aufs Spiel gesetzt werden, nie und nimmer. Davon würde Frank nicht abweichen! Auf keinen Fall! Er versuchte Yamuna zu trösten, was ihm bald auch gelang. Er sprach sie darauf an, dass er eine Lösung hatte, diese aber nochmal genau durchdenken wollte. Zudem war es besser, wenn sie beide dies besprachen, wenn auch Yamuna sich wieder gefangen hatte. Ein leichtes Lächeln kehrte auf ihre schön geformten Lippen zurück und auch ihre wie Perlen funkelnden Augen zogen wieder fröhlichere Linien über ihr Antlitz.

„Lass uns zuerst den Tag mit Freude und Liebesgefühlen beginnen, die Pflichten erledigen und allenfalls bei den Dorfarbeiten helfen." Frank wollte nicht mehr untätig rumliegen, auch sein Bein sollte wieder die nötige Bewegung erhalten, was dem finalen Genesungsprozess ohnehin förderliche war, so seine volle Überzeugung, und Überzeugungen sind bei Verletzungen manchmal ohnehin besser als irgendwelche Ratschläge von promovierten Koryphäen, dachte wenigstens Frank. Yamuna stimmte der Erledigung des „Tagesgeschäfts" zu und so ließen sie den Tag doch noch aktiv angehen. Es bot sich so auch die Möglichkeit, die schlechteren Gedanken an die Zukunft etwas zu verdrängen. Und Frank wollte sich ja die nötige Zeit geben, um die Lösung von A bis Z durchzudenken. Der Plan musste in allen Teilen wasserdicht sein. War die Umsetzung irgendwann in den nächsten Wochen gestartet, gab es kein Zurück mehr, die einzelnen Puzzlesteine mussten sitzen. Das Risiko, alles Wichtige zu verlieren, das heißt, Yamuna nie mehr sehen zu können, sie nie mehr küssen zu können, keine gemeinsame Zukunft zu haben, blieb bei jeder Lösung unweigerlich im Raum stehen. Das Risiko konnte bei dem bestmöglichen Plan einzig minimiert werden. Bei jedem Gedanken an das Worst-Case-Szenario spürte er viele Nadelstiche, ja eher Pfeilspitzen in seinem Herz. Doch er musste dies verdrängen, noch war nichts verloren. Und um auch positiv zu denken, malte er sich sogar in Anbetracht eines möglichen Diamantenschatzes eine unbeschwerte Zukunft mit Yamuna aus. Natürlich mussten seine beiden Freunde Jean-Claude und Enrique auch eine entsprechende Menge mitbringen, aber davon ging Frank sowieso aus, so wie er Enrique kannte. Es gab also noch viele Unbekannte über dem Trennstrich des Nenners, aber er wollte und musste optimistisch bleiben, alles andere wäre vollkommen sinnlos gewesen.

„Yamuna, frag doch mal bei deinen Leuten nach, wie ich mich nützlich machen kann. Ich bin euch nun lange genug zur Last gefallen und möchte auf jeden Fall einen kleinen Teil wieder gutmachen." Die Kommunikation konnte natürlich noch nicht in dieser Perfektion erfolgen. „Klar doch", erwiderte Yamuna, „das wäre zwar nicht nötig, doch wir sind immer für eine Unterstützung dankbar." Scherzhaft, aber mit einem treuen und hoffnungsvollen Blick, fügte sie noch an: „Du gehörst ja jetzt schon fast zur Dorfgemeinschaft!" Damit spielte sie natürlich auf ihre Situation als Paar an, auch wenn noch niemand wirklich davon wusste. Egal, diese Aussage machte Frank sehr glücklich, definitiv für heute und die kommenden Tage. Und da Jean-Claude nicht zugegen war, würde er selbst am Abend jeweils ein paar Ave Marias zum Besten geben. Obwohl er in Anbetracht gewisser schrecklicher Erlebnisse nicht gottesgläubig war, hoffte er diesmal mit aller Kraft auf die schützende Hand des Herrn.

„Hey Frank, komm, wir gehen zum Dorfplatz, wo sich einige meiner Stammesbrüder versammelt haben. Sicherlich haben sie eine Arbeit für dich oder uns." „Ja, einen Moment noch, ich muss mir noch die Schuhe schnüren und meine Frisur ein wenig herrichten."

Klar doch, Frisur herrichten, wohl kaum für die Stammesbrüder, aber wer konnte es ihm verdenken.

Nach einigen Minuten schritten Yamuna und Frank gemeinsam zum Treffpunkt, wo sich die Anwesenden schon rege unterhielten und ihre Körper mit feinem Tee erfrischten. Sogleich reichte Yamuna ihrem Frank auch Tee und nach einem lockeren „Morgen-Brunch" bot man Frank, auf Nachfrage von Yamuna hin, an, er könne gerne beim Bau einer neuen Hütte mithelfen, soweit sein Bein dies zuließe, und später wollten einige der Indios noch Feuerholz sammeln, welches er vor Ort vielleicht zuschneiden konnte. Frank nickte mit großer Freude und so begab er sich völlig motiviert an die Arbeit. Auch die Indios waren happy, dass er sich hilfsbereit einbrachte. Jede Kraft war in einer solchen Dorfgemeinschaft wichtig und erwünscht. Bevor es losging, vereinbarte er mit Yamuna noch die Zeit für den gemeinsamen Abend bei ihm in der Hütte. In der Zwischenzeit hatte sie ihn auch über ihre Familienverhältnisse aufgeklärt. Sie lebte noch mit den Eltern gemeinsam in der Hütte. Dies war üblich, solange kein Freund oder Ehemann in Sicht war. Sobald sich dies änderte, zog die Frau gemäß Dorfgesetz zum Mann in die Hütte. Zudem hatte sie noch zwei ältere Brüder sowie eine jüngere Schwester, die leider vor einem Jahr an einem Schlangenbiss gestorben war. Sie hatte sich etwas vom Dorf entfernt, um im Wald nach essbarer Nahrung zu suchen. Leider kam die Hilfe zu spät, sodass die Verbreitung des Giftes im Körper, was bei Bissen von hochgiftigen Reptilien ohnehin schnell geht, keine Rettung mehr möglich machte. Glücklicherweise hatte Yamuna den Verlust der Schwester nach diesem Jahr gut verwunden. Diese Gefahren sind leider stets latent vorhanden, es kann bei Unachtsamkeit jeden oder jede treffen.

Nebst seinem ausgeklügelten Fluchtplan wollte Frank am Abend noch eine weitere wichtige Frage klären: Mussten sie ihre Liebe geheim halten, vor allem weil er ein Weißer war, oder hatten sie die vor allem für ihn wichtige Erlaubnis, ihre Gefühle offen zu zeigen? Er war jedenfalls gespannt auf die vorherrschenden Regeln, fast so wie ein Schüler, welcher nach einer Prüfung die Leistungsnote erhält. Sie vereinbarten ihr abendliches Zusammentreffen nach der Laufbahn des Mondes, in der Hoffnung, dass es keinen Regen gab. Natürlich spielte dies keine große Rolle, denn Yamuna wäre sowieso frühzeitig vorbeigekommen.

Die Arbeiten beim Neubau einer Hütte waren sehr spannend. Es gab ja keinen Beton oder sonstigen Mörtel, geschweige denn andere moderne Baustoffe. Auch die Werkzeuge waren eher simpel, wobei doch das eine oder andere Gerät aus der sogenannten Zivilisation den Weg hierher gefunden hatte. Im Großen und Ganzen wurde nicht unerwartet fast ausschließlich mit Holz, Bambus und Schilf gearbeitet. Vieles wurde mit Schnüren, aus Naturpflanzen gedreht, hergestellt und befestigt. Doch es gab wie gesagt auch moderne Hilfsmittel wie Hammer und Nägel, welche im Handel mit der Lancha respektive deren Kapitän getauscht wurden. Frank assistierte, wo er konnte, einzig auf die Leiter konnte er noch nicht steigen. Ihm machte die Arbeit in jedem Fall Spaß, am meisten die Kontakte mit dem einheimischen „Baupersonal". Und rein zufällig waren auch die beiden Brüder von Yamuna mit von der Partie. Er konnte so einen guten Draht zu ihnen aufbauen, sie zu einem kleinen Teil mal kennenlernen. Aber er wusste wie erwähnt noch nicht, welchen Vorteil er in Bezug auf die Liebe zu Yamuna damit hatte. Egal, er fand die beiden Brüder sehr sympathisch und hoffte selbstredend, dass sie ihn umgekehrt auch ein wenig „adoptieren" würden. Die Stimmung war jedenfalls recht ausgelassen.

So war der Tag also ausgefüllt, die Stunden zogen fast im Überschallmodus an ihm vorbei. Auch eine größere Menge an Feuerholz war schon zugeschnitten und nach europäischer Manier fein säuberlich zu einer geometrisch ausgerichteten Holzbeige aufgeschichtet und nicht zu vergessen abgedeckt, geschützt vor den oft starken Regenfällen. Die Indios staunten nicht schlecht über dieses Vorratsbauwerk mit den Maßen von gut drei Metern in der Länge und fast zwei Metern in der Höhe. Die Indios waren bisher einen wild durcheinandergewürfelten Scheiterhaufen gewohnt; alle Längen und Querschnitte bunt durcheinandergemischt sowie ohne jedwelche Abdeckung. Irgendwie schien ihnen die Idee von Frank etwas ungeheuer zu sein, die Freude und Überraschung über dieses Tagwerk überwog aber klar. Ob die Indios es nach Franks Abreise weiterhin so handhaben würden, konnte man nicht sagen. Aber Hauptsache der Abend nahte in Siebenmeilenstiefeln. Zuerst durfte sich Frank aber auf das gemeinsame Abendessen am Lagerfeuer freuen, natürlich mit Yamuna an seiner Seite. Einzig musste er sich im Zaum halten, damit die Liebesbeziehung wenigstens für diesen Abend noch geheim blieb. Ob manche trotzdem schon etwas bemerkt hatten – allein liebliche Blicke können einen bekanntlich relativ schnell verraten –, wusste er nicht. War es sogar denkbar, dass Yamuna sich schon irgendwem anvertraut hatte? Vielleicht ihren Eltern oder sogar den Brüdern? Frank hoffte, die Regeln heute Abend zu erfahren, zu wissen, was die Dos and Don'ts waren. Das Abendessen war sehr angeregt, nicht zuletzt dadurch, dass sich Frank nun auch schon einigermaßen verständigen konnte. Sogar diverse Begriffe aus der Indiosprache hatte ihm Yamuna beigebracht. Das Staunen der Indios war nicht zu übersehen. Die meisten fragten sich in diesem Moment wohl, woher Frank dieses Wissen plötzlich hatte. War damit die Katze schon aus dem Sack? Frank blieb weiterhin im Ungewissen, aber nicht mehr lange. Die Dämmerung hielt Einzug und kaum waren die ersten Umrisse des Mondes am Horizont erkennbar, verabschiedete sich Frank von den noch anwesenden Dorfbewohnern; Yamuna hatte sich schon vorher zurückgezogen, entweder um Auffälligkeiten zu vermeiden, vielleicht aber lediglich, um bei ihren Eltern nach dem Rechten zu sehen. Alle wünschten Frank eine gute Ruhe. In seiner Hütte angekommen, stieg sein Puls in der Vorfreude auf „seine" Yamuna ganz leicht und stetig an. Er fühlte sich in seine Jugend zurückversetzt, wo er als kleiner Junge, zwar in ärmlichen Verhältnissen, aber freudig auf das Christkind gewartet hatte. Allein, es kam selten so, wie es in einer intakten Familie hätte sein müssen. Manchmal war der Abend dennoch ganz besinnlich und schön, auch wenn es kalt und sehr enthaltsam war.

Frank ging nochmal kurz raus, um sich im Fluss die Spuren der Arbeit abzuwaschen und sich generell frisch zu machen. Schließlich hatte er heute noch Damenbesuch und da sollte er auf keinen Fall stinkig und ungepflegt daherkommen, schon gar nicht bei einer solch wunderbaren Frau wie Yamuna. Ja sicher, auch bei jeder anderen Frau ziemt sich die entsprechende Sauberkeit. Alle Männern, denen diese Einsicht abgeht, dürften stillose Kotzbrocken sein. Flugs putzte er sich noch die Zähne in gewohnter Urwald-Manier und rieb sich mit feinem Pflanzenduft ein, schließlich soll für beide Liebenden auch das erhoffte Küssen ein rundum voller Genuss sein. So sprach's in Gedanken und schon klopfte es leise an der Außenwand, Yamuna war da und damit der abendliche Flug auf Wolke Sieben. Dieses Gefühl ließen sich beide nicht nehmen, auch wenn noch eine eher ungemütliche Diskussion zum „Schlachtplan" bevorsteht.

Die kussintensive Begrüßung dauerte in höchsten Emotionen eine ganze Weile und erst als sie voneinander ließen und sich tief in die Augen schauten, ergriff Frank das Wort: „Liebe Yamuna, mir brennt die Frage auf der Seele, ob wir unsere Liebe verheimlichen müssen oder wir offen damit umgehen dürfen, ohne dass dir dabei etwas Negatives widerfährt? Weiß schon jemand von deinen Dorfangehörigen davon? Deine Eltern oder Brüder? Wie muss und darf ich mich verhalten? Eure Regeln sind mir sehr wichtig und ich werde mich nach den Gepflogenheiten richten und auf deine Situation Rücksicht nehmen." Natürlich fand Frank in der spanischen Sprache nicht gleich alle Worte in dieser Form, aber im Geiste waren diese genau so präsent. Und Yamuna spürte, wie er die Fragen, die vor allem sein Herz in spanischen Wortbrocken ausschüttete, meinte. Sie schaute Frank weiterhin mit einmalig schönem Blick an und begann ohne zu zögern mit den Antworten: „Mein lieber Frank, nein, ich habe keinen Mann und bin vollkommen frei. Wenn du willst, gehöre ich dir und wir können ein Paar sein. Ich wünsche mir dies von Herzen. Meine Eltern wissen Bescheid, sonst noch niemand. Sie waren zwar nicht gerade begeistert, aber nur, weil du weiß bist. Aber wenn ich zufrieden bin, sind auch sie es. Wenn du mein Mann sein willst, dürfen es auch alle im Dorf wissen. Aber wir dürfen uns in Anwesenheit von Dorfbewohnern nicht küssen, wir müssen immer den Anstand wahren. Öffentlich dürfen wir nur die Hände halten oder uns umarmen, mehr auf keinen Fall, dies gebietet der Respekt." Frank hatte nicht wirklich alles verstanden, weshalb ihm Yamuna die Sache mit Gestik noch bildlich verklickerte. Nun war es ihm klar und er nickte zustimmend. Große Freude zeichnete sich in seine Gesichtszüge und er nahm sie wieder in den Arm und verabreichte ihr den nächsten Liebeskuss.

Er hatte also viel Glück, dass die Liebe zwischen den Hautfarben Weiß und Schwarz nicht grundsätzlich zu Problemen führte. Warum auch, sind doch beides zwei ganz normale Menschenkinder, aber man kennt ja die leidige Diskriminierung. Erlaubt war nach den Stammesbräuchen allerdings noch keine Übernachtung in derselben Hütte und somit keine körperliche Vereinigung. Diese hätten sie theoretisch zwar irgendwo ungesehen im Wald vollziehen können, was aber nicht im Sinne von Frank war und wohl auch nicht von Yamuna. Damit eine erste gemeinsame Nacht, ob mit sexuellen Aktivitäten oder auch ohne, möglich war, musste Frank zuerst quasi zum Stamm gehören. Und dafür waren einige Rituale notwendig, angefangen von einer Mutprobe mit Ameisenhandschuhen bis hin zu diversen Hautritzungen, die ihn als Stammesmitglied kennzeichneten. Zu guter Letzt musste er auch eine eigene Hütte vorweisen können, was lediglich ein organisatorisches Problem darstellen würde, welches relativ schnell zu lösen war. Doch all das war hypothetisch, denn verdammte Scheiße nochmal, er wurde ja immer noch verfolgt und konnte keinesfalls länger hierbleiben, ohne die ganze Dorfbevölkerung einem Risiko auszusetzen. Aber er würde auf jeden Fall die verlangten Stammesrituale über sich ergehen lassen, damit er offiziell zu ihnen gehörte und Yamuna auch dieses Gefühl geben konnte. Bis zur Rückkehr seiner beiden Freunde Jean-Claude und Enrique hatte er dafür wahrscheinlich noch genügend Zeit, selbst um die Hautritzungen noch einigermaßen verheilen zu lassen. Er erklärte Yamuna also, dass er so schnell wie möglich mit der Umsetzung dieser „Aufnahmepflichten" beginnen wollte. Doch nun war auch der Zeitpunkt gekommen, sie über seinen Fluchtplan und die mit viel Hoffnung verbundene Zweisamkeit danach aufzuklären. Ob sie da mitmachen würde? Dies war im Moment seine allergrößte Angst. Es war immerhin gut möglich, dass sie das Dorf und ihre Angehörigen eigentlich nicht verlassen wollte, vor allem nicht ihre Eltern. Er, Frank, würde dies ohne Wenn und Aber verstehen und akzeptieren, auch wenn es sein Herz zerreißen würde. Aber noch blieb die Hoffnung und diese stirbt bekanntlich zuletzt. Und es gab aus seiner Sicht nur diesen einzigen Plan, um Yamuna in keiner Weise zu gefährden. „Meine von Herzen geliebte Yamuna, ich werde also gerne für dich die Prüfungen zur Aufnahme in deinen Stamm bestehen, es ist mir eine Ehre und trotz gewisser Schmerzen eine Freude. Aber du weißt, dass ich danach von hier verschwinden muss, damit dir und deinen Leuten kein Leid geschieht. Ich möchte mein Leben lang mit dir zusammen sein, dich heiraten und glücklich machen. Doch du weißt, dass entweder viel Zeit vergehen müsste, bis ich wieder hierher zurückkommen könnte, oder du das Opfer bringen müsstest, dein Dorf zu verlassen. Du hast aber noch viel Zeit, darüber nachzudenken." Frank wurde fast verrückt ob dem Gedanken, dass er sie im schlimmsten Fall nie mehr wiedersehen würde. Er musste dieses Szenario irgendwie verdrängen, das ging aber nicht, denn im Hinterkopf blieb dieses Schreckgespenst eingemeißelt, und zwar so lange, bis Gewissheit in eine der beiden Richtungen herrschte. Und so fuhr er fort, um sich selbst gewissermaßen für den Moment zu beruhigen. „Meine Prinzessin, mein Plan ist eigentlich ganz einfach, sofern die Schergen uns nicht erwischen oder der Urwald uns keinen todbringenden Streich spielt. Leider ist mein Spanisch noch zu schlecht, um dir meinen Plan genau zu erklären und es muss genauestens erklärt sein, damit keine Missverständnisse entstehen und wir hoffentlich wieder zusammenfinden können. Deshalb schlage ich vor, dass mein Freund Enrique dir dann alles im Detail erklärt und wir nun erstmal den heutigen Abend zusammen verbringen, egal ob am Lagerfeuer oder hier in der Hütte, Hauptsache wir sind zusammen." Franks Vorhaben war durchdacht, einzig der Faktor Zeit war sehr schwer zu planen. Es sollte sicherheitshalber eher etwas mehr eingeplant werden, damit ein Wiedersehen mit Yamuna zur Realität werden konnte.

Sobald seine ebenfalls verfolgten Freunde mit seinen Stammesbrüdern – er gehörte bis dahin ja hoffentlich zu ihnen – von der Kristallsuche zurückkehrten, würden die drei Weißen so schnell wie möglich das Dorf sowie die Ansiedlung verlassen und die Flucht fortsetzen. Soweit sich Frank geographisch auskannte, ergoss sich der Orinoco an der Küste von Venezuela, nahe der Grenze zu Guyana, in den Atlantik. In der relativen Nähe befand sich seines Wissens die kleine Insel von Trinidad. Und genau dorthin wollte er sich, wenn möglich mit Jean-Claude und Enrique, durchschlagen, um dann mit einem großen Frachtschiff seinen Heimathafen in Europa anzupeilen. „Zuhause" war er jedenfalls wieder sicher, und wenn mit Yamuna alles klappte, konnte er sie heiraten und damit in seinem Heimatland willkommen heißen, allerdings weit weg von ihrem bisherigen Dorf im tiefen Dschungel.

Von Trinidad hatte Frank mal eine Geschichte gelesen, oder war es ein literarischer Fremdenführer? Egal. Jedenfalls gab es dort ein kleines Hafenstädtchen namens Guayaguayaré oder so ähnlich; ein lustiger Name aufgrund der Doppelbezeichnung; dies war wohl auch der Grund, weshalb er sich diesen Ort hatte merken können. Nie hätte er damals gedacht, dass dieses Nest in seinem Leben eine prägende Rolle spielen würde. Aber die Kenntnis über diesen kleinen Flecken Erde an der Küste Trinidads war ihm nun – vielleicht – zu Nutzen. Jedenfalls musste eine Zieldestination definiert werden und diese schien Frank in allen Belangen passend: Unauffällig und direkt an der Küste. Ob da allerdings dann auch Schiffe zu besteigen waren, war die einzige Unbekannte. Aber man konnte bei Bedarf ja einen größeren Ort aufsuchen, die Insel ist ja nicht so riesig.

Als Treffpunkt musste Yamuna einen Ortsnamen kennen, damit sie von ihren Indios direkt dorthin gebracht werden konnte, um Frank nach Wochen oder Monaten wiederfinden zu können. So weit so klar, die schwierigste Frage würde in seinem Plan jedoch nicht lösbar sein, offenbleiben und deshalb nur mit einem klaren Entscheid genau definiert werden können, mit Hilfe der Indiokenntnisse. Das Kernproblem war neben den Verfolgern also der Zeitpunkt des Eintreffens in Guayaguayaré. Brauchten sie bei einem Durchkommen und unter Berücksichtigung von Zwischenfällen sechs Wochen? Zwei Monate? Sechs Monate? Er wusste es nicht, aber er wollte sich auf einen Zeitpunkt festlegen. Im schlimmsten Fall würde Yamuna einfach wieder die Rückreise in ihre Ansiedlung antreten müssen, sollte Frank nicht „terminkonform" ebenfalls dort sein. Aber wie gesagt, bezüglich Zeitbedarf mussten sie sich auf das Wissen der Indios verlassen und davon dann eine möglichst genaue Schätzung ableiten. Dies war also sein Plan, welcher seine erste große Liebe Yamuna miteinschloss, miteinschließen musste. Für ihn gab es nur diesen Weg, und wenn er ihn im Notfall alleine gehen musste! Blieb noch die Frage offen, wann seine Kameraden zurückkehren würden. „Einerseits hoffe ich, sie kommen noch möglichst lange nicht zurück, andererseits – je schneller, desto besser, denn die Trennung von Yamuna ist ja so oder so unumgänglich." Dieser Gedanke schoss ihm gerade jetzt noch durch den Kopf. Er wusste heute schon, dass Yamuna gleich mit ihnen, den Flüchtigen, würde mitkommen wollen, doch dies kam für Frank in aller Konsequenz nicht in Frage, das war viel zu gefährlich für sie, auch wenn sie sich im Urwald sehr gut auskannte.

Die beiden saßen an diesem lauen Sommerabend gemeinsam mit zwei anderen Pärchen am Lagerfeuer auf dem Dorfplatz und erzählten sich Geschichten aus ihrem Leben. Frank hatte allerdings nicht viel Erbauliches darüber zu berichten und über eher traurige Begebenheiten aus seiner einsamen Jugendchronik wollte er ohnehin nicht erzählen. So neigte sich der traumhafte Abend bald dem Ende entgegen. Wäre die ganze Sache mit den Verfolgern nicht gewesen, es wäre geradezu das Paradies auf Erden gewesen, mitten in der Natur, keine neuzeitlichen Lärmimmissionen und eine frische, kernige Luft mit einem Sonnenuntergang vom Feinsten. Die ganze Kulisse glich schon fast einem surrealen Szenenbild von einem fremden Stern. Die beiden Verliebten schlenderten zu später Stunde in Richtung Hütte, wohin ihn Yamuna noch für den Gutenachtkuss begleitete. Ein letzter Blick und schon war sie hinter einer Hüttenecke in Richtung ihres Elternhauses verschwunden. Frank schwebte in den blumigsten Träumen zu seiner Bettstatt und ergab sich im Hier und Jetzt glücklich und zufrieden dem verdienten „Urwaldschlaf".

Zu beiden Seiten des Flusses ragten zum Teil recht ansehnliche, bewaldete Hügel in den Himmel. Das voller Untiefen und Stromschnellen abwärts rasende Flüsschen war wegen seiner gefährlichen Hindernisse nur während des Tages zu befahren. Sie begegneten hier praktisch keinem anderen Boot und wenn, dann war es ausschließlich mit Indios besetzt, von denen in dieser Region keinerlei Gefahr ausging. Zudem hatten sie genug mit sich selbst zu tun, um möglichst geradlinig in der Spur des Flüsschens zu bleiben.

Trotzdem hielten Jean-Claude und Enrique an ihrer Gewohnheit fest, sich jedes Mal unter die mitgeführte Plane zu verziehen, für den Fall, dass wider Erwarten eines der Boote zu nahe kommen würde. Nach mehr als zwei Tagen konnten sie in der Ferne den Serro Otare erkennen, der sich beinahe neunhundert Meter aus den normalen Hügeln in die Höhe schraubte. Ein eindrückliches Panorama. Der Pecari-Fluss war zum Rinnsal verkommen und Mogari deutete auf eine dicht bewachsene Uferstelle, wo sie die Boote auf das Geröll zogen. „Wir werden uns hier bis zum kommenden Tag aufhalten, eine ausgiebige Rast ist nötig, damit wir gestärkt sind, wenn wir die Boote morgen im ‚Überlandmodus' zum Tatupoju tragen müssen. Es wird eine harte, Ausdauer erfordernde Arbeit. Und damit ist noch nichts gewonnen, denn der Tatupoju ist ebenso reißend wie der Pecari, ja für uns sogar noch gefährlicher. Jede Untiefe kann uns mit den doch relativ schwer beladenen Booten zum Verhängnis werden."

Mit ihren Macheten schlugen sie sich im Dickicht eine freie Fläche. An den Stümpfen von abgehackten Ästen wurden die Hängematten sowie die Plane befestigt. Die Boote waren bald entladen, primär das Nötigste, was man kurzfristig am Lagerplatz benötigte. Sehr schnell, eigentlich vor fast jeder anderen Tätigkeit, war ein brauchbares Feuer entfacht. Mogari arbeitete jedenfalls bereits an einem schmackhaften Tee, welcher die verkrampften Glieder aus der Ruderstellung lösen sollte. Und es schien tatsächlich zu helfen, oder war es einfach nur Einbildung? Egal, Hauptsache schmackhaft.

Wie andere Flüsse beherbergte der Pecari an seinem Unterlauf in verschiedenen, tiefen und eher strömungslosen Buchten die allseits bekannten Piranhas. Von denen hatten sie schon zuvor etliche gefangen, die jetzt auf den Speisezettel kamen. Landläufig besteht ja eigentlich die umgekehrte Meinung, nämlich, dass dieser gebissstarke Fisch selber Tiere und Menschen verspeist und nicht umgekehrt. Die Art der Piranhas hier war die kleinere, jedoch sehr bissige und nicht minder gefräßige. Was diesen Fischen im Wasser zum Opfer fällt, hat praktisch keine Chance mehr; wenn der Schwarm groß genug ist, geht es blitzschnell und schon bald schimmern nur noch die blanken und weißen Knochen des Opfers durch das Wasser. Viel Fleisch war hingegen an diesen zähnefletschenden Fischchen nicht dran, aber gut gesalzen und krustig gebraten schmeckten sie gar nicht so schlecht. Aber Jean-Claude musste ja zuerst wieder die Nase rümpfen. Es brauchte keine Worte, denn ein Kopfschütteln und ein Blick von Enrique sagten alles.

Froh waren sie alle auf jeden Fall über den Zustand von Mogari. Er war wieder vollständig hergestellt, die Kräuterkundigen des Waldes waren wirkliche Hexenmeister, absolute Künstler in diesem Bereich. Mogari war also wieder „funktionsfähig", dafür hatten sie ein anderes Sorgenkind in ihren Reihen. Jean-Claude machten derzeit offene Furunkel zu schaffen, die er zwar mit Antibiotika zu bekämpfen versuchte, jedoch ohne größeren Heilungserfolg. Also kümmerte sich Mogari persönlich und auf seine Weise um die schrecklich aussehenden, von winzigen Maden wimmelnden Geschwüre. Mit einem aus den verschiedenartigsten Kräutern hergestellten Sud bestrich er die Wunden von Jean-Claude, wodurch die sich darin tummelnden Maden eiligst ihr Schlaraffenland verließen. Die nun gereinigten, aber natürlich immer noch offenen Stellen bestrich Mogari mit einer nur ihm und seinem Vater bekannten Kräuterpaste. Zusätzlich zur Heilungs-Tortur bekam Jean-Claude einen furchtbar bitter schmeckenden Tee zu trinken, den er nur mit größtem Widerwillen den Rachen hinunter bekam. Der ganze „Schacht" bis hinunter zum Magen reagierte auf diesen Zaubertrank. Mogari, der Sohn eines geschickten Curandeiro, schien ebenso begabt wie sein Vater im Dorf der Indios.

Plötzlich kehrte Legone von seiner Pirsch im Wald ziemlich aufgeregt ins Lager zurück und redete erregt auf Mogari ein. Dieser blickte die zwei Freunde an und sagte mit der gewohnten Bestimmtheit in seiner Stimme, die wie stets auch keine

Widerrede erlaubte: „Eine Onça, etwas unterhalb vom Lager, ziemlich nahe am Flussufer. Nehmt die Gewehre mit, Legone wird euch die Stelle zeigen. Seid vorsichtig, nicht dass die Onça euch bemerkt und sich verzieht." Enrique und Jean-Claude liefen mit den Gewehren hinter Legone her, der eigentlich nur ins Lager gekommen war, um sein eigenes Gewehr zu holen. Bei Carimun, der noch in der Nähe des edlen Tieres blieb, befand sich ein Blasrohr nebst Pfeilen. Legone deutete auf große Abdrücke von Jaguartatzen und gleich auch mehrere Capivara-Pfotenabdrücke am Boden. Leise und unauffällig schlichen sie sich durch das Schlinggewächs, bis zu dem Platz, an welchem sich Carimun versteckt hielt. Dieser bedeutete ihnen, indem er einen Finger an die Lippen legte, sie sollten sich ruhig verhalten. Durch belaubtes Gehölz und Riedgras erblickten sie den König des Waldes, der sich einer Schlange gleich auf dem Boden wand, um im nächsten Augenblick für Minuten völlig ruhig auf seinem Platz zu verharren, um sein Opfer, ein vereinzelt stehendes Tier eines Capivara-Rudels, zu beobachten. Die vier Männer pirschten sich näher heran, sodass sie eine genehmere Schussposition erlangten. Doch fast zeitgleich bemerkten sie, wie sich der Jaguar seitlich ins Dickicht entfernte, fort von seinem angepeilten Opfer. Sollte er die Männer vielleicht gewittert haben?

Hoffentlich doch! Aber leider nicht. Als außenstehender Tierfreund konnte man dem eigentlich überlegenen Tier leider nicht zur Seite stehen, sein Schicksal stand unter keinem guten Stern. Enrique und Jean-Claude blickten hin zu Legone, der ihnen durch seine Mimik zu verstehen gab, dass sie sich weiterhin ruhig verhalten sollten. Die Onça oder der „Tigre", wie der Jaguar auch genannt wird, konnte von einer anderen Seite, die ihm günstiger erschien, auf die Beute zujagen. Und so war es auch. Die Onça war direkt gegenüber im Dickicht zu erkennen, nur wenige Meter trennten sie vom alleine stehenden, ansehnlichen Capivara. Ein einziger Satz reichte, um das Schwein zu Boden zu reißen und seinen Hals zu zerfleischen. Die übrigen Capivaras stoben in Panik geraten durch das Wasser ins Unterholz. Kapuzineraffen, Papageien und allerlei sonstige Vögel gaben ihr Geschrei, Gekrächze sowie erschrecktes Pfeifen von sich, als die Onça daranging, ihr Opfer ins Gebüsch zu schleppen.

Carimun jagte einen Giftpfeil aus seinem Blasrohr, der direkt im Hals der Onça steckenblieb und das Tier erschrocken aufspringen ließ. Kurz hintereinander fielen zwei Schüsse aus Enriques doppelläufigem Espingarda-Gewehr. Die Onça brach tot zusammen. Was konnte sie schon gegen den feigen Hinterhalt von Menschen mit ihrem Schießgewehr ausrichten? Nichts, einfach und verdammt nochmal nichts. Aber so ist die Realität im Urwald, einem erbarmungslosen Teil der Erdkugel, wo Überlegenheit zum Alltag gehört. Und überall, wo der Mensch seine Anwesenheit demonstriert, herrscht ein Ungleichgewicht. Diese eine Onça, zusammen mit vielen anderen Tieren, fehlt nun für einen ökologisch ausgeglichenen Urwald. Doch für die Indios sowie auch die beiden Freunde in ihrer beschissenen Situation waren solche Gedanken im Hier und Jetzt vollkommen fremd. Es ging um das eigene Überleben, und mit einem Schießgewehr besteht nun mal eine größere Chance dafür.

Die drei anderen Indios, die ebenfalls zur Jagd in den Wald gezogen waren, blieben abrupt stehen und liefen so schnell sie konnten in die Richtung, aus der die Schüsse gekommen waren. Sie wussten ja nichts über den Hintergrund der Schüsse und mussten die Ursache umgehend ergründen. Schließlich hätten auch wieder irgendwelche Fremden Unruhe stiften können. Sie selber waren bis auf einen unvorsichtigen Auguti (Goldhase), den sie in einem hohlen Baum aufgespürt hatten und jetzt an seinem Stummelschwanz mit sich schleppten, auf diesem Jagdtrip erfolglos geblieben. Als die drei die Onça und dazu das von ihr gerissene Wasserschwein erblickten, gehörten alle Gedanken, die ihrem Jagdausflug gewidmet waren, der Vergangenheit an. Das Capiwara banden sie so wie sie es vorfanden mit den Pfoten zusammen an einen abgeschlagenen Ast. Gemeinsam mit dem Auguti wurde es von Furaru und Zonga ins Lager getragen, wo sich dann Mogari um die entseelten Tiere kümmerte.

Die übrigen Männer machten sich daran, der Onça das Fell über die Ohren zu ziehen, welches für die Indios im Tauschgeschäft einen besonderen Wert besaß, aber in einem der Boote erneut einen gewissen Platz rauben würde. Das Fell hatte aber eigentlich nur für die doofen Weißen einen besonderen Wert, ohne diese wären die Indios nie und nimmer auf die Idee gekommen, unbedingt den König des Waldes erlegen zu müssen.

Vom Fleisch schnitten sie nur die besten Stücke heraus, den Rest überließen sie den Jacarès, die hier zuhause waren, wie sie bereits an den aufgetauchten Köpfen im Morast hatten erkennen können. Onça-Fleisch schmeckt gut, wenn es sich nicht um ein gar zu altes Tier handelt, in etwa wie fettes Schweinefleisch. Die Leber, das Herz und das Hirn wurden von den Indios mit Gier in rohem Zustand verspeist. Welch gruseliger Gedanke, aber die Indios schrieben diesen Teilen eine ausgesprochene Wunderwirkung zu. Schwer vorstellbar, aber wer daran glaubt … Jedenfalls brauchte an eine weitere Jagd nicht mehr gedacht zu werden.

Die Männer, bis oben hin gesättigt, lagen lange nach Einsetzen des Regens noch wach in ihren Hängematten unter dem schützenden Planendach. Enrique schaute auf die vom Gewicht des Regenwassers durchhängende Plane, gegen die ein aufkommender Wind in immer kürzeren Abständen und in wilden Schauern schwere Regentropfen peitschte. „Wir hätten das Lager etwas weiter entfernt vom Ufer im Wald aufbauen sollen", dachte er bei sich. Über das glimmende Feuer war ein Brett gelegt, sodass ein leicht rötlicher, blasser Schein als einzige, kleine Lichtquelle zu erkennen war. Fernes, dumpfes Grollen kündigte ein beginnendes Gewitter an. Bald schon wurden sie immer wieder von krachenden Donnerschlägen hochgerissen, dann strömte in Sturzbächen der Regen vom Himmel herunter, trommelte auf die Laubdächer der Bäume und auf ihre Plane. Mit kurzen Unterbrechungen tauchten grelle Blitze das Lager für Sekunden in blendendes Licht. Die Glut der Feuerstelle war längst erloschen. Sie mussten eigentlich auf Glück hoffen, denn jedes Kind weiß, dass man sich bei Blitzgefahr nicht unter Bäumen aufhalten soll. Ist im Prinzip in einem Urwald noch schwieriger und der Blitz schlägt ja auch nicht in jeden Baum ein. So wäre es also die Nadel im Heuhaufen gewesen, wenn genau einer der wenigen Bäume des Lagers getroffen worden wäre. „Das Unwetter wird nicht anhalten, es ist ein gewöhnliches, vielleicht etwas aus dem Rahmen fallendes Urwaldgewitter. Ich hoffe nur, der Waldboden ist in der Früh einigermaßen begehbar", meinte Mogari, und bevor er sich auf die Seite legte und seine Augen schloss, dachte er, der morgige Tag würde auch ohne glitschigen Waldboden schwer genug werden. Außer auf das dornenreiche Gestrüpp mussten sie auf allzu neugierige Krokodile achten, die vor einigen Jahren einen seiner Männer zerrissen hatten. Der Weg würde sie über eine Bergkuppe führen, wo auf der anderen Seite der ganz in der Nähe entspringende Tatupoju dahinrauschte. Schon bald ließ der Sturmregen nach und tropfte nur noch mit kleinem, beruhigendem Resignationsgesang auf die verschiedenen Oberflächen.

Für den kommenden Tag hatten sie alles Notwendige durchgesprochen, Mogari hatte seinen Segen dazu gegeben. Wegen des vielen Fleischs im Lager, welches trotz Regens jedwelche Räuber anlocken konnte, hatte er eine Wache aufgestellt, die sich mit allen übrigen Männern ablösen sollte. Müde und abgespannt wurde er dann über das Nachdenken ebenso wie die anderen vom Schlaf übermannt. Kein Wunder ob dieser ganzen Schinderei wegen ein paar Kristallen. Sorry, es sind ja Diamanten, und dafür lohnt es offensichtlich, sich den Arsch aufzureißen, ohne Rücksicht auf irgendwelche Wehwehchen.

Am Morgen boten der weite Halbkreis der Bucht, in der sich kleine Inseln wie Farbtupfer auf einer Palette fanden, der strahlend blaue Himmel, das tiefblaue Wasser, auf welchem abgefallene Blätter und Blüten über die Wellen tanzten, ein abgerundetes Bild. Diese Momentaufnahme einer extrem faszinierenden Natur ließ sie alle bisherigen Strapazen vergessen. Doch schnell bekam das idyllische Landschaftsgemälde einen ersten Splitter ab. Mit Wehmut stellten sie nämlich fest, dass nicht die Krokodile scharf auf das gelagerte Fleisch waren, sondern sich große Ameisen seiner bemächtigt hatten, und dies trotz der Tatsache, dass die Verpflegung hoch am Baum hing. Das restliche Fleisch dieses Tieres war somit zu vergessen. „Anstatt uns vom Fleisch der Onça die Bäuche vollzuschlagen, hätten wir lieber den Auguti verspeisen sollen", meinte Furaru bitter genervt. Am Fang des herzhaft schmeckenden Goldhasen hatte er den größten Anteil gehabt und so war sein Grimm über den Fleischverlust nur zu verständlich.

Nach einem kurzen Mahl, in der Hauptsache nun aus gebratenem Capivara-Fleisch, verrichteten sie ihre Arbeit wie geplant. Furaru, Legone und Zonga ergriffen ihre Blasrohre und Macheten, um die noch ganz leicht erkennbare Schneise durch den Wald und bis hinauf über den Hügelrücken wieder freizuschlagen. Mogari machte die drei auf einen herausragenden Felsen auf der Anhöhe aufmerksam, an den sie sich zu halten hatten. Die Zurückbleibenden stellten die zu transportierenden Utensilien so zusammen, dass sie für den Einzelnen nicht zu schwer oder im Notfall nicht zur Behinderung wurden. Jean-Claude und Mogari blieben im Lager, während Quajajara, Carimun und Enrique die Bootsladungen hinter den Wegbereitern herschleppten. Der Weg war zwar etwas morastig, aber begehbar. Sobald die drei auf die Vorhut stießen, legten sie die eben transportierten Sachen auf den Waldboden und liefen die Strecke zum Lager zurück, um sich dort erneut zu beladen. Bis auf die Boote, die nicht besonders bewacht werden mussten, war bald nichts mehr auf dem Rastplatz vorzufinden. So wurde also in Etappen alles, einschließlich der Boote mit dem Fleisch, vom einen ins andere Depot getragen. Es dauerte viele Stunden, bis auch die Einbäume auf dem Hügelrücken lagen, wo das teuflische Dickicht einem normalen Wald wich. Von dieser Stelle aus konnten sie auf ein winziges Flüsschen, den Tatupoju, blicken. Einem geheimnisvollen, unwirklich gemalten Bild gleich, lagen die von der hochstehenden Sonne rosig angehauchten Kuppen der vereinzelten Baumriesen in dieser unendlich weiten und hügeligen Landschaft.

Über die anstrengende Arbeit war also schon der Nachmittag angebrochen, die Zeit für die nächste Etappe war möglicherweise zu knapp und auch die vorhandenen Kräfte wollten gut eingeteilt sein. So beschlossen sie, die Nacht auf dem Hügel zu verbringen, das war immerhin für einmal was Anderes als immer unten an den „blöden" Flussläufen mit allen möglichen gefährlichen Menschenfleisch-Fressern. Mogari und Jean-Claude hatten einiges vom Onça-Fleisch zubereitet, stark gewürzt mit spanischem Pfeffer. Nachdem die Männer gesättigt waren, beschlossen Mogari und Enrique, den Tatupoju aufzusuchen. Der durch abgeschlagene Äste bereits gekennzeichnete Pfad hinunter zum Fluss, den die Indios gebahnt hatten, war gut erkennbar und ohne Lasten relativ leicht zu begehen. Sie benötigten keine ganze Stunde, um ans Wasser zu gelangen. Die drei „Pfadbauer" hatten bereits eine Stelle am Ufer ausgewählt, an der sie die Boote mühelos ins Wasser bringen konnten und von wo sie, ohne auf ein nennenswertes Hindernis zu stoßen, bequem mit den Booten losfahren konnten. „Mogari, ist es eigentlich noch weit bis zum Ort der Kristalle?" Enrique schien ein wenig frustriert über die bereits wochenlange Schinderei, aber er versuchte dies gekonnt zu kaschieren. Zudem war ja von vornherein klar gewesen, was auf sie zukommen würde. „Nein, Enrique, wir werden unser Lager dort in acht Tagen aufschlagen. Den Fluss Yar müssen wir aber noch sehr vorsichtig hinunterfahren, da er seine eigenen, speziellen Tücken besitzt. Bis dahin, wo er sich mit dem Caqueta verbindet, lauern versteckte Redemoinhos in ihm, auch führt er ein starkes, gefährliches Gefälle. Bei Unwetter kann er mehr als die bisherigen „Wässerchen" zu einem reißenden Ungeheuer werden. Und vor allem haben wir dort dann zwingend auf fremde Boote zu achten, der Fluss wird stark befahren. Bevor er sich jedoch mit dem Caqueta vereinigt, verlassen wir ihn und biegen in ‚unser' Flüsschen ab." „Wie werden wir später in euer Dorf zurückgelangen, nehmen wir den gleichen Weg, den wir gekommen sind?" Diese Frage beschäftigte Enrique schon länger, doch jetzt schien die Gelegenheit, dies zu klären, optimal, da der Hinweg bald absolviert war. „In etwa, die Rückreise wird aber mit Sicherheit nicht mehr so beschwerlich, da die Breschen bereits geschlagen sind und wir fast ausschließlich flussabwärts rudern. Den Rückzug über den Rio Traires, den wir für gewöhnlich wählen, können wir nicht wagen, dort würde man euch und möglicherweise auch uns ergreifen. Was dann geschehen würde, weißt du genauso gut wie ich. Aber sagte ich euch nicht, wir werden etwa drei Monate benötigen, um zurück zu sein?" „Ich habe es nicht vergessen, Mogari, es war mehr die Neugier, die aus mir heraus sprach." „In euch Weißen liegt einfach immer ein Puls der Ungeduld versteckt, er hat selbst eure Seelen ergriffen und beherrscht euch vollends. Wir hingegen kennen keine Ungeduld und deshalb können wir euch wohl so schwer begreifen. Nichts kann für euch schnell genug gehen, dabei leben eure Körper ebenso lange wie die unseren. Ihr habt euch zu Maschinen degradiert, wobei ihr oft das echte Leben vergessen habt. Ohne es zu wissen, seid ihr eigentlich längst gestorben. Warum eigentlich diese Hektik und Ungeduld? Die Erde wird auch morgen noch nicht zerfallen, wobei, es kann jede Sekunde passieren, wenn beispielsweise ein anderer Himmelskörper auf die Erde niederstürzt oder die Sonne uns in eine andere Galaxie verlässt. Alles ist auf die eine Art unendlich, auf die andere Art vollkommen endlich; unser Leben jedenfalls dürfte ‚endlich' sein, außer es kommt tatsächlich noch etwas nach dem Tod." Mogari war schon ein toller Typ, sehr weise und auch sonst sehr klug in seinem täglichen Handeln und Denken. „Mogari, frag mich nicht, du hast absolut recht, vielleicht trägt die Erfindung der Uhr einen Großteil zur Hektik bei. Wahrscheinlich sind es aber primär Macht und vermeintliche Reichtümer." Auf die Kristalle wollte und durfte Enrique natürlich nicht anspielen. Mogari jedenfalls blickte unwillkürlich zur Armbanduhr von Enrique. „Ja, mag sein, so eine Uhr ist in Minuten und sogar Sekunden eingeteilt, ein teuflisches Gerät, ohne welches wir hier bestens zurechtkommen." Mogari wusste natürlich noch nicht, dass seine Stammesschwester Yamuna bald auch auf so eine Uhr angewiesen sein würde, wollte sie den Lebensweg mit Frank gehen, egal in welche Region dieser führen würde.

Nach dieser kurzen, aber doch sehr gehaltvollen Konversation begaben sie sich auf den Rückweg zum Hügel. Auf dem Weg dorthin konnten sie eher überraschend einen Tayra (Marder) beobachten, der sich gerade seiner Lieblingsbeschäftigung hingab. Diese beinhaltete den Diebstahl von Honig, wobei die Abelhas do reinos (wilde Bienen) protestierend umherschwirrten. Den Marder beeindruckte dies nicht wirklich und er ließ sich auch von den Männern nicht stören, die für einmal auch ein fleischbringendes Waldtier in Ruhe ließen. Recht so.

Für einmal war kein nächtlicher Regen in Sicht und deshalb konnte auf die Plane verzichtet werden. Doch auf die Hängematten durften sie nicht verzichten, denn in diesem fruchtbaren, sonnigen Gebiet wimmelte es von Schlangen. Und eine solche bemerkte Zonga sogleich dicht beim Lagerplatz unter einem Geröllhaufen. Es handelte sich um eine Grubenotter, die zur Familie der Klapperschlangen zählt. Die Schlange wurde in gekonnter Manier mit brennenden Holzteilen verscheucht. Sie durften davon ausgehen, dass diese eine nicht mehr zurückkam. Ansonsten verbrachten sie auf dem Hügel eine geruhsame Nacht ohne Zwischenfälle, sodass sie am Morgen erfreulich ausgeruht in den Tag starten konnten. Nach ihrem obligatorischen Stärkungstee aus gesündesten Kräutern begannen sie mit dem Umzug zum Fluss hinunter. Gegen Mittag war die Arbeit vollbracht und nach einem kurzen Imbiss begaben sie sich in die bereits beladenen Boote.

Beide Ufer des Flüsschens wurden von bergigem Wald eingenommen. Auf der Fahrt hinunter zum Yar, den sie nach sechs Tagen erreichten, tat sich ebenfalls nichts Außergewöhnliches. Auf dem Yar allerdings erblickten sie direkt vor sich mehrere entgegenkommende Boote, die sie versteckt im Ufergehölz liegend unbemerkt an sich vorüberziehen ließen, bevor sie selbst wieder auf den Fluss hinausruderten. Hier hatte dieser bereits eine recht große Breite. Einige mit Sträuchern und sogar einzelnen kleinen Bäumen bewachsene, im Wasser treibende Inselchen ließen sie ebenso hinter sich wie entwurzelte Bäume. Zum ersten Mal konnten sich Enrique und Jean-Claude ein Bild davon machen, wie gewaltig und gefährlich die Stromschnellen und Strudel sein können. Sie umfuhren einen der Redemoinhos mit einem Durchmesser von etwa hundert Metern, in welchem in rasendem Tanz ganze Bäume kreisten. Sollte also ein kleineres Boot, so wie ihres, in den Sog eines solchen Strudels gelangen, war es aller Voraussicht nach sowohl um das Boot als auch um dessen Besatzung geschehen. Sie begegneten noch etlichen Kanus mit Indios, die ihnen entgegenruderten. Die Freunde versteckten sich nach wie vor im Boot. Die Indios unter sich grüßten sich von Boot zu Boot, und zwar in der Art von alten Bekannten, was sie zum Teil wohl auch waren.

Für die Strecke auf dem Yar hin zum „Diamantenfluss" benötigten sie eine kürzere Zeit, als zuvor angenommen. Das verheißungsvolle Gewässer wurde gegen Abend erreicht und sogleich eine ganze Weile hinaufgerudert, damit sie von weiteren Personen, die sich auf dem Yar befanden, nicht entdeckt werden konnten. Nun war also die erste von zwei Wegstrecken, die Hinreise zu den „Kristallen", vollbracht. Mogari suchte eine zweckdienliche Bucht, an deren Ufer sich Sand, Steine, Moose und dichtes Strauchwerk befanden. Das also war der Diamantenfluss, der Tschamec, wie Mogari ihn nannte. Die Tschamecs, nach denen das Flüsschen offenbar benannt war, gehören zu den Spinnenaffen und trieben sich in ganzen Rudeln von jedes Mal zehn bis zwölf Köpfen auf den Bäumen über der Bucht herum. Von dort aus stießen sie gellende Schreie ins weite Rund der Umgebung aus. Die Affen waren kleinköpfig, ihr Schwanz war etwas länger als einen Meter, ihr Fell tiefschwarz und sie waren spindeldürr. Aber es waren friedliche, zutrauliche Gesellen, wie sie dann recht bald erfahren durften.

Legone und Mogari richteten wieder mal das Lager am eher sumpfigen Waldrand ein, während sich Enrique und Jean-Claude im Fischen übten. Sie fingen einige Cascudos und sogar einen Arapaima, auch Pirarucu genannt, welcher einen wilden Tanz am Haken aufführte. Der Fisch tauchte in die Tiefe, zerrte wie ein Verrückter an der Angelschnur, tauchte in kurzen Zeitintervallen wieder auf zur Oberfläche, um mit solcher Kraft erneut zu verschwinden, dass sich die beiden Freunde an das Geäst von Sträuchern klammern mussten, um nicht ins Wasser gezogen zu werden. Der Arapaima tauchte erneut auf und erhielt von Mogari, der durch das eigenartige, unruhige Verhalten der beiden Angler neugierig ans Ufer getreten war, einen gezielten Pfeil in eine seiner Bauchseiten; drei weitere Pfeile folgten. Endlich, nach mühevollem Kampf, wurde die Beute an Land gezogen. Der Fisch besaß eine Länge von über eineinhalb Metern und war gut 40 Kilo schwer. Was ihn in den Seitenarm verschlagen hatte, blieb den Indios ein Rätsel. Mogari meinte, im Gebiet des Orinoco und des Rio Negro gäbe es diese Fische ebenfalls und dort könnten sie über vier Meter lang werden und an die

200 Kilo auf die Waage bringen. Enrique meinte scherzhaft: „Reden wir hier noch von Fischen oder vom Säugetier Wal?" Der Fisch glänzte in einem bunten Kleid, wie sie es nicht erwartet hatten. Je nachdem, von wo ihn die Lichtstrahlen beleuchteten, wechselten die Farben auf den mosaikartigen Schuppen sowie den Flossen. Sie waren dunkelgrün, gräulich, rot und bläulich. Das mit äußerst scharfen Zähnen besetzte Zungenbein nahmen die Indios heraus, aber sie warfen es zur Verwunderung von Jean-Claude nicht weg. Nein, sie nutzten die Zahnstellung als Werkzeug, nämlich als Raspel. Das Fleisch war übrigens zentimeterdick und äußerst schmackhaft.

Alle anderen Indios waren während dieser Zeit mit ihren Blasrohren unterwegs, brachten jedoch außer einigen Kräutern und Knollen nichts Essbares von ihrem Ausflug mit. Die Urwaldtiere wird dies natürlich gefreut haben. Und wegen der einbrechenden Dunkelheit blieb ihnen keine Zeit für eine ausgiebige Jagd. Sie konnten sich aber gut mit dem Riesenfisch trösten, denn dieser reichte locker für eine ganze Kompanie. Während des Essens meinte Mogari: „Wir werden morgen sehr früh starten und bis zum Nachmittag den Fluss bis zum ersten Katarakt (Stromschnelle oder Wasserfall) hinaufrudern. Dort verstecken wir die Boote, nehmen die Sachen, die wir benötigen, mit und bahnen uns einen Weg zum zweiten Katarakt." Enriques Augen begannen schon fast zu glänzen. Endlich war es in Kürze so weit, sie hatten das Etappenziel erreicht. Er sah schon ganze Berge von Diamanten vor seinem geistigen Auge und eine Blickebene weiter hinten die Dollarzeichen.

Der Regen setzte ein, im Wald war es verhältnismäßig ruhig. Im Fluss fanden sich die gefürchteten Anguila eléctricas (Aale) und Arraias (Rochen) ein, welche auch elektrische Schläge austeilen. An den Ufern lauerten wie üblich Spitzkopfkrokodile oder Jacarès. In ihren Hängematten, die relativ hoch hingen, waren sie vor jeglichem Getier sicher, mit Ausnahme vielleicht von fliegenden Insekten.

Am Nachmittag des folgenden Tages suchten sie sich unterhalb des ersten von Mogari erwähnten Katarakts ein uneinsehbares Versteck für die Boote, deren Zustand trotz der bisherigen

Strapazen noch recht gut war. Plane, Gewehre, Blasrohre und allerlei sonstige Dinge verstauten sie in Säcken und Eimern. Die stinkigen Felle wurden zur Befriedigung von Jean-Claude und Enrique an weit ausholende Äste über den Fluss gehängt; dort kam keines der räuberischen Tiere ran. Danach kämpften sich die Männer vom Flussufer hoch zum nächsten Katarakt, dessen Rauschen schon von Weitem zu vernehmen war. Der Grund des Flusses wechselte sich abschnittsweise mit Gestein, Sand oder Schlamm. Am Katarakt herrschten Stein und Sand vor, nur die Ufer waren schlammig. Sie richteten sich ihr verkleinertes Lager unter einem riesigen Mogno-Baum her, der bereits bei früherer Gelegenheit den Rastplatz schützte, wie man gut erkennen konnte. Und auch das Einmaleins des Pfadfinders wurde sogleich eingehalten und ein Feuer entfacht.

„Seid vorsichtig, Krokodile verirren sich dann und wann bis hierher", meinte Mogari, „sie kommen oft und zahlreich vor. Wir werden zu jeder Zeit die Augen offenhalten müssen. Auf die elektrisch geladenen Aale werden wir dann morgen auch noch achten müssen. Ein solcher Stromschlag ist zwar schmerzhaft, aber wenigstens nicht wirklich gefährlich, außer jemand hat eine akute Herzschwäche." Eine solche war momentan nur bei Frank vorhanden, glücklicherweise in gesundem Zusammenhang, aber davon wusste hier ja noch niemand etwas.

KAPITEL 7

Diamantenrausch beim Wasserfall

„Morgen schon werden wir nach den Kristallen tauchen", fuhr Mogari fort, „lasst uns nun also ausruhen, es ist spät geworden und wir brauchen morgen all unsere Konzentration." Man kann es erahnen, dass Enrique fast kein Auge zubrachte. Zu sehr freute er sich auf den kommenden Tag, er war sich dennoch bewusst, dass er sich im Zaum halten musste, nicht, dass die Indios sich über den wahren Wert der Kristalle Gedanken machen würden. Nach allen möglichen Gedanken wurde dann auch er durch die sanften Regentropfen in den verdienten Schlaf gewiegt. Er räkelte sich nochmals kurz in seiner Hängematte und schon war es Morgen. Er hatte zwar fast acht Stunden durchgeschlafen, glaubte aber aufgrund der kristallenen Spannung an höchsten zwei bis drei Stunden. Egal, Hauptsache Morgen!

Bis auf den Kräutertee nahmen die Männer am Morgen keine Speise zu sich, was vor allem Jean-Claude in Erstaunen und fast etwas Ärger versetzte. Verständlich, hatte er doch extra für das anstehende Morgenmahl Fleisch von einem Tschamec zubereitet. Enrique, der Jean-Claudes Regungen bemerkte, stupste diesen an: „Mit vollem Bauch ist es für die Männer zu gefährlich, im Wasser zu arbeiten, ist doch klar, oder! Ich nehme an, sie werden erst essen, wenn eine längere Pause ansteht. Bedecke also die verlockenden Fleischstückchen, sie werden später hungrige Abnehmer finden."

Mogari bedeutete beiden, sie sollten ihm folgen und den Männern bei ihrem Tauchgang zuschauen. „Es wird euch gewiss interessieren, wie es läuft und was wir finden." Schnell verstauten sie die Fleischstücke und marschierten hinter Mogari her zum Katarakt. Sie sahen, wie Legone auf gleicher Höhe mit einem Sockel zuunterst beim Katarakt ein langes, dickes Tau, mit dessen Ende Zonga durch den Fluss schwamm, um einen starken Baum band. Auf dem gegenüberliegenden Ufer tat Zonga es ihm gleich, sodass dieses Seil straff von einem zum anderen Ufer kurz über der Wasseroberfläche gespannt war. Als sich Zonga zu Legone zurückhangelte, überprüfte er die Installation sogleich auf ihre Sicherheit. Zwei der Indios schlängelten sich über Felsen, die aus dem Wasser ragten, unter den Katarakt, wo sie von den niederrauschenden Wassermassen völlig verdeckt wurden. Zonga und Carimun befestigten je ein starkes Tau in einer Schlinge am über den Fluss gespannten Seil und knoteten sich die Tau-Enden um ihren Körper. Sie begaben sich ins reißende, relativ kalte Nass und wurden vom wild herabstürzenden Wasserfall immer wieder unter die Fluten gedrückt. Die um den Körper gewundenen Seile verhinderten, dass sie fortgerissen wurden. Langsam verschwanden sie hinter der Wasserwand, wie zuvor die anderen beiden Indios. Mogaris Blicke richteten sich auf Jean-Claude und Enrique, die mit offenem Mund und fast ohne zu atmen dem Geschehen folgten. Er klärte sie auf: „Zonga, Carimun und Legone sind die besten Taucher. Legone wird später einen der beiden ablösen und Quajajara wird unter dem Katarakt arbeiten. Wie ihr mittlerweile wohl festgestellt habt, ist das Flüsschen Tschamec nicht wirklich tief, doch hier spülte das fallende Wasser im Laufe der Zeit eine tiefe Grube in den Grund des Flusses. Auf diese kommt dann durch den fallenden Regen jeweils eine Schlammschicht zu liegen. In den Hügeln befinden sich irgendwo vereinzelt die Kristalle, von denen sich der Fluss einen Teil holt und hier in der von ihm geschaffenen Grube ablagert. Durch die verschiedenen Ablagerungen, einmal ist es der Schlamm, ein andermal herunterfallendes Gestein oder Sand, werden die Kristalle begraben." Enrique hatte sich diese Arbeit viel einfacher vorgestellt; in den Fluss waten, auf gefährliche Tiere achten und einfach mit den Händen die Steine bergen, zusammen mit Geröll und Dreck. Wie er nun sah, war das weit gefehlt. „Wie bekommen deine Männer die Steine ans Tageslicht? Doch bestimmt nicht mit den bloßen Händen? So wie ich gesehen haben, nahmen sie keinerlei Werkzeug mit." „Enrique, mehr als zwei Holzbottiche benötigen die Männer im Wasser nicht, und diese liegen seit undenklichen Zeiten zusammen mit Sieben und Schaufeln in der Grotte unter beziehungsweise hinter dem Wasserfall verborgen. Mit den Holzkübeln in den Händen tauchen sie bis auf den Grund der Flussmulde, um die Gefäße dort mit dem Gemisch aus Schlamm, Sand und Gestein zu füllen. Dies wiederum erfolgt aber tatsächlich mit den Händen. Die Eimer sind an Leinen befestigt und werden von den Männern in der Grotte festgehalten. Sobald die Taucher an den Leinen ziehen, werden die Behälter hinaufgezogen und auf dem Boden der Grotte entleert. Während die zwischenzeitlich mit ihren Köpfen aus dem Wasser lugenden Taucher mit den Bottichen erneut auf Tauchgang gehen, wird das bereits geborgene Material nach den Steinen durchsucht. Die Männer wechseln sich nach einem von mir bestimmten Rhythmus ab, bis ich das Zeichen für eine Rast gebe. Früher lagen die Steine direkt oben auf dem Flussgrund, so viele waren es. Aber das ist lange her, länger als ich schon auf dieser Erdkugel wandle. Heute benötigen wir manchmal einen ganzen Tag oder auch zwei, um nur einen einzigen Stein zu finden, ein Grund mehr, weshalb wir mehr Waren vom Führer des Lanchas verlangen." Man kann sich die Gesichter von Jean-Claude und Enrique beinahe vorstellen … ein einziger Stein an einem einzigen Tag! Sie waren bei der Abreise zwar so oder so zu euphorisch gewesen, aber mit einer so armseligen Ausbeute hatten sie dann doch nicht gerechnet, schon gar nicht in Anbetracht des bisherigen Aufwands und der täglichen Risiken. Nun gut, vielleicht hatten sie ja Glück und fanden etwas mehr Glitzersteine. Sowas von naiv, Jean-Claude und Enrique blickten sich, wie schon einmal am Ventuari, kopfschüttelnd an. Na ja, sie beide handelten schließlich nicht viel anders als der Kapitän, mit dem großen Unterschied, dass sie nicht davor zurückschreckten, die Steine gegen die verbotenen und heißbegehrten Gewehre einzutauschen.

Mogari meinte noch, dass sie an jenen Tagen, an denen nach den Kristallen getaucht wurde, für das leibliche Wohl der im Wasser arbeitenden Indios zu sorgen hätten. Den erfahrenen

Männern am und im Fluss konnten sie sowieso nicht bei der Arbeit behilflich sein. Falls kein Unwetter dazwischenkam, gedachte Mogari etwa drei Wochen hier am Fluss zu verbleiben. Und sogleich startete das Hirngetriebe bei Enrique. Drei Wochen gleich 21 Tage gleich 21 Steine, wenn jeden Tag einer gefunden wird. Dies hörte sich doch gleich etwas besser an. Man durfte wenigstens auf eine bessere Ausbeute hoffen. Also sollte es auf keinen Fall stärkere Regenfälle geben, die den Fluss in eine reißende Bestie verwandeln und das Tauchen unmöglich machen würden. Laut Mogari würde das Wasser überall von den Hügeln angestürmt kommen, er hatte es selbst schon erlebt.

Am ersten Tauchtag bedeutete Mogari den Leuten gegen Mittag, ihre Arbeit einzustellen. Er wollte seine Männer etwas schonen und die Sache langsam angehen lassen. Die Strapazen der langen Reise steckten schließlich allen noch tief in den Gliedern. Und zur Freude aller Beteiligten waren die Indios bereits fündig geworden. Sie legten Mogari zwei herrlich ins bläulichweiße übergehende Diamanten in die Hand. Dieser überreichte sie wiederum Enrique zur Begutachtung, der allerdings ebenso wenig eine Ahnung von Steinen hatte wie sein Freund Jean-Claude; trotzdem sagte er schlauerweise: „Mogari, diese Kristalle sehen recht hübsch aus, doch scheinen sie etwas mickrig, was du sicher ebenfalls schon bemerkt haben wirst. Bestimmt werden später auch größere folgen, oder?" Jean-Claude klappte sein Kiefer vor so viel Dreistigkeit fast nach unten, ihm fiel beinahe der Bratspieß aus den Händen, den er mit einem Fleischstück über das Feuer hielt. Wie ein bestrafter Hund, aus Scham zu Boden blickend, erwiderte Mogari kleinlaut: „Enrique, die Leute arbeiten erst seit wenigen Stunden, sie sind glücklich, überhaupt schon auf diese Steine gestoßen zu sein. Wir waren lange nicht hier, der Katarakt spülte zwischenzeitlich eine Unmenge an Schlamm, Erde und anderem Steinzeug auf die Grube. Es ist aber gerade deshalb anzunehmen, dass sich darin auch größere Steine befinden dürften. Wir können nichts tun, als abzuwarten, was die nächsten Tage an Ernte bringen." Enrique war zufrieden, er schien das Heft an sich gerissen zu haben, doch da platzte Mogari heraus: „Ich sagte euch bereits, dass wir manchmal nur einen einzigen der Steine pro Tag oder gar in zwei Tagen finden. Ihr braucht sie nicht zu nehmen, Gewehre haben wir jetzt genügend, die Steine wären also quasi ein Geschenk von uns, eine Art Gegenleistung – kein Tauschgeschäft." „Schon gut, Mogari, meine Frage war keineswegs als Vorwurf gemeint, ich weiß schließlich, dass ihr wegen uns viele Opfer auf euch genommen habt und auch noch weitere folgen werden, bis wir hoffentlich heil in eurem Dorf zurück sind." „Na, es hörte sich für mich aber wie ein Vorwurf an. Vergessen wir's."

Jean-Claude und Enrique verbrachten die folgenden Tage mit Fischen und weniger erfolgreich mit Jagen. Das Letztere musste zeitweilig von den geschickteren Indios übernommen werden. Diese hatten mittlerweile einige ansehnliche Diamanten aus dem Fluss geholt. Die Männer waren nun bereits eine gute Woche beim Katarakt. Enrique stellte sich manchmal die Frage, wie es denn bei den anderen Wasserfällen dieses Flusses aussah. Waren dort nicht auch Diamanten zu finden und vielleicht sogar viele mehr, da an anderen Orten wahrscheinlich noch nicht getaucht worden war? Im Moment getraute er sich aber nicht, auch noch diese Frage an Mogari zu richten. Es würde sich dann sicherlich eine Gelegenheit vor dem Aufbruch auf den Rückweg bieten; er musste die Frage einfach ganz neugierig und unverbindlich stellen, also Mogari nicht für dumm hinstellen. „Mal sehen", dachte sich Enrique.

Da es tagsüber und abgesehen von der Essenszubereitung eher etwas langweilig war, da sonst keine Arbeiten anstanden, erzählte Enrique seinem Freund Jean-Claude einige Episoden aus seinem Leben. Dazu gehörten beispielsweise die Erlebnisse mit den Ureinwohnern in den Vorbergen bei Rio oder ein eigenartiger Rausschmiss aus einer Firma. Jean-Claude horchte ganz gespannt hin, als sie während eines Jagdausflugs an einen breiten, undurchdringlichen Waldsumpf gelangten und gezwungen waren, einen Halt einzulegen. Sie setzten sich auf einen umgestürzten Baumstamm, Jean-Claude holte seinen Tabak hervor und musste im Nachhinein schmunzeln, wenn er an die Berichte von Enrique dachte.

Da war die Geschichte mit den letzten Nacktgängern im Florestal Atlantico bei Rio. Enrique verdiente sich seinen täglichen Lebensunterhalt als Cicerone, Fremdenführer, und Tradutor, Dolmetscher, bei einem großen europäischen Reisebüro an der Copacabana. Eines Tages rief ihn der Firmenleiter zu sich und fragte ihn, ob er etwas von den angeblich letzten noch vollkommen nackt lebenden Ureinwohnern im Florestal Atlantico wisse? Ein Herr aus England sei gerade angekommen, Chefredakteur der größten europäischen Nacktkulturzeitschrift, und dieser wünschte die betreffenden Ureinwohner fotografieren zu können. Er wollte also wissen, wo er diese antreffen konnte. Der Mann wollte für Hinweise gut bezahlen. Enrique schaltete also schnell, obwohl er genau wusste, dass dieser Engländer einem Märchenerzähler aufgesessen war. Es gab dort seit Menschengedenken keine Ureinwohner mehr und schon gar keine nackigen. „Ja, ich habe davon gehört, dass solche natürlich lebenden Indios weiter entfernt an einer Bucht leben sollen", hatte er seinem Boss weisgemacht. Er wollte alles in Erfahrung bringen, man sollte den neugierigen Engländer einige wenige Tage hinhalten. Schnell spürte Enrique in einer abgelegenen, bewaldeten Bucht eine größere Gruppe armer Fischer auf, die er dazu überredete, dass sie zur verabredeten Zeit ohne Kleider von der einen Seite der Bucht flugs zur anderen am Strand entlanglaufen sollten. Er versprach, ihnen vorher und hinterher eine Belohnung auszahlen. Alles lief nach Programm, der olle Engländer kam, filmte und bezahlte ihm eine ansehnliche Prämie. Die Bilder der letzten nackt lebenden Ureinwohner am Strand unweit von Rio wurden in Europa publiziert; der Chef des Reisebüros war glücklich über seinen geschickten Mitarbeiter, der mit seiner Prämie vom Engländer die Arbeit allerdings gleich an den Nagel hängte. Mit seinem Ausscheiden aus der Firma blieben auch die Nackten am Strande verschwunden.

Und dann die nachfolgende Begebenheit, die sich etwas später im Leben von Enrique ereignete. Er arbeitete als Übersetzer für Spanisch bei einem Import-Export-Unternehmen. Eines Tages fragte ihn der Boss nach dem Inhalt eines Telegramms, welches in der vergangenen Woche eingetroffen war. Enrique hatte dem

Boss, wohlverstanden ziemlich heftig, wie folgt geantwortet: „Es ist schon demütigend für mich, Tag für Tag ihren Scheißdreck übersetzen zu müssen. Wenn sie aber von mir verlangen, dass ich den auch noch im Kopf behalte, dann zahlen sie mir gefälligst einen menschenwürdigen Lohn!" Der angepisste Chef schrie ihn umgehend an, sowas Freches sei ihm noch nie untergekommen, man merke deutlich, wo er herkomme, aus einer Gegend ohne Manieren, und er sei fristlos entlassen. Enrique begann sogleich, seine Klamotten zu packen und in eine Aktentasche zu verfrachten, woraufhin der Scheißer ihn erstaunt anglotzte und meinte: „Nicht jetzt sollst du gehen, sondern erst zum Monatsende." Enrique antwortete seelenruhig: „Das hätten Sie sich ein paar Minuten vorher überlegen sollen, inzwischen haben Sie mir klar gesagt, dass ich mich als entlassen zu betrachten habe. Wenn Sie nun Ihre Meinung ändern und mich noch dringend benötigen, dann verlange ich meinen Lohn in verdoppelter Höhe, nur zu dieser Bedingung bleibe ich." Am Monatsende, als der feine Herr ihm einen Likör anbot und nach der doppelten Bezahlung meinte, dass sie doch nun wieder gute Freunde geworden seien, erklärte Enrique ihm: „Das bestimmt nicht, Señor, ich haue ab und niemals werde ich wieder einen Posten antreten, wo ich abhängig und untergeordnet arbeiten muss. Lieber werde ich zeitweilig hungern oder Bandit werden." Nun, zu hungern hatte Enrique nicht gebraucht, aber Bandit war er geworden.

Die Kette der abenteuerlichen oder komischen Geschichten, die Enrique von sich gab, riss nicht ab. Jean-Claude kam oft aus dem Lachen nicht heraus. Enrique war ein Unikum, ein „aventueiro criminoso", quasi ein (klein-)krimineller Abenteurer, der mit Amtspersonen auf totalem Kriegsfuß stand. Die Favela hatte ihn geformt, dort hatte er die beschämenden kriminellen Machenschaften von Seiten der Obrigkeiten von klein auf täglich und hautnah kennenlernen dürfen, in freiwilliger Komplexität mit den etablierten, mächtigen und reichen Gruppen, selbst in scheinheiliger Genossenschaft mit dem Pater der katholischen Kirche, der für die zuständigen Behörden dieser Favela eine traditionelle Unterstützung bei der Unterdrückung der ungebildeten Slumbewohner abgab. Gut, dass hier alles nur ein Roman ist, sonst kämen uns wohl noch Zweifel an der Kirche.

Gestern erst hatte Enrique neben Jean-Claude gesessen und diesem mit leuchtenden Augen von seiner Hoffnung auf ein besseres Brasilien erzählt. Aus ihm sprachen Träume von genügend Schulen, von sozialer Gerechtigkeit, von Arbeitsplätzen für jeden Arbeitswilligen – zu denen er allerdings nur bedingt zählte, wie seine Geschichten verdeutlichten. Er wünschte sich das baldige Ende der entwicklungshemmenden Vorherrschaft einer kleinen, besitzenden Schicht in Landwirtschaft, Industrie, Handel, Verwaltung und Politik. Zu dieser Zeit wusste Enrique noch nicht, dass es in naher Zukunft viel besser werden würde, die Schwellenländer sich öffnen würden und immerhin eine viel breitere Schicht zu mehr Wohlstand und Gleichberechtigung kommen sollte. Er hatte durch Selbststudium sein eigenes Analphabetentum überwunden und sogar Spanisch gelernt. Er war begabt, willensstark und steckte voller vernünftiger Ideen. Anderen fehlten diese Vorteile gänzlich oder sie wussten nicht, wie diese zu nutzen waren. Jean-Claude glaubte, Enrique spielte seine Rolle gut, unbewusst komisch und bewusst so, dass er immer irgendwie durchkommen würde. Der Freund erhob sich von seinem Platz auf dem Baumstamm und deutete mit seiner Hand auf einen kaum mit Augen und Nasenlöchern aus dem Sumpf lugenden Kaiman. Daraufhin nahmen die beiden die vor ihnen liegende, morastige Fläche näher in Betrachtung. Sie entdeckten eine erschreckende Anzahl von diesen unheimlichen Viechern. Schnell marschierten sie zurück zum Lager, wo sie Mogari von ihrem Erlebnis berichteten. Der hörte sich alles in Ruhe an und meinte dann: „Die Kaimane pflegen sich auf alles Lebende im und am Wasser, das sich bewegt, zu stürzen. Wir selber fangen diese Sumpfgeister manchmal mit unseren Pfeilen, die den Tieren in ihre Seiten geschossen werden. Unsere Pfeile sind so hergestellt, dass der Schaft abfällt, sobald die eiserne Spitze ins Fleisch gedrungen ist; Letztere, die mit einer Schnur verbunden ist, schwimmt dann auf dem Wasser und zeigt uns jeweils die Stelle an, wo sich der leicht verwundete Unhold im Verborgenen hält. Noch eine andere Art, uns dieser gefährlichen Räuber zu bemächtigen, wird betrieben: Wir binden ein an beiden Enden zugespitztes Holzstück an einer starken Leine um einen Baumstamm, umwickeln das Holzstück mit Fleisch und Innereien und werfen es den Echsen vor ihren Rachen. Die Kaimane verschlucken diese vermeintliche Beute und werden, nachdem sie sich ausgetobt haben, mühelos an Land gezogen. In unserem Gebiet gibt es eigentlich zwei verschiedene Arten dieser Tiere, den Brillenkaiman und den etwas größeren Jacarè, den ihr ja schon zur Genüge kennengelernt und wie ihr erzählt auch schon gekostet habt. Beide Rassen schmücken die kleinen, aufgerichteten Hörner über den Augenlidern und sie strömen den euch bekannten, unangenehmen Moschusgeruch aus."

Nach diesem Vorfall vermieden es die zwei Freunde, größere Strecken durch diesen Wald zu laufen. Nach gut zwei Wochen, in denen täglich nach den Booten und den Fellen geschaut wurde, sagte Mogari eines Morgens zu Legone: „Nimm dir genügend Taue und begib dich mit Zonga und am besten auch noch mit Carimun zu den Booten und binde sie um die stärksten Bäume, es wird ein Unwetter geben. Schnürt die Felle fester zusammen und bindet dann die einzelnen Ballen so hoch wie nur irgendwie möglich. Kommt nach getaner Arbeit sofort ins Lager zurück, wir werden uns nach oberhalb des Kataraktes hin verziehen. Haltet vor allem am buschlosen Uferschlamm die Augen offen." Die drei Indios machten sich sogleich auf den Weg, um zu tun, was ihnen „befohlen" worden war. Die übrigen Männer schleppten alle Siebensachen ein paar Stufen nach oben, einfach höher als der Wasserfall. Eine mühselige Schinderei, mit der sie noch beschäftigt waren, als die drei von den Booten zurückkehrten. Gemeinsam zogen sie dann noch die schwere Plane hinauf zu den anderen Dingen. Enrique und Jean-Claude konnten von einem nahenden Unwetter nicht das Geringste spüren oder sehen. Der Tag war wie gewohnt warm, klar und ohne den leisesten Windhauch, genau gleich also wie alle anderen Tage zuvor. Die Hängematten und die Plane wurden ein gutes Stück vom Katarakt entfernt, tiefer im Wald, an starken Ästen befestigt, da nach Mogari auch Überschwemmungen bevorstanden. Enrique war natürlich wieder mal neugierig geworden, er fragte Mogari, wieso er vom anrückenden Unwetter wusste, es war doch in keiner Weise etwas Außergewöhnliches zu bemerken. „Enrique, die Luft kitzelt wie elektrisch meine Haut, sie knistert. Der mehr als sonst erfrischende Geruch des Waldes und jener, welcher vom Fluss herüber an meine Nase schwebt, ist schwer und drückend geworden. Ich vermisse die gellenden Schreie der Affen ebenso sehr wie den Gesang von Vögeln. Mach deine Augen auf, dann wirst du gerade in diesem Moment sehen, wie sich das Krokodil dort weiter als gewohnt ins Gestrüpp bis hinein in den Wald begibt. Auch dieses fürchtet die reißenden Gewalten der Wasser, die sich ergießen werden. Haltet so schnell ihr es vermögt die Fische und das Fleisch über das Feuer, für eine Weile wird es unser einziger Proviant sein. Am besten ihr richtet noch ein oder zwei Feuerstellen her."

Während Mogari und Legone die hochgebundenen Lagerbestände auf ihre Sicherheit hin überprüften und da und dort die Stricke etwas nachzurrten, versuchten die übrigen Männer, bis auf Jean-Claude und Enrique, welche alle restlichen Fisch- und Fleischstücke über die Feuer hielten, noch den einen oder anderen Fang zu machen. Jean-Claude bemühte sich vergebens, einen Fisch aus dem Wasser zu ziehen. Die Flussbewohner blieben merkwürdigerweise spurlos verschwunden. Auch die Jäger kamen ohne eine Beute aus dem Wald zurück. Immerhin hatten sie einige Frösche auf einen Stab gespießt. Diese wurden sofort ausgeweidet, gewürzt und ebenfalls über das Feuer gehalten. Bald war das Team von Dunkelheit umgeben. Man legte die übrig gebliebenen Leckerbissen in Holzbottiche und band diese ebenfalls an hohe Äste über den Hängematten. Jean-Claude und Enrique kannten bald alle Geheimnisse und Tücken des tropischen Regenwaldes und sie fürchteten ihn eigentlich nicht mehr, auch nicht die bösen Geister ihrer Indiofreunde in den dunklen Dickichten, aus dem die beiden sich auch während der Nacht bedenkenlos die saftigen Mangofrüchte und Abacaxis, Ananas, holten. Geister – überall, auch in der realen Welt – werden in der Fantasie der Indios immer ihren Platz behalten. Wohl auch deshalb, weil es für sie keinerlei Konflikt zwischen der paradiesischen Einfachheit des Daseins und den zivilisierten Wirrnissen der Moderne gibt, die ihnen völlig unbekannt sind.

Natürlich hatte Mogari wie immer recht, und niemand hatte daran gezweifelt. Schwere Gewitterwolken hatten sich zusammengebraut, erste Blitze durchzuckten für Sekunden die Dämmerung und der Regen setzte früher als üblich ein. Die Männer kletterten eiligst in ihre Hängematten und sahen im letzten Schummerlicht noch das eine oder andere Krokodil das Weite suchen. Wind kam auf, das Unwetter brach mit aller Gewalt über sie herein. Krachender Donner, unterbrochen von grell leuchtenden Blitzschlägen, brach sich, mehrfach verstärkt, an den Felsen der Hügel. Einige der Männer rauchten Zigaretten, deren Tabak anstatt mit einem Stück Papier mit einem Blatt der wild wachsenden Tabakspflanze umwickelt waren. Sie schienen diese Wetterkapriolen nicht zu interessieren. Orkanartige Böen jagten ihr schauriges Geheul wie Totengesänge durch den Wald. In den Kronen der Baumriesen stöhnten die Äste, Zweige brachen, blieben beim Herabfallen im Laubwerk hängen, um dort irgendwann zu vermodern, neu auszuschlagen oder später doch noch bis ganz nach unten zu fallen. Die einzelnen Bäume zeigten sich in den Blitzlichtern als dämonenhafte Gestalten. Den zwei Flüchtigen wurde begreiflich, dass ihre Freunde von Waldgeistern überzeugt waren, glaubten sie doch selbst schon, sie befänden sich im größten Suppentopf der Hölle.

Kein Leben war um sie herum mehr zu erkennen. Bis auf den infernalischen Donner, das wilde Rauschen und Glucksen des anschwellenden Flusses, das Geknarre der Bäume und das Singen des Sturmes war es totenstill. Es schien, als wäre der Herrgott geflohen und hätte bei seinem Abschied die Erde dem Teufel vermacht. Die ganze Nacht über hielt das Unwetter an; Enrique und Jean-Claude hatten zwei ähnliche alleine schon durchgemacht.

Am Morgen war vom Waldboden nichts mehr zu erkennen. Die ersten toten Tiere trieben auf dem dreckigen Wasser unter ihnen dahin, blieben an Sträuchern hängen oder wurden ruckartig unter die Oberfläche gezogen. Sturm und Regen hatten zwar nachgelassen, aber nicht aufgehört, die Gewalten machten lediglich eine Verschnaufpause. Die Männer angelten sich vom tags zuvor gebratenen Fleisch und Fisch ein wenig aus den Bottichen, um sich einigermaßen zu sättigen. Danach befestigten sie ihre Plane noch stärker und richteten von ihrer Hängematte aus alles her, was durch den Sturm zerzaust worden war. Der Tag blieb in Dämmerlicht getaucht und nachmittags wurde der Regen erneut stärker, um gegen Abend alle Wasser der Amazonasströme über den Wald zu schütten. Der orkanartige Sturm war ebenso stark wie in der Nacht zuvor, wenn nicht gar gewaltiger. „Ein Vorgeschmack auf das jüngste Gericht", sinnierte Jean-Claude. Er meinte, er würde – sollte er je aus ihm herauskommen – nie wieder einen Fuß in den Urwald setzen, den er nur als Hölle kennengelernt hatte. „Enrique, im Grunde läuft es auf dasselbe hinaus, ob wir durch Schüsse der Schergen ums Leben kommen, ob wir verhungern oder verdursten, von giftigen Schlangen, großen Ameisen, Krokodilen oder Onças gebissen oder gefressen werden. Suchen wird uns sowieso niemand, weil man uns hier nicht vermutet. Und so wird es auch im gegebenen Falle von keinem Menschen einen gespendeten Trost für unsere Seelen geben. Sollte aber je einer von unserem Tod erfahren, wird dieser freudig lächeln, sobald er vernimmt, dass wir uns nicht lange herumgequält haben, so makaber sich dies auch anhören mag." „Was redest du wieder mal für einen dunklen Quatsch? Aber auch wenn es so wäre, wie du sagst, wer sollte jemanden davon in Kenntnis setzen? Hier gibt es keinen Berichterstatter." „Hast recht, Freund, lassen wir also das traurige Kapitel." Kaum war dieser letzte Satz ausgesprochen und eigentlich das Schlafen geplant, öffnete sich ein äußerst trauriges Kapitel dieser Diamanten-Reise.

Der Knoten am Ende eines der Halteseile, jener von Quajajaras Hängematte, hatte sich vom Geäst des einen Baumes gelöst, sodass Quajajara mit einem lauten Schrei ins modrige Wasser platschte. Es war zu finster, als dass die übrigen Männer etwas hätten erkennen können, sie hörten eben nur den Schrei und das Aufklatschen im Wasser. Tief unter sich im Wasser vernahmen sie, wie er sich, wilde Verwünschungen ausstoßend, prustend aus dem Moder erhob und nach der herunterbaumelnden Hängematte fahndete. Die Männer über ihm, in den sicheren Schlaftüchern, feixten herum und gaben, wie es kleine Kinder zu tun pflegen, schalkhaft gutgemeinte Ratschläge. Trotz Erfahrung hatten sie den Ernst der Lage wohl komplett falsch eingeschätzt und lustig war die Situation von Quajajara definitiv nicht. Immer noch Ratschläge erteilend, wurden sie von durch alle Knochen gehenden Schreien in die Realität versetzt und durch lautes Geplätscher aus ihrer Neckerei gerissen. Die Männer hielten ihren Atem an, die Schreie dauerten nur einige Augenblicke. Mehrmaliges Schnappen, dem Klatschen gleich, wie wenn man ein breites Brett aufs Wasser schlägt, danach Schnaufen, Grunzen und Schlucken waren bis zum nächsten Donner zu hören. Als dieser sich dann in der Ferne verlor, war es unten im Wasser, bis auf einzelne Geräusche, die an einen im Schilf verfangenen Fisch erinnerten, unheimlich still geworden. Es gab Quajajara nicht mehr, eines der Krokodile hatte ihn sich geholt. „Wir können nichts Anderes tun, als darum bitten, dass er gut bei seinen Ahnen aufgenommen wird. Morgen in der Früh, sobald es hell genug geworden ist, versuchen wir, die Bestie zu töten, das sind wir ihm schuldig", sagte Mogari mit grenzenloser Trauer in seiner Stimme. Keiner der Männer erwiderte etwas darauf, alle lagen mit Schockstarre in ihren Matten. Angst umgab sie, waren denn ihre Knoten fest genug? Im Dunkeln wussten sie es nicht. Jeder musste also hoffen und am besten möglichst ruhig liegen bleiben, um das Risiko zu minimieren. Nur keine unnötige Bewegung, welche die Stabilität des Seils gefährdete. Die restlichen Nachtstunden wurden zum Grauen, die Hölle hatte sich vollends aufgetan, als das ohrenbetäubende und grelle Schreien eines Tschamecs zu ihnen drang. Dieser war aller Wahrscheinlichkeit nach ebenfalls mit dem Wasser in Berührung gekommen und beschloss sein Leben wohl auch im Bauch eines der Krokodile. Den Geräuschen nach befanden sich mindestens zwei der gefräßigen Monster unter ihnen. Enrique und Jean-Claude überprüften, wie wohl auch alle übrigen Männer, die Befestigungen ihrer Hängematten und klammerten sich unbewusst an deren Maschen fest, aus Angst, ebenfalls zur Futterquelle für die Krokos zu werden. Für die beiden war nach diesem Vorfall klar, dass mit der Diamantensuche Schluss war. Nach dem Unwetter würden sie umgehend die Heimreise zum Dorf antreten. Keiner von ihnen brachte mehr ein Auge zu. In einen schockartigen Zustand versetzt, warteten sie mehr oder weniger geduldig auf die Morgendämmerung, welche sie dann auch nach endlosen Stunden, völlig verkrampft und gerädert, in Empfang nahm. Keiner von ihnen besaß die Kraft oder den Willen, den anderen in die Augen zu sehen. Vielmehr richteten sie ihre Blicke nach unten auf die morastige Wasseroberfläche über dem Waldboden. In der unmittelbaren Nähe, zwischen dem herunterhängenden Geäst, glotzten ihnen die gierigen Augen eines bis zur Hälfte im Wasser verschwundenen Spitzkopfkrokodils entgegen. Wie sie dann mit erneutem Schaudern bemerkten, war dieses Ungetüm nicht allein, zwei weitere Tiere glitten langsam, beinahe lautlos, auf Beute lauernd unter ihnen hinweg. Der Platz unter den Hängematten schien für die Reptilien so verlockend, dass sie es vorzogen zu bleiben, anstatt sich verendete, auf dem Fluss dahintreibende Tiere einzuverleiben. Dies bedeutete wohl, dass Menschenfleisch für sie einen besonderen Leckerbissen darstellte, vielleicht eine vitaminreiche Abwechslung. Enrique zog sein geladenes Gewehr aus einem der festgezurrten Säcke und flüsterte Jean-Claude zu, es ihm gleichzutun. Beide Männer legten auf je eines der Tiere an, als Mogari ihnen umgehend Einhalt gebot. „Wir werden die Mörder zuvor mit gebratenen Fleischstückchen ködern, sie stürzen sich dann zu dritt darauf, sodass für uns eine Chance besteht, alle drei auf einmal zu erledigen." Auch Mogari hatte seine doppelläufige Rossi, Calibre 22, hervorgezogen. Die ersten Fleischbrocken platschten ins Wasser, durch die Tiere ging ein ungeheuerlicher Ruck, sie verharrten für Sekundenbruchteile, dann schossen sie wie aus einer Kanone geschossen auf die Stelle zu, woher sie die Geräusche vernahmen. Das zwischen den Ästen des Aranha-Gato-Busches liegende Reptil erwachte aus seinem Dämmerschlaf und ruckte mit dem Kopf aus dem Wasser, als es seine bissigen Kollegen zuschnappen hörte. Sogleich war es, wie von Mogari vermutet, blitzschnell zur Stelle. Dieses Exemplar war merklich dicker, wenn auch nicht länger als die anderen zwei. Dies ließ leider den traurigen Schluss zu, dass bei diesem Monster der treuherzige Quajajara verborgen war und auf seine Himmelfahrt wartete. „Enrique, das ist mein Untier, erledigt ihr die zwei anderen", flüsterte Mogari. In kurzer Reihenfolge belebten sechs Schüsse die Flussregion. Zwei der Tiere wurde durch Treffer im Augen- und Bauchbereich der Garaus gemacht; sie würden definitiv nicht mehr lange überleben. Die andere Echse wurde durch Mogari ebenfalls schwer verwundet, sie versuchte aber, sich ins Unterholz zu flüchten. Legone und Mogari sprangen ins Wasser, dem fliehenden Tier nach, und schlugen wie von Sinnen mit ihren Macheten auf das Opfer ein, bis dessen Leben der Vergangenheit angehörte. Mogari und seine Begleiter schienen überhaupt keine Angst vor diesen Kolossen zu haben, was daran liegen mochte, dass in Ländern, wo die Natur so gewaltig und furchtbar erscheint, der Mensch beständig gegen Gefahren gerüstet sein muss. Im Endeffekt ist aber nicht die Natur furchtbar, sondern nur der Mensch selbst, da er selten eine Chance gegen solche Gewalten hat, ohne Waffen sowieso nicht. Mogari hatte einst erzählt, wie ein Mädchen des Dorfes sich selbst aus dem Rachen eines Krokodils befreit hatte, indem es dem Tier seine Finger in die Augen gedrückt hatte. Die Waldbewohner gehören zu den Menschenrassen, in denen Gewöhnung an leibliche Not die geistige Kraft steigert. Indios, die sich wie ihre Freunde zuvor keiner Feuerwaffe bedienen, greifen die Urviecher hautnah an.

Wieder krachten zwei Schüsse, Jean-Claude rief: „Mogari, aufgepasst, hinter euch ist noch ein Krokodil." Abermals aus Schüssen von Enriques Gewehr getroffen, bäumte sich der Körper eines Krokodils aus dem Wasser. Mogari schenkte auch diesem Tier den überfälligen Feierabend seines verruchten Lebens. Alle anderen Männer waren zwischenzeitlich aus ihren Hängematten gekommen. Während sie gemeinsam die Gegend nach weiteren Tieren absuchten, erschlugen sie auch mehrere Schlangen, die sich vor den Fluten ins niedere Gebüsch zu retten versuchten.

Es regnete ununterbrochen weiter, doch hatten sich wenigstens die Gewitter und der Sturm gelegt. Die Männer wateten durch den Morast bis zu einigen dicken Aruera-Bäumen in der Nähe vom eigentlichen Flussufer. Vom herunterstürzenden Wasser des Katarakts mitgerissen, verfingen sich zuunterst bei der Grotte entwurzelte Bäume, Gestrüpp, verendete Tiere und solche, die sich verängstigt an irgendein Holz oder einen Fels klammerten, um nicht auch den Tod in den Fluten zu finden. „Solange der Regen anhält, ist leider an einen Aufbruch nicht zu denken. Am Yar wird es ganz ähnlich aussehen wie hier. Es wird uns somit unmöglich gemacht, im Fluss gegen die reißenden Fluten zu rudern, zumal man die eigentlichen Ufer nur erahnen kann", sagte Mogari bestimmt. Jean-Claude stupste Enrique an: „Meinst du, es wird erneut beginnen zu stürmen?" „Ne, Jean-Claude, das Unwetter ist vorüber, ich meine sogar, es wird bald aufhören zu regnen. Wir müssen uns jedoch solange gedulden, bis wir relativ gefahrlos den Rückweg passieren können." Nach einer kurzen Denkpause fügte er an: „Weißt du, Jean-Claude, im Grunde bin ich recht froh darüber, dass wir uns zurück zum Dorf aufmachen. Mogari wird uns genug Steine geben, sodass wir mit denen, die wir bereits besitzen, alle drei ausgesorgt haben. Ich muss auch immer öfter an Frank denken. Was wird mit ihm sein? Ist er wieder völlig hergestellt? Er wird uns sicher sehnsüchtig zurückerwarten." Richtig, aber nicht nur deswegen, er wollte auch seine große Liebe vorstellen, und damit mussten die Steine auch für vier Personen ausreichen. „Letzteres denke ich auch. Im Übrigen sprichst du mir aus dem Herzen, ich wollte das Thema nicht anschneiden, da ich nicht wusste, wie du darauf reagieren würdest. Die Steine schienen dich alles andere vergessen zu lassen."

„Stimmt, Jean-Claude, ich wähnte mich sogar schon im wachen Zustand ein reicher Scheich zu sein, dem die Badeschönheiten von Ipanema in Scharen nachlaufen und die Halbwelt von Rio zu Füßen liegt. Die Knöpfe meiner First-Class-Kleidung, meine Uhr, meine Ringe, ja selbst meine Zähne, alles war mit Diamanten besetzt. Die Jahre der Armut in der Favela mit viel Schmutz und traurigen Verbrechen waren in meinen Wachträumen vorbei. Ich baute meiner Familie herrschaftliche Häuser mitten in der Favela. Es ist also schon gut, wenn wir zurückfahren, sonst hätte mich vielleicht noch der psychische

Wahnsinn gepackt." „Mein Freund, auch ich war dem Wahn sehr nahe, nur dass meine Träume und Gedanken im Wechsel standen. Mal sah ich Frank umringt von den allerliebsten Indioschönheiten, wovon eine so anmutig war, dass ich sie geistig auf eine meiner Leinwände malte." Jean-Claude war unterbewusst offensichtlich auf dem richtigen Weg in Bezug auf Frank. „Dann wieder stand ich mit meinen Gedanken vor dem blinden Krüppel, der neben mir eingesperrt in seinem Loch hockte und dessen tote Augen mich anklagten, obwohl ich ihn ja überhaupt nicht kennengelernt habe. Erlebtes wurde nur allzu oft vom Ersehnten verdrängt und oft ließ mich dies schweißgebadet aufschrecken, nur damit ich mich dann im halbwachen Zustand von der einen auf die andere Seite drehen durfte und letztlich doch keinen richtigen Schlaf mehr fand. Bald werden die Bilder des zerfleischten Quajajara dazukommen. Ich denke auch, wir sollten einen Abgang von hier machen und eiligst ins Dorf zurückkehren."

Die Männer machten sich daran, jedem der Krokodile ein Loch in den oberen Rachen zu bohren, durch welches starke Seile gezogen wurden, um die Viecher an Bäumen festzubinden. Solange der Waldboden unter Wasser stand, kam es nicht in Frage, den Kadavern die Bäuche aufzuschlitzen, um nach dem in ihnen verschwundenen Indio zu fahnden oder die Reptilien gar von ihren Häuten zu befreien. Allein der Geruch von Blut und anderem mehr würde weitere Echsen anlocken. Es war so oder so eine eigentlich unnötige Schinderei, die sie also auf einen Zeitpunkt nach der Überschwemmung verschoben. Zudem war das Fleisch so großer Tiere ohne jegliche Bedeutung; es wurde nur in allergrößter Not verzehrt.

Noch drei Tage verbrachten sie in diesem Lager, die meiste Zeit davon in ihren Hängematten am oberen Wasserfall. Dies hatte auch etwas Gutes, denn eine Erholung vor der Rückreise war durchaus von Vorteil. Immer wieder geschah es, dass weitere Krokodile sich ihren Weg unter den Liegeplätzen der Männer bahnten. Die Gegend war ein wahres Paradies für Urzeit-Gesellen, denn hier konnten sie sich ohne nennenswerte Feinde – außer Menschenvolk – ausgiebig satt fressen.

Dann endlich war der Tag gekommen, an dem es die Männer wagen konnten, den Booten und den aufgehängten Fellen einen Besuch abzustatten. An viel Zerstörung vorbei gelangten sie zum unteren Wasserfall. Einen Caraja (schwarzer Brüllaffe) und einen starkleibigen, wollig behaarten, langgliedrigen Muriqui (Spinnenaffe) sahen sie, in völlig unnatürlicher Weise, tot aneinandergeklammert, zusammen mit ertrunkenen Cacajaos (schwarzköpfige Schweifaffen), Goatis, Tatus und einigen Capiwaras, vom dornigen Dickicht festgehalten in einer Einbuchtung angeschwemmt. Ein scheußlicher und trauriger Anblick, vom Gestank gar nicht zu reden.

Die Blicke der Männer wurden in die Richtung gelenkt, aus der helle Kehlschreie, Trillern und klägliche Pfeiftöne erklangen. Eine kleine Gruppe von Seidenäffchen hatte sich auf ein ausgerissenes, inmitten des Flusses verkantetes Gebüsch gerettet, sodass die geschwächten Tierchen außerstande waren, sich ohne jedwelche Hilfe vom reißenden Gewässer fortzubringen. Es war diesmal kein schrecklicher, aber ein erbarmungswürdiger Anblick, die verängstigten Affen auf den dünnen Zweigen über den gefährlichen Fluten zu sehen. Aber die Kleinen ließen sich, trotz der Gefahr ins Wasser zu fallen, nicht so ohne Weiteres ergreifen und retten. Sobald ihnen eine rettende Hand hingestreckt wurde, fingen sie noch verrückter zu schreien an und verzogen sich bis auf die äußersten Spitzen der Zweige am hinteren Stammende. „Enrique, am besten wird es sein, wir versuchen das ganze Gestrüpp aus dem Wasser zu ziehen. Es wird höchstwahrscheinlich einfacher und für die Äffchen gefahrloser." Alle sieben Männer, zu einer Reihe verkettet, taten, was Mogari ihnen geraten hatte, und so zogen sie den Strauch aus dem alles mit sich reißenden Fluss. Am Ufer sprangen die ersten zwei Äffchen mit einem kühnem Sprung auf den tief hängenden Zweig eines kleineren Baumes. Andere wollten es ihnen gleichtun, doch vor Schwäche fielen sie ins Wasser. Dies hatten die Indios jedoch vorausgeahnt, weshalb sie sich unterhalb des Strauchwerks aufgestellt hatten, um die Tiere aus dem Wasser zu fischen. Auf diese Art wurden die ansonsten lustigen Kerlchen zu den anderen zwei auf den Zweig des Busches gesetzt, wo sie sich mit ihren kleinen Händchen festklammerten. Jean-Claude war es, als bemerke er etwas Dankbares in ihren Blicken, was sehr wohl angehen mochte.

Die Männer fanden die Boote zwar umgekippt, aber ansonsten, so schien es nach einer oberflächlichen Untersuchung, waren sie heil geblieben, es fanden sich auf den ersten Blick keine Schäden. Die Häute und Felle hingen genauso fest an den Ästen der Bäume, wie sie dort von ihnen angebracht worden waren. Der einzige große Unterschied bestand im Gewicht, die Fellballen waren nun sehr schwer, weil vollständig durchnässt. „Wir werden jetzt den Reptilien die Bäuche aufschlitzen, um Quajajara würdig beerdigen zu können. Danach machen wir uns an die Arbeit mit der Enthäutung. Und wenn auch dies erledigt ist, werden wir fahren", bestimmte Mogari. Sie machten sich also wieder auf den Rückweg zu den Hängematten. Auf dem Waldboden begannen bereits die ersten kleinen Kriechtiere zu krabbeln. Die Kadaver der Krokos begannen bereits mächtig zu stinken, sodass die Männer nicht umhinkamen, sich während der Arbeit Tücher vor Mund und Nase zu binden. Es war ekelerregend, die schlaffen, dick aufgeblähten, in Verwesung übergehenden Leiber anzusehen. Nach einigem Verweilen bei den Ungeheuern wurde den beiden Freunden übel.

„Mogari, benötigt ihr unbedingt diese stinkigen Häute, die zudem die Boote recht schwer belasten und einigen Platz rauben werden? Bei euch in der Gegend um den Ventuari und den Orinoco gibt es doch eine reichliche Zahl von diesen Echsen. Wie ich mir denke, wird die Arbeit auch längere Zeit in Anspruch nehmen. Diese Zeit könnten wir besser nutzen, um uns gegenseitig von den Sanguessugas, Blutegeln, zu befreien." Seit Beginn des Unwetters wurden alle Männer von diesen lästigen Blutsaugern heimgesucht, die sich tief in die Haut saugten und oft fingerdick waren. Nur unter Schmerzen und mit Mühe konnten sie von der Haut gelöst werden. Doch dies schien Mogari nicht zu interessieren. Er blickte Enrique in die Augen, um dann mit Eiseskälte, aber traurigem Unterton in seiner Stimme zu sagen: „Das ist wohl wahr, zu bestimmten Zeiten wimmelt es in unserer Gegend von diesen Tieren. Aber nicht von *diesen*, Enrique! Wir werden die Teufel enthäuten, die unseren Freund verschlangen, und ihre Häute mit ins Dorf nehmen." Das war ein endgültiges Wort, das keinerlei Widerrede zuließ. Von den Blutegeln war keine Rede.

Mit am Felsgestein geschärften Messern machten sich die Indios also an diese mühsame Arbeit. Zuerst öffneten sie dem vermeintlichen Menschenfresser den Leib. Als der sensible Jean-Claude die zerfleischten Teile des gefressenen Indios sah, drehte er sich um und kotzte sich die Seele aus dem Leib. Es braucht nicht wiedergegeben werden, in welchem Zustand sich der entseelte Quajajara im Bauch des Reptils befand. Ein jeder wird wissen, dass es angenehmere letzte Ruhestätten gibt. Aber auch zwei weitere Tiere hatten Gefallen am Indio gefunden, bei einem wurden das linke Bein und der zerfetzte Kopf, beim anderen das rechte Bein und ein Arm entdeckt. Als dann alle Reste des toten Freundes geborgen waren, begruben seine Stammesbrüder diese in einem ordentlichen Grab im Waldboden. Den Indios war keinerlei Trauer anzusehen, doch sie verhielten sich merkwürdig still, was ebenso viel ausdrückte. Wie mechanisch trennten sie geschickt die schweren Häute von den Leibern der Tiere, die immerhin etwa vier Meter maßen. Sie verrichteten ihre Arbeit so gekonnt, dass sie im Nachhinein kaum noch Fleischreste von den Häuten zu entfernen brauchten. Trotzdem stanken diese wie die Pest. Mühselig schleppten sie danach ihre gesamten Sachen hinunter zu den Booten, immer in der Gewissheit, dass im Hinterhalt noch der eine oder andere „Feinschmecker" lauerte.

Zum Erstaunen der Männer turnten die geretteten Äffchen recht erholt noch auf den Ästen herum, auf welche sie gesetzt worden waren. Enrique, der solche Äffchen aus Brasilien kannte, wo sie Micos genannt werden, legte alsbald einige Fleischstücke und aufgeschnittene Früchte hinauf in die Zweige. Diesmal ohne die geringste Furcht zu zeigen kamen sie im direkten Sprung und unter gellend hellem Kreischen angeklettert und hockten sich um den gedeckten Tisch. Sie waren derart ausgehungert, dass sie natürlich versuchten, sich gegenseitig die Häppchen aus den Fingerchen zu stehlen. Enrique wiederholte seine gute Tat, die ihm vieles verzieh, mit anderen süßen Früchten so lange, bis die kleinen Wichte die Gaben gesättigt liegen ließen und sich höher in die Äste verzogen. Neugierig beobachten sie von ihrem Aussichtsposten aus die weiteren Bewegungen der Männer.

Die Einbäume wurden zu Wasser gebracht, das zwar noch reißend, aber gut befahrbar schien. Bald war alles Material inklusive allen Fellen und Häuten verstaut. Es wurde ein schmerzlich stummer Abschied vom Diamantenfluss Tschamec, auf dem sie jetzt abwärts trieben. Das Boot von Legone war etwas weniger beladen, da sich nur noch drei Männer darin befanden und es somit stromaufwärts schwerer zu rudern war. Nur wenige Stunden wurden benötigt, um wieder in den Yar zu gelangen, den es diesmal ebenfalls aufwärts zu rudern galt. Plötzlich kam ein Lancha auf die schwer im Wasser liegenden Einbäume zu. Sofort versteckten sich Enrique und Jean-Claude wie gehabt. Es war ein Handelslancha. Einige für die zwei Freunde unverständliche Worte wurden gewechselt, dann bemerkten sie unter ihrer Plane, wie Taue zum Lancha rübergeworfen wurden, welches sie dann im Schlepp hinter sich stromaufwärts zog. Das Lancha steuerte einen Handelsposten an, der sich kurz vor der Stelle befand, an der sie auf der Fahrt zum Tschamec vom Tatupoju in den Yar stießen. Der Handelsposten befand sich auf der gegenüberliegenden Seite des Flusses. Wie konnte Mogari nur so leichtsinnig sein? Wie sie dann später von ihm hörten, wurde er vom Abstecher des Kapitäns des Lancha selbst überrascht; von der Existenz dieses Handelspostens hatte er keine Ahnung gehabt, eine Station, direkt vor dem Ort Macujer gelegen.

Mogari rief den beiden zu, sie könnten aus ihrem Versteck kommen, von diesem Posten würde keinerlei Gefahr drohen, da viele der dortigen Indios seine eigene Sprache, nur im Dialekt anders, sprachen. Klar, Mogari hatte ihnen erzählt, sein Stamm sei vor Urzeiten in dieser Gegend ansässig gewesen, und da mögen wohl einige der Stammesbrüder hier hängengeblieben sein. Im Übrigen war mit dem Militär nicht zu rechnen. Diese Herren blieben nach so einer Überschwemmung lieber mit ihrem Arsch in den eigenen vier Wänden im Trockenen. Am Ufer des Handelsplatzes wurden gerade aus breiten Lanchas eine

Menge zusammengeschnürte Ballen entladen. Aus schmalen Einbäumen und Kanus von Indios kamen unzählige Fischkörbe und Berge tropischer Früchte hinzu. Dann lagen da, wie hätte es bei Menschen auch anders sein können, erlegte Krokodile, gefesselte Schildkröten und bunte Vögel in Käfigen aus dünnen Bambusstäben. Affen schrien, Papageien und Piriquitos (Wellensittiche) kreischten, selbst Schlangenfreunde konnten sich ihre Reptilien aussuchen. Dann waren da noch Maniocwurzeln und Gemüse, Hühner, Schweine und Ziegen sowie vielerlei Tongeschirr. Am Rande des Treibens, schon fast wie ein Tumult wirkend, stand eine Gruppe Fischer, die Matrosen der Lanchas; viele in langen, weißen, bis unter die Knie aufgekrempelten Hosen, manche in Shorts, andere wieder in Kapitänsuniform. Die meisten aber waren Indios mit nackter Brust, dann folgten Mischlinge in den unterschiedlichsten Hautfärbungen, einige wild und sogar tätowiert. In ihrer Mitte zeigten Besatzungsmitglieder der Lanchas – Capoeira-Kämpfer – ihre Meisterschaft. Capoeira ist ein Sport des brasilianischen Nordostens, einst ein Kampfspiel im afrikanischen Angola, woher es die damaligen Sklaven in die neue Welt mitbrachten. Hier wurde es zu einem akrobatischen Wettstreit zweier Burschen, die auf ihren Händen balancierend mit den Füßen nach dem Gegner ausschlagen, ohne den jedoch treffen zu dürfen. So machen beide Kämpfer zu der besonderen Musik mit den nachgebauten Instrumenten afrikanischer Herkunft – Berimbau (Musikbogen), Caxixi (Rassel aus Bast), Reco-Reco (Rhythmus-Instrument) und Pandeiro (Rahmentrommel mit Schellenkranz) – ruckartige und stoßende, teils weit ausschwingende Kurven mit ihren Beinen und Füßen. Die Bewegungen der beiden Kontrahenten erfolgen im Rhythmus der Musik. Jeden Augenblick meinte Jean-Claude – Enrique kannte den Sport ja schon aus Brasilien –, der Gegner müsse hart getroffen zu Boden stürzen. Doch die Gegner machten immer eine letzte unterwartete, elegante Biegung des muskulösen Körpers, um den Stoß haarscharf an sich vorbeizulenken. Manchmal drehten sich die gelenkigen Leiber nur auf einer Hand, weil der andere Arm eine Bewegung der Balance ausführte, um die Gewalt eines Stoßes aufzufangen. Schnell waren die athletischen Gestalten in glitzerndem Schweiß gebadet, doch die Musikanten feuerten sie immer wieder zu neuem Spiel an. Jean-Claude dachte bei sich: „Capoeira ist vielleicht der schönste Sport auf unserer Erde, in puncto Eleganz mit nichts zu vergleichen." Vor dem Kreis des „fachkundigen" Publikums, das seine Teilnahme durch lebhaftes Mienenspiel und laute Zurufe zum Ausdruck brachte, saßen Kinder, die später auf dem Ufersand ihre eigenen Künste erprobten. „Gute Capoeiristas sind bewunderte und begehrte Liebhaber der Mädchen", meinte Enrique. Jean-Claude erweiterte seine Gedankenspiele: „Aha, so bekommt das Spiel auch noch eine erotische Komponente."

Sie tranken „Leite de coco" aus aufgeschlagenen Nüssen, also feine, frische Kokosnussmilch, und sie blickten von den Booten aus über die schillernde Fläche des breiten Flusses, auf dem nahe und etwas weiter entfernt Kanus und Lanchas dahinzogen. Scharen von Wasservögeln schwammen auf dem leicht trüben Wasser, welches durch die starken Regenfälle bräunlich gefärbt war. Hier und da flogen einige Vogelverbände gruppenweise dem mattblauen Himmelszelt entgegen.

Jean-Claude betrachtete Enrique genauer. Da stand dieser junge Mann mit dem prächtig geformten Kopf, seinen breiten Schultern, der grenzenlosen Lebenslust und damit verbunden der großen Hoffnung auf einen glücklichen Abschluss des Abenteuers mit Erfüllung vieler verschiedener Sehnsüchte. Was mochte er gerade denken? Aus seinen Augen strömten Zuversicht und Trauer zugleich, Augen und Mund wirkten lebenshungrig und zeigten Willensstärke. Doch da und dort fand sich auch eine kleine Sorgenfalte. Doch genau dadurch wirkte er für Jean-Claude vertrauenswürdig. Ein kluger, dabei stolzer, aber einsamer Mensch stand vor ihm, ein Wolf, der seine Chance wahrzunehmen suchte.

Die Indios bedankten sich bei dem Kapitän des Lancha; er war ein Indio wie sie, der sie vergebens dazu aufforderte, sich erneut an sein Boot zu hängen, da er weiterwollte. Mogari erklärte dem Mann, dass sie noch etwas bleiben wollten. Man verabschiedete sich im besten Einvernehmen und freundlich voneinander, wahrscheinlich verbunden mit der Hoffnung, sich am nächsten Ort wieder zu begegnen. Sie selber hatten es nicht mehr weit, bis sie ungesehen den Tatupoju hochfahren konnten. „Enrique, ich wollte verhindern, dass dieser Mann erfährt, wo wir abzweigen werden. Ein großartiger Mann, der Kapitän, der sein Gewässer kennt, aber er hat euch gesehen. Allen Untiefen und Stromschnellen wich er geschickt aus; nur einer, der den Fluss ständig befährt, beherrscht dieses Handwerk."

Die Männer begaben sich nach einer Weile des Ausruhens und wohl auch nach einigem Erstaunen von Anwesenden, die vergeblich auf ein Geschäft hofften, zurück in die Boote. „Mogari, unter der Plane wimmelt es von Maden." „Keine Bange, die tun euch nichts, sie hängen in den Fellen und Häuten. Wir werden die Boote im Tatupoju dann richtig reinigen." Es stimmte, diese Würmer waren zwar unangenehm ekelhaft, aber solange sie genügend Kadaverreste und stinkige Häute vorfanden, war es knapp erträglich.

An der Mündung des Tatupoju suchten sie sich den ersten Rastplatz an einer Einbuchtung. Sie vertäuten die Boote, gingen jedoch wegen dem unbeschreiblichen Moder, den die Überschwemmungen verursacht hatten, nicht an Land, sondern beschlossen, die Nacht über in den Booten zu bleiben. Einige bereits gebratene Fischreste wurden kalt verzehrt. Enrique und Jean-Claude rümpften erneut ihre Nasen. In der Einbuchtung war es zu allem Übel windstill, der Gestank, den Felle und Häute verströmten, eroberte zwangsläufig die feinen Nasen der Männer. Es roch so widerlich, dass den beiden kein Fischfleisch schmecken wollte. Die Maden krabbelten bereits gekonnt ihre Beine hoch. Mogari schmunzelte, er hatte die zwei beobachtet, ihm jedoch schien der Gestank nichts auszumachen. Er sagte zur allgemeinen Beruhigung: „Morgen werden wir die Boote samt den Waren reinigen, aber heute ist es definitiv zu spät dafür, gleich wird es dunkel. Bindet euch bis morgen Tücher um eure empfindlichen Nasen." Jeder versuchte sich so bequem wie irgendwie möglich hinzulegen. Trotzdem taten ihnen am nächsten Morgen sämtliche Knochen weh. Der Boden eines

Einbaums war eben nicht mit einer Hängematte zu vergleichen. Wegen dem Morast waren sie dazu gezwungen, die Ladung des einen Bootes in das andere umzuladen. Danach wurde das entleerte Boot von einer Seite aus unter das Wasser gedrückt, damit der Fluss die Maden und sonstiges Ungeziefer herausspülte, um die Prozedur mit der anderen Seite zu wiederholen. Mehrere Male wurden so die Seiten gewechselt, bis Mogari zufriedengestellt war. Jetzt gingen sie daran, den ersten Ballen mit Fellen zu öffnen. Der Gestank, den eine Jauchegrube verbreitet, war gegenüber dem hier mit dem Duft aus einer Parfümerie zu vergleichen. Jeder, auch die Indios, band sich ein Tuch vor die Nase. Die Felle wurden gegen die Bootswand geschlagen, wobei ein Großteil der widerlichen Würmer aus seinen Behausungen fiel. Mit Wasser versuchten sie dann die letzten „Kriechlinge" aus den Häuten und Fellen zu vertreiben. Nachdem die ersten Ballen so bearbeitet waren, wurden sie erneut mit Pflanzensäften bearbeitet, zusammengeschnürt und in Legones Einbaum gelegt. Ballen für Ballen wurde auf diese Weise behandelt, eine mühselige Schinderei. Nun war das Boot von Mogari an der Reihe. All dies hatte Stunden gedauert, sodass sie beschlossen, noch eine weitere Nacht an diesem ruhigen Landeplatz zu verbringen. Wer wusste schon, ob sie in der kurzen Zeit bis zur Dämmerung gleich einen ebenso geschützten Platz fanden?

Jean-Claude und Enrique nutzten die Ruhezeit, um sich gegenseitig die Bärte zu stutzen, während ihre Indiofreunde, bei denen der Bartwuchs nicht so stark ausgeprägt war, Fische fingen. Ein gewisser Gestank aus den vielen Ballen drang zwar immer noch zu ihnen, doch er war bei weitem nicht mehr so streng und es kamen keine Schwindelgefühle mehr auf. „Gottesstrafe für unsere Gier nach Diamanten", murmelte Jean-Claude vor sich hin, und als ob Enrique die Worte hatte verstehen können, fragte dieser: „Jean-Claude, meinst du nicht auch, es wäre angebracht, für die weitere Rückreise ein Paar Aves vom Stapel zu lassen?" „Ohne dass du's bemerktest, habe ich das schon getan. Ich hatte ein ungutes Gefühl, so als würde etwas Unvorhergesehenes auf uns zukommen. Vielleicht ist mit Frank etwas nicht in Ordnung?" „Über Frank mach dir keine unnötigen Gedanken, wegen dem brauchst du dir keine grauen Haare wachsen zu lassen, der ist bei den Dorfbewohnern gut aufgehoben. Erinnere dich an deine Furunkel zurück, Indios sind wahre Hexenmeister in ihrer Heilkunde. Denke lieber daran, dass wir uns mit den jetzt gefundenen Steinen und jenen im Beutel alle drei zur Ruhe setzen können. Wirst sehen, es wird nicht mehr lange dauern und wir hocken mit unseren angefressenen, dicken Ärschen, von Weibsbildern umringt, in 'ner Kneipe an der Copacabana und lassen die Tassen tanzen." Enrique lachte und haute dem Freund seine große Pranke auf die Schultern. „Magst recht haben, Enrique, trotzdem bleibe ich skeptisch. Die Aves wirken vielleicht irgendwann auch gar nicht mehr. Ich habe 100 davon versprochen, falls uns die Flucht gelingen würde, noch sind wir aber nicht frei. Der Urwald hält uns, wenn auch durch unser eigenes Verschulden wegen den Steinen, noch immer gefangen. Die Gier nach den Diamanten ließ uns die Gefahr, in der wir immer noch schweben, verniedlichen. Wir hätten im Dorf unserer Freunde auf die Gesundung von Frank warten und uns mit den Klunkern im Beutel begnügen sollen. Dann wären wir sicher längst dieser Hölle hier entronnen. Und zudem haben wir ja auch noch die wenigen Schätze aus dem Urwald-Tempel und vielleicht könnten wir diesen irgendwann noch vollständig ausräumen, sofern uns niemand zuvorkommt. Von den Aves habe ich bereits viel mehr als die versprochenen 100 heruntergeplärrt. Die da oben werden sich verspottet vorkommen." „Du sollst die Aves doch nicht plärren, das sagte ich dir doch bereits, das wird nämlich zweifellos verübelt und bleibt wirkungslos. Gib sie wie ein Priester von dir, auf so einen stilvollen Gesang geben die ‚droben' etwas. Der Priester kommt nicht so rüber wie ein Türsteher aus'm Bumslokal, der die Leute unglaubwürdig anmacht, um eintreten zu können." „Du bringst Vergleiche", lachte Jean-Claude.

Der Regen hatte bereits auf der Fahrt vom Tschamec zum Yar aufgehört und blieb weiterhin aus – woher sollte das Wasser auch kommen? Der Himmel war offensichtlich restlos ausgelaugt. Wegen der auftretenden Stechmücken hielten die Männer das Feuer in Gang, die Einbäume lagen längsseits vertäut im Wasser, sodass der Qualm beiden Booten zugutekam.

Die Nacht war warm, beinahe schwül, der Himmel sternenklar, doch da der Mond sich hinter den hohen Baumwipfeln versteckte, blieb es ziemlich dunkel. Morgen in der Früh würden sie diesen reißenden Tatupoju hochrudern. Es würde eine mehr als anstrengende Fahrt werden. Sechs Tage hatten sie ihn zuvor befahren, um von ihm in den Yar zu gelangen. Es würde diesmal mehr als doppelt so lange dauern, bis sie an den Punkt gelangten, von welchem aus sie die Fahrt auf ihm begonnen hatten.

Sie ließen eine kleine, verträumt daliegende Bucht hinter sich, in der sie zwei der vielen Nächte auf den Flüssen und Strömen verbrachten, und genossen den herrlichen Blick das Felsgestein entlang, welches die Bucht begrenzte, hin zum großen, unendlich erscheinenden Wald mit seinen vielen tödlichen Bedrohungen. Und weiter ging ihr Blick über den Fluss, mit den von bunten Blüten betupften Büschen auf den vielen Halbinseln, nebst den Bäumen auf den bewaldeten Hängen, bis hin zum felsigen Vorgebirge der östlichen Cordelheiras im Hintergrund, ein malerisches Bild, doch Jean-Claudes Vorahnung sollte in nicht allzu fernen Tagen ein anderes, düstereres Bild zeichnen.

Sie ruderten mit all ihrer Kraft gegen die starke Strömung an, um die Boote einigermaßen vorwärts zu bringen. In der Ferne türmten sich gegen Nachmittag gewaltige Gewitter mit fantastischen Wolken und den gewohnt asymmetrischen Blitzschlägen. „Nicht schon wieder", stöhnte Jean-Claude, dem beim Anblick dieser Naturgewalten jeweils ganz anders zu Mute war. Sie befanden sich inmitten des Flusses, als der Himmel wieder mal seine Schleusen öffnete. Wie aus Kübeln goss es auf die Erdkugel herunter und damit auch auf die Männer in ihren Einbäumen. Der Niederschlag füllte ihre Boote und so mussten die erneut Gestraften mit all den ihnen zur Verfügung stehenden Schöpfgefäßen versuchen, das Wasser aus den Fahrzeugen zu bringen. Aufkommende Winde mit orkanartigen Böen ließen die schmalen Einbäume erzittern, die armen Gestalten darin bangten um ihr Leben. Hier im gebirgigen Teil Amazoniens herrscht stets die Natur und die ist fast immer wild und urwüchsig. Dies auch während der heißen Tagen und Wochen, in denen man keinen Luftzug verspürt und die sengende Glut der Sonne das Laub der Bäume fahlgrau werden lässt. Das Unwetter verzog sich glücklicherweise ebenso schnell und überraschend, wie es aufgetaucht war; man kannte dies im Urwald zur Genüge. Und schon tat sich wieder ein blauer, wolkenloser Himmel auf. Das Szenario fesselte die Betrachter, die allerdings noch mit den Nachwirkungen des vorangegangenen Urwaldgewitters zu tun hatten. All ihrer Energien beraubt, ruderten sie wahllos das nächstbeste Ufer an, wo sie jedoch erschrocken in ihren Booten verharrten. Überall waren Krokodile, wo sie auch hinblickten. Auf der relativ schnellen Fahrt flussab hatten sie auf der Hinreise zum Tschamec nicht mitbekommen, wie arg es auch im Tatupoju vor Spitzkopfkrokodilen wimmelte, oder sollten die Tiere sich erst nach der Überschwemmung hier zusammengefunden haben? Jetzt erblickten sie die unheimlichen Gesellen alle Augenblicke dabei, wie sie durch das Wasser glitten.

Seit Längerem traten die hügeligen Hänge weiter vom Ufer zurück und machten wieder einem sumpfigen, stellenweise auch sandigen Grund Platz. Dort sahen sie eine bedeutende Anzahl der Urtiere regungslos, die Kinnladen aufgesperrt, nebeneinander liegen. Beim genaueren Betrachten des Uferstreifens erkannten sie, dass sich eine Unmenge der Tiere nur mit den Augen und der Schnauze herausragend im Schlamm begraben hatten. Diejenigen Krokodile, die sich in den trüben, wilden Fluten befanden, schwammen selbst gegen die reißende Strömung schnell und gewandt an. Ist ja klar, haben die Tiere doch eine gewaltige Kraft. Capivaras, die in Rudeln ins Wasser zu gehen pflegen, waren ihre ausgemachte Beute, da diese keinerlei Waffen zur Abwehr hatten. Oft verfolgten die Krokodile ihr angepeiltes Opfer noch eine gewisse Strecke auf dem Lande; hier waren dann die Capivaras allerdings wieder im Vorteil. Während der Nacht begeben sich Krokodile fast immer ins Wasser, da es dort sogar meist etwas wärmer ist als auf dem Trockenen, und vor allem windstill. Die Männer ruderten zurück in die Mitte des Flusses, an eine Rast auf dem Lande war unter diesen Umständen nicht zu denken. Jetzt kamen ihnen sogar die bewaldeten Hänge viel höher vor, gerade so wie dunkelgrüngraue, nichts mehr freigebende Gefängnismauern.

Sie benötigten beinahe zehn volle Tage für die beschwerliche Fahrt, während welcher sie sich nicht mehr ans Ufer wagten. Sie planten also oben auf dem Hügelkamm, wie schon mal, eine ausgiebige Rast ein. Der geschlagene Pfad hinauf war bereits zum Teil wieder zugewachsen und verwuchert, aber immerhin noch gut erkennbar. Bevor sie sich daranmachten, die vielen Sachen und die Boote hinaufzuschleppen, was dann mehrere Stunden in Anspruch nahm, schlugen sie sich eine breitere Schneise.

Mogari spannte gemeinsam mit Enrique und Legone die Plane auf, um dann die Feuerstelle herzurichten. Sie hatten vor, zwei Tage zu bleiben, um in dieser Zeit den Weg hinunter zum Pecari herzurichten. In der Ferne sahen sie von letzten Sonnenstrahlen erfasst den Serra Otare. Den Pecari würden sie flussabwärts rudern, wie bald alle der noch zu befahrenden Flüsse. Es konnte eigentlich kaum noch etwas schiefgehen. Jean-Claude dachte an die von Zonga erschlagene Grubenotter und schaute, einen langen Stab in der Hand, unter dem Geröll und dem Wurzelwerk nach, um die dort allenfalls versteckten Schlangentiere zu verjagen.

Auf dem Hügel war es angenehm kühl, was hieß, dass sie von Steckmücken so gut wie verschont bleiben würden. Von der elenden Schlepperei ermüdet, suchten die Männer frühzeitig ihre Hängematten auf, wo sie die Nacht über von wirren Träumen begleitet wurden. Nur Enrique schien nicht davon befallen worden zu sein, sein Atem ging ruhig und gleichmäßig, wie das eintönige Ticken einer alten Standuhr aus Großmutters Zeiten. Jean-Claude schreckten grauenhafte Bilder vom zerfleischten Quajajara hoch, er klammerte sich an den Saum seiner Hängematte und es dauerte eine geraume Zeit, bis er begriff, wo er sich jetzt befand. Schlaftrunken schaute er zu seinem Kameraden und glaubte im schummrigen Licht, ein Lächeln in dessen Gesicht zu erkennen; wahrscheinlich träumte er schon wieder von seinen „lebensrettenden" Diamanten. „Mein Gott, was ist das für ein Mensch? Den kann wohl kaum etwas erschüttern. Selbst sein schreckliches Erlebnis mit der Sucuri scheint der längst vergessen zu haben." Jean-Claude war nicht ohne Bewunderung für so eine starke Natur mit einer derart beherrschten Art. Er hatte sich aufgerichtet und bemerkte bei genauem Hinsehen anstatt des vermuteten Lächelns einen gequälten Ausdruck in Enriques Zügen. Dieser Ausdruck ließ ihn zwar sinnlich, aber dennoch um Jahre gealtert erscheinen. Ja, auch Enrique gingen trotz seiner Ruhe so manche in Frage gestellten Dinge durch den Kopf. Jean-Claude schämte sich ein wenig darüber, dass er nicht so voller Lebensmut und Abgebrühtheit steckte, er einfach zu viele der menschlichen, weichen Stellen besaß. Er wusste, seine eigene Erscheinung strahlte eine traurige Resignation aus, die nicht einmal ganz verschwand, wenn er zu lächeln versuchte.

Aus einem Teil des Waldes schrie eine Coruja (Eule), Nachtfalter gaukelten über die Hügelkuppe, hinunter vom Flickenwald zur grünen Hölle des Pecaris. Mordedors, in der Hoffnung auf einen herzhaften, hungerstillenden Biss, flatterten aufgeregt im Zickzack vor der Plane zwischen dem Baum umher. Eine neugierige Coati-Mutter mit ihrem Jungen durchwühlte ohne Scheu einen Ballen der zuvor zusammengeschnürten Felle nach Essbarem. Ist schon ein verflixter Kampf aller Tiere, die stetige Nahrungssuche. Sie hatte die Stricke, welche den Ballen zusammenhielten, durchgebissen. In menschenleeren Gebieten, wie es dieses war, zeigen die wenigsten Tiere eine angeborene Scheu vor dem Menschen, solange er ihnen nicht nachstellt.

Jean-Claude ließ die Goati-Mutter gewähren, er war den stinkenden Fellen sowieso nicht sehr angetan. Er befand Coatis als anmutige Tiere, ähnlich den Waschbären, und betrachtete das Muttertier etwas genauer: Seine dichte, ziemlich lange, aber nicht zottige Behaarung bestand aus straffen, groben, glänzenden Grannen, die sich am Schwanz verlängerten, dazu aus kurzen, weichen, etwas krausen Wollhaaren, welche auf Rücken und Seiten zu sehen waren. Oberhalb des Körpers war die Grundfärbung rot, grau und braun, zur Unterseite ging sie ins Gelbliche über; Stirn und Scheitel waren in etwa gelblich-grau, ihre Lippen weiß, die Ohren hinten bräunlich-schwarz, vorn gräulich-gelb. Ein runder, weißer Fleck fand sich über jedem Auge, ein anderer am äußersten Winkel und zwei unter dem Auge. Ein weißer Streifen lief längs der Nasenwurzel hinab. Der Schwanz war abwechselnd braungelb und schwarzbraun geringelt. Vom

Morgengrauen bis zum späten Abend erfasste die Tiere eine rege Tätigkeit, alles musste genauestens nach Essbarem untersucht werden, so wie eben gerade die Fellballen. Bei Gefahr erkletterten sie Bäume bis hinauf in die höchsten Wipfel. Dabei standen sie den Affen um kaum etwas nach, so wie es Jean-Claude aktuell erleben durfte. Mogari war unter der Plane hervorgetreten. Zu Jean-Claudes Erstaunen blickte er in keiner Weise erbost auf die auseinandergezerrten Felle am Boden, sondern schaute den Fliehenden mit einem Lächeln im Gesicht hinterher. Dann bemerkte Mogari, dass er von Jean-Claude beobachtet wurde. Dieser war eigentlich nur deswegen aus seiner Hängematte geklettert, um Mogari davon abzuhalten, die Tiere zu töten. „Mogari, das sind die allerliebsten Geschöpfe, auch wenn sie soeben den Ballen dort aufgerissen haben, um nach Essbarem zu suchen. Du wirst sie nicht verfolgen und töten, oder?" „Nein, das werde ich nicht machen, die zwei Coatis sollen am Leben bleiben. Wäre die Alte allerdings ohne ihr Junges, würde auch ihr Fell in einem der Ballen verschwinden."

„Wieso kommt das Tier mit seinem Jungen nachts anmarschiert, wo sie doch in der Regel am Tag umherwandern, kannst du mir das erklären?" „Klar doch. Coatis haben eine sehr feine Nase. Die werden hier in der Nähe geschlafen haben und durch den Geruch, den unsere Speisen verströmten und den die Felle hervorbringen, angelockt worden sein. Zudem ist es aktuell nicht sehr dunkel und sie können genügend erkennen. Heute Früh werden wir die verstreuten Felle wieder einsammeln. Nun lass uns wieder unsere Schlafplätze aufsuchen." Nach einem letzten Blick hoch zum Baumwipfel zu Mutter und Kind stieg Jean-Claude in seine Hängematte zurück, in deren Tiefe er müde geworden die Augen schloss. Er fand leider keinen tiefen Schlaf, nein, die letzten Stunden der fortgeschrittenen Nacht verbrachte er in einem halbwachen Zustand. Er war froh, als der aufglühende Morgen die Nacht verdrängte.

Die Coatis waren, während die Männer in ihren luftigen Betten lagen, vom Baum herabgeklettert und verschwunden. Die herumliegenden Felle wurden eingesammelt und neu verschnürt. Nach einem ausgiebigen Frühstück und einem erfrischenden Bade im Quellwasser des Tatupoju – wo ausnahmsweise einmal keine bissigen Wassertiere umhertauchten – zogen sie gemeinsam los, um die notwendige Schneise durch den Wald für den Transport der Boote und der vielfältigen Gepäckstücke begehbar zu machen. Hier entströmte endlich wieder der betäubende Blütenduft des Dschungels, den sie seit Tagen vermissten. An den bisher felsigen Hängen und dem von Geröll zerrissenen Wald gab es diesen Geruch leider nicht oder höchstens in sehr geringem Maße. Die Schneise, die sie sich vor mehr als einem Monat hier geschlagen hatten, war noch knapp zu erkennen. Primär musste sie von schnellwachsenden Lianenpflanzen befreit werden. Diese wachsen nun einmal unendlich schnell. Ihr ehemaliger Lagerplatz war von einer feuchten Dreckschicht bedeckt. Es blieb ihnen nichts Anderes übrig, als sich noch etwas höher und tiefer in den Wald hinein zu begeben, wo es festen Boden gab. Im Gebiet um den Vaupé hatten demnach ebensolche Überschwemmungen stattgefunden. Es schien fast, als hätte der liebe Gott gleich den gesamten Urwald zu einem Ozean umfunktionieren wollen. In den Bäumen tollten die lieblichen Kapuzineräffchen herum; das „Flöten" und meckernde Gelächter ließ auch die anderen Baumtiere lebhaft bleiben. Eine sehr fröhliche, ausgelassene Stimmung umgab also die „Kristallsucher". Eine paradiesische Flora und Fauna auf der naturbelassenen Erdoberfläche. Hätte man nicht diverse Sorgen und Probleme zu bewältigen gehabt, wäre alles einmalig schön, entspannt und unvergesslich gewesen.

„Nachdem es viel einfacher war, bis hierher zu gelangen, schneller als ich angenommen hatte, meine ich, sollten wir bereits jetzt mit unserem Umzug beginnen. Bis zum Anbruch der Dämmerung könnten wir's bereits geschafft haben, der zeitliche Rückstand wäre auch wieder wettgemacht", sagte Mogari. „Wir werden als Erstes die schwereren Boote herschaffen, dann, nach dem ersten Transport des Gepäcks, bleiben Jean-Claude und ich wieder hier, um die Plane zu spannen und alles Erforderliche einzurichten. Also, lasst uns eilen, vielleicht bleibt sogar noch etwas Zeit, um etwas Köstliches zu erjagen." Mogari hatte recht; weshalb den Tag vergeuden? Nach dem schrecklichen

Tod von Quajajara zog es ohnehin alle mit sehnsüchtiger Gewalt ins Dorf zurück. Die Vorfreude auf ein hoffentlich positives Wiedersehen mit Frank war riesig und das Liebesverhältnis mit Yamuna würde diese Freude noch potenzieren.

Zu viert trugen sie je einen der Einbäume von der Hügelkuppe bis zum neuen Lagerplatz am Pecari, und dies, ohne ein einziges Mal auf der Strecke zu verharren oder das Boot gar abzustellen. Alles lief nach Plan. Bevor sich Jean-Claude und Mogari an ihre Arbeit machten, wurde wie gewohnt der Lagerplatz nach unerwünschten „Gästen" abgesucht, tierischen oder auch zweibeinigen. Der Platz entsprach einer Lichtung, weshalb es wegen der fehlenden Bäume ringsherum nicht ganz so finster war. Trotzdem mussten sie natürlich Acht geben, denn es war durchaus mit unliebsamen Überraschungen zu rechnen. Die Tiere des Waldes konnten nach der Überschwemmung jederzeit an ihre angestammten Plätze zurückkehren. Proviant und Handelsware wurden gesichert. Einzig die Mahlzeit war für einmal wieder etwas kläglich; einige schnell gefangene Cascudos boten nicht das gewünschte Gourmet-Menü.

Durch den Umstand, dass alles den Hügel hinuntergetragen werden konnte, war der Transport wie erhofft zeitig beendet. Somit konnte man es für den Rest des Tages etwas relaxter angehen. Jean-Claude und Enrique machten sich zum Flussufer auf, um ein wenig zu fischen. Sie entschieden sich für eine Einbuchtung, in welcher weit über die Ufer hinausragende Gestrüppzweige ins Wasser ragten. An solch verdeckten Plätzen konnten sie auf den „riesigen" Arapaima hoffen, dessen Fleisch es ihnen besonders angetan hatte. Die Indios machten sich mit ihren Blasrohren auf den Weg, nachdem einige frische Pfeile präpariert worden waren. Man wollte mal sehen, was sonst noch zu fangen war, um auf dem Speisezettel zu erscheinen.

Die beiden Freunde harrten einige Zeit an der besagten Bucht aus, fingen aber keinen Arapaima. Immerhin aber mehrere Piaus und auch Piranhas, bei denen es sich auch um sehr gut schmeckende Fische handelte. Doch plötzlich wurden sie von lautem Geschrei hochgeschreckt, das sich wie ein langgezogenes „girrrrk" anhörte. Nochmals ein lautes Kreischen, dann Stille.

Die beiden blickten sich an, solche Schreie waren ihnen in der doch schon recht langen Zeit hier im Dschungel noch nie zu Ohren gekommen. Sie konnten sich nicht erklären, welches Tier dieses laute Schreien von sich gab. „Gehen wir zurück zum Lager, wir haben ohnehin schon genug ‚Fischiges' aus dem Wasser gezogen", sagte Enrique. Schnell waren die gefangenen Fische aufgespießt und das Angelgeschirr zusammengelegt. „Vielleicht werden wir von Mogari erfahren, was es mit dem Geschrei auf sich hat", meinte Enrique mit fragendem Tonfall. Im Lager erblickten sie Zonga und Furaru, die neben den erhofften Sumpfhühnern einen Fischotter erlegt hatten. Die beiden waren gerade dabei, wieder etwas zur Vergrößerung der Fellballen beizutragen. „Wie zum Geier haben die den Otter erlegen können?", fragte Enrique. „Das sind doch äußerst scheue Tiere, die den Menschen bereits aus 100 Metern Entfernung ausmachen und sich entsprechend schnell verkriechen." „Nur nachdem sie den Menschen kennengelernt haben, werden sie scheu, Enrique. Nur wenn sie dieses bösartige Menschenwesen und seine Gefährlichkeit erfahren haben, verstecken sie sich in ihrem Bau, sodass es schwerfällt, ihn dort herauszulocken oder überhaupt aufzuspüren. Dieses Tier hier ist der Unaufmerksamkeit zum Opfer gefallen. Es saß am Wasser und verzehrte in Ruhe einen Fisch. Und in dieser Pose wurde er von einem Pfeil getroffen. Armes Tier, aber wir müssen uns in Gottes Namen hier auch irgendwie ernähren. Nur Früchte und andere vegetarische Lebensmittel genügen uns einfach nicht, obwohl, sterben würden wir aufgrund einer hundertprozentigen Tierliebe auch nicht. Auf jeden Fall, die letzten Schreie dieses Erdgenossen waren es, die auch das Flussufer kurzzeitig erzittern ließen." Auch die Indios brachten noch dies und das von ihrem Beutezug mit, sodass sie für die kommenden Tage gut mit Fleisch versorgt waren. Scheiße war einzig, dass es durch die diversen neuen Felle auch wieder von verdammten Maden wimmeln würde. Aber da mussten sie wohl durch, die Gegenleistung wären ja dann Diamanten, die ihnen ein sorgenfreies Leben garantieren sollten. Hoffentlich täuschten sie sich da nicht, immerhin war noch rein gar nichts gewonnen. Da es heute nur den gewöhnlichen, sich auf den Wald ergießenden

Regen gegeben hatte, beschlossen sie, gleich am kommenden Tag wieder weiterzureisen. Es war eine der ruhigen Nächte, mit den üblichen Waldgeräuschen einer tollen Artenvielfalt. Und anstatt Fernsehen oder Kino bot ihnen vor dem Einschlafen ein Cuchumbi etwas Unterhaltung. Er turnte mit all seinen halsbrecherischen Künsten durch die Äste und vollführte einige gewagte Sprünge, ein lustiger und talentierter Zeitgenosse aus der Garde der Turner. Er sah irgendwie fast ein wenig wie ein Clown aus mit seinem gestreckten, aber plumpen Leib, seinen kurzen Beinen und dem kleinen, aber dicken, kurzschnauzigen Kopf, aus welchem mäßig große Augen die Männer neugierig betrachteten. Ein sehr flinkes Tier mit starken Krallen an den Füßen. Jean-Claude betrachtete das recht zutrauliche Tier mit einem Wickelschwanz wie von einem anmutigen Kobold sowie einer weichen, samtartigen und glänzenden Behaarung. „Diese Tiere sind völlig harmlos und werden oft gezähmt, dann sind sie folgsam wie ein Hund", meinte Mogari, und nachdem er in Jean-Claudes Gesicht geschaut hatte, fügte er hinzu: „Er wird am Leben bleiben, keine Sorge, Jean-Claude, wir brauchen sein Fleisch und Fell nicht unbedingt. Du brauchst also nicht um sein Leben zu fürchten." Dieser blickte Mogari dafür dankbar an. Man sollte, wie erwähnt, solche und alle anderen im Prinzip lieben Tiere schlicht und einfach überhaupt nicht töten. Niemand gibt uns eigentlich das Recht dazu, aber der Mensch nimmt sich dieses einfach heraus. Und ein Kampf zwischen Mensch und Tier ist ja sowieso meist absolut unfair. Müsste ein Menschlein ebenfalls nur mit seinen körperlichen Waffen, also Händen, Füßen und Zähnen, kämpfen, es muss nicht erwähnt werden, wer diesen Kampf gewinnen würde. Selbst körperlich kleinere Tiere mit starken Beißerchen und messerscharfen Krallen oder eben gefährlichen Giftdrüsen sind dem schwachen Menschenwesen um Längen überlegen.

Im Morgengrauen trugen sie die Boote zu Wasser. Die Plane war zusammengelegt und folgte den Fellen als erstes Ladegut. Jean-Claude sorgte unauffällig dafür, dass die neuen Felle im Boot von Legone verstaut wurden, was von dem Indio, der es wohl bemerkte, mit einem Lächeln hingenommen wurde. Aus einem der Holzkübel wurde noch eine Schlange entfernt, die sich den Bottich zum Ruheplatz ausgewählt hatte. Immerhin wurde sie von der Machete verschont und durfte so ohne menschliche Bedrohung in schnellen Windungen das Weite suchen. Bald waren sie bereit für die nächste Etappe ihrer Rückreise. Mogari hob noch kurz und verabschiedend seine Hand gegen den Serra Otare, dann ging es in rasanter Fahrt dem Vaupé entgegen. Sie wussten um die Stromschnellen und einzelne Untiefen. Vorbei an dahintreibenden Inseln kamen sie äußerst schnell voran. Gegen Mittag erglühte das Wasser im Fluss in Rosarot und Violett, manchmal von stahlgrauen oder blauen Streifen durchzogen; das waren dann die Schatten der gewaltigen Urwaldriesen, die ihren Stamm samt Ästen auf das Wasser zeichneten. Ein Gefühl der Unbeschwertheit erfasste die Männer, doch dies sollte sich alsbald ändern.

Um wieviel anstrengender war die Reise flussaufwärts gewesen, unablässiges Rudern hatte sie ausgelaugt, die oft letzten Kraftreserven hatten angezapft werden müssen. „Warum bloß mussten diese ‚blöden' Kristalle auch so weit entfernt sein", dachte sich Jean-Claude so nebenbei. Wie auch immer, anstatt der zwei Tage, die sie damals für die Strecke benötigt hatten, reichte jetzt der angebrochene Tag, wenngleich bis nach dem Dunkelwerden, um sie in den Vaupé zu führen. Dieser Fluss war dann, heute wie vor einigen Wochen, einer der Gefährlichsten. Er wurde sehr rege befahren und man wusste nie, mit wem man das Vergnügen haben sollte. Sie steuerten in die Flussmitte und auch hier ging die Fahrt zur Freude der Armmuskeln flussabwärts.

Während der Nacht befürchteten sie von Menschen in entgegenkommenden Kanus nichts, weil sie zwar als Menschen in Booten zu erkennen waren, aber ansonsten mit der Dunkelheit verschmolzen blieben. Für die Dauer einer Mahlzeit banden sie ihre Boote zusammen. Mogari hatte Fleisch vom Kapuziner-Affen zubereitet und dazu einige Fische gebraten.

In den Morgenstunden erreichten sie bereits den wilden Mordedor, dessen gefährliches Bett, für einmal wieder flussaufwärts, Schwerstarbeit bedeutete. Sie suchten sich im Jacarè-verseuchten Uferdickicht eine geeignete, schützende Stelle, an der sie den Tag über auszuruhen gedachten. Auf den Schlammbänken wimmelte es wieder mal von kleineren und größeren Urtieren, sprich Echsen. Es blieb also auch diesbezüglich ratsam, in den Booten zu bleiben. Auf ein Feuer musste trotz der Millionenheere von blutsaugenden Stechtierchen verzichtet werden. Der Rauch hätte von vorüberziehenden Männern wahrgenommen werden können.

Die Gewissheit, dass die hörbar schnappenden, lautlos durch das Wasser gleitenden Echsen nur darauf warteten, ihrer habhaft zu werden, ließ keinen der Männer auch nur ein Auge zutun. Einige der Tiere stießen sogar des Öfteren an die Boote, was bei den Männern das Schwitzen noch verstärkte. Jean-Claude sah sich dazu veranlasst, einige Stoßgebete herunterzuleiern. Abends, es war noch einigermaßen hell, sahen sie zu, diese unheimliche Stätte zu verlassen. Man durfte die Krokodile nie auch nur im Geringsten unterschätzen. Mit verstärkter Absicht hätten sie einen solchen Einbaum durchaus zum Kentern bringen können. Also ruderten die Männer gegen die relativ starke Strömung. Beide Ufer waren in dunkle Pflanzenmauern gehüllt. Die Ruderer benötigten beinahe eine volle Woche, um bis zum ersten Wasserfall zu gelangen. Nicht ein einziges Mal setzten sie während dieser Zeit die Füße aufs Land. Einerseits sahen sie immer wieder das Heimatdorf vor Augen, schließlich hatten sie langsam genug von diesen dauernden Strapazen, andererseits waren die Uferzonen nicht dazu geeignet, dort anzulegen oder gar ein Lager aufzubauen.

Am Wasserfall fand sich das Dickicht zwar auf weichem und vollgesaugtem, aber zumindest festem Waldboden. Die Schneisen, die sie auch hier geschlagen hatten, bedurften kaum einer neuen Bearbeitung, was der Motivation keinesfalls abträglich war. Immer Ausschau nach versteckt liegenden Tierchen haltend, schleppten sie ihre Siebensachen zum Ufer oberhalb des Wasserfalls. Noch zwei dieser Katarakte waren zu bewältigen, wovon der Letzte wegen der Höhe am schwierigsten war. Endlich befanden sie sich unter dem Sawari-Nussbaum. Es wurde nur das Nötigste für das Nachlager eingerichtet. Jean-Claude beobachtete misstrauisch die Baumkronen, an welcher diesmal aber keine Fledermäuse zu sehen waren. Doch die Blattnasen waren nicht weit, sie kurvten um die naheliegenden Felsen.

Am nächsten Morgen trugen sie dann alle Utensilien zum kleinen Seitenarm, der sie gleichentags noch in den Danta bringen würde. Sie befanden sich erneut im Quellgebiet eines Flusses. Auch wenn die Fahrt in diesem Fluss zügig mit ziemlichem Tempo vonstattenging, konnten sie es dennoch nur während der Nacht wagen. Dieses Wässerchen steckte eigentlich nicht voller Gefahren, aber es sollte danach nochmals strenger werden. Vor allem der von dieser Seite her sehr beschwerlich zu bewältigende Wasserfall nötigte sie, alles erneut auf dem Landweg zu transportieren. Dieser erneute Krampf brachte die Männer an den Rand der völligen Erschöpfung. Alle waren zwischenzeitlich mit eiternden Wunden und Furunkeln bedeckt. Diese waren nach und nach durch die vielen Hindernisse wie Dornen, Insekten sowie auch Blasen vom ewigen Rudern entstanden. Mogari, selbst davon befallen, wollte sich später, wenn es endgültig nur noch flussabwärts ging, um die Wunden kümmern. In schlechtester körperlicher und auch seelischer Verfassung schleppten sie alles in den Seitenarm des Inirida, den Caruiri. Dort wurde dann endlich wieder mal ein vernünftiges Lager aufgeschlagen. Sie wussten, dieser kleine Zufluss würde in wenigen Stunden bewältigt sein. Noch viel wichtiger war die Gewissheit, bald im Dorf und somit „daheim" zu sein. Dieser Gedanke gab ihnen jedenfalls genügend Motivation, auch die letzten Unannehmlichkeiten dieser „diamantenen Abenteuerreise" durchzustehen. Trotz ihres erbärmlichen Zustandes spannten sie noch die Plane sowie die Hängematten auf, Felle und Häute dagegen ließen sie in den Booten.

Mogari erstellte wie fast jedes Mal die Feuerstelle, auf die er einen Kessel mit Wasser setzte, um einen seiner geheimnisvollen Kräutertees zuzubereiten. Die übrigen „Teammitglieder" dagegen lagen oder hockten in ihren Hängematten; sie fühlten sich außerstande, auch nur die geringsten Arbeiten zu verrichten. Und da sie nicht einmal mehr Hunger verspürten, was Mogari doch sehr nachdenklich stimmte, beschloss dieser, das Lager gleich für mehrere Tage auszubauen, solange er noch knapp die Kraft dazu besaß. Er ahnte, was mit seinen kräftig gebauten Männern los war. Erst recht, weil in deren bleichen Gesichtern manchmal ein sie durchzuckender Schmerz zu erkennen war. Er schleppte sogleich seine Kräutertasche vom Boot herbei, als er bemerkte, wie Jean-Claude stöhnend aus seiner Hängematte kam, um sich in der Nähe auf den Boden zu hocken. Sein Durchfall war nicht zu überhören und wie Mogari voraussah, war dieser nicht ganz schmerzfrei. Diarreia, das konnte Schlimmes bedeuten. Auf wackeligen Beinen, völlig apathisch, kletterte er in sein Liegetuch zurück. Mogari legte sich verkohlte Holzscheite zurecht; damit das Wasser im Kessel nicht planlos verdampfte, nahm er es vom fackelnden Feuer und stellte den Kessel auf die Scheite. Die Zwischenzeit nutzte er für einen Gang in den Wald. Mit der Machete bewaffnet wollte er versuchen, Kräuter und Pflanzen zu sammeln. Es dauerte dann ziemlich lange, bis er fand, wonach er gesucht hatte. Neben den verschiedensten Kräutern benötigte er auch junge Blätter der Goiaba-Frucht (Guavenbirne). Zurück auf dem Lagerplatz sah er Enrique, Furaru, Zonga und erneut Jean-Claude in der gewissen Sitzstellung am Rande der Lichtung. Der Kessel mit dem Wasser hing wieder über dem Feuer, und so schnell er es bewerkstelligen konnte, bereitete er einen Sud aus den Bruto Goiabas zu. Jeder der Männer hatte einen Becher davon zu trinken und als Beilage mussten sie sogar zerriebene Holzkohle schlucken. Mogari trank dieses Gebräu ebenso wie die anderen, so hoffte er nicht zu Unrecht, die Krankheit im Keim zu ersticken. Ihm war bewusst, wodurch sich die Männer diese Erkrankung, die ohne Weiteres auch tödlich verlaufen konnte, zugezogen hatten. Durch die vielen ertrunkenen Tiere, die im Wasser dahintrieben, war dieses stellenweise ziemlich stark verseucht. Wenn davon getrunken wurde, ohne das es vorher abgekocht worden war, was ja hie und da auch der Fall war, blieb der gefährliche Durchfall nicht aus. Mogari braute aus seinen vielen Kräutern einen sogar recht schmackhaften Tee, den die Männer zusammen mit einer Fleischbrühe einzunehmen hatten. Dank seiner Hilfe und des schnellen Eingreifens mit den richtigen Maßnahmen lief die Erkrankung glimpflich ab. Einzig Jean-

Claude, den es offensichtlich am schlimmsten getroffen hatte, quälte sich noch einige Tage mit heftigen Krämpfen herum. Die anderen Männer, außer Carimun, den die Krankheit genau wie Mogari verschont hatte, waren nach gut zwei Tagen wiederhergestellt. Der „Hexenmeister" machte sich nun zusammen mit Carimun daran, die Wunden der Männer zu behandeln. Mehrere Male schickte Mogari den Indio in den Wald, damit er ganz bestimmte Kräuter holte, die eine spezielle Heilkraft besaßen. Das scheinbar unermessliche Wissen von Mogari war schon beeindruckend.

Zonga wurde als Erster verarztet, sein Gesäß und die Oberschenkel steckten voller ‚Berme', die Mogari herausfischte, indem er einen beißenden Pflanzenbrei auf die Beulen der Haut presste. Durch das offene Wurmloch jeder einzelnen Beule würde der Sud eindringen und das ekelhafte ‚Ungeziefer' zur Flucht nach draußen bewegen. Sobald eine solche Berme mit zwei angespitzten Holzstäbchen zu fassen war, wurde sie ganz langsam aus dem Loch gezogen. Dies verlangte von Zonga einiges ab, denn einzelne Berme waren so dick wie heimische Engerlinge, und manchmal hatten sich sogar zwei in einer einzigen Beule eingenistet. Insgesamt waren es an die 20 dieser Widerlinge. Aber auch alle anderen Männer waren von diesen bösartigen Tieren befallen, nur eben nicht gleich so arg wie Zonga. Auf eiternde Wunden, teils durch verseuchtes oder auch nur stark verschmutztes Wasser während der Überschwemmung hervorgerufen, legte Mogari heilsame Kräuter. Seine eigenen Wunden verarztete er gleich selbst, bis auf jene, an die er mit seinen Händen gar nicht herankam; diese Stellen wurden von Carimun behandelt. Enrique half Furaru beim Braten von Fisch. Mogari, erneut im Wald verschwunden, fand wilde Jacas (Honigfrüchte) und weitere Goiabas. Nachdem sie alle gegessen hatten, reichte Enrique jedem der Männer eine Penicillin-Tablette. Er blickte Mogari an. „Morgen gibt es erneut eine Tablette. Mogari, Penicillin ist ein ausgezeichnetes Antibiotikum, die Pillen werden deine außerordentliche Heilkunst unterstützen." „Ich kenne Penicillin und bin froh, dass es so etwas gibt. Ich hoffe nur, dass sich die Wunden bald schließen und die Furunkel abheilen. Wir werden deshalb noch einige Tage hierbleiben müssen, denn um die Boote wieder tatkräftig zu führen, sind die Männer derzeit viel zu schwach. Außerdem könnten sie sich in diesem Zustand und im Falle des Falles gegen niemanden zur Wehr setzen." Die Tage der Ruhe am Inirida waren wirklich Balsam für die Seele. Schon nach drei Tagen machten sich Zonga und Carimun gemeinsam zur Jagd auf. Fast jeden Tag erledigten sie irgendein bemitleidenswertes Urwaldtier und erbeuteten damit leider auch wieder stinkige Felle! Jean-Claude und Enrique registrierten dies mit Ekel.

Der Zeitpunkt des Aufbruchs war gekommen. Während der restlichen Tage hatte es keine besonderen Zwischenfälle mehr gegeben. In kürzester Zeit befanden sie sich also auf dem Inirida, den sie nur vier Tage zu befahren brauchten. Doch hier begann auch wieder das Versteckspiel, denn der Fluss wurde breiter und breiter. Häufig waren andere Boote unterwegs und so verzogen sich die beiden jeweils unter die Plane, bis Mogari meinte, sie wären bereits auf dem Jacarandas, dem Guaviare, und es sei angebracht, sich in den Mangrovensumpf hinein zu verziehen, um dort wie so oft die Nacht abzuwarten. Diesen Fluss, der sie dann zurück in den Orinoco führte, durften sie in seiner ganzen Distanz nur nachts befahren. Von ihrem Versteck aus konnten sie den Fluss, über dem die Luft bleiern flimmerte, gut überblicken. Zu ihrem Schrecken bemerkten sie in der Ferne ein großes Motorkanu, ähnlich dem vom Höllencamp, was ihnen die Gefahr, in der sie nach wie vor schwebten, wieder nachhaltiger ins Bewusstsein rückte. Es war ja eigentlich alles beim Alten geblieben, auch ihr langer Ausflug zu den „Kristallen" hatte nichts daran geändert. Die Jagd nach ihnen hatte in der Zwischenzeit vielleicht gar noch einen größeren Umfang angenommen. Höchstwahrscheinlich wurden sie wie eine Nadel im Heuhaufen gesucht. Seit dem Fund der Getöteten am Bach war nicht anzunehmen, dass die Schergen glaubten, sie wären ums Leben gekommen. Die Stunden im Mangrovensumpf nutzten sie, um einige Piranhas zu fangen. Auch wenn es sich aufgrund der vielen spitzen Zähne eher um hässliche Fische handelt, schmecken sie wie erwähnt scharf gewürzt ausgezeichnet.

Am aufkommenden Abend erglühte das Wasser im Fluss in goldrosa-violetten Farbtönen. Sorgenvoll lehnte Mogari an der Bordwand, die müden, blaugeaderten Hände auf einen der Fellballen gestützt und sich von den letzten Strahlen der Abendsonne noch etwas wärmend. Es war auf dem Fluss ruhig geworden, nur ganz vereinzelt tauchten noch Boote aus dem Dunkel auf; aber so schnell sie plötzlich sichtbar waren, so schnell verschwanden sie auch wieder. Mit Einsetzen des Nachtkonzertes, bei dem die Brüller laute Töne aus ihren Kehlsäcken hervorbrachten, die letztlich wie spöttisches Gelächter klangen, starteten sie die nächste Etappe. Das Gekrächze verhinderte fast jedes Gespräch. So ruderten sie also schweigend die schwer beladenen Boote auf den Fluss hinaus. Ebenso lautlos glitten die Einbäume flussab, dem Orinoco entgegen. Gegen Morgen versteckten sie sich genau an jenem Platz, an dem sie von den Mestizen überrascht worden waren. Bekanntlich hatte dieses Rencontre unerfreulich für die unehrenhaften „Brüder" geendet.

Enrique war neugierig geworden, es interessierte ihn, wie es um die im Kanu versteckten Kadaver stand. Er bahnte sich mühevoll einen Weg durch das Dickicht, suchte die Gegend jedoch vergebens nach dem vertäuten und verkanteten Boot ab. Auch wenn die Überschwemmung säubernd über Fluss und Ufer gegangen war, das Boot mit den Kadavern konnte unmöglich mitgerissen worden sein. Enrique machte sich zu Mogari auf. „Mogari, frag mal Legone, wo genau das Boot versteckt liegt, ich konnte es nämlich nicht finden." „Warum fragst du nach den Ausgeburten? Lass sie dort, wo sie liegen, verfaulen, sie sind bereits vollkommen vergessen." Besorgt wiegte Enrique seine struppigen Haare, die das von Strapazen gekennzeichnete Gesicht rahmten. „Für mich ist es jetzt wichtig geworden zu wissen, wo sich das Boot befindet. Stell dir doch bloß einmal die Folgen vor, falls es wirklich fort sein sollte." Enrique war, als zucke ein leiser Spott um Mogaris Mundwinkel. „Hör zu, die Kadaver können gefressen worden sein. Nachdem sich die Wasser nach der Überschwemmung verteilten, war es für die hungrigen Jacarès ein Leichtes, sich ihrer zu bemächtigen. Bist du nun zufriedengestellt?" „Nein, ich rede auch nicht von den

Leichen, sondern vom Boot, das doch wohl nicht aufgefressen worden sein kann. Ich fand das Kanu nicht, und dabei handelt es sich doch um ein Riesenboot." Langsam ging dem sonst so weisen Mogari, dem Kräuterheiler, auf, was Enriques Worte bedeuten konnten. Schnell gab er einige Anweisungen, woraufhin sich die Indios zu der bestimmten Stelle im Dickicht begaben, an der Enrique, wie er sich genau erinnerte, vergeblich nach dem Boot gefahndet hatte. Ratlos kamen die Suchenden nach kürzester Zeit zurück; „Mogari, das Boot ist fort, nicht mehr da!" „In Luft aufgelöst, in Wasser und Erde eingegangen, können Boot und Leichen in der kurzen Zeit, die sie hier liegen, noch nicht sein. Zudem wird das ‚Universum der Seelen' diese Art von Menschen verweigern. Bleibt nur, dass der Teufel seine Kollegen persönlich mit zur Hölle nahm; in diesem Fall wird man sie natürlich nie wiedersehen. Das Boot wurde von Menschen fortgeschleppt, was deutlich zu erkennen ist." Legone hielt in seiner Hand eine unscheinbare Brille, die er Mogari reichte. „Kann die nicht einem der verflixten Höllenhunde gehört haben?" „Das schon, aber nicht einem von den Toten, Mogari, denen haben wir alles Brauchbare abgenommen, diese Brille hätten wir auf keinen Fall übersehen. Außerdem war das Boot so verkeilt, dass es unmöglich von selbst oder durch Tiere in den Fluss gelangen hätte können." Die Männer blickten sich bestürzt an. Jean-Claude bat darum, die Brille genauer betrachten zu dürfen, denn sie kam ihm bekannt vor. Sie besaß stark getönte Gläser in einem Nickelrahmen, an welchem ein abgelöstes Lederband befestigt war. „Einem der Mestizen, die mich damals durch den Dschungel zum Camp schleppten, gehört diese Brille." Die Männer schauten Jean-Claude erstaunt und betroffen an. Dieser war sich seiner Sache aber völlig sicher. Er selbst war damals versucht gewesen, dem Schänder die Brille von der Nase zu reißen, als der ihn mit einigen Fußtritten traktierte. „Diese Brille stammt definitiv von einem dieser Typen", betonte Jean-Claude erneut. Den Indios wurde klar, dass sie beobachtet worden sein mussten, aber von wem und vor allem von wo aus? Mogari sah jetzt eingefallen und alt aus; er erinnerte fast an seinen Vater, den alten Curandeiro, von dem alle im Dorf stets meinten, er sei ein Steinklotz. Noch niemals ist es jemandem gelungen, einmal ein wirkliches Gefühl in ihm zu wecken. Selbst für Schmerz und Kummer schien dieser komische Kauz unempfänglich. Mit dem Sohn verhielt es sich eigentlich ganz ähnlich, wenn auch bei Weitem nicht in so extremer Form.

Mogari schloss seine Augen, er rief Vergangenes zurück in sein Bewusstsein. Er hatte damals, von Schmerzen gepeinigt, am Heck des Bootes gesessen, als sie sich aus diesem Versteck begeben hatten. Ihm war, als sähe er am jenseitigen Ufer ein Kanu den Orinoco hinauffahren, während sie die Flussmitte ansteuerten. Die Bilder wurden klarer, das Kanu nahm in seinem Gedächtnis deutlich Gestalt an. „Die Leute in dem Boot", durchzuckte es Mogari, „nur die können uns beobachtet und verraten haben. Sicher ahnten diese nichts vom Vorgefallenen, sie werden nur mitbekommen haben, dass zwei Kanus aus dem Seitenarm in den Strom steuerten, zwei Kanus, in denen sich unter Indios zwei bärtige Weiße befanden. Klar, dadurch, dass die Schergen vermisst wurden und allen Verfolgern die erbarmungslose Methode der Flüchtigen bewusst war, suchten sie diesen Platz in der Hoffnung auf, sie hier dingfest machen zu können. Dabei stießen sie dann unverhofft auf die Leichen und das Boot." Mogari gab seine Vision den Männern bekannt. „Auch wir sind damit als eure Komplizen in größter Gefahr, wer weiß, was zwischenzeitlich mit den Leuten im Dorf geschehen ist? Die Teufel sind zu allem fähig. Wir wurden von dem primitiven, unsinnigen, tyrannischen Terror sowie mit dem perversesten Hochmut, der dieser groben Spezies zum Lebensinhalt wurde, ohnehin des Öfteren heimgesucht. Wir müssen leider den Anbruch der Dunkelheit abwarten und werden nur ein kleines Feuer errichten, um unseren Tee zu brühen und so schnell wie möglich den Fisch anzubraten. Geht in die Boote zurück, überprüft die Waffen, vor allem die Gewehre und die Munition. Legt sie euch so zurecht, dass ihr die Waffen im Notfall sofort zur Hand habt. Ansonsten ruht euch jetzt aus, ich werde die Fische braten und den Tee aufbrühen." „Das lässt du schön bleiben, Mogari, brüh du meinetwegen den Tee auf, die Fische übernehme ich. Du benötigst einen völlig klaren Kopf", sagte Enrique mit einer Bestimmtheit in seiner Stimme, die für einmal keine Widerrede aufkommen ließ. Mogari kochte also den Tee, dann plötzlich überreichte er den beiden Weißen den ganzen Beutel mit den aus dem Fluss geholten Diamanten, die bislang einen der ihren das Leben gekostet hatten, und meinte: „Euer Freund Frank wird gesund sein, fahrt also ab, sobald ich ihn aus dem Wald zu euch gebracht habe. Irgendwann würden euch die vom Camp bei uns entdecken, wir dürfen sie nicht unterschätzen." „Danke dir und den anderen Freunden hier. Wir werden so handeln, wie du es uns geraten hast und sofort abfahren. Deshalb mach dir also keine Gedanken, Mogari." Keiner der beiden wusste zu diesem Zeitpunkt natürlich, wie es um Frank geschehen war. Natürlich war er wieder gesund und bei vollen Kräften, aber dass er über beide Ohren verliebt war und nicht unbedingt so abrupt abreisen wollte, durfte wohl zu einigen Problemen führen. Obwohl, Frank hatte ja auch seine detaillierte Planung gemacht, welche die Abreise zum Schutz seiner Yamuna und der Dorfbewohner nötig machte. Einzig der Zeitpunkt würde schmerzhaft werden. Und was würde Mogari dazu meinen? War er grundsätzlich mit dieser Liebschaft einverstanden oder hatte er selbst gar ein Auge auf Yamuna geworfen? Turbulenzen waren also ziemlich sicher vorprogrammiert.

Den ganzen Tag über wurde kaum ein Wort gesprochen. Die Vorstellung, den Leuten im Dorf könnte etwas Schreckliches widerfahren sein, bedrückte jeden Einzelnen. Auch Enrique und Jean-Claude blieben von dieser Stimmung nicht ausgenommen. Sie hatten die Indios längst in ihr Herz geschlossen, waren gute Freunde geworden, und sie machten sich zusätzlich auch Sorgen um ihren Kameraden Frank. War dieser gesund und kräftig genug, um die hoffentlich letzte und lange Flussreise über den Orinoco bis zur Meeresküste durchzustehen? Viele offene Fragen schossen wie Pfeile durch ihre Hirnwindungen. „Was meinst du, Jean-Claude, jetzt, da wir einigermaßen wissen, wo wir uns befinden, ist es am klügsten, wenn wir drei uns dann für den letzten Fluchtweg den Orinoco auswählen und einfach immer nur nachts fahren, um das Risiko zu minimieren. Und wir bräuchten auf ihm nicht immer zu rudern, er wird uns von allein zum Mündungsdelta in die Karibik tragen. Natürlich werden wir trotzdem rudern, was das Zeug hält, je schneller wir dieser Hölle definitiv entfliehen können, desto besser. Nachtfahrten sind uns nun auch nicht mehr ganz fremd, im Gegenteil, wir bringen jetzt sogar Erfahrung mit." Enrique, mit einem gebratenen Fisch beschäftigt, schaute seinem Kameraden in die Augen. Als Jean-Claude sich jedoch stumm verhielt, meinte er weiter: „Weißt du, Städte wie Puerto Ayachucho und Porto Pàez können wir leicht passieren, dort zeigt der Strom bereits eine enorme Breite." „Ja, du magst recht haben, Enrique, wir machen es, wie wir es für richtig halten. Wieso weißt du eigentlich von der Breite des Stroms bei … hmm, wie nanntest du doch gleich die beiden Städte?" „Puerto Ayachucho und Porto Pàez. Mogari erzählte mir bei einem der Gespräche davon. Er war ohnehin recht erstaunt, dass wir für die Flucht den viel längeren und gefahrvolleren Weg zum Amazonas wählten. Mogari war angeblich bereits viele Male mit einem Lancha in diesen Städten gewesen und kennt somit auch den Orinoco in- und auswendig. Jean-Claude, auf Gefahren haben wir sowieso überall zu achten, egal welchen Weg wir auch immer wählen, um diese Hölle hinter uns zu lassen und in unsere angestammte Zivilisation zurückzukehren." „Lass uns erst einmal heil ins Dorf zurückkommen, dort können wir gemeinsam mit Frank die weiteren Schritte planen. Meinst du nicht auch, dies wäre jetzt ratsamer?" „Natürlich werden wir mit ihm zuvor alles durchsprechen, ich wollte auch nur deine Meinung zu diesem Vorschlag hören. Was ist, bist du in der Verfassung, noch ein paar von den … na du weißt schon … aufzusagen?" Enrique, immer noch mit seinem Fisch beschäftigt, schielte erneut zu Jean-Claude hinüber. „Ich war damit beschäftigt, bis du mich mit deinen Fragen aus den Versen gerissen hast." „Oh, das tut mir leid, ich hoffe du kannst die Stelle ‚flicken' und dort weitermachen, wo ich dich unterbrochen habe", witzelte Enrique.

Die Nächte über ruderten sie also nun hin zum Ventuari, bis zu der Stelle, an welcher der Seitenarm lag, der zum Dorf führte. In der Morgendämmerung kam aus dem Ufergehölz ein Einbaum auf sie zugesteuert, bei dem es sich um das Wachboot mit zwei Indios handelte, welche sich also an die Anweisungen von Mogari gehalten hatten. Die zwei Indios waren hocherfreut, die Boote der so lange abwesenden Männer wiedersehen zu können. Trotzdem gab es keine der großartigen Begrüßungszeremonien, wie sie den Weißen eigen sind. Die beiden Wachhabenden bemerkten sogleich, dass sich Quajajara nicht in den Booten befand. Stumm, aber fragend blickten sie die Ankömmlinge an, die jedoch taten, als würden sie die Blicke nicht bemerken. Da wussten die zwei, Quajajara würde nie mehr zurückkehren. Der Schmerz darüber wurde geschickt verdeckt, indem sie zu Mogari sagten: „Das Lancha war zweimal im Dorf und einmal auch das große Boot aus dem Camp." Mogaris Körper straffte sich. „So?" Und nach einer Weile des Schweigens: „Und was wollten dieser Kapitän und die aus dem Camp?" „Der Mann machte sich angeblich Gedanken darüber, weshalb du nicht wie zwischen ihm und dir abgemacht die Kristalle zum Tausch brachtest. Bei seinem zweiten Besuch vor etwa einem Monat meinte er, wieso du und Legone euch nicht im Dorfe befindet und wo er euch finden könne." „Und, was habt ihr ihm geantwortet?" „Wir sagten ihm, ihr wärt zur Jagd am Cerro Marahuaca. Doch meinen wir im Dorf einstimmig, dem sauren Gesichtsausdruck des Kapitäns nach zu urteilen, er schenkte unseren Worten keinen Glauben. Nachdem der Kapitän in seinem Lancha weggefahren war, kamen die Männer vom Camp. Die Teufel fragten nach dem Curandeiro, nach dir und den drei Weißen. Sie drohten uns schreckliche Strafen an, sollten wir mit den drei Assassinos gemeinsame Sache machen oder ein gegen sie gerichtetes Spiel betreiben. Außerdem sei ihnen klar geworden, dass wir schon viel zu lange an diesem Fleck leben würden, es wäre angebracht, wenn wir uns woanders hinbegeben würden. Bevor sie dann wieder losfuhren, steckten sie unter Gelächter unsere Hütten an, die wir jedoch bereits wiederaufgebaut haben." Von den zwei Indios in ihrem „Alarmboot" bis hinein in den Seitenarm begleitet und nach Ablösung mit dem zweiten Wachboot gelangten die vollbeladenen und tiefliegenden Einbäume nach etwas mehr als einer Stunde ans Ufer des Dorfes. Alle sich dort befindlichen Leute waren aus den neugebauten Hütten geeilt, um die Ankömmlinge zu begrüßen. Enrique und Jean-Claude bemerkten, wie die anfängliche Freude schnell und ohne ersichtliche Aufklärung einer Betroffenheit Platz machte. Keiner der Heimkehrenden hatte etwas vom schrecklichen Ende Quajajaras verlauten lassen. Trotzdem wussten die Menschen des Dorfes schlagartig, dass ihr Stammesmitglied nie mehr zurückkehren würde. Unbegreiflich die Instinkte dieser einfachen Naturmenschen.

Mit Bedacht wurden die Boote entladen. Aller stillen Trauer zum Trotz wurden die erbeuteten Gewehre ausgiebig bewundert und herumgereicht. Die Sachen aus den Booten wurden in eine Hütte getragen, die dem abwesenden Curandeiro gehörte. Einzig die immens stinkenden Felle und Häute, über welche sich sogleich einige der Männer hermachten, die die Ballen aufrissen, blieben auf dem offenen Gelände. Die übelriechenden „Tierreste" wurden begutachtet und getrennt auf dem Boden ausgespannt. Auf die Indios würde eine anstrengende Plackerei zukommen, wenn sie darangingen, die Häute und Felle fachgerecht zu bearbeiten. Aber sie hatten grundsätzlich ja genügend Zeit für solche Arbeiten.

Die Frauen und Kinder schleppten Fleisch, Fisch und Manioca an, dazu gab es Fruchtsäfte und Palmenwein. Während des Essens berichtete Mogari von Quajajaras traurigem Schicksal, woraufhin giftige Blicke zu den Krokodilhäuten hinübergeworfen wurden. Es war allen Leuten klar, diese Häute würden niemals eingetauscht werden, sondern im Dorfe bleiben, zur Erinnerung an den Dahingegangenen. „Enrique, heute noch werde ich mich zu den Alten und zu meinem Vater ins Walddorf begeben, damit sie dort Bescheid wissen, dass wir zurückgekehrt sind. Ich werde euren Freund mit zurückbringen. Ihr müsst uns dann schnell verlassen und vor allem, aus Freundschaft heraus, rasch vergessen." „Darüber ist alles besprochen worden, Mogari, wir werden aufbrechen, sobald du Frank mitbringst und uns das Boot zur Verfügung stellst, von dem du vor Zeiten geredet hattest. Wir werden auch deinen Rat befolgen und uns schnellstmöglich in den Orinoco begeben. Habe jetzt schon großen Dank für alles, Mogari. Wir können euch allerdings nicht vergessen, so wie du dir dies erhofft hast. Um das nämlich zu schaffen, müssten wir ein steinernes Herz besitzen; ihr habt uns zu sehr geholfen." Die drei Männer drückten sich schweigend ihre Hände, dann drehte sich Mogari spontan zu seinen Leuten um, wählte einige davon aus und begab sich mit ihnen in Richtung Walddorf.

Kapitel 8

Gelingt die finale Flucht ins Glück?

Enrique, Jean-Claude und Legone holten zusammen mit den Indios die versteckt liegenden Sachen aus dem Wald zurück; zur Verwunderung der Freunde hatten diese in keiner Weise unter der Witterung oder sonstigen Einflüssen gelitten. Über die Wertgegenstände vom Tempel wollten die beiden noch nichts sagen, ein Teil davon sollte dann als Geschenk und zum Dank an Mogari und seinen Stamm überreicht werden. Natürlich wurde nicht verraten, wo sich dieser geheimnisvolle Tempel befand. Aber sollten sie selbst ihn tatsächlich eines Tages suchen können und gar wiederfinden, war alles möglich, vielleicht sogar ein Besuch des Dorfes mit ihren Indiofreunden. Sicherlich würde dies längere Zeit dauern, bis dann auch „dickes" Gras über die Flucht gewachsen war.

Noch in den frühen Abendstunden erreichte Mogari das Walddorf und versetzte die Anwesenden in große Freude über das Wiedersehen. Alle wollten natürlich wissen, wie die Reise zum „Kristallfluss" und zurück verlaufen war. Doch Mogari hatte jetzt keine Zeit dafür, er vertröstete die im Kreis versammelten Stammesmitglieder auf später. Es war jetzt vorrangig, dass die Weißen sie umgehend verließen und die große Gefahr für das eigene Volk abgewendet oder zumindest reduziert wurde. Sicher konnte man ja nie sein vor diesem bösen Menschenschlag auf den großen Motorkanus. Mogari blickte sich erneut um, konnte Frank aber nicht entdecken, was ihn, den sonst extrem bedachten Stammesführer, doch ziemlich nervös werden ließ. Die Dorfältesten wussten natürlich gleich, wo Mogari der Schuh drückte, schließlich wollte er Frank abholen und noch vor Einbruch der Dunkelheit zurück zum Flussdorf bringen, damit die Abreise schon in dieser Nacht erfolgen konnte. Sein Plan schien sich gerade jetzt in Luft aufzulösen, denn Frank war nicht im Dorf. „Was ist denn hier los und wo ist Frank?", fragte Mogari mit energischem Ton gleich seinen Vater und Medizinmann. Dieser forderte ihn dazu auf, ihm in seine Hütte zu folgen. „Es braucht ein klärendes Gespräch, Mogari, es hat sich in eurer Abwesenheit einiges bei unserem weißen Freund verändert." Mogari schaute verdutzt in die Landschaft, nochmals mit suchendem Blick nach dem Genesenen. Dann folgte ein Blick zu seinem Vater. „Was ist wohl geschehen? Wenn Vater eine solche Geheimniskrämerei betreibt, muss es etwas Außergewöhnliches sein." Natürlich wäre Mogari nie und nimmer, nicht in den kühnsten Träumen, auf die aktuellen Gegebenheiten gekommen. Nachdem sich der Medizinmann und sein Sohn Mogari hingesetzt hatten, herrschte vorerst eine irgendwie bedrückende Stille. Der sonst so redegewandte Vater wusste gar nicht so recht, wie er die Erklärung beginnen sollte. „Mein lieber Mogari, es dürfte heute nicht mehr möglich sein, zum Flussdorf zurückzukehren, unser Freund Frank ist nämlich auf Entdeckungsreise im Hinterland unseres Walddorfes. Er dürfte erst in einigen Stunden, also im Verlauf des Abends, zurückkehren." „Aber was treibt ihn denn dorthin? Ist er auf der Jagd? Er wird ja wohl kaum nur zum Blumenpflücken oder zum Studium von Urwaldtieren ‚verreist' sein! Gut, ich könnte mir vorstellen, dass ihn die Langeweile zu diesem Entdeckungstrip veranlasst hat, aber das passt mir hier und jetzt überhaupt nicht in meinen Plan, welcher vollkommen im Sinne des Dorfes ist!" „Du liegst mit allen Annahmen falsch, er ist weder auf der Jagd noch treibt ihn die vielfältige Natur um. Nein, die Sache hat einen viel, viel tieferen Grund, Frank hat sich unbeschreiblich verliebt." „Wie bitte, verliebt? In wen denn? Aber doch nicht etwa in eine unserer Stammesfrauen? Das kann doch nicht wahr sein! Das ist nicht dein Ernst, es wird doch lediglich eine Macke oder vielleicht sogar nur eine ‚Entzugserscheinung' sein, richtig?" „Nein, Mogari, komplett falsch. Die betreffende Frau ist Yamuna und beide sind im positiven Sinne nicht mehr zu retten. Es hat sich über die Tage und

Wochen tatsächlich eine innige und auch sehr, sehr ehrliche, tiefe Liebe entwickelt. Die zwei Menschenkinder sind unzertrennlich. Könnte man diese Liebe mit Gewichtsteinen aufwiegen, es ergäben sich Tonnen über Tonnen an Gestein. Das Ganze ist unverrückbar und wir Ältesten inklusive den Eltern von Yamuna wollten dieser Liebe letztendlich nicht im Wege stehen. Natürlich haben wir alles versucht, den beiden die Ausweglosigkeit aufzuzeigen. Hier Frank, als Flüchtender und tendenziell ohne Perspektiven, jedenfalls aus aktueller Sicht, da Yamuna, als Indiofrau mit eigentlich ganz anderem Naturell, anderer Hautfarbe und ebenso wenigen Perspektiven, sieht man vom bisher glücklichen Dasein hier im Dorfe einmal ab. Auch du kannst daran nichts mehr ändern und ich bitte dich, Versuche in diese Richtung zu unterlassen. Diese Liebe ist schließlich nicht verwerflich und so sollen die beiden ganz eigenständig entscheiden, wie sie damit umgehen, und vor allem wie sie gedenken, die sehr ungewisse Zukunft zu regeln oder zu planen." Mogari war perplex, eigentlich konnte ihn fast nichts erschüttern, außer wenn etwas gegen sein Volk gerichtet war. Dies war bei der vorliegenden Liebesbeziehung nicht der Fall, aber so etwas hatte schließlich auch er noch nicht erlebt. Ein Weißer verliebt sich hier im Dorf in eine Indiofrau. Klar, Yamuna war ein Bild von einer Frau, ein Kunstwerk der Natur, da ließ sich schnell mal ein männliches Wesen blenden. „Vater, ist Frank nicht einfach nur ob ihrer Schönheit in einen Wahn verfallen? Ist es nicht einfach nur eine Momentaufnahme, ein Hirngespinst oder sonst eine vergängliche Gefühlsverdrehung? Ich komme mit diesem Gedanken einfach nicht wirklich zurecht." „Nein, Mogari, erneut nein, die Sache könnte nicht ernster gemeint sein, dies spürt man bei jeder Beobachtung der beiden im eigenen Herzen. Es ist eine absolut echte Liebe, welche die zwei erfasst hat. Mach dir bitte darüber gleich keine Gedanken mehr. Es hat keinen Zweck. Vielmehr bitte ich dich, den beiden so weit wie möglich zu helfen." „Helfen, wie soll oder kann ich helfen? Wobei brauchen die beiden Hilfe?" Langsam dämmerte es auch Mogari. Natürlich, Frank konnte ja auf keinen Fall hierbleiben, ob mit oder ohne Liebesgefühle. Und Yamuna konnte ja nicht mit ihm gehen, ihn und die anderen Weißen auf der Flucht begleiten. Dies kam definitiv nicht in Frage. Sollte diese Absicht Teil von Franks Plan sein, nie und nimmer würde er, Mogari, dies zulassen, Liebe hin oder her. Schließlich hatte auch er schon einmal ein Auge auf Yamuna geworfen; er war zwar bisher nie in sie verliebt gewesen, aber er mochte sie sehr gerne. „Vater, ich glaube verstanden zu haben. Auch du bist sicherlich vehement dagegen, dass Yamuna mit den Flüchtigen mitgeht, ich jedenfalls werde dies nicht zulassen. Aber wie könnte ich sonst helfen? Was ist die Alternative?" Der Vater hielt sich nicht lange mit der Antwort zurück: „Es gibt nur eine einzige Lösung, und diese haben wir gemeinsam nach dem Vorschlag von Frank besprochen. Wollen wir und sie selbst diesem Glück eine kleine Chance geben, bleibt nur die folgende Möglichkeit: Frank setzt die Flucht mit seinen beiden Kameraden fort, offensichtlich und zum Leidwesen der beiden Liebenden schon morgen Abend, und selbstverständlich will auch er Yamuna auf keinen Fall dabeihaben beziehungsweise sie diesem sehr hohen Risiko aussetzen. Sollte ihm die Flucht aber gelingen und er den Wasserweg via Orinoco erfolgreich bis zur Mündung in den Atlantischen Ozean überstehen, wartet er auf der Insel Trinidad in einem fix vereinbarten Dorf so lange, bis Yamuna ebenfalls dort eintrifft. Und hier setzt deine Hilfe ein. Du musst sie hinbringen. Das Wie stellt ja kein Problem dar, einzig das Wann. Denn wir werden ja nie wissen, ob und wann Frank dort überhaupt ankommt. Also müssen wir auf Grundlage des gemeinsamen Plans einen ungefähren Zeitpunkt vereinbaren. Frank wird dich diesbezüglich aufklären, sobald er zurück ist. Natürlich rechnet er jeden Tag mit deinem Eintreffen, doch sobald er daran denkt, macht sich breite Trauer in seinen Gesichtszügen breit. Erstens muss er sich mit vielen Herzschmerzen und ziemlich abrupt von Yamuna trennen, zweitens weiß er nicht, ob er sie je wiedersehen wird. Er hat in seinem vorgefühlten Trennungsschmerz sogar die Aussage gemacht, dass er sich, sollte die Flucht zwar klappen, aber Yamuna nie in Trinidad eintreffen, umgehend das Leben nehmen würde. Ohne Yamuna will er nicht weiter auf dem Planeten wandeln. Und in unser Dorf kann er die nächsten Jahre nicht zurückkehren. Ich bin der

Meinung, dass wir alles versuchen müssen, die beiden nach der unumgänglichen Trennung wieder zusammenzuführen. Klar ist auch, sollte Yamuna mit deiner Hilfe die Insel Trinidad erreichen und im vereinbarten Dorf eintreffen, aber Frank nicht da sein, hat er die Flucht vielleicht nicht lebend überstanden, und dann bringst du sie einfach wieder zurück, damit wir ihr in ihrer Trauer beistehen können und sie den Schmerz im Kreise unseres Stammes verwinden kann. So, nun ist alles Wesentliche gesagt, den Rest musst du mit Frank direkt besprechen." Mit diesen Worten beschloss der Stammesälteste seine Erklärungen. Mogari hockte zwar immer noch in einer gewissen Starre da, immerhin hatte er aber verstanden, wie es weitergehen sollte. Nach einigen Minuten, in denen sich sein Puls gesenkt und Mogari wieder Luft geholt hatte, entgegnete er seinem Vater, bereits wieder mit ruhiger Stimme: „Alles klar, ich werde mein Möglichstes tun, damit die eher kleine Chance zum gemeinsamen Glück wahrgenommen werden kann. Ich werde Yamuna zum vereinbarten Ort auf der Insel Trinidad bringen, dies dürfte mich kaum vor größere Probleme stellen. Also liegt die einzige Schwierigkeit darin, einen realistischen Zeitpunkt zu fixieren. Wir können dann ja schließlich nicht ewig am geplanten Ort auf Frank warten, er hingegen bei gelungener Flucht schon. Wir werden eine gangbare Lösung finden, allein für eine erfolgreiche Umsetzung kann auch ich nicht garantieren." Mit diesen Worten erhob sich Mogari und schlurfte doch noch irgendwie geknickt aus der Hütte. Er zog sich alleine an einen ruhigen Platz am Fluss zurück und sinnierte über das weitere Vorgehen. Er, der sonst alles im Griff hatte, war hier arg gefordert. Aber immerhin hatte Frank bereits sein Groß- und Kleinhirn auf Betriebstemperatur gebracht, der skizzierte Plan schien durchdacht und tatsächlich der einzige gangbare Weg zu sein. Mogari kam jedenfalls auch zu keiner anderen griffigen Idee. Klar war lediglich, dass die drei Weißen spätestens am nächsten Abend abgereist sein mussten, leider einen ganzen Tag später, als von ihm vorgesehen. Dies störte ihn ob der latenten Risiken für sein Dorf ziemlich. Andererseits, was war schon ein Tag, auf diesen würde es wohl auch nicht mehr ankommen. Sicher war aber, dass alle drei Freunde den ganzen Tag über in einem guten Versteck auszuharren hatten. Er wollte bis zur aufkommenden Dunkelheit keinen irgendwo im Dorfe zu Gesicht bekommen. Dies war eine unumstößliche Bedingung. Frank sollte also eine letzte Nacht mit Yamuna verbringen können, danach mussten die vereinbarten Maßnahmen gestartet werden.

Irgendwie war Mogari nun schon froh, wenn die Weißen endlich einen Abgang machten. Nicht dass er sie nicht mochte, im Gegenteil, es waren alle drei ganz tolle Erdenbürger, geradlinig und kameradschaftlich. Und auch Frank schien sich sehr ehrlich zu verhalten. Es hatte sich in der gemeinsamen Zeit doch eine recht tiefe Freundschaft zu den drei Flüchtlingen entwickelt. Trotzdem fühlte sich Mogari nicht nur körperlich, sondern auch geistig ausgelaugt. Das dauernde Nachdenken über gefahrlose Lösungen, immerhin über viele Wochen der Kristallsuche hinweg und auch jetzt wieder, zermürbten ihn trotz seiner Kämpfernatur. Gerne hätte er diesbezüglich wieder Ruhe für sich selbst gehabt, vor allem aber für seine Stammesbrüder und -schwestern. Ohne die drei Weißen hätten sie dies alles schließlich nicht zu bewältigen gehabt. Da ihr Stamm aber ein ebenso großes Herz hatte, blieb ihnen nichts Anderes übrig, als zu helfen. Und vielleicht sollten sie künftig von den Schergen einigermaßen verschont bleiben, hatten sie jetzt doch ein größeres Arsenal an Schusswaffen, sprich Gewehren, sicherlich für den Notfall, wenn alles nichts mehr helfen sollte.

Mit einer starken inneren Anspannung ob der eben erfahrenen Tatsachen ging Mogari den kurzen Weg von der abgelegenen Denkstelle am Fluss zurück zum Walddorf, wo er auf dem Hauptplatz ungeduldig das Eintreffen von Frank und auch Yamuna erwartete. Gut, dass er keine Armbanduhr hatte, Sekunden- und Minutenzeiger hätten ihn wohl in den Wahnsinn getrieben. Zu warten und nichts zu unternehmen war nicht sein Ding, aber es blieb ihm nichts Anderes übrig. Glücklicherweise löste sich das Warten fast von selbst, denn bedingt durch seine strapaziösen Leistungen und die akuten Ermüdungserscheinungen verfiel er in einen schläfrigen Zustand, keinen endlos tiefen Schlaf, aber dennoch ein Dösen mit Erholungspotential.

Frank stand vor dem schläfrig belämmerten Mogari und überlegte, ob er ihn wecken sollte oder nicht. Frank entschied sich für das Letztere, wollte er ihn doch nicht unnötig aus seinen Träumen reißen. Gerade wollte sich Frank schleichend entfernen, als Mogari seine Augenlider langsam hob und aufgrund der Silhouette von Frank schlagartig in einen scharfen Wachzustand wechselte. Man darf vermuten, dass einmal mehr der Instinkt seine Wirkung gezeigt hat und Mogari Frank in seiner Nähe gespürt hatte, auch mit geschlossenen Augen. Instinkt hin oder her, Mogari war einfach froh, dass Frank zur Klärung der offenen Fragen endlich eingetroffen war. Yamuna hatte er dabei noch nicht gesehen, aber sie konnte wohl auch nicht weit sein, und für das Gespräch wollte Mogari unbedingt beide dabeihaben, damit alle die gleiche Ausgangslage hatten, alle das Ziel kannten und letztlich auch mit dem Vorgehen einverstanden waren. So rief er einem Stammesbruder zu, er solle sich bemühen, Yamuna „aufzutreiben". Der Indio machte sich sogleich auf den Weg zur betreffenden Hütte und brachte Yamuna quasi im Schlepptau mit. Diese wusste bereits um die Rückkehr von Mogari und der übrigen Männer, also auch von Enrique und Jean-Claude. Entsprechend traurig und mit leicht wässrigen Augen begrüßten sich die beiden. Yamuna schien ein größeres Tränengewitter hinter sich zu haben, denn auch ihre Augenränder waren ziemlich stark gerötet. Natürlich war klar, dass sie wusste, was kommen würde. Die Trennung von Frank würde in den nächsten Stunden Tatsache werden. Mogari teilte ihr sogleich mit, dass diese „nächsten Stunden" morgen Abend beginnen beziehungsweise enden würden und sie noch diese Nacht sowie den morgigen Tag mehr oder weniger zusammen sein konnten. Ein kurzes Lächeln zuckte über ihre Lippen, was ihre Gesamtstimmung aber dennoch nicht verbesserte. Ihr Geist war rundum von Traurigkeit beherrscht. Fast hätte sich Mogari anstecken lassen. Aber nein, Traurigkeit war jetzt kein guter Ratgeber, alle mussten ihre Sinne beisammenhaben, und schließlich gab es ja noch die Hoffung auf ein Zusammenfinden auf der neutralen Insel Trinidad. Mogari machte sich also daran, die beiden Liebenden in einen Motivationsstatus zu hieven, das Positive herauszustreichen. „Ich weiß", begann er mit ruhiger, bedachter Stimme, „es wird für euch in den kommenden Tagen und Wochen oder vielleicht sogar zwei oder drei Monaten sehr schwer werden. Für dich, Frank, gleich in zweierlei Hinsicht; du musst deine Liebe, Yamuna, verlassen und gleichzeitig alles daransetzen, dass die Flucht gelingt. Und du, Yamuna, wirst stark und geduldig sein müssen, es wird dir außer zu beten kaum etwas übrigbleiben. Aber ihr müsst jetzt tapfer bleiben und euch mit aller Gewalt an die Hoffnung ‚Trinidad' klammern. Noch ist zwar nichts gewonnen, aber auch noch rein gar nichts verloren. Also, Kopf hoch und rein in den mentalen Kampf. Ich werde euch helfen, wo es geht, und vor allem Yamuna gesund und sicher auf die Insel bringen. Alles hängt vom Gelingen der Flucht ab." Frank nickte regelmäßig zustimmend, Yamuna kämpfte innerlich mit aller Kraft, um die negativen Gedanken abzuschütteln. Nach und nach schien auch sie sich minimal zu entspannen. „Also, wie sieht euer Plan konkret aus?", fuhr Mogari als Wortführer weiter. „Im Grundsatz habe ich diese eine Option, die ihr zur Umsetzung habt, verstanden, und sie ist gut durchdacht. Aus meiner Sicht bleiben vor allem zwei Dinge zu regeln: Zum einen die genaue Abreisezeit morgen Abend sowie zum anderen das zu vereinbarende Zeitfenster des Wiedersehens. Siehst du dies auch so, Frank?" Etwas in Gedanken versunken, wohl nur an seine Yamuna denkend, stimmte Frank dieser Aussage vollumfänglich zu. „Also, die Abfahrtszeit würde ich gerne bei der letzten halbe Stunde nach Einbruch der finalen Dämmerung festlegen, also so ziemlich genau um 21:00 Uhr nach meiner Zeitrechnung." Frank wusste, dass Mogari keine Uhr besaß und diese Zeitmessung nur am Rande kannte. „Ist sehr gut, nach Einbruch der Dämmerung ist die beste Variante. Die Schergen werden zu dieser Zeit kaum mehr unterwegs sein. Vielmehr werden sie sich irgendwo dem Alkohol und Tabak hingeben und nicht auf den Flüssen herumcruisen. Ihr habt eine große Chance, bereits in der ersten Nacht in den Orinoco zu gelangen und dort gleich noch einen Teil der Wegstrecke zu bewältigen, vorausgesetzt es gibt keinerlei Kapriolen, auch keine wetterbedingten. Und wie stellst du dir den Zeitrahmen vor? Wann denkst du, dich bis nach Trinidad absetzen zu können?"

Frank wurde verständlicherweise etwas unsicher und nervös. Wie sollte er eine realistische Zeitspanne definieren können? Diesbezüglich hoffte er einmal mehr auf die Erfahrung und die geographischen Kenntnisse von Mogari. „Schwierige Frage, ich hoffte, du kannst mir hier weiterhelfen, du kennst den Verlauf und die Länge des Orinocos viel besser als ich. Meine Schätzung lag ohne Komplikationen und mit möglichst wenigen Ruhepausen bei vier Wochen. Kommt dies ungefähr hin?" Mogari ließ sich Zeit mit der Antwort, er war in Gedanken damit beschäftigt, die einzelnen, realistischen Etappen zu summieren, sowie Eventualitäten und höchstwahrscheinliche Wettereskapaden einzukalkulieren. Die Spannung bei Frank stieg von Minute zu Minute. Lag er mit seiner Einschätzung vielleicht komplett daneben? „Also, Frank, ich habe den Flussverlauf vor meinem geistigen Auge runtergespult, Ruhe- und Esspausen berücksichtigt sowie die eher komplizierten Durchfahrten bei größeren Ortschaften mitgerechnet. Alles in allem liegst du recht gut mit deinen vier Wochen. Ich würde aber für Unvorhergesehenes mindestens zwei Wochen dazugeben und somit den Termin des Wiedersehens auf Trinidad in ein Zeitfenster zwischen eineinhalb und zwei Monaten legen. Solltest du also spätestens in genau zwei Monaten, das heißt von morgen Abend an gerechnet in präzise 60 Tagen, nicht im vereinbarten Dorf auf Trinidad auffindbar sein, müssen Yamuna und ich wohl oder übel wieder hierher zurückkehren. In diesem Fall bliebe dir nichts Anderes übrig, als irgendwann nach deinem Gutdünken ebenfalls wieder zu unserem Dorf zurückzukommen. Wie lange Yamuna in diesem Fall auf dich warten wird, soll ihr überlassen bleiben. Bist du mit diesem Zeitplan und dem Vorgehen einverstanden?", fragte Mogari in bestimmtem Ton. „Ja, dies ist ein guter Plan. Ich werde die Tage akribisch zählen und alles daransetzen, so früh wie möglich dort zu sein, um euch zu erwarten. Bleibt zu hoffen, dass meine beiden Freunde ihren Teil dazu beitragen und noch keine anderen Pläne hegen. Wir werden das morgen Früh mit ihnen besprechen. Ich gehe aber davon aus, dass sie einverstanden sind, schließlich wollen sie ja auch sehnlichst aus diesem Dilemma herauskommen. Gibt es sonst noch etwas zu planen?" „Nein, für mich ist die

Sache klar und bezüglich des Proviants werden wir uns morgen kurzfristig festlegen. Wir werden euch jedenfalls alles Notwendige mitgeben, inklusive drei Waffen mit Munition. Ebenfalls werden wir euch ein paar Blasrohre mit Giftpfeilen vorbereiten, sie könnten je nach Situation für ein lautloses Handeln von Nutzen sein. Also, damit haben wir das Wichtigste geklärt, und nun haut schon ab in eure Hütte, damit ihr den vorderhand letzten gemeinsamen Abend noch für euch habt." Mit einer dankenden Verbeugung stand Frank also auf, nahm Yamuna bei der Hand und schlenderte mit ihr von dannen. Über den Verlauf der Nacht hüllt sich die Chronik in Schweigen.

Am nächsten Morgen also brachte Mogari ihren Freund Frank, an dessen Schultern sich das Kapuzineräffchen klammerte, welches die Dorfjugend Jean-Claude zum Geschenk gemacht hatte, zum eigentlichen Dorf zurück. Auf dem einen Arm hockte ein Tucano (Tukan) mit seinem rosagelblichen Schnabel, der weißen Brust und den alles neugierig betrachtenden, großen, schwarzen Augen, und am anderen Arm beziehungsweise an der Hand führte Frank seine Yamuna, was bei Enrique und Jean-Claude fast so große Augen wie beim Tucano verursachte. Es war nicht zu übersehen, dass dieses Händchenhalten kein zufälliges Geschehnis war, und so nahmen sie es vorderhand einfach mal leer schluckend zur Kenntnis. Frank würde sie ja dann sicherlich detailliert aufklären, ihnen erklären, was es damit auf sich hatte. Irgendwie war zwar ohnehin alles klar, dennoch konnten sie es fast nicht glauben; hatte sich Frank tatsächlich eine holde Indiobraut angelacht, sich gar massiv in sie verliebt? Alles deutete darauf hin.

Frank sowie auch der alte Medizinmann waren von Mogari während der Herfahrt noch über die Reisegeschehnisse der „Diamantenfahrt" aufgeklärt worden, sodass auch die Freunde aus taktvollen Gründen auf eine überschwängliche Begrüßung verzichteten. „Frank hat ja ohnehin kaum eine Hand frei", dachten sie sich wohl scherzhaft. Ihnen war jedoch die Freude, dass er ihnen wohlbehalten gegenüberzustand, anzusehen. „Frank, wir werden heute Abend zum Orinoco aufbrechen, um in die

Karibik zu gelangen. Die Fahrt dorthin geht ausschließlich flussabwärts, und wenn wir achtsam sind, dürfte eigentlich nichts schiefgehen." „Ich weiß, durch Mogari habe ich von eurem Plan erfahren, welcher sich übrigens auch mit meinen zwischenzeitlich erdachten Plänen deckt. Und wie ihr seht, hat mein Ziel, schnellstmöglich in die Karibik zu gelangen, noch einen anderen Grund, den wichtigsten in meinem ganzen bisherigen Leben." Es bedurfte keiner weiteren Worte, nun war für Enrique und Jean-Claude alles klar, Yamuna war die Liebe seines Lebens. Und damit wurde plötzlich auch den beiden Freunden bewusst, dass sie sich wünschten, dass auch sie sich ihrerseits hoffentlich bald wieder mal dem weiblichen Geschlecht zuwenden konnten. Bisher war dies schlicht und einfach in keinster Weise ein Thema gewesen, die Prioritäten hatten schließlich bei den Steinen und der Flucht gelegen. „Mogari wird uns übrigens, wie er mir heute Morgen zu meiner großen Freude eröffnet hat, mit seinen Männern bis zur Mündung in den Orinoco begleiten." Frank stupste Enrique in die Seite. „Bei den von euch gesammelten Reiseerfahrungen werdet ihr nun am besten wissen, wie wir aus diesem Dschungel gelangen können." „Was ist mit den zwei Tieren, du hast doch nicht etwa vor, sie mitzunehmen, oder?" Enrique wusste ja von Franks Tierliebe und damit war ihm dies durchaus zuzutrauen. „Das Äffchen kommt mir so bekannt vor", schmunzelte Jean-Claude. „Na, das ist doch deiner, ich habe während eurer Abwesenheit nur die Pflegschaft übernommen. Aber sei's drum, die Tiere würde ich natürlich schon gerne mitnehmen, zumal Micha nicht mehr von meiner Seite weicht. Leider weiß ich auch, dass dies nicht gut möglich ist." „Wen von den beiden nennst du denn Micha?", fragte Enrique erstaunt. „Ein ziemlich ungewöhnlicher Name für Tiere wie diese." Frank warf einen liebevollen Blick auf den Affen. „Na, wer wird das schon sein? Das Äffchen natürlich." „So ein Tier erhält bei uns in Rio den Namen ‚Chico'. Wieso nennst du den Affen so, hat das einen besonderen Grund?" „Nein, eigentlich nicht, mein Bruder heißt jedoch Michael und man nennt ihn Micha, obwohl, mit dem verstehe ich mich nicht besonders", grunzte Frank.

Durch laute, entfernte Rufe wurde die morgendliche Stille zerrissen, sie ließen die Köpfe der Männer umgehend zum Fluss umschwenken. Was gab es Besonderes, dass derart geschrien werden musste? Die zwei Indios aus dem Wachboot deuteten, wild mit ihren Armen herumfuchtelnd, zur Flussmündung. Keiner wusste, was es dort zu ergründen gab, jedenfalls war nichts zu erkennen. Doch alle ahnten, dass sich ein Fahrzeug den Fluss hinauf wagte. Eiligst wurden die Gewehre geholt und gleich geladen. Die Männer, darunter auch die drei Flüchtigen, verzogen sich hinter die Hütten ins Dickicht. Das Boot der Wache war noch nicht ans Ufer gelangt, als sie ein Lancha aufs Dorf zusteuern sahen. Mogari sagte zu den Flüchtigen: „Bleibt in diesem Versteck, wir werden so tun, als seien wir gerade von der Jagd zurückgekommen. Die Felle und Häute werden unsere Worte bestätigen." „Falls du meinst, wir sollten unsere Gewehre einsetzen, zeige mit einer Hand auf die Person, die wir treffen sollen", sagte Enrique. „Ich hoffe, so weit braucht es nicht zu kommen, aber ich werde es im Fall des Falles gewiss so machen", versprach Mogari ernst. Die Indios, die sich nicht mit im Versteck befanden, versammelten sich auf dem freien Platz vor den Hütten, von wo aus sie das Eintreffen des Lanchas erwarteten. Ein schwerer Mann warf ein Tauende zu den Männern ans Ufer, um das Boot festzubinden. Nur widerwillig bequemten sich die Indios, diese Arbeit zu verrichten. Der Führer des großen Bootes stieg zu den zwei längsseits geruderten Wachpersonen in deren Einbaum, was ihm einiges abverlangte, und ließ sich von ihnen ans Ufer bringen. Bei dem Mann handelte es sich um den Händler, mit dem die Indios ihre Tauschgeschäfte tätigten. Eine feiste, aufgedunsene Quaddel mit watschelndem Gang, bei dem die Jahre und sein völlig egozentrischer Charakter tiefe Linien und Falten, wie sie schimmelnden Backpflaumen eigen sind, in das von Akne umrahmte Gesicht gezeichnet hatten. Er hatte einen halbglatzigen Schweinekopf auf einem aufgeblähten Hals. Die Gestalt war stark in die Rundung gegangen. Funkelnde, stechende Otternaugen, tief eingebettet im Fettpolster der Tränensäcke, beherrschten das Haupt des vermeintlichen Cäsaren. Aufgeregt und mit den starken Armen herumfuchtelnd schob sich die Masse auf Mogari zu, um diesen sogleich mit einer aus dem Innern seines Körpers dröhnenden Stimme liebenswürdig anzubellen, wo er so lange gewesen sei und, vor allem, ob er die ihm versprochenen Kristalle bereit habe. Mogari sah dem Fettsack scharf ins Gesicht, dann meinte er betont langsam: „In unserem Dorf herrscht Trauer, es wäre daher zu begrüßen, wenn du nicht so schreist, unsere Ohren sind zudem gut genug, dich auch in normalem Ton zu verstehen. Meine Leute sagten dir, dass wir zur Jagd am Cerro Marahuacha aufgebrochen waren, warum fragst du also, wo wir so lange gewesen sind, willst du meine Leute etwa Lügen strafen? Außerdem geht es dich nichts an, wo wir uns hinbegeben. Im Übrigen kannst du genügend Felle und Häute bekommen, wenn du einige Tage darauf warten willst, bis sie von meinen Leuten verarbeitet wurden. Kristalle besitzen wir momentan keine mehr, für diese fanden wir andere Abnehmer. Dies dürfte dir ja ohnehin egal sein, da wir dich mit unseren unverschämten Forderungen, wie du kürzlich meintest, auszuplündern versuchen." Die Worte trafen den Molch wie Peitschenhiebe. Von einer Minute zur anderen hatte der Kapitän die Maske seiner groben Liebenswürdigkeit abgelegt, seine Hände waren zu Fäusten geballt, seine Augen glimmten in bösem Glanz. „Was?" Die Quaddel packte Mogari an seinem Hals. „Was sagst du mir da? Du hast mir die Steine schon vor Längerem versprochen, wo befinden sie sich, wem hast du Laus sie gegeben? Her damit, du stinkiger Affe." Mogari versuchte sich vergebens aus der starken Umklammerung zu winden, seine Leute standen wie erstarrt neben und hinter ihm. Noch nie hatte jemand es gewagt, den Sohn des Curandeiros anzurühren. Der alte Kräuterheiler lächelte dünn, doch vor seinen fast wimpernlosen, jetzt kalten, dunklen Augen machte dieses Lächeln halt. Der Alte hatte sich als Erster vom Schreck erholt, der auch ihn gelähmt hielt. Er schöpfte Atem, seine knöchrigen, stark verkrümmten Hände ließen den Kräuterbeutel fallen, um mit ihnen auf den Fettsack einzuschlagen. Dies veranlasste den Dicken dazu, einige gezielte Fußtritte in den Unterleib des Greises auszuteilen, woraufhin dieser stöhnend zusammenbrach. Der Lebensretter von

Frank lag regungslos auf dem Erdboden, was Letzteren dazu veranlasste, mit dem Gewehr in der Hand aus dem Versteck zu treten. „Die Urubus warten bereits auf dich", sagte Frank kalt. Der Kapitän blickte von seinem Opfer auf. „Ja, da hört sich doch alles auf, da haben sich die Schweinehunde hierher verkrochen, um bei den Stinktieren Schutz zu finden. Deshalb also keine Diamanten mehr. Wo hast du die anderen zwei gelassen, he?" Enrique war zwischenzeitlich von der anderen Seite her auf das dicke Ungeziefer zugetreten und stand, von diesem unbemerkt, direkt hinter ihm. Mit einer völlig fremden, kalten Stimme, die sogar Frank einen Schauer einjagte, sagte er: „Hier." Bevor der Kapitän seinen Kopf wenden konnte, wurde der an seinem länger werdenden Ohr herumgezogen. Der Mann erhielt vorerst eine der obligatorischen, schmerzhaften Ohrfeigen von Enrique, bevor er mit ebensolchen Fußtritten bearbeitet wurde, wie sie der Dorfälteste hatte erfahren müssen. Der Geprügelte schrie scheußlich auf, was jedoch keine Gnade bewirkte, sondern vielmehr die aufgestaute Wut vollends entfachte. Einige Indios, darunter natürlich Mogari, hatten sich zum Curandeiro hinuntergebeugt, doch der konnte mit seinen Hexenkünsten keinem der Indios mehr helfen; seine Seele befand sich auf dem Wege zu den Waldgeistern. Für so einen alten Mann waren die verabfolgten Fußtritte zu viel, sodass die Unterleibsorgane durcheinandergeraten und wohl teils zerrissen worden waren. Diese Annahme bestätigte sich leider durch das Blut, welches aus Mund und Nase rann. Mogari löste sich langsam aus seiner Hockstellung und stand auf. Der Anblick des Teufels hätte nicht mehr erschrecken können, als Mogari in diesem Moment. Mit starkem, visionärem Blick, wie dem einer Schlange, starrte er minutenlang den Kapitän an, um dann, zu Enrique gewandt, zu sagen: „Er gehört mir." Mogari drehte sich zu seinen Leuten um und befahl ihnen, ihm eine scharfe Machete zu bringen. Der Kapitän war sich natürlich bewusst, welchen Zweck das Buschmesser erfüllen sollte, und so versuchte er entsetzt hochzukommen, allein, das vereitelte ein erneuter Fußtritt von Frank in seinen Speckwanst. Mogari beugte sich zu dem Fleischberg hinunter. „Hör zu, du Scheusal, du hast uns lange Jahre über ausgebeutet, sogar an die im Camp hast du uns verraten, wie wir wissen, und jetzt hast du Ungeheuer meinen Vater getötet. Ich werde dir deinen Kopf langsam abtrennen, ganz langsam." Die flinken Rattenaugen des Kapitäns huschten von einem zum anderen, er schüttelte gewichtig seinen schweren Kopf mit den Schweineohren, die sich unermüdlich bewegten. Wer ihn in diesem Augenblick hässlich, fett und gekrümmt auf dem Erdboden liegen sah, erkannte in ihm gut den Widerling, der er war. Seine Stimme zitterte, sie war ölig und glatt, als er um Entschuldigung bat und um Gnade flehte. Mogari stürzte sich auf den Schreienden, der anstatt rumzuplärren lieber hätte an den Herrgott denken sollen; aber dieser war ihm wohl aufgrund seiner Schandtaten unbekannt. So sehr er auch bemüht war, sich aus seiner Zwangslage zu befreien, es gelang ihm nicht. „Ihr seid doch Weiße, so helft mir, bitte helft mir doch. Ich werde euch in Sicherheit bringen, das verspreche ich euch. Ich habe Macht, ihr könnt doch nicht …" Eine weitere „Backpfeife" von Enrique stoppte den schleimigen Redefluss des Kapitäns, sie erstickte seine letzten Worte, nur fing er daraufhin wieder zu schreien an. Langsam setzte Mogari das lange Buschmesser an den vor Schweiß triefenden Hals, was dem zum Tode verurteilten die Augen aus den Tränensäcken trieb. Der erste, nicht übermäßig tiefe Schnitt wurde ausgeführt. Blut rann den Hals hinunter, der Schnitt wurde vertieft und verlängert. Danach bohrte Mogari, geschickt den Blutbahnen und der Luftröhre ausweichend, ein Loch durch den Hals in die Speiseröhre. Der Kapitän röchelte und fing entsetzlich zu stinken an, er hatte sich in seine Hosen gemacht. Mogari flüsterte dem Mann ins wackelnde Ohr: „Ich mache jetzt eine Pause, derweil werden sich meine Leute um dich bemühen. Also sei so lieb und verhalte dich ruhig, ich sagte dir bereits, wir halten Trauer. Später, nachdem ich bei meinem toten Vater gewesen bin, komme ich wieder, um mein Werk zu beenden. Du sollst meine Arbeit genauestens mitbekommen." Mogari war aufgestanden, um sich zu seinem auf dem Erdboden liegenden Vater zu begeben. Einige seiner Männer hielten den Fleischberg weiterhin fest. Dieser versuchte verzweifelt, die drei Freunde für sich zu gewinnen. Doch diese haben nicht vergessen, wen er schon alles verraten hatte, nur um sich selbst den Rachen und den Geldbeutel zu füllen. Alle Versuche blitzten ab. Sie selbst waren enorm wütend auf dieses feige Aas, einen alten Mann zu treten ist schließlich unterste Schublade. So war es mehr als verständlich, dass Mogari Gleiches mit Gleichem vergelten wollte. Obwohl, die Art und Weise war auch ihnen etwas zu viel. Jean-Claude war schon lange nahe der Ohnmacht, sein Gesicht war kreidebleich geworden. Man hätte den Kapitän jetzt eigentlich sich selbst überlassen können, diesen Ausbeuter, Feigling und Lügner. Dauernd babbelte er irgendwelche unverständlichen Dinge vor sich hin. Vielleicht waren es überfällige, aber ungehörte Beichten, an die er ebenso wie an Gebete früher hätte denken sollen. Aber wie soll so jemand plötzlich zu einem guten, gläubigen Menschen werden? Mogari kehrte also zurück und kniete sich erneut neben seinem Opfer auf den Boden. Er flüsterte ihm wohl all seinen Hass ob des getöteten Vaters in die Lauscher. Mogari war nur noch von Rache getrieben, und so erkannte man leider auch bei ihm gerade keine menschlichen Züge mehr. Die drei Freunde waren irgendwie erheitert, im Inneren aber auch entsetzt. Mogari sollte dem Tun ein Ende setzen. Auge um Auge, Zahn um Zahn ist ja schon okay, aber nun sollte auch die Vernunft einkehren, der Stolz auf ein „anständiges" Benehmen, das heißt, ein schnelles, einigermaßen würdiges Ende des vollgefressenen Betrügers. Doch Mogari war wie von Sinnen, vollkommen überdreht. Doch niemand getraute sich, ihm Einhalt zu gebieten, ihn aufzurütteln, in die reale Welt zurückzuholen. Endlich, nach geraumer Zeit, besann Mogari sich doch noch. Es ergab auch für einen nach Rache dürstenden Indio keinen Sinn mehr, einen nunmehr fast wahnsinnig gewordenen Lancha-Kapitän zu quälen. Und so setzte er dem unwürdigen Leben desselben ein abruptes Ende.

Irgendwie war den drei Freunden echt Scheiße zumute. Dies alles nagte an ihren Nerven und es würden wohl erneut viele Nächte mit den ärgsten Träumen folgen. Solche Dinge gehen an einem im Grundcharakter herzlichen Menschen nicht spurlos vorbei. Hoffentlich konnten sie dies alles bald hinter sich lassen und ohne irgendwelche Gewalt an Tieren oder Menschen den weiteren Lebensweg beschreiten. Doch bis dahin war es noch weit und der Ausgang der Flucht nicht klar.

Wieder gab Mogari Befehle, diesmal ging es darum, den Leichnam des Kapitäns zu einem der Einbäume zu schleppen, um diesen etwas weiter entfernt den Krokodilen zu übergeben. Den Kapitän dieses Lanchas sah nie wieder ein Mensch. Für das Lancha selbst war für die kommende Nacht ein Begräbnis im Ventuari geplant. Dort draußen, inmitten des Flusses, sollte es versenkt werden. Von den Sachen, die der Kapitän bei sich trug, und von denen, die sich im Lancha befanden, rührten die stolzen Indios rein gar nichts an; nicht einmal das dort vorgefundene Gewehr nahmen sie an sich. Der Leichnam des alten Medizinmannes wurde von Mogari ins Walddorf gebracht. Die Indios wollten ihn nicht im Beisein der Flüchtigen, die schließlich eine Mitschuld trugen, beerdigen.

„Enrique, sobald das Lancha versenkt ist, werdet ihr abreisen, versprecht mir das. Legone wird für euch ein Boot aussuchen und euch bis in den Orinoco begleiten. Ich weiß nicht, ob wir uns noch einmal wiedersehen." Dann wandte er sich nur an Frank: „Ich habe noch nicht entschieden, wer dann zur vereinbarten Zeit deine Yamuna nach Trinidad bringen wird. Vielleicht werde ich dies persönlich tun und nur dann werden wir zwei uns wiedersehen." Mogari reichte jedem der Freunde seine Hand. „Seid vorsichtig, auch wenn ihr euch auf dem Orinoco befindet." Frank übergab Mogari den Tukano, der Kapuzineraffe Micha sollte folgen, doch dieser klammerte sich unter herzerweichendem Gekreische ängstlich und sehr wohl vorausahnend, dass er seinen Freund verlieren sollte, an Franks Arme. Nur unter größten Anstrengungen war er davon zu lösen. Frank standen einige Tränen in den Augen, auch er hatte dieses tolle Äffchen liebgewonnen; es würde immer einen Platz in seinem Herzen und in seiner Erinnerung behalten. Und wer weiß, vielleicht gab es doch noch irgendwann ein Wiedersehen. Zum Glück verließen bald einige Einbäume das Dorf, in einem von ihnen befand sich der tote Medizinmann.

Die drei Kameraden trugen ihre Sachen zusammen. Nur drei doppelläufige Gewehre und genügend Munition gedachten sie mitzunehmen. Bis auf ihre sich an den Gelenken befindlichen, den Toten abgenommenen Armbanduhren wechselten alle Uhren die Besitzer, so auch die Macheten und Messer. Zum Dank für die großartige Hilfe, den großen Beistand sowie die erfolgreiche Behandlung von Frank übergaben sie nun dem anwesenden Legone einen Großteil der im geheimnisvollen Urwaldtempel gefundenen Schatzgegenstände. Legone betrachtete diese verwundert und wollte natürlich sogleich wissen, woher diese großteils aus Gold bestehenden Dinge stammen. „Frag nicht, Legone, dies bleibt unser ureigenstes Geheimnis, aber wir können dir verraten, dass wir während unserer Flucht eine versunkene Stadt mit einem Tempel entdeckt haben. Sollten wir je wieder in diese Region kommen, unter besseren Umständen, werden wir vielleicht gemeinsam mit euch versuchen, diese pompösen Ruinen mit den prunkvollen Grabkammern wiederzufinden. Leider haben wir keine Schatzkarte erstellt und es würde wahrscheinlich sehr schwer werden, obwohl wir einige Hinweise in die dortigen Bäume geritzt haben. Auf jeden Fall sollen euch diese Gaben viel Glück bringen. Und gebt sie auf keinen Fall irgendeinem korrupten Händler oder Lancha-Kapitän." Legone war sichtlich gerührt, so etwas Wertvolles hatte er wohl noch nie in den Händen gehalten. Umgehend versteckte er das Geschenk in seiner Hütte. Es sollte erst wieder hervorgekramt werden, wenn die Luft für alle Beteiligten rein war und niemand mehr von den Flüchtigen sprach, auch nicht die Schergen, welche sie wohl vorderhand weiter belästigen würden. Legone bedankte sich seinerseits für die Gaben. Jetzt ging es aber darum, die letzten Vorbereitungen für die Abreise zu treffen. Legone zeigte ihnen ein größeres Boot, es war um einiges größer, als jenes, mit dem sie gekommen waren. In dieses verfrachteten sie all die Dinge, welche sie auch mitnehmen wollten, und deckten sie mit der Plane zu.

Alles nahm seinen Lauf, doch für Frank stand noch der wohl schwierigste Gang seines Lebens bevor, der Abschied von Yamuna, der hoffentlich nur ein befristeter war, aber in trockenen

Tüchern war schließlich noch gar nichts. Frank meldete sich bei seinen beiden Spezis ab und schlich geknickt und traurig von dannen. Er fand seine Yamuna am Waldrand auf einem ihnen bestens bekannten, am Boden liegenden Baumstamm. Ihre Augen tropften bereits tiefe Spuren in den trockenen Waldboden. Frank musste sie so weit wie möglich beruhigen und positiv stimmen. Das war kein einfaches Unterfangen, zumal es tief in ihm ebenso brodelte. Aber er musste den emotionalen Vulkanausbruch bei sich selbst verhindern, nur so konnte es zu einem einigermaßen erträglichen Abschied kommen. „Liebe Yamuna, meine Allerliebste. Noch nie war mein Glück so unendlich groß wie mit dir. Mit dir zusammen zu sein, dich in den Armen zu halten, deine warmen Lippen zu küssen bedeutet alles für mich. Du bedeutest mir alles und gerade deshalb möchte ich die Flucht zu Ende bringen und dich zur vereinbarten Zeit auf Trinidad wieder in die Arme schließen. Sei nicht zu traurig, denn wir beide brauchen die ganze Kraft für diese Hoffnung. Natürlich weiß nur der liebe Gott, wie es mit uns weitergeht. Ich werde jede Minute an dich denken und dies wird mich stark und stärker machen. Ich liebe dich über alles, nie sind mir solche Gefühle widerfahren. Ich werde kämpfen, um unser Ziel erreichen zu können. Aber eine Garantie kann auch ich dir nicht geben; zu viele Gefahren lauern in der Zwischenzeit noch auf uns, vor allem die Schergen haben ihre Suche wohl noch immer nicht aufgegeben. Von diesen droht schließlich das größte Risiko. Wenn wir uns aber wie mit Mogari vereinbart nur nachts fortbewegen und dies möglichst im Eiltempo, sollte die Sache zu einem guten Ende kommen." Die beiden küssten sich innig, doch die Zeit verstrich wie immer in solchen Situationen im Eiltempo. Frank musste sich nun unbedingt zurückbegeben, um die weitere Flucht zu starten. Yamuna wollte nicht dabei sein beziehungsweise nicht am Flussufer zusehen, wie Frank im Dunkel der Nacht ins Ungewisse verschwand. Frank war dies eigentlich auch lieber, wenngleich er jede Sekunde ihres Anblicks genießen wollte. So verabschiedeten sie sich mit einer heftigen Umarmung, einem letzten Kuss und vielen Tränen. Beide waren zwar starke Charaktere, aber dieser Abschied verlangte von beiden viel ab und so waren die Tränen nichts anderes als normal. Ein letzter Handkuss durch die Luft an seine Liebste und das war's, sie entschwanden dem Blickfeld des jeweils Anderen, ob für immer oder nur für einige Wochen, für die zwei vereinbarten Monate, das Schicksal würde letztlich den Weg weisen.

Zurück beim Einbaum wurden die letzten Vorbereitungen getroffen, und nachdem alles für das neue, leider notwendige Abenteuer parat war, teilten die drei ihre Diamanten untereinander auf. Sie wussten, jeder von ihnen hatte mit seinem Anteil für das restliche Leben ausgesorgt. Und durch die Aufteilung war nun auch jeder selbst für seinen Anteil sowie seine Existenz nach der Flucht verantwortlich. Nach weiteren Verabschiedungen von den Indios wurde das ihnen überlassene Boot, zusammen mit zwei weiteren, in welchen die Indios sie bis zum Orinoco begleiten wollten, am Heck des Lanchas festgebunden. Alles verlief nach Plan, so schien es zumindest.

Aber, verdammte Scheiße, es kam wieder mal ganz anders als geplant: Es war ein entferntes Rufen zu hören. Und erneut winkten die Wachposten den Menschen am Ufer aufgeregt aus ihrem dem Dorfe zustrebenden Einbaum zu. Wieder schien ungebetener Besuch im Anmarsch oder besser Anschwimmen zu sein. „Hört das denn nie auf?", hörte man Jean-Claude fluchen. Um das Lancha verschwinden zu lassen blieb keine Zeit, denn ein großes Motorkanu zeigte sich an der Flusskrümmung. Enrique gab Legone, dem von Mogari während seiner Abwesenheit das Kommando über das Dorf übertragen worden war, zu verstehen, er solle erzählen, der Kapitän des Lancha sei mit Mogari in einem der Einbäume weggefahren, um die Kristalle zu holen, die dem Kapitän versprochen waren. Er sollte sagen, er wisse nicht, wann sie zurückkommen. Legone hatte verstanden, er würde so zu den Ankömmlingen sprechen, falls sie ihn danach fragen sollten. „Nehmt eure Gewehre und verschwindet wieder auf den gleichen Platz wie heute Vormittag", sagte Enrique bestimmt. Auch einige Indios verzogen sich mit den restlichen Gewehren dorthin. Das Motorkanu legte am Ufer an. Es war mit drei Uniformierten und fünf Mestizen besetzt. Die Männer stiegen aus und begaben sich auf den freien Platz vor den Hütten.

Die Freunde sahen, wie einer der Uniformierten auf das Lancha zeigte. Legone sagte das, was Enrique ihm geraten hatte, worauf der Bandit nichts erwiderte, stattdessen wies er mit einer Hand auf einen der am Lancha vertäuten Einbäume, jenem Boot mit der verräterischen Plane.

Die Freunde hörten aus den Wortfetzen, die zu ihnen drangen, heraus, dass Legone sagte, dieses Boot hätte der Kapitän im Schlepp mit zu ihnen ins Dorf gebracht. Der Scherge drehte sich langsam zu Legone um und schlug diesem mit der Faust ins Gesicht. „Was sagst du? Wir selber haben den Kapitän an der Flussmündung verabschiedet und hergeschickt, und zwar ohne Beiboot, du Stinktier." Wieder erhielt Legone einige gezielte Schläge, sodass er ins Taumeln geriet und aus der Nase zu bluten begann. Alle acht Leute aus dem Motorkanu standen dicht beieinander, die Mestizen packten auf den Wink eines der Uniformierten einen der Indios, schlugen auf den Ärmsten ein und legten ihm eine Schlinge um den Hals. „Wo sind die drei Assassinos, rede, du Hund." Der Indio blieb jedoch wider Erwarten stumm, woraufhin er zum nächsten Baum gezerrt wurde, wo das Tau mit der Schlinge an den Ästen befestigt werden hätte sollen. Der vor Angst schlotternde Indio wurde auf ein Wasserfass gehoben, das Tau straff gespannt. Ganz ruhig, aber eisig flüsterte Enrique: „Ich hoffe, jeder Schuss von uns lässt einen von denen umkippen. Unsere Freunde hier sollen gemeinsam auf die zwei Teufel am Feuer zielen, die stehen denen am nächsten, so werden sie mit Sicherheit einen Erfolg haben. Ich ziele auf die zwei Henker, Frank, du nimmst zwei der Uniformierten, und du Jean-Claude die anderen zwei, die stehen dir am nächsten. Wir dürfen sie nicht verfehlen, das könnte zu einer Katastrophe führen." Der Strick am Geäst des Baumes straffte sich, es würde nur noch wenige Augenblicke dauern, bis der Indio baumelte. Enrique blickte die schussbereiten Indios an. „Jetzt", rief er, woraufhin aus jedem der Gewehre zwei kurz aufeinanderfolgende Schüsse krachten. Alle Schergen wurden bösartig getroffen, drei von ihnen tödlich; sie kippten lautlos auf den dreckigen Erdboden, darunter die zwei für die Indios reservierten Lumpen. Die anderen fünf wälzten sich mehr oder weniger schwer verwundet im Matsch vor Legones Füssen. Nachdem die Gewehre neu geladen waren, kamen die Männer aus dem Dickicht hervor. Vorsichtig gingen sie auf die sich am Erdboden Wälzenden zu. Enrique zog einen der Uniformierten am Haarschopf zu sich heran. Der Mann blutete aus einer Oberschenkel- und einer Halswunde, wo ihn ein Streifschuss getroffen hatte. Natürlich erhielt der Mann vorab seine Backpfeife, mit der er gesprächig gemacht werden sollte. „Hör zu, Liebling, du bist nicht so schwer verletzt, dass du an den Wunden eingehst, das wirst du erst dann, wenn du mir auf meine Fragen keine vernünftige Antwort gibst. Also, falls du vorhast weiterzuleben, redest du mit mir, verstanden?" Der Mann nickte mit vor Angst verdrehten Augen. Schon komisch, ohne Übermacht werden diese Feiglinge plötzlich ganz klein. „Warten andere Männer in Booten auf eure Rückkehr?" Der Mann schwieg, jedoch nicht, weil er vorhatte zu schweigen, sondern weil er vor Angst ohnmächtig geworden war. Er war nicht mehr ansprechbar. Enrique schaute sich nach einem anderen „Gesprächspartner" um. Seine Augen erfassten eine ebenso nicht schwerverletzte Gestalt, die eher an einen derben, vierschrötigen Bauern erinnerte als an Einen vom Militär. Doch zu Letzterem schien er aufgrund seines Aufzugs zu zählen. Auch dieser „noble" Herr schien nicht tödlich verletzt. Enrique winke ihn zu sich. Die gedrungene Gestalt in abgenutzter Uniform erhob sich von der Gruppe der am Boden liegenden Unedlen. In kurzen, groben Stiefeln wankte sie auf Enrique zu, in der Hoffnung, dem Tode entrinnen zu können. Dem schien er irgendwie zu langsam zu sein, da er voller Grimm und zum Entsetzen des Hoffenden von seiner furchtbaren Waffe, dem Gewehrkolben, Gebrauch machte. Ein blödes Grinsen im Gesicht zurücklassend, enteilte seine Seele einem ungewissen Ziele entgegen. Frank sah sich die auf dem Boden liegenden Gestalten genauer an. Sie waren sich alle ähnlich, irgendwie trugen sie alle den gleichen Zug von Gier und Grausamkeit in ihren Gesichtern, der nicht einmal in der Stunde des Todes daraus verschwand. Wie nur können Menschen so werden?

Der ohnmächtig zu Boden gesackte und mit einigen Eimern kalten Flusswassers wieder zum Leben erweckte Unhold wurde erneut von Enrique belästigt. „Ich fragte dich bereits, ob auf eure Rückkehr andere Männer im Fluss in ihren Booten warten?" Der Mann schwieg, was Enriques Wut einen enormen Auftrieb gab und den von ihm zum Liebling hochstilisierten Teufel eine Schelle einbrachte, die ihn wiederum zusammensacken ließ. „Du krankes Hirn, weißt du, was mit dem Kapitän des Lanchas geschah? Natürlich nicht, wie könntest du's auch. Ich will's dir deshalb verraten. Nachdem zuvor ein lebender Monsum durch seine geöffnete Speiseröhre wanderte und seine Innereien anfraß, sodass der Ärmste dem Wahn verfiel, wurde ihm langsam der Kopf abgetrennt. Auch in deinen Hals wird es reinregnen, solltest du vorhaben, weiterhin zu schweigen. Was ist, werdet ihr erwartet?" „Sì Senhor. Ein großes Boot und ein Lancha befinden sich in der Nähe der Flussmündung. Beide Boote sind mit Militärs besetzt. Es wäre also gut für euch, wenn ihr mich am Leben lasst, damit ich ein gutes Wort für euch einlegen kann." Die Freunde schauten sich verblüfft an ob der Unverfrorenheit dieses Typen. Der Mann schien verrückt zu sein, er wollte ein gutes Wort für sie einlegen. Enrique fing sich wieder. „Wusstet ihr, dass wir uns hier befinden?" „Sì Senhor, alle wussten es." „Durch wen, wer hat uns verraten?" „Der Kapitän des Handelslanchas, Senhor." „Wieso wusste der, wo wir uns befinden?" „Einige Indios haben euch bei eurer Abreise auf dem Orinoco aus einem Dickicht kommen sehen, woraufhin die Leichen der armen Männer im Kanu gefunden wurden. Der Kapitän des Lancha lag Tag und Nacht auf der Lauer, um eure Rückkehr nicht zu verpassen. Über Funk berichtete er gestern Früh, ihr würdet euch hier im Dorf bei den Indios befinden. Das ist auch schon alles." „Aha, das ist auch schon alles. Da meint ihr Drecksfinken also, mit einer kleinen Armee könntet ihr uns fassen und killen, oder was hattet ihr Besonderes mit uns vor? Rede, gamba. Für deine Worte ‚die Leichen der armen Männer im Kanu', eine Frechheit, bekommst du vorweg erst einmal eine Schelle." Enrique verabfolgte dem Verräter die versprochene „Aufheiterung", bevor er den vor Schmerz Aufschreienden weiterbefragte. „Also, was hattet ihr mit uns geplant?" „Ihr solltet ins Labor gebracht werden." „In was? Was für ein Labor? Rede, du Kanaille." „Ins

Kokain-Labor, Senhor, alle drei. Ihr solltet ohnehin schon vor eurer kriminellen Flucht dorthin gebracht werden." Enrique, aber auch seine beiden Freunde kamen aus dem Staunen nicht heraus. „Die kriminelle Flucht", hatte sich dieser Schädling, welcher allein nur kriminell war, zu sagen erdreistet. Enrique stand auf und blickte seine Kameraden an. Vor Erregung und Hass zitterte er am ganzen Körper. Die Hoffnungen, die den am Boden liegenden Elendigen zu Beginn noch aufrecht gehalten hatten, erloschen mehr und mehr in ihm, im gleichen Maße, wie seine Apathie wuchs. Unendlich langsam verging für ihn nun die Zeit und er begann, seine Komplizen zu beneiden, deren Denken umgehend durch den Tod ausgelöscht worden war. Mit leerem Blick starrte er vor sich hin. Ein bleiches, regungsloses, verängstigtes Gesicht, das ein verzweifeltes, irres Lächeln zeigt. Der Mann schrak zusammen, als Enrique erneut zu reden begann. „Da nehmen die Schweine uns unser Vermögen ab, unter dem Vorwand, es stamme aus Drogengeschäften, und selbst betreiben gerade sie dieses Geschäft. Und dann sagt mir diese Schmeißfliege hier noch, sie hätten die Leichen der armen Männer im Kanu gefunden und unsere Flucht sei kriminell gewesen. Da hört sich doch alles auf, wie verblendet, blöd und rücksichtslos müssen diese Arschlöcher sein!"

Enriques Blicke schweiften zu den anderen drei noch lebenden Gestalten auf dem Boden, sein Gesicht war vor Wut rot angelaufen. Er betrachtete sein Gewehr, was Jean-Claude auf den Plan rief. Dieser wollte das Gewehr festhalten, es gelang ihm aber nicht. „Jean-Claude, ich weiß, du kannst gar nicht anders, es ist nun mal das unglückliche Gesetz, unter dem du stehst und nach dem du handeln musst. Dreh dich also lieber um, wenn du meinst, es nicht mit ansehen zu können". Enrique hob sein Gewehr, steckte den Lauf in den Mund des vor ihm Liegenden und drückte langsam ab. Der Körper des „Lieblings" wurde von der Wucht des Einschusses zur Seite geschleudert. „Befördert die anderen drei Lumpen dahin, wo sie hingehören." Drei weitere Schüsse donnerten auf und zerrissen den Frieden des Waldes. Die Männer waren damit beschäftigt, die Leichen vom Platz auf das Lancha zu schleppen, als sie die anderen Schergen in ihren Booten anrauschen hörten und sogleich erblickten. „Sag, Enrique, weshalb benutzen die keinen Hubschrauber oder sowas wie ein Schnellboot, um uns damit zu jagen und zu fangen?" „Vom Hubschrauber aus würde man uns nur schwerlich ausmachen können, Frank, außer wir sollten uns gerade in der Mitte eines Flusses befinden. Und größere Boote hätten nur in tieferen, breiteren Flüssen, wie es zum Beispiel der Ventuari, der Guaviare oder der Orinoco sind, eine Chance. Wir haben jetzt aber keine Zeit, um Gespräche zu führen, nehmt den Leichen die Waffen weg und dann ab ins Dickicht. Schießt gezielt, aber erst dann, wenn sie sich um ihre Kumpels kümmern."

Das Motorboot und das Lancha hielten in Ufernähe. Die Freunde sahen die Schergen das Dorf und den dahinterliegenden Wald mit Ferngläsern absuchen, während Legone den Indios die Worte von Enrique übersetzte. Bei den Leichen blieben die Ferngläser dann fixiert. Eine Weile lang tat sich nichts. Doch nachdem sie den Schock überwunden hatten, waren knappe Kommandos zu vernehmen. Die zwei Boote wurden ganz ans Ufer gebracht, die Männer stiegen bis auf wenige aus, um sich sogleich und wie erhofft zu ihren toten Mitstreitern zu schleichen. Sie verfielen anscheinend der irrigen Meinung, nach dem Massacker an ihren Gleichgesinnten vorerst nichts durch die Assassinos befürchten zu müssen, da diese sich mit Sicherheit tief in den Wald hinein verzogen hätten. Doch dies sollte sich für viele von ihnen ganz schnell als tödlicher Irrtum herausstellen. Die drei Freunde zählten weitere fünfzehn Indios, die sich alle mit Gewehren bewaffnet hinter den Hütten im Dickicht befanden. Einige von ihnen waren ebenfalls so voller Hass, dass sie nur durch eindringliche, ermahnende Zeichen von Legone daran gehindert werden konnten, bereits jetzt auf die Schergen zu feuern. Bei diesen handelte es sich etwa um gleich viele, was also die Chancen auf Erfolg erhöhte. Man konnte den Hass der Indios verstehen, da auch von ihrem Volk wohl schon einige in irgendeinem Drogenlabor verschwunden waren. Enrique hoffte, dass die neuen Ankömmlinge noch etwas näher zusammenrückten. Er deutete nun auf die ihm am nächsten stehenden acht Indiomänner, sie sollten zuerst feuern, denn während diese nachluden, würde der Überraschungsmoment noch anhalten und damit der Zeitpunkt gekommen sein, die restlichen sieben Banditen aufs Korn zu nehmen. So konnte das tödliche Spiel ohne Pause fortgesetzt werden, schießen, nachladen, schießen. Die Freunde hatten vor, gezielt in die von Panik erfasste Meute zu schießen. Die Indiofreunde schienen verstanden zu haben, was konkret zu tun war. Sie verteilten sich so, dass jeder einen gewissen Abstand zum Nächsten bewahrte. Die meisten Schergen beugten sich besorgt über die Toten, denen aber nicht mehr zu helfen war. Nur wenige blickten sich, dem Frieden und der Ruhe rundherum nicht so ganz trauend, verschüchtert nach allen Seiten hin um. Enrique hob sein Gewehr, was als Zeichen für die ersten acht Indios galt, die Schießerei zu beginnen. Acht donnernde Schüsse, denen sogleich acht weitere folgten, zerrissen erneut die Stille und brachten ein heilloses Durcheinander. Männer stürzten wahllos zu Boden, einige nicht tödlich Getroffene versuchten sich aufzurichten und ebenfalls einige Patronen in die Richtung der Schüsse zu feuern. Doch das Aufstehen blieb den meisten versagt. Während 16 neue Patronen in die Läufe gesteckt wurden, klatschten wiederum zweimal sieben Kugeln in die angeschlagene Gesellschaft, deren kleiner Rest verschreckt in alle Richtungen auseinanderstob. Die nächsten Schüsse wurden ohne Unterlass gezielt auf diesen Rest abgefeuert. Nur wenige entkamen ihrer eigenen Hölle, die sie nur zu gut kannten. Diejenigen aber, die sich auf dem Platze in ihrem Blut wälzten, wurden aus dem Dickicht mit dem Fangschuss erledigt. Die drei Freunde kamen aus ihrem Versteck hervor. Ohrenbetäubend krachte in der Nähe ein Revolver und riss Jean-Claude von den Beinen. Sie sahen den Schützen am Boden zwischen den Toten und wie er einen zweiten Schuss anzubringen versuchte. Eine Kugel, von Frank abgefeuert, beendete dieses Vorhaben. Enrique und Frank beugten sich zu Jean-Claude hinunter. Dieser hatte merkwürdig verrenkt seiner Malerei den Rücken gekehrt. Enrique hielt ihren schlaff gewordenen Kameraden in seinen Armen, während die Indios jedem der am Boden liegenden Banditen die Kehle durchtrennten; schließlich konnte es ja sein, dass noch einer von denen zu neuem Leben erwachte, um auch noch seinen

Revolver zu gebrauchen. Dem ansonsten nichts aus der Fassung zu bringenden Enrique standen Tränen in den Augen. Der tote Jean-Claude wurde ihm von Frank aus den Armen genommen.

„Enrique, wir müssen jetzt an uns und die Indios denken. Einige der Unwürdigen sind entkommen und die Restbesatzung fährt wohl mit den Booten bereits draußen auf dem Fluss. Bald wird es hier von Militärs wimmeln." „Da haben ihm seine ganzen Aves zum Schluss doch nichts genützt, verdammte Scheiße das alles hier!" „Aber vielleicht nützen sie uns noch, Enrique, er hat sie ja auch für uns gebracht. Komm zu dir, wir können unseren guten Freund Jean-Claude eh nicht mehr erwecken" Enrique kam vom Boden hoch. Beide schleppten den leblosen Jean-Claude zur Hütte des toten Curandeiros. „Sollen wir ihm die Diamanten lassen?", fragte Enrique. „Die habe ich bereits an mich genommen, Jean-Claude braucht leider keine mehr." Sie hatten ihren Freund auf dem Boden abgelegt und blickten in die toten, weit geöffneten Augen. Umgehend schlossen sie ihm diese, sodass es ein einigermaßen würdiger, wenn auch nach wie vor sehr trauriger Anblick war. Sie würden ihn definitiv vermissen. „Was jetzt, wollen wir ihn etwa so liegenlassen?" Frank blickte zum Fluss hinüber. „Nein, wir tragen ihn in die Hütte und stecken die dann an." Sie betteten Jean-Claude auf herumliegende Tücher und setzten diese zusammen mit dem Riedgras der Hütte in Brand. Auf dem Platz zurück waren sie zu ihren Indiofreunden getreten, die eifrig diskutierend zum Fluss hinaus starrten. Sie sahen, wie die zwei Boote mit den überlebenden Schergen um die Flusskrümmung verschwanden. Eine Verfolgung war selbst mit dem größeren Lancha des Kapitäns zwecklos, denn sie würden ja ziemlich bald direkt in die Arme der übrigen Gauner laufen beziehungsweise schwimmen.

„Wo steckt eigentlich Legone, Frank?" „Hier", hörte er die Stimme des Gesuchten hinter sich sagen. Legone war, von den beiden unbemerkt, die ganze Zeit über in ihrer Nähe geblieben. Enrique legte seine schwere Hand auf Legones Schultern und blickte dem Freund tief in die Augen. „Legone, mein Freund, nehmt die Gewehre, die ganze Munition, die wir zwei nicht benötigen und alle anderen Sachen, die für euch von Bedeutung sind und macht euch dann alle, hörst du, alle, auf den Weg zum Walddorf. Kommt nicht zurück, auf keinen Fall. Lass alle ein letztes Mal grüßen und richte Mogari etwas von uns aus, was er sich zu Herzen nehmen soll, ja muss: Ihr müsst zu 100 Prozent davon ausgehen, dass euch die Schergen irgendwann in naher Zukunft hier in dieser Gegend ausfindig machen werden, um Rache zu nehmen, weil ihr uns drei so toll geholfen habt. Verlegt euren Stamm und das Walddorf tief in den Dschungel hinein, wo euch diese bösen Leute nicht mehr finden können. Bleibt da, baut ein schönes Dorf auf und kehrt erst wieder an irgendeinen Fluss zurück, wenn viel Zeit ins Land gezogen ist. Es tut uns von ganzem Herzen leid, dass wir euch in diesen ganzen Schlamassel reingezogen haben. Leider haben auch wir nicht mit diesem traurigen Verlauf gerechnet. Also, wie gesagt, verhaltet euch möglichst still in eurem jetzigen oder einem neuen Walddorf. Frank und ich werden versuchen, uns zum Orinoco durchzuschlagen und hoffen, dass es im Minimum einer von uns schaffen wird. Das Lancha sowie den Einbaum nehmen wir mit. Macht schnell, Legone, die Teufel werden alles absuchen und jeden töten, dessen sie habhaft werden können. Um die Toten kümmert euch nicht weiter, nehmt ihnen jedoch die Gewehre und die Patronengürtel ab. Nehmt ihnen alles, was ihr gebrauchen könnt, aber macht schnell. Denkt bei eurem Tun daran, dass ihr vom Dickicht aus vielleicht von einem der entkommenen Schergen beobachtet werdet. Also schlagt eine Finte, geht zuerst in eine ganz andere Richtung und wechselt diese erst nach einigen hundert Metern tiefer im Wald wieder in Richtung Walddorf. Lasst keines der Boote zurück, steckt am besten alles hier in Brand, wie wir es euch mit der Krankenhütte vorgemacht haben. Habt nochmals Dank für alles und vergesst wie gesagt unsere Freunde im Walddorf nicht zu grüßen." Frank ergänzte diese Worte mit der großen Bitte, seiner Yamuna mitzuteilen, dass der vereinbarte Plan nach wie Gültigkeit hatte; Zeit und Treffpunkt bleiben bestehen. „Und bitte sorgt dafür, dass sie sich nicht zu sehr ängstigt. Es hilft mehr, wenn sie Kraft behält und Ruhe bewahrt. Vielen Dank auch dafür. Wir zwei wünschen euch alles Glück dieses Urwaldes." Die Männer reichten sich die Hände, Zeit für Sentimentalitäten gab es keine.

Enrique und Frank liefen zum Ufer, um sich zum Lancha zu begeben, von welchem sie die zwei überflüssigen Einbäume lösten. Sie starteten den Motor, hoben nochmals die Hand zum Gruß und fuhren in der Gewissheit, von den überlebenden Schergen ebenfalls beobachtet zu werden, auf den Fluss hinaus. „Enrique, hast du schon jemals so einen Kahn gesteuert?" fragte Frank besorgt. „Nein, natürlich nicht, das macht aber aus zweierlei Gründen nichts: Erstens wird alles irgendwann zum ersten Mal gemacht und zweitens werden wir nur ganz kurz auf diesem Kahn bleiben." „Wenn das nur alles gut geht. Wo hast du gedacht, lassen wir das Lancha verschwinden?" „Irgendwo in der Nähe der Mündung des Ventuari in den Orinoco. Wir werden dann weiterhin nur nachts fahren, dies aber erst in etwa zwei Wochen. Die ‚Rotznasen' werden nicht darauf kommen, dass wir uns ganz in ihrer Nähe versteckt halten." „Ja, auch ich denke mir, es wird klüger sein, etwas Zeit verstreichen zu lassen. Aber was tun wir, wenn unser Plan diesmal nicht aufgeht?" „Weiß ich so auch noch nicht definitiv, aber ich habe mir in Bezug auf uns zwei dennoch einige Gedanken gemacht, wenngleich auch nicht sehr erbauliche." „Wie meinst du das, in Bezug auf uns zwei?" „Ich habe mir überlegt, ob es im Zweifelsfall nicht besser wäre, wenn wir unsere Flucht einzeln bewältigen. Es würde vielleicht weniger auffallen, wenn nur ein Einzelner irgendwo durch den Urwald streift, sei es auf einem Fluss oder auch zu Fuß im Wald. Zudem habe ich so ein Bauchgefühl, dass wir auf dem Orinoco ohnehin gar nicht oder höchstens nur teilweise auf dem Wasserweg dahinziehen sollten. Denn auf dem Wasser sind wir stets, unter Umständen auch nachts, sehr gut auszumachen, und alle, die nach uns suchen oder mit denen unter einer Decke stecken, werden, wie wir vom Beispiel des Kapitäns wissen, umgehend Meldung machen. Wir sollten also einzeln in gestaffeltem Abstand mit einer Entfernung von vielleicht zwei, drei Kilometern den Landweg wählen, immer mit einem Auge auf den Flusslauf, damit wir uns nicht verlaufen. Das Ganze dauert so sicherlich etwas länger, aber nach einer gewissen Distanz können wir dann

sicher wieder auf den Fluss wechseln, und der Orinoco fließt ja zügig flussabwärts, wie wir bereits beim Kristallsuchen feststellen konnten. Wir können dann also bald mit vollem Tempo den Fluss runterpaddeln und die verlorene Zeit wieder aufholen, sodass du ‚pünktlich‘ auf Trinidad ankommst. Wir müssen einzig irgendwo ein brauchbares Kanu klauen oder es mit einem Diamanten erkaufen. Mir schwebt also ganz konkret vor, dass wir getrennt marschieren und erst dann wieder zusammentreffen, wenn der vordere Mann, also ich, es für gut befindet, den restlichen Weg wieder gemeinsam zu bewältigen. Und dann ist da ja noch die Sache mit deiner Yamuna; sollte die Situation also plötzlich eskalieren, musst du unbedingt nur auf dich schauen, ich bitte dich darum als Freund, nein, du musst mir dies versprechen. Ich habe in meinem Leben momentan nicht viel zu verlieren, außer natürlich die Diamanten. Aber du, du hast meines Erachtens eine schöne Zukunft vor dir, wenn alles klappt. Und ich wünsche mir so sehr, dass du die Atlantikküste erreichst."
Frank war ganz verwirrt und es brodelte in seinem Bauch, seinem Magen und vor allem in seinem Herzen. Nie hätte er Enrique, seinen Super-Freund, im Stich lassen können, er wollte, wenn nötig, bis zum bitteren Ende mit ihm um die Freiheit kämpfen. Doch sogleich klopfte auch Yamuna an seine beiden Herzklappen und so begannen seine Gefühle im Schnellgang zu rotieren. Wer war ihm wichtiger, was war ihm wichtiger? Es gab darauf keine echte Antwort, man kann doch Freund oder Freundin oder Geliebte nicht auf einer Skala bewerten, das ist unmöglich. Und doch wusste er, worauf Enrique abzielte. „Lieber Enrique, ich weiß deine selbstlose Art weiß Gott zu schätzen. Ich bin momentan stark zerrissen, denn du bedeutest mir als Freund auch sehr viel. Aber natürlich träume ich seit Wochen auch von einem gemeinsamen, glücklichen Leben mit Yamuna. Das Ganze stellt mich vor die größte Entscheidung in meinem bisherigen Leben. Noch nie hatte ich einen solchen Freund wie dich, noch nie hatte ich je auch eine Frau im Herzen, die ich so fest geliebt habe. Also hoffe ich nun einfach, dass ich keinen von euch beiden verlieren werde. Sollte aber wider Erwarten doch eine arg kritische Situation eintreten, werden wir spontan

entscheiden. Auf jeden Fall danke ich dir hier und jetzt herzlich für deine Uneigennützigkeit, vor allem auch im Sinne von Yamuna." Stille trat ein, keiner der beiden wollte sich weiter äußern, es musste erstmal alles verdaut und verarbeitet werden. Doch klar, lange blieb nicht Zeit fürs Sinnieren, zu kritisch war ihre Lage aktuell und sie würde es wohl auch bleiben. Und es mussten umgehend Entscheide gefällt werden.

Kurz vor der Einmündung des Ventuari in den Orinoco entdeckten sie einen kleinen, äußerst unscheinbaren Seitenarm, es war eigentlich nur ein winziges, schmales Bächlein, doch es schien immerhin eine ausreichende Tiefe für einen Einbaum zu haben. „Hier ist die Stelle absolut geeignet, um das elende Lancha zu versenken und mit dem übrig gebliebenen Einbaum in dieses Bächlein abzuhauen", ertönte die wieder klare Stimme von Enrique. Von Frank kam nur Zustimmung. „Also, laden wir alle wichtigen Dinge, vor allem die Gewehre, Macheten, Messer und Arzneien, um." Alles, was für die Flucht von Nutzen sein konnte, wurde in den Einbaum verfrachtet. Nun machten sich die beiden daran, diverse Lecks in die Außenwand zu schlagen, damit das Lancha schnell und lautlos auf den Grund des Flussbettes absinken konnte. Ein letztes Blubbern und weg war es nach etwas mehr als zehn Minuten. Diese Spur war also ausgelöscht, blieb nur noch zu hoffen, dass der Tiefgang von anderen Booten nicht zu groß war und diese daran hängen blieben. Doch selbst dann konnte nicht angenommen werden, dass sich die beiden in das winzige, unscheinbare, ja fast nicht sichtbare Bächlein verdünnisiert haben könnten. Doch genau dies taten sie umgehend, je schneller, desto besser und nach kurzem Abchecken der Umgebung durften sie zu 99 Prozent sicher sein, dass niemand sie hier beobachtete.

Bald schon brach die erste Nacht an und in dieser war hier mit Sicherheit nichts zu befürchten, weder von den Banditen noch, solange sie sich im Boot aufhielten, von irgendwelchen tierischen „Freunden". Am kommenden Morgen würden sie sich dann bis zum Ende des Bächleins vorankämpfen und dort ein kleines, einfaches Lager einrichten; zwei Hängematten sowie die altehrwürdige Plane hatten sie zu diesem Zweck dabei. Auf ein Feuer würden sie gänzlich verzichten und sich für die geplanten rund zwei Wochen, vielleicht auch weniger, hauptsächlich mit Früchten bei Kräften halten. Sie waren ja, zumindest vorerst, wieder sehr gut genährt. Aber sie wollten bewusst so weit wie möglich auf Risiken verzichten, und ein solches war nun mal auch das Entfachen eines Feuers. Die nächsten Tage über blieb alles ruhig, außer den üblichen Waldlauten war rein gar nichts zu vernehmen. Glücklicherweise hielten sich auch die Niederschläge in Grenzen, sodass dieses neuerliche Lagerleben keine großen Probleme machte. Und sie nutzten die zur Verfügung stehende Zeit nochmals intensiv dafür, sich mit allen möglichen Szenarien, Fluchtwegen, Zeiten, Distanzen und anderem mehr auseinanderzusetzen. Sie schienen für fast alle Eventualitäten gewappnet, doch schon sehr bald sollte das Unvorhergesehene eintreten.

So zogen die Tage ins Land und Frank war in Bezug auf seine Abmachung bezüglich Trinidad bei jedem quasi verlorenen Tag ziemlich nervös. Würde er es schaffen, und wenn ja, rechtzeitig? Diese Frage hatte sich natürlich schon weit vorher in sein Gehirn gebohrt. Und manchmal schreckte er regelrecht hoch, wenn er sich wieder in diesen Gedanken verloren hatte. Zum Glück motivierte ihn Enrique stets aufs Neue, sein hohes, wertvolles Ziel im Auge zu behalten.

Nach bereits sechs Tagen kamen die beiden zum Schluss, dass der Zeitpunkt nun gekommen sei, die Flucht auf dem Orinoco in Angriff zu nehmen. Es war ihnen letztlich auch zu langweilig geworden, tatenlos zu warten. Alles wurde nochmal akribisch geplant, die Gewehre geladen, das Gepäck gut verstaut. Sobald es dunkel genug war, starteten sie das einmal mehr kritische Unterfangen.

Nach knapp eineinhalb Stunden konnten sie das fast schon romantische Bächlein verlassen. Alles lief vorderhand reibungslos und sie kamen während der ersten Nacht recht gut voran, eine erste Hürde von mehreren Kilometern war genommen. „Sieht bis jetzt gut aus, Frank, es war wohl tatsächlich clever, etwas abzuwarten", meinte Enrique mit sehr zuversichtlicher Stimme. Fast hätte man glauben können, das Ganze wäre schon überstanden. Doch diese Zuversicht sollte in den nächsten Minuten gleich vollständig im Arsch sein. Sie erreichten mit ihrem stabilen Einbaum zwar bereits den ersten kleineren Ort am Orinoco, Puerto Narino, wo an den Ufern alles ruhig war und sie ohne Aufsehen diese bewohnte Gegend hinter sich lassen konnten, doch kurz nach Puerto Narino sahen sie zu ihrem Schrecken ein besonders großes Boot, das sich ihnen langsam näherte. Es war offensichtlich keines der Boote, welches aus dem Dorf der Indios geflüchtet war. „Klar, Frank, das geflüchtete Lancha wird Funk an Bord gehabt haben, um diese Mistkerle hier zu verständigen. Es wird heiß werden, Frank, so viel dürfte feststehen, und möglicherweise könnte hier schon unsere schmerzhafte Trennung zur Tatsache werden. Um zu verduften bleibt uns leider keine Zeit. Es sollte halt einfach nicht sein. Wir hätten wohl auch einige Aves bringen sollen, denke ich. Frank, wir dürfen uns jetzt nichts vormachen, ich rechne uns keine noch so kleine Chance aus, der Ofen ist endgültig aus, mein Freund. Es sind zu viele, wie man unschwer erkennen kann. Bleib stark, Amigo." Enrique stupste seinen Freund lächelnd in die Seite. Doch Frank war noch nicht gewillt, klein beizugeben, und so kam er schnellstens zurück auf eines der Szenarien, welches sie im Lager am kleinen Bächlein ebenfalls besprochen hatten. Allerdings hätten sie nicht gedacht, dass dieses schon zur ersten und einzigen Option werden würde. „He, Enrique, ich glaube, dies ist der Zeitpunkt, unsere Notgepäcktaschen umzubinden und unseren Einbaum schwimmend zu verlassen, und zwar subito. Sie sind noch zu weit entfernt, um wahrzunehmen, dass wir schwimmend einen Abgang machen. Mit etwas Glück gibt es hier des Nachts keine Wassertierchen, die uns das Leben schwermachen könnten." Frank war fest gewillt, diesen einzigen Fluchtweg zu wählen. Und er meinte noch kurz: „Natürlich könnten wir problemlos noch einige von denen auf die Reise ins Jenseits schicken, aber dazu müssten sie nah genug sein, und so hätten wir mit Sicherheit die einzige Chance mit Tauchen und Schwimmen vertan." Schnell banden sie sich gegenseitig die Notgepäcktaschen um, welche gut vorbereitet waren und das Wesentlichste enthielten, nämlich zwei Macheten, einige Messer, die Hängematte, Verbandszeug, Feuerzeug und je eine kleine Plane, die sie schon im Dorf vor dem Angriff zugeschnitten hatten. Ansonsten beinhalteten sie noch diverses Kleinzeug, das im Urwaldalltag von Nutzen sein konnte. Das Motorboot kam näher und näher, aber die Zeit reichte noch knapp, dass sie ihren Einbaum heimlich und wahrscheinlich noch unbemerkt verlassen konnten. Zwei traurige Gesichter verbeugten sich nochmals respektvoll vor dem Sprung in den Fluss. An ihren Augen und dem Blick hätte man sehr gut erkennen können, dass die Angst vor dem nun sehr Ungewissen aus ihnen funkelte.

Kaum waren sie ins Wasser eingetaucht, fielen schon die ersten Schüsse in Richtung ihres Einbaums. Die Schergen waren sich offensichtlich schon einig und sicher genug, dass es sich hier und um diese Zeit nur um die Flüchtigen handeln konnte, also schossen sie zur Einschüchterung mal drauflos. Nur durch die Häufung unglücklicher Umstände waren sie hier und jetzt auf dem Fluss entdeckt worden. Die beiden Schwimmenden versuchten schnellstens, dem Motorkanu so weit wie möglich auszuweichen und den Blicken der Besatzung zu entgehen. So lange wie möglich versuchten sie, für dieses Unterfangen unter Wasser zu schwimmen. Natürlich mussten sie hie und da Luft schnappen.

Erneut fielen Schüsse, bereits viel näher, die Kugeln schlugen aber nur ins Wasser. Zum Glück waren die beiden Freunde schon ein wenig von ihrem Einbaum entfernt. „Nicht einmal vernünftig zielen können die", dachte sich Enrique aus etwas gesicherter Entfernung. Das Fahrzeug, eine Art Landungsboot, kam näher, und so lagen sich der Einbaum und das Motorboot nur wenige Meter voneinander entfernt gegenüber. Die Augen der Schergen blickten von abgrundtiefem Hass erfüllt umher. Immerhin waren sie nun schon mehrmals zum Narren gehalten worden und hatten auch einige Verluste an Mensch und Material zu verzeichnen gehabt. Als die Besatzungsmitglieder bemerkten, dass keine Seele auf dem Einbaum war, steigerte sich ihr Ärger noch mehr. Umgehend wurden die Ferngläser zur Hand genommen und der Fluss abgesucht. Nichts, vorerst nichts.

Enrique hatte in der Zwischenzeit schon fast das linke Ufer erreicht, während es Frank im Dunkel der Nacht und deshalb ohne Orientierungssinn auf die rechte Flussseite gezogen hatte, mit dem Unterschied, dass er sich bereits im rettenden Unterholz unsichtbar wusste und sich sogleich weiter in den Wald hinein verzog. Hinter einigen dicken Baumstämmen konnte er Umrisse erkennen, aber nichts Konkretes. Wo war Enrique? Frank hatte natürlich keine Ahnung und es beschlich ihn gleich das Gefühl, dass sich im schlechtesten Fall bereits hier ihre Wege trennen würden. Dies gab ihm einen herben Stich ins Herz und einige Tränen konnten ihren Weg auf den Waldboden nicht ausbremsen. Frank war in diesem Moment sehr, sehr traurig, aber dennoch musste er äußerst aufmerksam bleiben, zumal schon die ersten Lichter von einigen Taschenlampen wie Glühwürmchen über das Wasser und das nahe Ufergebüsch hüpften. Er selbst konnte in seinem Versteck definitiv nicht mehr gesehen werden, dies gab ihm vorerst eine gewisse Sicherheit. Zudem durfte er annehmen, dass die Männer auf dem Motorboot davon ausgingen, dass er entweder ertrunken oder von der Strömung fortgerissen worden war. Er glaubte, am gegenüberliegenden Ufer eine Gestalt zu erkennen; dies konnte nur Enrique sein. Verdammt nochmal, warum begab er sich zum dümmsten Zeitpunkt aus dem Wasser? Hatte er vielleicht keine Kraft mehr in dieser enormen Strömung? Jedenfalls war es keine gute Situation, denn er war mithilfe der relativ starken Taschenlampen entdeckt worden. Schon fielen wieder Schüsse, und diese gingen Frank durch Mark und Bein, die Angst um Enrique war riesengroß, aber er konnte hier und jetzt gar nichts für ihn tun. Da war sie also, die verdammte Situation, wo jeden sein eigenes Schicksal treffen sollte. Und dieses begann für den lieben Enrique bedeutend schlechter, ja vielleicht sogar tödlich. „Verdammte Scheiße, Scheiße, Scheiße …", fluchte Frank vor sich hin. Er war völlig von Sinnen, vor allem darum, weil er hilf- und machtlos war. Das untätige Zusehen trieb ihn fast in den Wahnsinn.

Enrique wurde von einem der Schützen schwer in die Brust getroffen, sodass er mit einem ächzenden Laut gegen die Uferböschung fiel. Seinen Körper durchzuckte ein Blitz und ein fürchterliches Dröhnen in seinem Kopf war das Letzte, was er vernahm. Seine Gepäcktasche war ihm runtergefallen und so schwamm diese am Uferrand in einem Strudel planlos hin und her. Fernes, dumpfes Grollen kündigte ein beginnendes Gewitter an, gerade so, als würde das Unwetter die aussichtslose Situation noch bestätigen. Aus der riesigen Wunde oberhalb des Herzens blutete es, allerdings nicht ganz so stark wie man hätte denken können. Es bestand vielleicht noch etwas Hoffnung, obwohl der Tod wahrscheinlich angenehmer gewesen wäre, als das, was auf ihn zukommen sollte. Die Männer vom Boot waren momentan also auf Enrique fokussiert und so steuerten sie umgehend das Ufer an, um sich des Angeschossenen zu bemächtigen. Als ob der fast tödliche Schuss nicht schon genug gewesen wäre, hielten die Schergen es in der Überzahl mit ihrer gewohnten Gewalt. Sie banden dem schwerverletzten Enrique unter unkontrollierten Schlägen Arme und Beine zusammen. Das Militärboot machte, nachdem Enrique gefasst worden war, keine Anstalten mehr, den zweiten Flüchtling Frank zu suchen. Anscheinend hielten sie es ob der Dunkelheit und keiner weiteren Entdeckung durch die Lampen für aussichtslos. Man würde ihn schon auch noch da oder dort „schnappen", werden sie sich höchstwahrscheinlich gedacht haben. Und so schipperte das Motorboot den ganzen Weg hinauf und dann in den Seitenarm in Richtung des Indiodorfes. „Die armen Freunde, was wird mit ihnen geschehen, sollten sie sich wider Erwarten doch noch im Dorfe befinden. Gott möge dies verhüten", wünschte sich Frank. Bei einem besonders heftigen Donnerschlag fuhr er zusammen, und allmählich wurde ihm bewusst, in welch unwirtlicher Lage auch er sich befand; aber immerhin war er noch in Freiheit, und dies sollte im Hinblick auf Trinidad auch so bleiben!

Dumpfe, wellenförmig an- und abschwellende Geräusche, eine schmerzende Wunde in der Brust sowie ein heftiger Brummschädel riefen Enrique zurück in die Wirklichkeit. Ein eiserner

Ring, der aus einer Wand hing, verhinderte ein Zusammenfallen seiner erzwungenen, momentan aufrechten Haltung; man hatte seine Arme daran gekettet. Vor ihm verlor sich ein Lichtschein in der Dunkelheit des Raumes, in dem er sich befand. Umgehend schaute er sich, soweit es ihm möglich war, um. Wo war Frank? Hatten sie ihn auch erwischt? War er verletzt? Doch da war nichts von seinem Freund zu sehen, er schien der Einzige hier zu sein. Aber nein, hinter einer auf einem primitiven Schreibtisch stehenden Ständerlampe, die das grelle Licht spendete, welches in seinen Augen schmerzte, stand ein feister Scherge, über dessen Nase eine Brille thronte. Dieser starrte ihn mit zusammengekniffenen Augen und blutleerem Gesicht an. Gedämpfte Ruhe lag über dem Raum, nur unterbrochen vom vereinzelten Hüsteln des unsympathischen Typen am Schreibtisch. Hin und wieder drang von weit her ein menschlicher Schrei an seine Ohren und sogleich fielen die Gedanken wieder auf Frank. War er dies? Langsam schwand Enriques Benommenheit, nur das schmerzhafte Pochen in seinem Kopf wurde stärker. Er erkannte dann in der Person hinter dem Schreibtisch einen Mann in Uniform. Ob diese echt oder geklaut war, musste offenbleiben, jedenfalls hätte es sich um einen Coronel, einen Oberst, gehandelt, welcher im Moment sein brutales, egozentrisches Gesicht mit den pechschwarzen, stechenden Augen hinter einer goldgefassten Brille auf ihn richtete. Der Mann strich sich mit dem Finger einige Male über die Nase, um dann gespielt freundlich zu fragen: „Du bist also zu dir gekommen, ich musste lange darauf warten, was ich nur sehr ungern getan habe." Er sprach in gebrochenem Englisch und fragte: „Verstehst du Spanisch oder Portugiesisch?" Enrique wollte sich nicht „outen" und so schüttelte er verneinend den Kopf, was gleich mit einer Ohrfeige bedacht wurde, die ihm von einer zuvor nicht wahrgenommenen Person hinter ihm verabreicht wurde. „Ja, der Gute hinter dir hat recht, er weiß Bescheid, hier wird auf höflich gestellte Fragen geantwortet, nicht einfach beleidigend genickt oder der Kopf geschüttelt." Dann jedoch fuhr er mit gesteigertem Pathos, sich theatralisch übertrieben artikulierend und mit einem boshaften Blick, fort: „Wer von euch dreien schleppte diese Gewehre mit sich?" Der feiste Mann hob ein Gewehr empor und kam hinter seinem Schreibtisch hervor, um die Knarre vor Enriques Augen zu halten. Der erkannte sofort das Gewehr vom ersten getöteten Schergen wieder, da er es am betreffenden Seitenarm des Flusses ausgiebig hatte betrachten können. Frank hatte damals die Waffe an sich genommen, was der Coronel jedoch nicht zu wissen brauchte, da Enrique ja nicht wusste, ob der noch lebte. Aber was sollte überhaupt diese Frage, was wollte der Mann mit ihr bezwecken? „Nun, wer von euch führte diese Waffe mit sich?" „Der Franzose, das weiß ich genau, weil der des Öfteren betont hatte, so eine Waffe würde auch sein Vater besitzen." „Lüg nicht, der Franzose ist tot, er kann nichts mehr dazu sagen, das weißt du Hund, und deshalb bestreitest du, sie selbst getragen zu haben." Enrique bekam wiederum ein paar Faustschläge. „Also, was ist?" „Ich erklärte bereits, wer das Gewehr an sich nahm, ihr könnt mich totschlagen, etwas Anderes kann ich dazu nicht sagen." Der Fettsack begab sich zurück hinter seinen Schreibtisch und stierte Enrique wieder aus zusammengekniffenen Augen an. „Was ist mit Frank?", fuhr es Enrique durch den Kopf. Er erinnerte sich, ihn zuletzt mit heftigen Armschlägen auf das andere Ufer zuschwimmen gesehen zu haben. Lebte er noch? Wenn ja, wo befand er sich?

Durch den fürchterlichen Kopfschlag, der ihm abermals das Bewusstsein geraubt hatte, war Enrique noch immer benommen. Wo befand er selbst sich eigentlich, war er in einem der Häuser des unehrwürdigen Camps, wo sie dereinst die Flucht gestartet hatten, an die Wand gekettet? Dem Speckgesicht hinter dem Schreibtisch nach zu urteilen, verhielt es sich wohl so. Der Coronel, der Enrique vorkam wie ein dicker Buddha, gab in einem schnellen und speziellen spanischen Dialekt einige selbst für ihn unverständliche Befehle von sich, woraufhin der Typ neben Enrique katzbuckelnd den Raum verließ. Mit seiner tyrannischen Art, die alle zu lähmen schien, welche das Unglück hatten, unter seinem Befehl zu stehen, hatte dieser Mann schon so manches Leben verbittert, aber das wusste Enrique nicht. Vielmehr hat er eine Lust dazu verspürt, dem herrischen Oberst mit der güldenen Brille, hinter der die Augen jetzt noch widerlicher voller Hass funkelten, den Schädel einzuschlagen. Der Dicke glotzte, ohne etwas zu reden, weiterhin auf Enriques Gesicht. „Wieso lebt er eigentlich noch? Nach dem, was alles geschehen ist, hätte er von den Schergen längst erschossen oder von den Hunden zerrissen worden sein müssen." Enrique vernahm, wie sich vor der Türe etwas regte. Als er sein Gesicht dorthin wandte, erblickte er zu seiner Verwunderung seinen Indiofreund Zonga aus dem Indiodorf. Diesen stießen sie mit einem Eisenring um den Hals in den Raum. Enrique wollte nicht glauben, was er sah. Die Augen des Indios waren vollends zugeschwollen, an mehreren Stellen seines Körpers klebte in dicken Schichten geronnenes Blut, seine Arme steckten in eisernen, miteinander verbundenen Ringen. Dass es den Freund überhaupt noch auf den Beinen hielt, grenzte an ein Wunder, aber es lag wohl an der Zähigkeit von Zonga, den sie in ein Holzstangenverlies gesperrt hatten, in welchem er weder liegen noch stehen, sondern nur in einer unmöglichen Hockstellung zu kauern vermocht hatte. In der vorangegangenen Nacht hatte Zonga versucht, sich daraus zu befreien. Er war überrascht und so übel zugerichtet worden, dass er an den Schlägen beinahe gestorben wäre. Der Mann hinter dem Schreibtisch beachtete Zonga kaum, seine Blicke hingen nach wie vor an Enrique. Nachdem er aufgehört hatte, mit einem seiner leicht gekrümmten Finger auf eine Unterlage vor ihm zu tippen, öffnete er plötzlich wieder seinen unsympathischen Mund: „Mit dem Gewehr, so fanden unsere Ballistiker heraus, wurden zwei der Männer erschossen, die wir im Kanu aus dem Dickicht am Orinoco zogen. Neben den Erschossenen lag noch ein Erschlagener, der war mein Bruder, Hombres. Für mich wäre es einfacher, euch ebenso töten zu lassen. Das allerdings wäre eine Gnade für euch, die ich nicht gewähren werde. Langsam sollt ihr sterben und von ganz allein." Dieser Widerling bestand aus einer glänzenden Fassade, hinter der sich eine geradezu erschreckende Hohlheit verbarg, wie Enrique schnell erfassen konnte. Damit, dass einer die Uniform eines Obersten trägt und eitel polierte Fingernägel hat, ist es wirklich nicht getan. In diesem Manne steckte nichts von einem Uniformierten, dessen Rang er schmählich für seine Zwecke missbrauchte. Sein Gesicht von Enrique abgewandt, schrie er, sich vergessend, die umstehenden „Untergebenen" an: „Bringt sie raus hier." Der Fettsack musste sich beherrschen, die zwei Freunde nicht doch gleich auf der Stelle abzuknallen. „Steckt sie zu den anderen in die Gruben. Nehmt dieses Schwein da von der Wand, dann raus hier." Enrique wurde mehr aus dem Raum geprügelt als gestoßen, sein Körper musste ein einziger Schmerz sein. Zwei der anderen Kerle nahmen Zonga von der Wand, auch er wurde dann aus dem Raum getrieben. Ja, sie befanden sich tatsächlich wieder am Ausgangsort der Flucht, Enrique erblickte abgezehrte Gestalten in zerlumpter Kleidung, die sich auf dem Weg zum Fluss befanden, um dort schwer im Sumpf zu arbeiten. Sie hatten die Ufer dieses Ghettos zu befestigen. Andere schwankende Männer sah er auf dem gerodeten Platz Laternenpfosten aufstellen. Die Arbeit wurde unter Prügel von Schwarzen oder Mestizen beaufsichtigt. Es gab wenig zu Essen, wer krank wurde, überstand entweder die Krankheit von selbst oder er krepierte, ärztliche Hilfe gab es keine. Enrique wurde vor Zonga über den Platz hinter eines der Häuser geschleppt; die Hunde lagen sprungbereit und lauernd vor ihren Hütten. Auch Zonga wurde hinter jenes Haus gezerrt, wo von Enrique und den anderen Typen bereits nichts mehr zu sehen war. Dicht an der Hauswand, die ebenso aus Baumstämmen bestand wie die Wände des Hauses, von dem aus sie damals geflohen waren, erblickte Enrique in einer Reihe mehrere etwas auseinanderliegende, vergitterte Löcher im Erdboden. Vor einer dieser Gruben blieben sie stehen, entfernten einen eisernen Riegel und stießen Zonga unversehens in das Loch. Dass er sich bei dem Sturz nichts brach, grenzte schon fast an ein Wunder. Er blickte zum Gitter hoch, direkt in die hämischen, hasserfüllten Fratzen der „Unheiligen". Sollten sie hier, wie versprochen, langsam verrecken?

Zonga wurde nach einiger Zeit der Stille aus seinen Träumen gerissen, über sich am Gitter tat sich was. Er blickte hoch und sah mehrere Gestalten, die sich dort oben zu schaffen machten. Das Gitter wurde entfernt und eine Hängeleiter mit hölzernen Sprossen hinuntergelassen. Er wurde nun dazu aufgefordert, daran heraufzuklettern. Er erklomm schwerfällig die Sprossen der Leiter. Kaum schaute er mit seinem Kopf aus der Grube, erschütterte ihn eine kleine Explosion, die ihn zurück in die Grube beförderte. Einer der Banditen hatte ihm einen tückischen Fußtritt verabreicht. Erneut wurde er unter boshaftem Gelächter dazu aufgefordert, die Grube zu verlassen. Zonga zögerte, was die da oben dazu veranlasste, ihn mit dreckigem Wasser zu überschütten. „Chegar suino, komm Schwein!" Wieder stieg er die Sprossen hoch, es blieb ihm ja nichts Anderes übrig. Am Rande des Loches wurde er an seinem Kopf vollends daraus hervorgezogen. Sofort legte man ihm Ketten an und zog ihn an den anderen Gruben vorbei, wiederum über den gerodeten Platz, zurück in das Haus, in welchem er bei seiner Ankunft dem fetten Coronel gegenüber am eisernen Ring gefesselt an der Wand gehangen hatte.

Der Mann saß am gleichen Platz und befahl seinen „Dienern" etwas für Zonga Unverständliches. Diese befreiten ihn daraufhin von seinen Ketten und begaben sich aus dem Raum. Was hatte das zu bedeuten, konnte es sein, das der Coronel ihm allein den Garaus machen wollte? Der wusste immerhin, dass er viel zu geschwächt war, um sich in irgendeiner Weise zur Wehr zu setzen. Aber hatte der Mann nicht gesagt, sie würden recht langsam, von ganz alleine sterben? Zonga musste abwarten, was das Ungeheuer von ihm wollte. „Möchtest du eine Zigarette?" Zonga glaubte nicht richtig gehört zu haben, es konnte nicht sein, was er soeben vernommen hatte, seine Sinne würden ihm doch nicht jetzt schon Streiche spielen? Er blickte hin zum Coronel und als er in dessen Gesicht keine Regung feststellte, sagte er: „Ja, gerne." Der Coronel reichte ihm tatsächlich eine Zigarette und gab ihm auch noch Feuer. Der schreckliche Henker beobachtete, wie Zonga einen tiefen Zug tat, um gleich darauf zu einem gemeinen Schlag auszuholen, der Zongas Genick so hart traf, dass er zu Boden stürzte und meinte, sein Hals sei zumindest teilweise gebrochen. „So eine Frechheit, vor meiner Nase den Raum zusätzlich mit diesem Qualm zu verpesten. Dein dir anhaftender Gestank reicht wohl nicht, he?" Zonga erhielt noch einige gezielte Schläge und dann Fußtritte in seine Weichteile, die ihn sich vor Schmerz am Boden krümmen ließen. Der Coronel saß wieder hinter seinem Schreibtisch, von der Stehlampe halb verdeckt. „Steh auf, du Hund, ich ließ dich nicht kommen, damit du dich hier schlafen legst, sondern um dir zu sagen, dass du ab jetzt fürs Essen arbeiten wirst. Meintest du etwa, du könntest dich bei uns wie ein Parasit dick fressen?" Am liebsten hätte Zonga geantwortet: „Es genügt, wenn du Arschgeige dich hier fett gefressen hast!", doch der Coronel fuhr sogleich fort: „Wie ich mich überzeugte, hast du in deinem Erdzimmer bereits genug zu fressen erhalten. Wenn du also weiterhin vorhast, etwas zu dir zu nehmen, wirst du dafür arbeiten, mein Herr." Der Coronel hob seinen dicken Kopf, rückte die Brille zurecht und schob ein Blatt Papier beiseite, das er in anderer Sache unterzeichnet hatte, um seine Augen an Zonga zu heften. Sie beobachteten jede Regung im Gesicht des Verdammten. „Ich habe für dich bereits eine Arbeit ausgewählt." Pathetisch riss er seine Arme auseinander und verharrte minutenlang, sodass Zonga voller Argwohn am Verstand des Mannes zu zweifeln begann. Aber Zonga brauchte sich um den Geisteszustand des Coronels keine Gedanken zu machen, dieser Mann war clever und gerissen. Seine Theatralik war nur eine seiner Maschen, um das Opfer zittern zu lassen. Zonga konnte sich im Nachhinein auch nicht vorstellen, dass er einem Blödmann gegenüberstand, der nur darauf hoffte, er würde in ekstatischen Beifall ausbrechen. Der Coronel wusste, vor ihm stand einer dieser Schuldigen, der ihm die angehäuften Schwierigkeiten bereitet hatte, und der andere, Enrique, schmorte ja auch bereits in seinem Loch. Er wusste oder musste annehmen, dass Zonga ebenfalls involviert war, als sein Bruder umgelegt worden war. Er ließ die Arme sinken, denn er wusste nun auch, dass der Gefangene vor ihm sein Spiel durchschaute, er hatte seine Arme also sinnlos hochgerissen. Gekränkt und voller Mitleid mit sich selbst betrachtete der anscheinend oberste Scherge seine hornigen, leicht gekrümmten Fingernägel. Mit Schaudern betrachtete Zonga diesen Mann. „Man wird dich von hier aus in ein Arbeitshaus bringen, wo du deinen Freund und Komplizen bereits fleißig am Arbeiten vorfinden wirst, ein tüchtiger Mann, dieser Brasilianer. So, und jetzt fort aus meinem Gesichtsfeld, ehe ich mich noch ganz vergesse." Enrique war also gar nicht mehr in seinem Loch, sondern wie angedeutet irgendwo in einem Haus am Arbeiten. Was bedeutete dies wohl wieder?

Die Schergen kamen, fesselten Zonga erneut und stießen ihn aus dem Raum, hinaus auf den Platz. Dort tasteten sich die langen, schmalen Lichtfinger der neu installierten, starken Scheinwerfer unruhig hin und her. Sie wurden anscheinend auf ihre Funktionsfähigkeit getestet, denn es war ja helllichter Tag. Als Zonga von einem Mann mit einem vertrockneten Vogelkopf an einer Kette zum Lagerausgang geführt wurde, fielen seine Augen auf zwei andere Männer, die einen plumpen Karren mit schweren Baumstümpfen beluden. Sie arbeiteten etwas abseits vom Lagertor. Ihre nackten Füße waren mit blutigen Schrammen bedeckt, ihre Hände hornig, rau und rissig. Kein Wunder. Die Männer ruhten einen Augenblick und wischten sich das schweißnasse Gesicht ab, doch die Begleiter von Zonga trieben sie durch wütende Rufe erneut zur Arbeit an. Leise stöhnend packten sie einen riesigen Holzkloben, um diesen zu den vielen anderen Karren zu befördern. Spitz traten die Wangenknochen aus den hageren, sonnenverbrannten Visagen hervor. Ihre ebenfalls ausgemergelten Körper waren auch nur mit uralten, dreckigen und zerrissenen Stoffresten bedeckt. Zonga bekam alles nur verschwommen mit, müde und zerschlagen schlurfte er vorwärts. Er überlegte trotzdem unentwegt, wohin man ihn zur Arbeit bringen würde. Gab es tatsächlich dieses ominöse Labor? Brachte man ihn dort hin? Und war Enrique tatsächlich dort? Würde er in Kontakt mit ihm treten, vielleicht sogar eine erneute Flucht planen können? Er gab das Nachdenken jedoch bald wieder auf, auch die einfachsten Kopfarbeiten strengten ihn zu sehr an.

KAPITEL 9

Frank kämpft alleine um seine Zukunft

Enrique und Zonga hatten bisher also mit viel Glück überlebt, obwohl dieses Weiterfunktionieren ihrer Körper keinen Sinn machte. Dennoch blieben sie so positiv wie in dieser Situation überhaupt möglich. Die Hoffnung auf eine neuerliche, konsequentere und schlauere Flucht stirbt zuletzt, dachte wohl jeder von ihnen. Ebenso waren die Gedanken der beiden Gefangenen stetig bei Frank. Hatte er es geschafft, vorerst mal den Tauchgang im Fluss zu überstehen, oder war er allen Endes in den Fluten ertrunken? Enrique meinte zu spüren, dass sein Freund noch am Leben war, oder war es nur die Hoffnung, die ihm dieses Gefühl vermittelte? Nein, Frank musste es geschafft haben, den Angriff durch das Motorkanu bei Puerto Narino zu überstehen. Enrique war bezüglich der Diamanten glücklich, denn Frank hatte die Steine vom toten Jean-Claude in Verwahrung genommen. Natürlich hätten sie diese Steine zu einem späteren Zeitpunkt noch aufgeteilt, aber so hatte Frank ein noch größeres Vermögen, sollte er tatsächlich irgendwie durchkommen. Hier in der Hölle des Camps nutzten sie ohnehin nichts. Wenn sich Enrique da nur nicht täuschen sollte, denn er würde noch froh sein um seinen Beutel mit den „Kristallen".

Frank hatte also das Glück gehabt, sich vor den Schergen und deren Gewehrsalven retten zu können. Nachdem die Gauner mit dem angeschossenen Enrique flussaufwärts davongetuckert waren, beschlich Frank ein ganz eigenartiges Gefühl; er war nun ganz alleine in den Untiefen des Dschungels. Das Empfinden von Geborgenheit war weg, keine Freunde mehr, kein gemeinsamer Kampf, kein verbalerAustausch mehr, alles weg und in der Vergangenheit verschwunden. Frank war für einige Stunden vollkommen am Boden zerstörst, seine Gedanken bliesen durchs Gehirn wie ein verrückt gewordenes Wespennest. Kreuz und quer, vorwärts und rückwärts rasten die Hirnzellen über viele Kilometer seiner Hirnwindungen. Am wenigsten beschäftigte ihn die Angst, denn er war immerhin seit mehreren Monaten Urwald-erprobt. Dies war nicht das Problem, jedenfalls noch nicht.

Nein, vielmehr war er vom plötzlichen Untergang ihrer gemeinsamen Fluchtpläne geschockt, und am meisten zermarterte er sich sein Herz, was er tun könnte, um Enrique zu retten. Doch auch wenn er es sich in diesem Moment nicht eingestehen wollte, es gab eigentlich nicht die kleinste Chance für ein solches Unterfangen. Er wusste ja überhaupt nicht, wohin sie ihn gebracht, und ebenso wenig, ob sie ihn nicht gleich ganz zum Schweigen gebracht hatten. Eine Suche war absolut zwecklos. Trotzdem tummelte sich immer wieder diese Option in seinem Kopf, er könnte ihn durchaus retten, wenn er nur wüsste, wo er suchen sollte. Und natürlich regte sich in Frank die starke Vermutung, dass nur das ominöse Camp in Frage kam, sollten sie Enrique am Leben gelassen haben. Aber sich alleine zum Camp durchschlagen war ziemlich aussichtslos, und das Indiodorf wollte und konnte er auch nicht mehr aufsuchen, ohne seine Freunde erneut in Gefahr zu bringen. Und schließlich und endlich war dort ja auch seine Yamuna. Mit dem Gedanken an ihr Wesen und ihre Liebe ließ Frank seinen Emotionen freien Lauf und weinte Tränen ohne Ende, die vielen Tropfen ließen sein Hemd an verschiedenen Stellen feucht werden. Aber es war letztlich gut so, diese Trauer musste raus, er musste sich richtiggehend entleeren, um danach endlich die richtigen Überlegungen anstellen und seine wertvolle Zeit in die Planung der Flucht im Alleingang investieren zu können. Er wusste nun, dass Enrique stark genug sein und jede noch so kleine Möglichkeit für eine erneute Flucht nutzen würde. Und er hatte das Zeug dazu, nicht zuletzt durch die vielen Kenntnisse der Naturgewalten, alleine abzuhauen und durchzukommen. Wer weiß, im allerbesten Fall würde er sich auch in Guayaguayaré einfinden. Doch bis dahin war es ein weiter Weg und noch rein gar nichts war geschafft.

Viele Gefahren lagen vor ihm, böse Menschen und natürliche, fressgierige „Feinde".

Zuerst musste also eine grobe Planung her. Dazu suchte er sich eine lichte Stelle mit Sandboden oder trockener Erde, damit er für die Basis mal einige Berechnungen anstellen konnte. Schließlich musste er ja unbedingt zur vereinbarten Zeit auf Trinidad sein. Er benötigte deshalb zwingend einen Zeitplan auf der Basis der Gesamtdistanz. Sehr genau kannte er sich auch nicht aus, aber die wesentlichsten geographischen Eckdaten und auch Hindernisse hatten sie schon mehrmals durchgesprochen. Es gab im Prinzip vier wesentliche Elemente, die bedacht werden mussten: Erstens die restliche Distanz auf dem Orinoco bis zur Atlantikküste, eventuell am Anfang aus Sicherheitsgründen auf dem Landweg. Zusätzlich die Überquerung der Meeresstraße zwischen der Küste und der Insel. Zweitens die täglich mögliche Etappendistanz unter Berücksichtigung der Strömung und seinem Rudertempo. Wie viele Kilometer konnte er täglich zurücklegen und wie viele musste er zwingend zurücklegen, um sein Ziel rechtzeitig erreichen zu können? Drittens, wie kam er am besten an ein brauchbares Boot? War Stehlen besser als Kaufen? Bei einem Kauf würde doch umgehend das Risiko entstehen, wiederentdeckt und verpfiffen zu werden. Und viertens, wo lauerten die größten Risiken beziehungsweise Gefahren auf dem Fluss, bei gewissen Ortschaften oder im Wald? Um nicht ins offene Messer zu laufen, musste er diese Punkte vorgängig klären, er wollte schließlich mit allen zur Verfügung stehenden Mittel seine Yamuna wieder in die Arme schließen können. „Also, da lege ich doch gleich mit dem Zusammenstellen des Gesamtplans los", sprach er plötzlich sehr motiviert vor sich hin. Er schien den Ernst der Sache begriffen zu haben und damit auch den einzigen gangbaren Weg vorwärts.

Der Orinoco hat eine Gesamtlänge von ungefähr 2000 Kilometern. Bis Puerto Narino hatte er gemäß Mogari etwa 800 Kilometer hinter sich, also blieben rund 1200 Kilometer Flussdistanz. Eher ein Pappenstiel wäre dann der Schlussspurt von der Küste Südamerikas bis zur Insel Trinidad, dies waren dann noch „läppische" 120 Kilometer, allerdings ohne Strömung, doch an der Küste konnte er sich auch auf ein Fährschiff schleusen und so ohne Anstrengung rüberkommen. Das machte also 1300 bis 1400 Kilometer. Eine auf den ersten Blick erschreckende Distanz. Aber er hatte noch ganze sieben Wochen dafür Zeit. Würden sie reichen? Mit dieser Frage kam er zum zweiten Punkt, und hier wurde die Kalkulation schon etwas schwieriger. Was gab die Flussströmung her, würden die Kräfte reichen, wo konnten sich Verzögerungen ergeben, sei es durch Stromschnellen, Wasserfälle oder Ortschaften? „Also, ich beginne mal zu rechnen. Gemäß einer weiteren Info von Mogari und Enrique beträgt die Flussgeschwindigkeit bei guter Wassermenge in etwa vier bis maximal sechs Meter pro Sekunde, das macht gerundet zwischen 15 und 20 Kilometer in der Stunde. Zusammen mit einer maximalen Rudergeschwindigkeit von vielleicht fünf Kilometern pro Stunde könnte ich im Durchschnitt bei den 20 Kilometern pro Stunde ankommen. Ziel wäre es, genügend Verpflegung an Bord zu haben, acht Stunden durch die Nacht zu paddeln beziehungsweise mich in regelmäßigen Abständen einfach nur treiben zu lassen und das Boot in der schnellsten „Fließspur" zu halten. Damit käme ich im besten Fall auf gute 150 Kilometer pro Tag. Dies geteilt durch die genannte Gesamtdistanz ergäbe rund 10 Tage. Natürlich ist dies so nicht machbar, aber es zeigt auf, dass die Zeit reichen könnte, um ans Ziel zu kommen; immerhin habe ich insgesamt noch 50 Tage zur Verfügung, also fünfmal mehr, als bei der unmöglichen Optimalvariante. Bleibe ich aber mit aller Gewalt und Kraft am Ball und behindern mich nicht irgendwelche Aufenthalte, die länger als geplant verlaufen, ist es machbar." Diese Tatsache weckte seinen Ehrgeiz und steigerte seinen Eifer um ein Mehrfaches. „Doch nicht zu sehr in Euphorie ausbrechen", sagte er sich im Stillen. „Es kann schnell zu mehreren Verzögerungen kommen und schon bin ich wieder im Scheiß." Zudem hatte er vor, die ersten Kilometer zu Fuß hinter sich zu bringen, denn sollten sich tatsächlich noch irgendwelche Beobachtungsposten in der unmittelbaren Nähe des Überfallortes herumtreiben, konnte er diesen ein Schnippchen schlagen. Denn würden sie ihn nicht im oder direkt am Wasser auffinden, konnte es sie dazu verleiten, ihn für tot zu erklären, ersoffen im nächtlichen Kampf durch die Fluten oder gefressen von einem nachtaktiven Krokodil. Doch wie viele Kilometer konnte er an Land zurücklegen? Sicherlich nicht viele. Er schätzte, je nach Dichte des Urwaldes, vorsichtig 10 Kilometer pro Tag. Natürlich würde er sich bemühen, mehr zu schaffen, aber er durfte sich auch nicht gleich zu stark verausgaben, er musste seine Kräfte gleichmäßig einteilen. Da er zu Fuß also viel Zeit einbüßen würde, plante er mal drei Tage dafür ein. Danach musste er auf den Fluss wechseln. Sollte er vorher bereits irgendwo ein gutes Boot „abstauben" können, am besten vor dem Eindunkeln, musste er diese Gelegenheit natürlich wahrnehmen. Bezüglich dem vierten Punkt, den Gefahren und Risiken, war die Planung in großen Teilen rein hypothetisch; oder anders ausgedrückt, er musste einfach stets in jeglicher Hinsicht auf der Hut sein und größte Vorsicht walten lassen. Die natürlichen Gefahren des Flusses, abgesehen von normalen Stromschnellen, hielten sich in Grenzen, immerhin war der Orinoco bis weit hinauf schiffbar. Puerto Ayacucho bildet im mittleren Flussabschnitt, dem Orinoco Medio, den oberen Punkt des durchgehenden Schifffahrtsweges. Und bis dorthin war es nicht sehr weit. Aber in dieser Gegend befinden sich auch gleich die größten und gefährlichsten Stromschnellen, die Raudales de Maipures, und nach weiteren 55 Kilometern die Raudales de Atures. Sind diese überstanden, dürften eigentlich keine größeren Gefahren mehr bestehen, vor allem nicht von irgendwelchen Schergen, denn ab hier beginnt das eher bewohnte Gebiet und auch erste größere Straßen führen dorthin. Aber, ganz sicher durfte er sich nie sein. In absoluter Sicherheit würde er erst an der Küste und dann auf Trinidad sein.

Im Camp bei Enrique und Zonga – und all den anderen verzweifelten Gestalten – ging es ins Ungewisse. Sie zerrten Zonga durch eine Pforte im Bambuszaun, die anscheinend noch von der Flucht der drei „Ausländer" stammte, zu den Booten. Er wurde in eines der verhassten Motorkanus gestoßen, dann fuhren sie hinab in den Ventuari, von dem es dann während der Nacht irgendwo in den Orinoco und von dort in ein ihm unbekanntes Gebiet ging. Nach einigen Tagen und einer reichlichen Weile auf diesem Seitenarm legten sie am dicht bewachsenen Ufer an. Sogleich fiel Zonga ein eigenartig süßlicher Geruch auf, der ihm unweigerlich in die Nase drang. Zonga wurde aus dem Boot gezerrt und musste über einen Landesteg auf einem schmalen Pfad durch Busch- und Dornendickicht viele Kilometer laufen, bis sie zu einer versteckten Hütte unter riesigen Ameixa-Bäumen und zwischen Dornengestrüpp gelangten. Hinter Strauchwerk konnte er verschiedentlich schwerbewaffnete Wachen erkennen. In der Hütte erhellte ein schummriges Licht aus einer Bodenklappe das Dunkel des darüber liegenden Innenraumes. Zonga wurde durch diese Klappe einige Stufen hinunter befehligt und landete schließlich in einem in Weiß gehaltenen Gang mit mehreren Türen. Der süßliche Duft hatte sich längst intensiviert und schien die ganze Luft zu erfüllen. Zonga folgerte, dass er sich auf einem Gang des Laboratoriums befand. Eine der Türen wurde geöffnet und Zonga einmal mehr recht unsanft in den dahinterliegenden Raum befördert. Hier konnte er mehrere Brettergestelle ausmachen, die als Betten dienten; dann auch Schränke, einen Tisch und diverse Stühle. Die Schänder befreiten ihn von seinen Ketten. Einer von ihnen reichte ihm eine einfache, aber saubere, helle Baumwollbekleidung und forderte ihn dazu auf, seine Klamotten umgehend zu wechseln. Zonga kam es leider erst jetzt in den Sinn, dass auch er noch ein paar Diamanten in seiner Hosentasche mitführte. Diese waren eigentlich für eines der Handelslanchas gedacht gewesen, für einen Tauschhandel im Sinne seiner eigenen Indiofamilie. Er war so mit sich selbst und dem Elend beschäftigt, dass er tatsächlich nicht mehr an diese „Kristalle" gedacht hatte. Doch was sollte er jetzt tun? Er musste verhindern, dass sie diesen Männern in die Hände fielen, und so behielt er die ihm gereichte Hose in der Hand, um sich umständlich seiner eigenen, einem sehr verdreckten Fetzen, zu entledigen, wobei er geschickt den kleinen Beutel aus der Tasche zog und ihn unauffällig in einer Seitentasche der neuen Hose verschwinden ließ. Das Vorhaben glückte, vor allem auch deshalb, weil sich die Männer nicht um seinen „Kostümwechsel" kümmerten und vielmehr mit sich selbst beschäftigt waren. Nachdem auch die Hemden gewechselt waren, befahlen die

Arschgeigen, er solle seine zuvor getragenen Lumpen in einen auf dem Gang bereitliegenden Plastiksack werfen.

Auf das mehrmalige Klopfen gegen eine Tür mit einem Guckloch am Ende des Ganges wurde diese von innen geöffnet. Die Aufseher übergaben Zonga einem müde aussehenden Mann und verschwanden eiligst zu den Stiegen, die sie zur geöffneten Klappe an der Decke des Ganges brachte, wo sie sich dann schleunigst durch diese verzogen. Der Mann, der ihn zu einer weiteren Tür aus Stahlblech führte und dabei kein einziges Wort sprach, war in zerschlissene Wäschestücken gekleidet, die einst wohl so hell gewesen waren wie seine. Seine Arme, die Beine, ja selbst der ganze Körper mit dem Kopf bewegten sich in heftigen, unkontrollierten Zuckungen. Der strähnige, verwilderte Bart wackelte im Takt mit. Nervös und flink pulten die Finger unablässig an den letzten Knöpfen seines Hemdes. Auf dem schlaffen, wie von gelbem Wachs schimmernden Gesicht lag jedoch ein selbstbewusstes, tiefgründiges Lächeln. Den dürren Hals zierte, an einer Schnur baumelnd, eine auffällig große, durchsichtige Plastikröhre mit weißen Flocken gefüllt, die, wie Zonga noch feststellen sollte, den Tod in sich bargen. Sie hielten vor der verschlossenen Tür, die ein Weiterkommen unmöglich machte, da sie an der Gangseite gar keinen Griff besaß. Mehrere Fußtritte gegen das Blech dieser Tür bewirkten, dass sie sich auftat. Besser wäre diese Tür gar nie aufgegangen.

Das weiße, grelle Licht, welches Zonga entgegenstrahlte, blendete schmerzlich seine sonst schon geröteten Augen. Er befand sich in einem großen, in heller Farbe gehaltenen Raum, in welchem er sofort das mysteriöse Labor erkannte. Alle redeten davon, doch niemand glaubte wirklich an seine Existenz. Er betrachtete das Bild der regen Geschäftigkeit in dieser Giftküche. Doch dieses Szenario verwirrte ihn mehr, als er es sich in dieser Sekunde eingestehen wollte. Ausgezehrte Gestalten verrichteten in befremdlichen, erschreckend ruckartigen Bewegungen verschiedene Arbeiten. Alle waren gekleidet wie er. Und alle schienen dem Tod näher zu stehen als dem Leben. Nun konnte Zonga also auch den überall zu riechenden, süßlichen Duft zuordnen, es war der von Kokain, süß und schwer. Kein

Aufseher war hier unten zu sehen, nur die ausgemergelten Gestalten, bei denen es sich ganz offensichtlich um Verschleppte handelte und unter denen er plötzlich verschwommen im Hintergrund Enrique erkannte, seinen Freund, der ihm einst das Leben gerettet hatte. Verglichen mit den Monaten zuvor, während der „Kristallsuche", war er kaum noch wiederzuerkennen. Auch damals war er schlank gewesen, doch jetzt blickte Zonga auf einen lebenden Leichnam, dessen einst hübsche, dunkle Perlenaugen ihm aus tiefen, schwarzen Höhlungen entgegenstarrten. An Enriques Aussehen erinnerte nichts mehr daran, in welch hoffnungsvollem Zustand er sich noch vor gar nicht so langer Zeit befunden hatte. Enrique schaute wie ein vom Wahn Befallener auf Zonga. „Mich laust der Affe, ich werd verrückt, Enrique, du lebst? Mein Gott, ich glaubte, ich würde dich niemals mehr wiedersehen." Der Indiofreund Zonga wollte seinen weißen Kumpel umarmen, der jedoch entzog sich verschreckt seiner Annäherung. „Enrique, was ist mit dir? Ich bin's, Zonga, Zonga, so hör doch, Zongaaaa." „Ja natürlich, das brauchst du nicht so sehr zu betonen, ich weiß es, doch was willst du hier? Du musst sofort verschwinden, sofort, verstehst du. Geh Zonga, sonst wirst du es nicht mehr schaffen von hier fortzukommen." Enrique drehte sich ruck- und blitzartig um, bückte sich und schaute unter dem Vorhang eines kleinen Gestells nach, ob sich dahinter eventuell jemand im Verborgenen befand. Dann hielt er für einen Moment inne, um schnell auf Zonga zuzulaufen und dessen Arme zu ergreifen: „Sind die Schweine mit dir hier heruntergekommen?" „Enrique, ich bin nur mit dem Zittrigen dort in diesen Raum getreten, du brauchst nicht nach anderen zu suchen. Außerdem ist es völliger Quatsch, was du mir soeben empfohlen hast, ich kann hier ebenso wenig fort, wie du und die anderen. Das müsstest du doch eigentlich wissen." „Kannst du hier nicht weg?" Verzweifelt blickte Enrique seinem Indiofreund in die Augen. „Mein Gott, Zonga, dann ist es vorbei mit dir. Der Ort der 1000 Schreie, von dem Mogari uns immer wieder berichtet hat, liegt vor uns. Dies ist die Stätte ohne Wiederkehr, der Platz des Schweigens, die Hölle der Paranoia, die unser lieber Mogari nur erahnte, zum Glück ohne sie selbst erblickt zu haben. Die Menschen hier sind ausnahmslos ‚drauf', so auch ich. Sie sterben in kürzester Zeit, da ohne Schutzmaßnahmen gearbeitet wird und das verdammte Zeug durch Mund und Nase, ja selbst durch die Haut dringt. Verstehst du jetzt, warum du schnellstens von hier fortmusst? Zonga, ich meine es doch nur gut, begreife es doch." „Ich begreife es, Enrique, aber wie soll man von hier verschwinden?" Enrique blickte sich erneut nach allen Seiten um, als säße der Teufel ihm auf den Fersen. Keine Antwort. „Weißt du etwas über Jack, hast du irgendetwas erfahren können?" „Jack und auch der Blinde sind tot. Jack fanden die Aufseher eines Morgens verreckt auf dem Boden seines Loches im Holzhaus und den Blinden erschlugen sie eines Tags, er hatte immer eindringlicher auf die Einhaltung ihres Versprechens gepocht." „Hast du etwas über meine Stammesbrüder aus dem Dorf in Erfahrung bringen können?" „Ja, aber nichts Genaues. Die meisten von ihnen sollen entkommen sein, darunter Mogari, Legone und auch Yamuna." „Wo ist eigentlich Frank? Ist er auch hier im Lager oder hat es ihn auf der Flucht erwischt? Er wurde jedenfalls nicht mit mir hierhergebracht." Enrique befiel tiefe Ratlosigkeit, doch mit einer gewissen Hoffnung antwortete er: „Ich weiß es nicht, mich haben die Schergen ja angeschossen, kurz bevor ich aus dem Flussbett stieg. Somit war mein Schicksal besiegelt, ich konnte mit dieser fast tödlichen Brustverletzung nicht weiter fliehen. Frank aber konnte ich nach dem Sprung ins Wasser nicht mehr entdecken. Ich weiß gar nichts. Vielleicht ist er in den Fluten ertrunken, vielleicht von einem Jacaré erfasst worden. Vielleicht hat es ihn aber auch an die andere Uferseite abgetrieben, wo er sich unbemerkt verstecken konnte, oder er ließ sich einfach vom Fluss treiben, schnellstmöglich aus dem Blickfeld der ‚Piraten'. Ich habe keine Ahnung und es ist mein sehnlichster Wunsch, es zu wissen. Aber so verbinde ich das ganze Elend hier nur noch mit der Hoffnung, dass Frank weiter fliehen konnte. Schwer vorstellbar, aber nicht unmöglich, ich traue ihm dies auf jeden Fall zu. Ob er durchkommt oder einfach etwas später gefasst wird, steht auf einem anderen Blatt Papier." Enrique zuckte beängstigend mit seinen Gliedern, während gleichzeitig und kurz ein schwaches Lächeln über seine Lippen zog, im Gedanken an einen vielleicht erfolgreichen Frank. Es hätte die Seele von Enrique ungemein beruhigt, wenn es wenigstens einer von ihnen geschafft hätte. Und irgendwie glaubte Enrique mit seinem siebten Sinn zu spüren, dass Frank noch am Leben war. Wie recht er doch haben sollte.

Frank hatte also seinen ganzen Zeit- und Fluchtplan verinnerlicht und so startete er bereits sehr früh in der Morgendämmerung mit seinem auf etwa drei Tage befristeten Fußmarsch durch unbekanntes und höchstwahrscheinlich unwirtliches Gelände. Er hatte alle Dinge, die er bei seiner schwimmenden Flussdurchquerung hatte retten können, auf den Rücken gebunden, mit Ausnahme von den Waffen. Zwei Macheten sowie mehrere Messer unterschiedlicher Größe hatte er ins Trockene bringen können. Mit einer der Macheten bahnte er sich wo nötig den Weg, mehr oder weniger entlang des Flusslaufes. Die Messer trug er für den Notfall überall verteilt auf Mann. Ein Messer steckte er seitlich in die Socken, ein weiteres hatte er griffbereit am Hosenbund festgezurrt, das dritte hinten in die Hose gesteckt und ein viertes lagerte unsichtbar unter seiner Kopfbedeckung. Er wollte für alles gewappnet sein, für unerwartete menschliche Feinde und auch für „tierische Überraschungen".

Der erste Tag verlief reibungslos. Es war kein einziges zweibeiniges Lebewesen zu sehen, er schien hier absolut allein zu sein. Auch kam er sehr gut voran, da die Strecke nur teilweise aus Dickicht bestand; vielmehr war der Wald hier sehr licht und das Gelände eher etwas felsig. Und so „wanderte" er unbedrängt den Orinoco entlang, stets darauf bedacht, vom Ufer aus nicht gesehen zu werden. Am zweiten Tag wurde es etwas mühsamer, das Gelände wurde ziemlich hügelig, teilweise recht steil, und es ging hoch und runter, was einiges an Kraft abverlangte. Aber er war ja immer noch gut in Schuss und kalorienreiche Nahrung sprang ihm wie im Schlaraffenland teilweise fast ins Gesicht. Natürlich streute er auch unter dem Tage die eine oder andere kleine Pause ein, um sich zu verköstigen, aber auch, um bei Kräften zu bleiben. Fast schien er ob seiner ruhigen Wanderung glücklich, auf jeden Fall darüber, dass er eine Hängematte bei sich hatte; ein ganz wesentliches Reiseutensil, um sich während der Nacht gut und nahezu ohne Belästigung durch irgendwelche Kriechtiere erholen zu können. Sein Schlaf war zwar nicht restlos entspannt, wie auch, aber immerhin in der nötigen Tiefe. Während des Einschlafens hoffte er darauf, am kommenden Tag irgendwo ein gescheites Boot auftreiben zu können. Schließlich wurde seine Geduld ziemlich auf die Probe gestellt, denn nur mit Laufen hat man zwangsläufig das Gefühl, die Zeit renne davon.

Wie gewohnt weckten ihn die vielen Waldtiere schon recht früh und noch nie war er diesen so dankbar dafür gewesen wie jetzt. So packte er seine Siebensachen wieder zusammen und startete in den dritten, hoffentlich letzten Tag im Fußmarsch-Modus. Das Wetter war nach wie vor erträglich, auch entleerten sich keine heftigen Gewitter über ihn.

Gegen Mittag gelangte er wieder Mal an einen Seitenarm des Orinoco, diesmal einen etwas größeren. Direkt bei der Mündung war dieser nicht zu überqueren, zumal hier auch einige Krokodile ihre Sonnenstube hatten. Also musste es Frank zwangsläufig weiter oben versuchten und hoffen, dass der Seitenarm schnell um einiges kleiner wurde, was nach einem Mündungsdelta oft vorkam.

Plötzlich, wie aus dem Nichts, vernahm er von nicht allzu fern mehrere Stimmen. Es tönte für ihn fast heimisch, also ähnlich wie die Alltagsgeräusche eines Indiodorfes. Und vielfach lagen diese ja nicht direkt am Hauptfluss. Er hielt nochmal inne, um sicher zu gehen, die menschlichen Laute richtig eingeordnet zu haben. Doch wie sollte oder musste er sich nun verhalten? Gutgläubig in dieses Dorf „einmarschieren" und den armen Flüchtigen mimen? Vertrauen aufbauen, jederzeit aber für Unplanmäßiges gewappnet sein? Noch vor einigen Monaten wäre dies ziemlich sicher sein Vorgehen gewesen. Aber hier und jetzt, nach all den verräterischen Meldungen an die Schergen? Nein, mit Sicherheit nicht, diesmal musste er sich entgegen seinem Naturell verhalten. Er musste und wollte sich anschleichen und die Gesamtsituation peilen – und er wollte und musste sich hier unbedingt ein geeignetes Boot „krallen", sonst schwammen ihm nicht nur die Felle, sondern auch Yamuna davon. War sie vielleicht auch schon auf dem Weg nach Trinidad? Immerhin musste sie ja auch bald starten und theoretisch hätte es sogar sein können, dass man sich auf den letzten Etappen begegnen konnte. Dies wäre aber risikobedingt nicht erwünscht gewesen, so sehr er sich ihren Anblick herbeiwünschte.

Frank hatte während der vielen Monaten hier im Urwald einiges gelernt und so startete er mit seiner Erkundung erst kurz vor dem Eindunkeln. Dies hatte zwei Vorteile; erstens konnte er so eher im Verborgenen bleiben und zweitens würde es nicht sehr lange dauern, bis er in der Dunkelheit ein Boot entwenden und mit der Tempoflucht starten konnte. Alles lief nach wie vor nach Plan, aber schließlich hatte er sich dies auch verdient, wie auch seine beiden anderen Freunde dies getan hätten. Seine Gedanken schweiften wieder zu seinen langzeitigen Weggefährten, Jean-Claude und noch mehr zu Enrique, ab. Wie sehr wünschte er sich, dass es Enrique, Zonga und allen anderen gut gehen mochte. Aber auch er nahm eine innere Stimme wahr, vielleicht auch nur die Vernunftzelle, die ihm besagte, dass Enrique ziemlich sicher in der Scheiße steckte, sollte er überlebt haben. Nach Minuten der nachdenklichen Lethargie besann er sich zwangsläufig wieder auf sein Ziel. Als er nahe genug war, bestätigte sich seine Vermutung: Es war ein kleines Indiodorf mit wenigen Anwesenden. Aber es gab Boote. Zu allem Überfluss lagen diese etwas entfernt vom Dorf in einer winzigen Einbuchtung, welche von seiner Himmelsrichtung her gut mit Wald bewachsen war. Es musste eigentlich ein Leichtes sein, im Dunkel des Abends eines der Boote für seine Zwecke abzustauben. Die Paddel lagen seitlich in den Booten und bei zweien entdeckte Frank zu seiner Freude sogar je eine Angelrute, wahrscheinlich von einem Lancha-Händler erworben beziehungsweise eingetauscht. Auch wenn ihm die Indios ob des Verlustes leidtaten, es gab für ihn keinen anderen Ausweg und wenigstens ging es dabei nur um Sachschaden und nicht um menschliches Leid. Zudem waren Indios so geschickt in ihrem Handwerk, dass schnell wieder ein neues Boot hergestellt war. Und die Angelruten konnten und mussten sie wohl oder übel verkraften.

Geschafft, ganz leise hatte sich Frank durch den Wald angeschlichen und das größte Boot losgebunden. Alles war ruhig, keine Wache oder sonst jemand war sichtbar. Niemand rechnete hier logischerweise mit einer solchen Missetat. So konnte sich Frank ganz lautlos und ohne Ruderschlag vom Seitenarm in Richtung Orinoco treiben lassen. Er musste anfänglich nur mit einem Paddel die unhörbare Steuerung bewerkstelligen, damit das Boot nicht an eines der beiden Ufer prallte – ein leichtes Unterfangen.

Da er ohnehin geplant hatte, die ganze Nacht durchzufahren, war es diesen Indios unmöglich, das Boot zu finden, geschweige denn, ihn einzuholen. Sie würden den Verlust bei allem Ärger verkraften.

Sobald der Seitenarm in den Orinoco einmünden würde, sollte das Tempo allein aufgrund der Strömung massiv zunehmen und er konnte mit gezielten Ruderintervallen seinen Teil dazu beitragen, so schnell wie nur möglich voranzukommen. Nicht nochmal wollte der den Fehler begehen, hier und dort zu lagern oder irgendwelchen Steinen nachzueifern. Er wollte einfach nur schnellstmöglich vorwärts kommen und dies mit gleichzeitiger Vorsicht bei allfällig entgegenkommenden, größeren Booten oder irgendwelchen Ansiedlungen. Bei Letzteren hat er geplant, im Boot liegend unauffällig nur ein Ruder für das Steuern des Bootes festzuhalten, gerade so, als müsste man meinen, das Boot habe sich irgendwo freiwillig gelöst und treibe nun führerlos den Fluss hinunter. Niemand war erpicht, ein solches Boot aufzuhalten oder dessen „Verfolgung" aufzunehmen. Zudem hatte er sich mit einem großen Tuch voll von schwarzem Uferschlamm eingedeckt, um seine Arme und das Gesicht regelmäßig dunkel einzuschmieren. So konnte er im Dunkeln kaum als Weißer identifiziert werden, und solange er den Booten so weit entfernt wie möglich auswich, würde er nur als einsamer, unwichtiger Eingeborener wahrgenommen werden; man würde sich kaum um ihn kümmern und ihn des Weges ziehen lassen.

„Wie lange befindest du dich eigentlich schon hier im Labor?", fragte Zonga nach einer Weile des Schweigens. „Etwa drei

Wochen, Zonga." Wieder blickte sich Enrique nach allen Seiten hin um. Er machte allein dadurch, dass seit dieser Zeit die Dämpfe und Staubpartikel des Kokains in seinen Körper gedrungen waren, einen gehetzten, beinahe irren Eindruck. „Hoffentlich haben die Gehirnzellen noch keinen allzu großen Schaden genommen", dachte Zonga bei sich. „Sag, hast du deine Diamanten retten können?", fragte Zonga. „Ja, alle die ich bei mir führte. Ich gab sie einem der Aufseher, welcher versprach, mich dafür aus dieser Hölle zu befreien." „Na, und, was ist daraus geworden? Wie ich sehe, befindest du dich noch immer hier." „Der Trottel stellte sich zu blöd an, außerdem quasselte er. Er holte mich eines Nachts tatsächlich aus dem Schlafraum und führte mich aus der Hütte, fast bis zum Flüsschen. Dort haben ihn seine eigenen Kameraden, die Dreckfinken, abgeknallt, die Diamanten an sich genommen und mich erneut hier reingesteckt." Enriques Augen nahmen nach diesen letzten Worten einen noch furchterregenderen Ausdruck an, wie schon zuvor, nur seine Bewegungen schienen ausgeglichener zu werden. „Enrique, ich habe auch einige Steine hier bei mir, was meinst du, könnten wir es noch einmal wagen, die Aufseher einzuspannen?" Enriques Körper straffte sich nach den Worten von Zonga. „Das sagst du mir erst jetzt! Du bist ein Geschenk des Himmels. Natürlich finden wir solche Lumpen, Zonga, auf sowas sind sie alle miteinander heiß. Nur müssten wir es clever genug anstellen, sodass sie vorerst nicht wissen, wo die Steine sind, sie also irgendwo hier in diesem Verlies gut verstecken, damit sie uns die Steine nicht vorher abnehmen können." „Sag, was müsst ihr hier eigentlich genau machen?" „Die Bacuco (Kokainpaste) kochen, was sonst. Nachdem der zittrige Chemiker, der Typ, den du dort hinten rumwerkeln siehst, seine Gifte in den Dreck gebracht hat, wird er gekocht, gefiltert, wieder gekocht und von dem Scheißer erneut bearbeitet. Danach wird die Suppe nochmals gefiltert und von uns abgewogen sowie verpackt. Verrückte Sache, aber das Ganze dauert eine Ewigkeit. Der süßliche Geruch entsteht in der Hauptsache beim Kochen. Von hier gehen jede Woche zig Kilo den Fluss hinunter, wahrscheinlich zu irgendeiner Verteilstation oder einer Urwaldschneise, die als

Landebahn für ein Flugzeug dient." „Enrique, ich war in einem Raum mit roh gezimmerten Bettgestellen, Schränken, Stühlen und einem Tisch, war das der Schlafraum?" „Ja, es gibt allerdings mehrere von denen. Wir müssen darauf achten, dass die nicht merken, wenn wir aus ein- und demselben Raum verschwinden. Es gibt übrigens einen Landsmann von Jean-Claude hier unten. Alain, komm mal her." Von den sich nach allen Seiten hin umblickenden, verängstigten, irren Gestalten löste sich eine und kam zögernd auf die beiden zu. „Das hier ist ein Freund von mir, Alain, du brauchst vor dem nicht zu erschrecken. Wir haben uns auf der Flucht in seinem Indiodorf kennengelernt." Weit aufgerissene, tief in ihren Höhlungen steckende Augen blickten Zonga entgeistert an, aus einem Gesicht, das jenem des „Senhor Mortes" nicht unähnlich war und dessen Kiefer herunterklappte und ein unwahrscheinlich großes, lückenhaftes Gebiss sichtbar werden ließ. Zwischen den gelben Restzähnen drang der ekelhafte Geruch hervor, den Magenkranke absondern. Der Unterkiefer zog sich wieder in die Höhe, der Mann zeigte eine gewisse Befremdung, dann jedoch fasste er sich und fragte voller Argwohn: „Und was will der hier?" Zonga wäre beinahe umgefallen, die Begrüßung eines Freundes von Jean-Claude selig hätte eigentlich anders ausfallen müssen. „Na, was soll der hier schon wollen? Mal wieder jemanden kennenlernen." Alain war ein mittelgroßer, bambusdünner Mann mit gewaltigem Kastenkopf, der jetzt hörbar mit seinen restlichen Zähnen knirschte, wo diese noch über- beziehungsweise untereinanderlagen. Letztlich dieselben Laute, die auch von den Anderen hier unten zu vernehmen waren. „Grüß dich, Alain, ich bin Zonga und gerade angekommen. Ich habe jedoch nicht vor zu bleiben. Enrique und ich werden die Möglichkeit zu einer Flucht bekommen, wir werden dich gerne mitnehmen, wenn du möchtest, einfach damit du's weißt." „Verschwinden? Von hier?" Verständnislos schüttelte Alain seinen Kopf, um zu sagen: „Unmöglich, die knallen uns alle drei ab wie die Hasen." „Das würde doch aufs Gleiche hinauslaufen. Wir werden es versuchen, Alain, und zwar heute noch. Hör nun auf zu arbeiten und verzieh dich in eine der Ecken, in welcher du nicht so sehr dem Staub ausgesetzt bist."

„Das kann ich nicht, wir müssen erst noch den Rest vom Bacuco verarbeiten, da bleibt keine Zeit, um in den Ecken herumzustehen." „Sag, spinnst du? Wir werden abhauen, Alain, lass den Dreck liegen. Versteh doch, du kommst raus aus dieser Hölle." Zonga begriff, das Gift fraß an den kleinen Zellen von Alains Hirn. „Wie lange arbeitest du bereits hier unten?", wollte Zonga wissen. „Etwa sechs Monate, zuvor war ich allerdings schon eine Weile im Norden, in irgendwelchen Sümpfen, warum?" „Weil du nicht mehr daran glaubst, von diesem Elend fortzukommen." „Stimmt das wirklich, was ihr mir da sagt?" Meint ihr, wir bekommen diese Chance?" Seine Stimme ließ Unglauben verlautbaren. „Ja", ließ Enrique vernehmen, „bleib aber ruhig, lass dir nichts anmerken. Hock dich am besten dorthin." Enrique zeigte mit einem Finger in die Richtung, in der sich das primitive Scheißhaus befand, bei dem es wirklich nicht so verstaubt schien. Natürlich wurde aus dem Hocken nichts, das wäre von einem hochgradig „Verseuchten" auch zu viel verlangt gewesen. Alain huschte wie ein Zimmergeist von einem Platz zum anderen. Enrique selbst war nach dem von Alain Gesagten ruhiger geworden, was auch daran gelegen haben mag, dass er sich erst eine relativ kurze Zeit hier befand und sich das Gift noch nicht zusätzlich durch seinen Rüssel zog wie die meisten anderen Männer. „Zonga, reich mir mal die Diamanten, wie viele hast du denn dabei?" „Keine Ahnung, habe sie im Beutel noch nicht genau gezählt, aber es sind einige, wieso?"

„Ja logisch, wenn es genügend sind, können wir einen guten Teil davon nach wie vor für uns abzweigen, die Banditen brauchen doch nicht alle Steine." Zonga fischte den Beutel aus seiner Hosentasche und legte ihn Enrique in die Hände. Der schüttete den Inhalt auf eine Plastikunterlage, fischte die größten Steine heraus und steckte sie zusammen mit über der Hälfte in den Beutel zurück, den er Zonga zurückgab. „Diese Menge hier reicht allemal für die Misthunde, die jetzt annehmen werden, ich scheiße Diamanten." Enrique verknotete die übrigen „Kristalle" in die Folie und steckte diese in eine leere Dose, die er auf einem Regal unterbrachte. Er zog Zonga mit zur Tür, die er zu dessen Verwunderung öffnete, um auf das kleine Stück Gang hinauszutreten, von wo aus der Zittrige Zonga abgeholt hatte. Nach einem bestimmten Rhythmus klopfte Enrique dann an die vor ihnen liegende Tür, bis diese von der anderen Seite aus geöffnet wurde. Die Schergen standen mit Tüchern vor den Gesichtern auf dem großen Gang und blickten verwundert auf die zwei Männer, die sie nicht erwartet hatten, da es normalerweise Aufgabe des Chemikers war, an die Tür zu kommen. Die Hunde fürchteten sich vor den Dämpfen des Kokains anscheinend so sehr, dass sie das eigentliche Laboratorium mieden wie die Pest. Hier unten würden sie sich zudem in einer ständigen Lebensgefahr befinden, die Verschleppten hatten ihre Qualen und deren Ursachen nicht vergessen. Die Schergen mussten trotz aller Vorsicht damit rechnen, sofort erschlagen zu werden, in erster Linie von jenen, die noch genügend Kraft dazu hatten. Enrique machte den ängstlichen Herren klar, dass er mit ihnen zu sprechen wünschte, woraufhin sie – zwei waren es – zu Zonga blickten. „Der tut nichts, außerdem gehört er nach unserem Gespräch dazu, wie ich hoffe." Die „Herren" ließen Enrique auf den großen Gang und zogen die Tür hinter ihm zu. Nach einer geraumen Weile stand Enrique wieder vor Zonga, ging ins Labor zurück und holte die Folie mit den Diamanten vom Regal. Er hielt den beiden Wächtern die Steine unter die Nasen. Nachdem diese sie eingehend betrachtet hatten, legte er sie wieder zurück in die Folie, sodass Zonga bereits glaubte, es läge kein Interesse vonseiten der Gauner vor. Sie blickten die zwei Verdammten längere Zeit an, um dann jedoch zu sagen: „Heute Nacht. Wir werden euch zusammenlegen und euch aus dem Zimmer holen, sobald die meisten unserer Kollegen schlafen, doch weiter als bis zum Fluss werden wir euch nicht begleiten und weiterhelfen. Wir können euch auch keines der Boote überlassen, das würde auffallen und zu gefährlich für uns selbst werden. Ihr müsst also selber sehen, wie ihr in den Orinoco gelangt, von wo es für euch keine großen Schwierigkeiten mehr geben dürfte, in die Karibik und außer Landes zu gelangen." Sie drehten sich um und zogen mit gieriger Vorfreude die Tür hinter sich zu, um aus dem Einstieg zum Labor zu verschwinden. Enrique schloss die Tür des Hexenstübchens von innen ab und lehnte sich erschöpft gegen die Wand des Ganges. Offensichtlich hatten die drei Freunde damals nicht umgehend den richtigen Flussweg ausgesucht, sonst wäre die Flucht wohl schon damals gelungen. „Also direkt zum Orinoco und fort aus dieser unwirtlichen Gegend", dachte Enrique noch bei sich. Wie sie allerdings in diesem Zustand und voraussichtlich ohne Waffen bis dorthin kommen sollten, war auch ihm momentan noch ein Rätsel. Aber vielleicht hatte er noch die eine oder andere Erleuchtung. „Wieso nehmen sie uns die Diamanten eigentlich nicht einfach so ab? Machen könnten wir dagegen doch überhaupt nichts." „Weil sie nicht vollständig bescheuert sind. Sie müssten damit rechnen, dass es ruchbar wird, man würde ihnen die Steine abnehmen und sie selbst müssten in Kauf nehmen, den Krokodilen vorgeworfen zu werden." Enrique blickte Zonga an. „Du hast mir neue Energie gegeben, ich hatte mich bereits aufgegeben. Wir werden nun zwar nicht mehr ganz so reich sein, wie es zu Beginn den Anschein hatte, aber zu arbeiten bräuchten wir jedenfalls nicht mehr wie die Wahnsinnigen. Bei guter Investition würde es gut für den Rest des Lebens reichen." Und schon war Enrique wieder in seinen Tagträumen, aber besser so, als aufgeben. Enrique klopfte seinem Freund auf die Schultern. „Ich kann's immer noch gar nicht recht fassen. Zonga, heute Nacht, hörst du, heute Nacht!" „Ja, Enrique, ich will auch daran glauben, auch wenn es mir noch etwas schwerfällt, nach all dem Unrecht, dass uns angetan wurde. Doch es wird wohl die einzige Möglichkeit sein, die wir erhalten. Zu einer weiteren Chance würde es danach nicht mehr kommen." Ohne den Schutzwall vom verstorbenen Jean-Claude, den Ave Marias, war ihnen allerdings nicht recht wohl bei der Sache. Deshalb beschlossen sie, gemeinsam auf dem kurzen Gang ein paar davon in den Raum zu gackern. Erleichtert gingen sie dann wieder hinein zu den Sterbenden. Die Arbeit überließen sie anderen Gefangenen, von denen die meisten Schwarze und Mestizen waren, denn Indios huschten nur wie vereinzelte Farbkleckse dazwischen umher. Alain, bei dem es schien, als hielte einzig die Kleidung seine Knochen noch zusammen, kam auf die beiden zugeschlichen: „Was ist, habt ihr Erfolg gehabt?" „Alles okay, Alain, heute Nacht."

Nach der Arbeit zog Zonga hinter Enrique und Alain her in deren Schlafraum, den er bereits kannte. Essgeschirr wurde aus dem Schrank geholt und es gab – Zonga war fassungslos – genügend Fleisch, Fisch, schwarze Bohnen, Reis und Gemüse. Sogar Obst konnte er ausmachen und in Plastikbeuteln mehrere Liter Milch. Was war denn hier los? Das Schlimme war nur, die Männer zeigten keinen Appetit, ihr Hunger wurde irgendwie durch die anhaltenden Koksdämpfe ausgiebig gestillt. Oder war es die Nervosität vor der geplanten Flucht? Wie auch immer, am kommenden Morgen würden die Teufel des Coronels die Speisen aus den verschiedenen Räumen tragen, um sie sich dann selbst einzuverleiben. Zonga deutete auf die herrlichen Gerichte auf dem Tisch und fragte Enrique, wie sich die Sache zusammenreimt. Er blickte definitiv nicht mehr durch. Die ganze Zeit über magere, von Maden wimmelnde Küchenabfälle und dann diese Leckerbissen, wovon er sich umgehend einige gewichtige Happen vom Besten in den Mund schob und den Rachen hinunter drückte, um seine ausgelaugten Innereien zu befriedigen. „Zonga, so viele Verrückte, zu denen wir zwei sowie ebenso Jean-Claude gehören, laufen nicht herum. Nicht immer klappt eine Verschleppung ohne Weiteres, manchmal scheint es gewaltigen Ärger zu geben. Die Männer hier unten erhalten wahrscheinlich nur deshalb eine so gute Verpflegung, damit sie eine Weile durchhalten und am Leben bleiben, nur so bleiben sie ja wertvoll für die Banditen, die übrigens, so meine Vermutung, alle im Bilde sind und am Gewinn partizipieren." „Wenn sie so sehr darauf bedacht sind, die Männer möglichst lange am Leben zu erhalten, begreife ich nicht, weshalb sie nicht einfach Schutzanzüge anschaffen und alle Anwesenden, auch jene im Camp selbst, anständig behandeln. Zudem könnten sie ja einfach ein paar ärmere Leute aus den Slums oder sonst woher einstellen und diesen einfach einen Lohn, wenn auch einen geringen, auszahlen. Wieso diese unnötige, entwürdigende Gewalt?" „Deine Frage ist berechtigt, Zonga. Ich für meinen Teil denke mir, sie sähen es zwar gerne, dass die Männer möglichst lange am Leben bleiben, aber diese sollten eben doch geschwächt sein. Mit Schutzanzügen würde der Verfall aufhören und sie könnten den Aufsehern gefährlich werden." „Du magst mit deiner Vermutung nicht einmal so verkehrt liegen, anders wäre es auch kaum zu erklären. Dennoch könnten sie es doch einfacher haben, wenn sie Fairness walten ließen. Es müsste für die Lumpen eigentlich kein großes Problem darstellen, Schutzmaßnahmen zu treffen."

Alain huschte aufgeregt von einer Zimmerecke in die andere, manchmal bückte er sich dabei, als suchte er etwas. Es blieb abzuwarten, ob es klug gewesen war, gerade ihn auszuwählen und mitzuschleppen. Zongas Bedenken waren zu verstehen, sobald man an die auf sie zukommenden Erschwernisse dachte. Enrique jedoch schien sich vollends gefangen zu haben, zumindest konnte Zonga an ihm keine wirkliche Macke mehr ausmachen. Die zwei blickten sich fortwährend an, sie benötigten Zeit, um ihren unglaublichen Dusel zu verdauen. „Mensch Zonga, dass wir überhaupt noch leben, ist ein verteufeltes Glück, aber dass ich erneut die Möglichkeit bekomme, abzuhauen, diesmal mit dir und Alain, ist ein Wunder, das an Hexerei grenzt. Wenn da die Seele des toten Jean-Claude oder vielleicht auch Frank mal nicht etwas dran gedreht haben, was meinst du?" „Mag sein, Enrique, denk vorläufig jedoch nur daran, dass wir diese Stätte so schnell wie möglich hinter uns lassen, ansonsten werden wir umgehend sterben, so wie es der Coronel ankündigte, langsam und von ganz allein. Ich für meinen Teil werde versuchen, meine vielen Urwaldkenntnisse als Bewohner dieser Gegend einzubringen." Dies schien Enrique ein riesiger Vorteil zu sein, im Unterschied zur ersten Flucht, wo sie nicht wirklich viel Ahnung von den Gewalten des Dschungels hatten. Einzig er selbst, als Brasilianer nicht ganz unerfahren, hatte gewisse Kenntnisse gehabt.

Voller Ungeduld, die Ohren an die Tür gepresst, vernahmen sie endlich leise Geräusche aus der Richtung des Treppenaufstiegs. Vom Gang her näherten sich leichte Schritte, die vor ihrer Türe stoppten. Wild pochten die Herzen von Enrique und Zonga, Alain nahm wohl noch gar nicht richtig wahr, was gerade geschah. Sei's drum, er würde in Freiheit schnell begreifen, ja begreifen müssen, was es geschlagen hat. Enrique und Zonga jedenfalls vergaßen fast zu atmen, es war so weit. Langsam wurde von außen der Türknauf nach unten gedrückt und die Tür selbst einen Spalt weit geöffnet. Enrique schob Alain durch diese Öffnung, dann drängten Zonga und auch er hindurch. Die „Befreier" versuchten zu protestieren, Alain war nicht eingeplant, doch Enrique glotzte sie so bösartig an, dass sie ihren sogleich aufgerissenen Mund wieder zuklappten. Einer mehr oder weniger, was tat es zur Sache? Falls man sie am Arsch packen sollte, würde diese auch keine Rolle spielen; sie wären ohnehin dem „Henker" ausgeliefert.

Enrique und Zonga ahnten, dass viele neue, ihnen noch unbekannte Abenteuer zu bewältigen sein würden, ehe sie endgültig der Hölle entrinnen konnten und Zonga hoffentlich zu seinem Stamm zurückfinden würde. Und Alain? Da würde man sehen, wohin sein Weg führte. Vom Labor aus waren es viele Kilometer auf nur den „Befreiern" bekannten Schleichwegen bis hin zum Hauptfluss, dem Orinoco, welcher sie in die Freiheit tragen sollte. Wie sollten sie aber von den Schleichwegen zum Orinoco gelangen, ohne zuvor den Schergen mit ihren Bluthunden wieder in die Hände zu fallen? Enrique flüsterte Zonga zu, dass er kurzfristig geplant habe, wie beim ersten Mal, alle sich am Ufer befindlichen Boote mitzunehmen. „Nur so haben wir überhaupt eine Chance." „Und was wird aus den zwei korrumpierten Lumpen vor uns?" Zonga deutete mit dem Kopf auf die zwei Gestalten, die geschickt und geräuschlos alle den Weg versperrenden Hindernissee entfernten und immer eindringlicher zur Eile antrieben. „Kurz vor dem Flussufer werden sie den Spaß am Dasein und an irgendwelchen Steinen verlieren. Belaste deine Seele wegen dieser Ausgeburten nicht mit Gewissensbissen, nur ihre Gier hat sie dazu veranlasst, uns zu befreien, auf keinen Fall die Nächstenliebe. Ohne ihre Gier, die auch sie für Gefahren blind machte, würden wir in den Verliesen des Labors verrecken. Sie besitzen leider keine menschlichen Züge mehr, obwohl sie sicherlich mal solche hatten, vielleicht noch während ihrer Jugendzeit. Aber jetzt sind diese ‚Herren' leider anders und falsch gewickelt." Enrique suchte Zonga zu beruhigen und sich gleichzeitig selbst Mut zuzusprechen und sein Gewissen zu beruhigen.

Die betäubend süßlichen Koksdünste verflüchtigten sich mehr und mehr. Plätschernde Wasser und die Geräusche von Booten, die durch die Wellen leicht aneinanderprallten, waren immer besser zu hören. Sie mussten sich also in unmittelbarer Nähe des Flüsschens befinden. Hinter sich vernahmen sie Alain, der sich schwerkeuchend zu ihnen heranschob. Sie drehten sich zu ihm um, als er gerade zusammenbrach und mit dem Gesicht im Modder zu liegen kam. Zonga drehte den zerschundenen Kameraden auf den Rücken und blickte direkt in starre, tote Augen. Diese paar Kilometer durch den Dschungel waren offensichtlich schon zu viel für Alain gewesen. „Wie ich denke, hätte er nie und nimmer die weiteren Strapazen der Flucht überstanden. Die Laboratorien haben ihm den letzten Saft ausgesogen, so wird der Tod immerhin eine Erlösung für ihn sein, Enrique." Der, bereits mit einem schweren Ast in seinen Händen, bückte sich über den Leichnam. „Na warte", zischte er. Eiligst lief er hinter den zwei Aufsehern her, um unter anderem auf die Situation aufmerksam zu machen. Die Männer hörten überhaupt nicht hin. Was Enrique ihnen zu sagen hatte, interessierte sie nicht im Geringsten, und schon gar nicht, was mit Alain passiert war. Sie hatten nichts weiter im Kopf als die versprochenen Diamanten, und zudem eine Heidenangst, von ihren eigenen Kollegen gefasst zu werden; sie wussten schließlich nicht ganz sicher, wo sich all ihre Mitstreiter aufhielten. Die zwei waren aber völlig ahnungslos, als Enriques Knüppel auf ihre Köpfe krachte. Im hellen Mondlicht spiegelte sich nichts Anderes als grenzenloses Erstaunen in den weit aufgerissenen Augen; diese beiden Handlanger waren rettungslos verloren. So schnell es zu bewerkstelligen war, legten Zonga und Enrique Gestein und Laub auf den toten Alain, für eine Beerdigung auf Christenart blieb keine Zeit. Dann raubten sie die zwei Ermordeten aus. Nebst den Uhren wurden ihnen einige Dollars, Rauchwaren und zwei Mosquetàos nebst reichlich Munition abgenommen. Ganz wichtig schien ihnen aber der Kostümtausch, denn beide trugen eine einfache Uniform, welche Zonga und Enrique nutzen wollten, um auf dem Fluss nicht mehr aufzufallen. Aber sie wollten sich dann erst auf der Fahrt umziehen, um weitere Zeit zu sparen.

Diese Leichen blieben wohl oder übel unbestattet auf dem Platze ihres Ablebens liegen. Wildtiere würden sich ihrer in der Nacht relativ schnell annehmen.

Sehr bald wurden einige Boote durch das Unterholz erspäht. „Enrique, die werden nicht unbewacht sein. Soweit ich es überschauen kann, sind es zwei Einbäume und das große Kanu dort." Zonga zeigte auf einen großen, dunklen Schatten. „Scheint genauso mit einem Motor ausgerüstet zu sein wie das Boot, das wir vormals gesehen haben." „Bleib du mal hier und decke mir den Rücken, ich werde mich still und langsam hinbegeben." Es dauerte nur Augenblicke, bis Zonga klatschende Geräusche, die von gewissen allseits gefürchteten Backpfeifen herrührten, vernahm. Gleich darauf war ein erbärmlich klingender Fluch zu hören. Das nachfolgende Gestöhne des so Geohrfeigten verstummte mit einem nicht zu überhörenden Plumps ins Wasser. Enrique war bei den Booten zu erkennen, was Zonga dazu veranlasste, zu ihm hinüberzuschleichen. Die Banditen schienen von der letzten Flucht nichts gelernt zu haben, die Bewachung der Boote war dürftig und es war einfach, die Wächter zu überrumpeln. „Komm, Freund, wir haben's eilig. Lös die zwei Scheißdinger von ihrer Verankerung." Dabei zeigte er auf die Einbäume. „Dann steig zu mir ins Luxusboot." Enrique war wie ausgewechselt, eine neue Lebenskraft beflügelte sein Tun. Sie machten sich keine große Mühe, die Einbäume ans Kanu zu binden, die würden von ganz allein den Fluss hinabtreiben, genauso, wie auch sie sich vorerst treiben ließen, ohne den Motor anzuwerfen. Und weg waren die beiden Freunde vom unheilbringenden Camp ...

Der einsame Frank war auf Kurs, vor allem war er schon viele 100 Kilometer weiter und hatte gut die Hälfte des gesamten Orinoco hinter sich. Das gestohlene Boot ließ sich gut an und hatte nur einen minimen Tiefgang, was das Tempo des Vorankommens zusätzlich noch erhöhte, eigentlich zwar unwesentlich, aber letztlich war jeder Meter wichtig. Er wusste, dass die großen Stromschnellen relativ schnell auf ihn zukommen würden, und so plante er, diese gleich in der ersten Nacht zu bewältigen, auf jeden Fall eine davon. Wahrscheinlich würde er froh sein, nach Überwindung der ersten Hürde eine Ruhepause einzulegen, um spätestens in der zweiten Nacht die schlimmsten Marschhindernisse der Vergangenheit anzurechnen. Noch war ihm allerdings nicht klar, wie er das ganze Boot allein sicher durch die weißen Wasser bringen konnte. Eigentlich gab es nur zwei Möglichkeiten: Entweder bastelte er sich mit Lianen ein möglichst langes Seil, sodass er das Boot stets am Ufer entlang im Wasser halten konnte, oder er gab das Boot gleich von Anfang an auf und beschaffte sich nach Durchquerung der schwierigen Passagen ein neues. Da er die Heftigkeit des Flusses an den besagten Stellen nur vom Hörensagen kannte, wollte er kurzfristig entscheiden. Auf jeden Fall musste frühzeitig ein langes Seil hergestellt werden.

Schon bald hörte er ein Rauschen nahen. Dieses wurde immer stärker und so langsam beschlich ihn zum ersten Mal auf seinem Lebenspfad die Angst, einen Fehler zu machen. „Come on, Frank", sprach er sich im Selbstgespräch Mut zu. „Du musst es einfach schaffen, das Glück muss dir hold sein." Als die Geräuschkulisse so laut war, dass sonst fast nichts mehr an seine Ohren kam, beschloss er endgültig, hier das Ufer aufzusuchen. Es war gegen zwei Uhr morgens, es blieb also genügend Zeit, sich weiter voran zu kämpfen. Dies war ihm allerdings nur vergönnt, weil fast Vollmond war und damit knapp genug Sicht vorhanden war, um sich im Uferbereich zu bewegen. Bevor er am Landeplatz wieder Festland betrat, beobachtete er die ganze nähere Umgebung gute 15 Minuten lang mit akribischer Sorgfältigkeit. Menschen oder Boote waren im Moment nicht zu erkennen, und Krokodile konnte er hier auch nicht ausmachen. Aber einige Meter entfernt lagen derer drei im Uferbereich. Er konnte also nicht ganz ausschließen, dass eine Echse überraschend seinen Weg kreuzte. Solange er sich aber möglichst langsam fortbewegte und keine hektischen Bewegungen vollführte, konnten die tierischen Risiken in Grenzen gehalten werden.

Lianen gibt es im Uferbereich ohnehin immer zur Genüge und so schnitt er sich einige davon mit der Machete ab und knotete sie zusammen. Schnell war das eine Ende auch am Boot festgebunden und so bewegte er sich am Ufer entlang, das andere Ende des Lianenseils über die Schultern gezogen. Bald musste er aber einsehen, dass so kein Weiterkommen mehr möglich war. Zu felsig wurde das Gelände, zu stark die Strömung, keine Chance. So kam flugs die zweite Option zur Anwendung, das Boot vergessen, losbinden, Proviant buckeln, und das schöne Schiffchen dem reißenden Schicksal überlassen. Es würde sich sicher eine Gelegenheit ergeben, am besten gleich in der näheren Umgebung von Puerto Ayacucho, ein neues Boot zu ergattern, notfalls unter Opferung eines seiner Edelsteine, aber nur eines kleinen.

Wäre Frank nicht auf der Flucht gewesen, das Naturschauspiel bei den Raudales de Maipurés hätte auch bei Tag bestaunt werden müssen. So blieb aber absolut keine Zeit. Der Morgen nahte in Meilenstiefeln und er musste sich unbedingt noch ein sicheres Lager suchen. Die ersten Stromschnellen hatte er knapp hinter sich und kurz danach zog er sich ein wenig in den Wald zurück, wo er tatsächlich eine dichte kleine Lichtung fand, die ihm für den Tagesschlaf wie gemacht schien. Nach wie vor also keine exorbitanten Gefahren. Doch er hatte immerhin schon zehn Tage „verbraten", womit noch etwa 46 übrigblieben. Kein Rückstand, aber auch nicht wirklich viel Zeitreserve. Nachdem er ein üppiges Frühstück inklusive auf kleinem Feuerchen gebratenen Fisch vertilgt hatte, machte er es sich in der Hängematte in luftiger Höhe bequem.

Sein Schlaf dauerte tatsächlich ohne Unterbrechung bis in den späten Nachmittag hinein, geradezu optimal, um nach den kräfteraubenden ersten Tagen den Weg rundum gestärkt fortzusetzen. Er wollte, wenn irgendwie möglich, bis zum nächsten Morgen den Ort Puerto Ayacucho hinter sich gelassen wissen, mit der angenehmen Begleiterscheinung, bereits wieder ein passendes Boot zu besitzen.

Leider gab es keine Möglichkeit, wieder unauffällig ein Gefährt für den Orinoco abzustauben. So sehr er auch für diese Lösung bemüht war, es fand sich weder eine unscheinbare Indiosiedlung noch sonst ein unbewachter Kahn. Er musste also das Risiko eingehen, einem Händler in Ayachucho ein Kanu abzukaufen, ohne dass dieser einen Verdacht schöpfen sollte. Er gab sich als Forscher des Fachgebietes Biologie aus und behauptete, er wolle die nächsten zwei bis drei Wochen den Rio Meta erkunden und dabei im besten Falle wieder Diamanten finden, so wie diesen hier, den er als Zahlungsmittel in die Hand des Verkäufers legte. Dieser machte keinerlei Anstalten, an seinen Aussagen zu zweifeln, und so schnappte sich Frank ganz unaufgeregt sowie als Biologe getarnt das Boot. Der Händler war mit dem Stein mehr als zufrieden, er stellte ohnehin keine Fragen.

Zeitlich hatte Frank den Kauf so eingeplant, dass beim Deal bereits die Abenddämmerung ihr Verdunkelungsspiel startete. Dies bot Frank die Gelegenheit, gleich aufzubrechen. Natürlich interessierte ihn der Rio Meta nicht und er wollte in dieser Nacht bedeutend weiterkommen, etwa 250 Kilometer Wegstrecke sollten es schon werden. Erstmals ging es also einen Tag mit Vollgas voraus, bei Früchteverpflegung im Boot sowie unter einem Teilverbrauch der Getränkereserve, die er sich beim Händler für den besagten Stein noch als Zusatzleistung ausgehandelt hatte. Frank war voll motiviert und bereit dazu, den Turbo zu zünden. Aber er musste auf der Hut sein, denn hier wimmelte es von Booten, doch mit seiner schwarzen, irdenen Kunstfarbe, die er sich alsbald wieder aufstrich, fiel er tatsächlich nicht auf. Jedenfalls schien sich niemand um ihn zu kümmern. Das Einzugsgebiet der Banditen reichte wohl nicht mehr bis hierher. Aber es gab ja noch andere Wegelagerer und gefährliche Plünderer auf diesem Fluss oder an dessen Gestaden. Sobald ein anderes Boot sein Auge erreichte, wich er stets frühzeitig und großzügig aus, er wollte nur ja nicht in deren Nähe, in Berührung mit anderen, nicht einschätzbaren Menschen kommen.

Wo war wohl Yamuna im Moment? Auch schon unterwegs? Oder war ihr im schlimmsten aller schlimmen Fällen etwas zugestoßen, ein Überfall durch die Schergen? Das Ungewisse nagte an Frank, doch die Zeit schien für ihn zu laufen und sein Indiofreund Mogari würde es schon richten. „Also jetzt nur keine falschen Gedanken", hörte man Frank in den Nachthimmel flüstern.

Man kann es vorwegnehmen, in den folgenden Tagen – er hatte eine recht große Distanz geschafft – befand er sich bereits im Orinoco Bajo, also dem unteren Flussbereich zur Küste hin, und erreichte eines Morgens die Ortschaften Caicara und Cabruta, wo eine große Brücke, die Puente Mercosur, geplant war. Doch kurz vor Cabruta braute sich ein Unheil zusammen. Er war soeben in der letzten Morgenstunde an Land gegangen und hatte durch die Müdigkeit, die durch die Strapazen nun doch größer wurde, nicht darauf geachtet, wo er sein Lager aufschlagen wollte. Er hatte die Umgebung und diverse vorbeiziehende Boote nicht mehr wirklich beachtet. Aber zu seinem Schrecken steuerte ihn nun im direkten „Galopp" ein größeres Motorboot an. Den blauen und roten Lampen nach zu schließen, handelte es sich um ein Patrouillenboot der Wasserpolizei, im schlechtesten Fall des Militärs. Innerlich wurde er ziemlich nervös, doch er durfte sich nichts anmerken lassen. Sollte er bei der Geschichte mit dem Biologen und Abenteurer bleiben? Es bot sich kurzfristig kaum etwas Gescheiteres an.

Die drei Männer machten das Boot an dem seinigen fest und stiegen zu ihm hinüber. Sie waren erstmal recht freundlich. Das Blöde war nur, Frank hatte keinerlei Ausweispapiere mehr und dies macht Polizisten rund um die Welt gleich mal stutzig. Seine Geschichte musste also möglichst wasserdicht und glaubhaft rüberkommen. Er musste auch entsprechend standhaft bleiben, sich kein Zögern anmerken lassen und konsequent seinen Standpunkt vertreten. Sollte die Patrouille erstmal Zweifel spüren, würde es noch schwieriger werden, hier heil rauszukommen. Und wer wusste, ob auch diese Herren nicht unter einer Decke mit irgendwem steckten. „Wie heißen Sie, woher kommen Sie und was machen Sie hier?" So lauteten die bestimmten und wesentlichen ersten drei Fragen. „Mein Name ist Frank König, ich komme ursprünglich aus Deutschland und mache hier für einen Herausgeber eines Fachmagazins Forschungstouren durch den südamerikanischen Dschungel. Teils sind es auch nur private Abenteuertrips auf irgendeinem Seitenarm des Orinoco." „Bitte zeigen Sie uns Ihre Ausweispapiere!" Klar, diese Frage musste ja kommen und damit wurde es also eng und brenzlig. „Tut mir leid, aber ich habe keine mehr. Bei einem Unwetter auf dem Rio Meta konnte ich mich nur mit einem kühnen Sprung aus dem Boot ans Ufer retten. Dabei fielen mir sämtliche Ausweise und Dokumente in die Fluten, ich hatte keine Chance, diese noch rauszufischen. Ich habe aber geplant, sobald ich in der Hauptstadt von Guyana ankomme, was ja nicht mehr so weit ist, ein Konsulat aufzusuchen, sofern es dort überhaupt ein solches gibt, und mich um neue Ausweispapiere zu kümmern. Eine andere Möglichkeit habe ich nicht gesehen." Die Männer schauten sich unschlüssig an, offensichtlich waren sie sich uneins, wie man mit ihm verfahren sollte. Man konnte die Geschichte glauben und ihn laufen lassen, mit der Auflage, dass er das Konsulat dann auch zwingend aufzusuchen hatte. Letztlich war dies ja ohnehin in seinem Interesse, aber er hatte diesen Schritt natürlich erst auf Trinidad vorgesehen. Dies wollte Frank ihnen aber nicht auf die Nase binden. Man konnte ihn aber auch festnehmen und erst auf Kaution wieder freilassen. Doch wie sollte der eine Kaution überhaupt aufbringen, werden sich die Polizisten gedacht haben. Die Patrouille wusste glücklicherweise noch nichts von seinen Steinen. Da sie ihn also eher für ein „armes Schwein" hielten, kamen die uniformierten Kontrolleure zum Schluss, ihn tatsächlich wieder laufen zu lassen wäre die beste Option. Frank bedankte sich in aller Höflichkeit und bekräftige nochmals mit Nachdruck, dass er sich schnellstmöglich um neue Ausweispapiere bemühen werde. Dies war so oder so notwendig, denn wie sonst hätte er entweder unbehelligt in seine Heimat zurückreisen oder ohne Probleme als freier Mann hier auf dem südamerikanischen Kontinent seine Kreise ziehen können? Das Ganze hing schließlich auch noch davon ab, was für Pläne Yamuna hegte. Würde sie nach Deutschland mitkommen oder eher in ihrer angestammten Umgebung etwas zusammen mit ihm aufbauen wollen? Man würde sehen.

Er war nun so weit vorangekommen, dass von irgendwelchen Schergen, Banditen oder sonstigen Ratten kaum mehr etwas zu befürchten war. Ab hier herrschte schließlich ein reges Treiben auf dem Fluss, inklusive geregelter Kursschifffahrt. Eine erneute und vor allem unauffällige Gefangennahme wäre sehr schwierig gewesen. Und in Bezug auf ihn selbst war umgekehrt ja auch nichts mehr zu befürchten, obwohl er oft dem Gedanken nachhing – vor allem, weil er keine Ahnung hatte, wo Enrique sich befand –, die seriöse Polizei oder das Militär zu informieren und so indirekt mit der Aufgabe zu betrauen, dem ganzen traurigen Spiel ein Ende zu setzen. Drogenhandel kann man nie unterbinden, aber wenigstens das äußerst unmenschliche Vorgehen. Egal, er hatte aktuell nicht ganz die Hälfte seines Zeitkontingents von rund 60 Tagen verbraucht, er lag also noch gut in der Zeit. Vor allem hatte er jetzt den großen Vorteil, nicht mehr unbedingt während der Nacht über den Fluss schleichen zu müssen, nein, von hier an waren auch „Tagesausflüge" möglich. Doch vorerst musste er unbedingt eine Rast einlegen, seine Kräfte waren schon arg strapaziert. So beschloss er, den angebrochenen Tag zwar noch mit einigen Kilometern hinter sich zu bringen, sich danach aber für die Nacht eine ruhige, überschaubare Stelle zu suchen, es sich im Boot gemütlich zu machen und bis zum nächsten Morgen einfach nur zu pennen und seine Gliedmaßen zu entspannen. Dies alles natürlich nach einer üppigen Verköstigung.

Er schlief den Schlaf der Gerechten und erwachte tatsächlich erst mit der Morgendämmerung. Diese Pause hatte sehr gutgetan und so war er mehr oder weniger gut gerüstet, seinem Traumziel auf Trinidad entgegenzueilen. Noch galt es aber, eine rechte Wegstrecke zu bewältigen und sich auf das extreme Orinoco-Flussdelta vorzubereiten. Dieses sollte extrem verzweigt und flächenmäßig fast nicht überschaubar sein; das geographische Lexikon spricht von einer Fläche von rund 19.000 Quadratkilometern und damit einer Fahrtstrecke von etwa 200 Kilometern bis zur Küste. Es musste ihm dort einfach gelingen, immer die stärkste Strömung zu erwischen und vielleicht der Nase nach dem Geruch des Meeres zu folgen.

Nach einer guten Woche steuerte er, ohne nennenswerte Ereignisse in der Zwischenzeit, die Stadt Ciudad Guyana an, welche wie das gesamte Delta auf venezolanischem Terrain lag. In dieser Stadt wollte er sich gleich danach erkundigen, wie er die Wegstrecke nach Trinidad am schnellsten bewältigen konnte. Brauchte es dazu vielleicht sogar einen ortskundigen Führer?

Einen kleinen Edelstein wäre ihm dies schon wert, es würde dann ja der letzte sein, mit dem er sich den „Wegzoll" zu seinem Ziel erkaufen musste.

Er erreichte die Stadt im Verlaufe des frühen Nachmittags und war geradezu sprachlos wegen des dort vorherrschenden Durcheinanders. Ein Ameisenhaufen war harmlos gegen dieses emsige Treiben hier auf und am Fluss. Große Schiffe, kleinere Barken, Segelboote und viele Einbäume kreuzten seinen Weg. Hier war kein Schwein mehr an ihm interessiert, jeder ging beziehungsweise fuhr seinen ureigenen Weg mit einem Handelsziel. Ihm sollte dieses unübersichtliche Chaos nur recht sein. So ging er unter in der Menge und blieb vollkommen anonym. Er suchte sich einen geeigneten Landeplatz, was allein schon eine Kunst war. Alle drängten sie irgendwie zum Ufer oder umgekehrt weg davon. Frank war dies egal, das waren schließlich höchstens kleine Probleme im Gegensatz zum dem, was hinter ihm lag. Also wartete er geduldig, bis sich eine passende Lücke für sein Kanu auftat. Es war selbstredend, dass man sein Boot immer gut im Auge behalten musste, solange man Proviant und andere Güter an Bord hatte. Viel Wertvolles hatte er zum Glück nicht, und die lebensrettenden, zukunftssichernden Steine trug er sowieso gut behütet und versteckt auf Mann. Er hatte auch keinesfalls die Absicht, sich vom Uferbereich zu entfernen, vielmehr suchte er einen guten Kontakt direkt hier bei den Booten.

Nach einigen Momenten der Ausschau entdeckte Frank einen älteren Mann, der auf einem Stein zum Horizont hinträumte oder sich die Sonnenstrahlen einheimste. Dieser Senior schien ihm geeignet und recht vertrauenswürdig. Zudem war er vielleicht sogar dankbar für eine Unterhaltung. Frank machte sich auf zu dem braungebrannten, runzeligen Mann und begrüßte ihn ganz höflich. Dieser schien sichtlich erfreut, mit jemandem quatschen zu können. „Sehr geehrter Herr, erlauben Sie, dass ich Sie anspreche, ich brauche einen guten Rat von einer Person, die den Orinoco wie seine Hosentasche kennt. Und irgendwie hatte ich das Gefühl, dass dies bei Ihnen der Fall ist." Der Alte blickte Frank mit einem listigen, aber sehr warmen Lächeln an und entgegnete: „Ja, mein Lieber, da bist du an den

Richtigen geraten, und bitte, sag nicht ‚Sie', ich bin schließlich weder ein König noch sonst eine Eminenz. Also, wie kann ich dir helfen, dir zu Rate stehen?" Frank freute sich sichtlich, dass der Einstieg in das Gespräch so toll verlief. „Zuerst würde es mich freuen, zu wissen, wie ich dich nennen darf." Der Greis schaute ihn fast schon treu ergeben an. „Die Leute hier nennen mich den alten Seebären, aber mein richtiger Name ist Eusebio oder kurz Sebi." „Es freut mich, Sebi, dass ich deinen Rat in Anspruch nehmen darf." Und Frank erzählte ihm von seinem Ziel auf Trinidad und dass er dort in rund drei Wochen seine große Liebe wiedertreffen würde. Natürlich verriet er ihm nicht den Rest seiner Geschichte im Dschungel und auch nicht, wie es zu dieser Liebe gekommen war. Frank musste bei seinen Erzählungen natürlich etwas schummeln, aber dies würde dem vertrauensvollen Gespräch keinen Abbruch tun. So fuhr Frank fort: „Ich muss also so schnell wie möglich das Orinoco-Delta hinter mich bringen, um die Insel Trinidad anzusteuern. Da dieses Delta aber wie ein menschlicher Körper mit Tausenden von Arterien bestückt ist, also unzähligen Flussläufen, muss ich wissen, was ich dort zu beachten habe und welche Fahrstrecken möglich beziehungsweise sinnvoll sind. Optimal wäre natürlich eine gute Karte, aber die wird hier wohl auf die Schnelle nicht aufzutreiben sein." Der Alte hielt nicht lange inne und bedeutete Frank, dass es sehr wohl möglich war, an eine spezifische Fluss- und Deltakarte ranzukommen, nämlich durch ihn selbst. Er hatte eine solche Karte direkt in seinem Kahn, seiner dauernden Flussresidenz. Gegen ein paar wenige Dollars wollte er ihm die Karte gerne verkaufen. „Natürlich werde ich dir die Karte auch schenken, falls du selbst ausgebrannt bist, aber ich muss schließlich auch sehen, dass ich zu einem Zubrot komme, das verstehst du sicher, Frank." Dieser hatte die Antwort schon längst parat. „Natürlich, Sebi, darüber mach dir keine Gedanken. Aber hol zuerst die Karte und kläre mich über die Befahrung des Deltas auf. Du sollst es nicht bereuen, keine Angst." Längst hatte Frank entschieden, diesem guten Menschen einen kleinen Stein zu schenken. Sebi schlurfte also rüber zu seinem Bootshaus, welches nur rund 100 Meter rechts von der Bucht seinen fixen Liegeplatz hatte. Nach knapp 15 Minuten zuckelte er wieder zu Frank und übergab ihm die Karte. „Schlag sie gleich auf, ich zeige dir die beste und sicherste Route. Zudem kann ich dich ein wenig beruhigen, wenn du hauptsächlich den großen Frachtschiffen folgst, kannst du im Prinzip sowieso nichts falsch machen. Aber natürlich gibt es noch die optimale Abkürzung, welche aber mit einem erhöhten Gefahrenpotenzial verbunden ist. Es sind hauptsächlich die Gefahren der Natur, aber auch das Risiko, dass du dich in dem eng verzweigten Flussnetz relativ schnell verfahren kannst und kaum mehr einen Ausweg findest. Zudem gibt es in den eher abgelegenen Gebieten einiges Gesindel, dass dir nicht unbedingt gut gesinnt sein könnte. Aber du musst natürlich selbst entscheiden, ob du die sichere oder die schnellere Route wählen willst. Also schau, die sichere Route ist schnell markiert, handelt es sich logischerweise um den Hauptarm des Orinoco und damit den breitesten Flussabschnitt im Delta. Der Weg führt dich hier vorbei am Dorf Sucupana, danach hin zu Curiapo. Dort bist du bereits im Küstenbereich, und wenn du dich dann immer links hältst, wirst du fast automatisch zu deiner Liebe und nach Trinidad finden. Der schnellere Weg zweigt aber schon hier, bei Bariancas, nach links ab und führt dann von Boca de Macarea mehr oder weniger gerade aus ebenfalls direkt zur Küste, ja, du kämst auf dieser Route gleich gegenüber von Trinidad aus dem Delta raus, müsstest also nur noch die kleine Meeresstraße mit dem Namen Boca dela Serplente überqueren, eine kleine Hürde von nur noch knapp 33 Kilometern, wenn ich mich richtig erinnere." „Okay, dann werde ich mich wohl demnächst entscheiden müssen, denn ich möchte gleich morgen ganz früh losfahren." „Ja, das macht Sinn", entgegnete Sebi. „Wenn du willst, kannst du bei mir auf dem Hausboot übernachten, damit du endlich mal wieder ein trockenes und weiches Bett unter den Arsch kriegst." Der alte Mann war also auch noch humorvoll und weiter hilfsbereit, und Frank freute sich schon fast wie ein kleines Kind auf eine erstmals seit vielen, vielen Wochen wieder richtige Bettstatt. Dieses Angebot wollte und durfte er nicht ausschlagen, allein schon aus Höflichkeit nicht. Doch primär bereitete es Frank Freude, Sebi Gesellschaft zu leisten, und Gleiches galt wohl auch umgekehrt.

Frank holte also alle wichtigen Sachen aus seinem Boot, vertäute dieses richtig fest und begab sich dann mit all seinen Utensilien auf das Hausboot von Sebi. Die beiden verbrachten einen lustigen, spannenden und somit unterhaltsamen Abend miteinander; erst gegen 23:00 Uhr übermannte Frank die Müdigkeit in einem Ausmaß, dass auch Sebi einsehen musste, dass die Konversation hier nun enden würde.

Frank wäre wohl nie von selbst erwacht, so angenehm und bequem war sein Nachtlager, mit einem richtigem Kissen und einer Bettdecke wie im Paradies. Nein, es war der Geruch, der ihm in die Nase stieg und aufgrund dessen sich seine Augen endlich öffneten. Zu seinem Erstaunen war es draußen aber immer noch dunkel. Sebi hatte also schon wieder mitgedacht, denn Frank wollte ja früh starten. Der würzige Kaffeeduft, welcher das ganze Boot einzuhüllen schien, musste dringendst den Weg in seinen Mund, Hals und Magen finden. Flugs war Frank auf den Beinen und begab sich zur Küche, wo Sebi im Schummerlicht am Brauen war. „Guten Morgen, mein Lieber, wie war die Nacht, hast du gut geschlafen?" „Ja natürlich, bombastisch wohltuend, und guten Morgen übrigens." Nun ging alles sehr schnell, leider, war Frank geneigt zu sagen, aber er musste aufbrechen, obwohl er es hier bei seinem neuen Freund gut länger ausgehalten hätte; die beiden Männer verstanden sich trotz relativ großem Altersunterschied sensationell gut.

„Lieber Sebi, du bist mir eine riesengroße Hilfe gewesen, mit der Karte, deinen Ratschlägen und deiner tollen Unterkunft, von der Verpflegung noch gar nicht gesprochen. Und ich habe mich entschieden, was die Route anbelangt. Die sichere Route dauert gut und gerne zweimal länger und so werde ich die Abkürzung nehmen. Wenn ich zwei bis vier Nächte durchrudere, müsste ich es mit kurzen Erholungsstopps sowie längeren Schlafpausen in gut einer Woche hinkriegen. Die Risiken bin ich von anderen ‚Ausflügen' gewohnt." Er konnte Sebi natürlich beim besten Willen nicht darüber aufklären, welche „Ausflüge" gemeint waren. „Alles klar, mein guter Freund, ich bin davon überzeugt, dass du es locker schaffen wirst. Und bist du rein zufällig wieder mal in der Nähe, komm mich unbedingt besuchen, es wäre mir erneut eine riesige Freude." Sebi war sichtlich über diese unerwartete Bekanntschaft mit Frank gerührt. „Lieber Sebi, schließ mal kurz die Augen und halte die rechte Hand auf, ich habe hier noch eine kleine Abschiedsüberraschung für dich." Sebi wollte dieses Versteckspiel zuerst nicht, doch dann lenkte er auf Drängen von Frank ein. Als er die Augen wieder öffnete, funkelte ein kleiner Kristall, ein toller Diamant, in seiner Hand. Fast hätte ihn der Schlag getroffen. „Du verrückter Frank, wo hast du denn diesen wertvollen Stein her? Den kann ich doch unmöglich annehmen." „Sicher kannst du, nein, du musst. Du warst mir in dieser sehr kurzen Zeit eine große Hilfe und ein toller Freund. Deshalb will ich, dass du mit diesem Stein das für dich beste machst. Und so nebenbei, ich habe diesen Stein selbst in einem Flussbett tief im Urwald gefunden; die Stelle würde ich kaum wiederfinden. Du sollst diesen für deinen Lebensunterhalt verwenden." Aber immer zu einem Scherz aufgelegt meinte Frank dann: „Aber versauf den Erlös nicht und weibere damit nicht zu viel herum." Sebi hätte wohl am liebsten einen Luftsprung gemacht, aber dies ließen seine Beine nicht mehr zu. Er umarmte Frank und bedankte sich von ganzem Herzen für dieses unerwartete und eigentlich übertriebene Geschenk.

Frank winkte Sebi ein letztes Mal zu, bevor er um die Flusskrümmung aus dem Blickfeld verschwand. Frank musste sogleich die eine oder andere Träne verdrücken. Es war schon eine spezielle Situation. Da lernt man einen wildfremden Mann in einer wildfremden Stadt kennen und es entwickelt sich in dieser kurzen Zeit eine so tolle, ehrliche Freundschaft, einfach wunderbar, und eine ewig bleibende Erinnerung. Und wer weiß, vielleicht kam Frank ja tatsächlich wieder Mal in diese Gegend. Jedenfalls wollte er, wenn irgend möglich, wieder hierher zu Sebi reisen und ihn überraschen.

Doch ab jetzt musste seine ganze Aufmerksamkeit wieder dem Fluss gewidmet werden, auf dass er den richten Pfad finden und erfolgreich bewältigen würde. Was ihn am meisten motivierte, war der Umstand, dass sein Ziel in großen Schritten näherkam; nur noch knapp sieben Tage und die relativ kurze Überquerung der Meeresstraße und er war definitiv gerettet und hoffentlich bei seiner Yamuna. Doch würde sie wirklich da sein? Würde sie die Strecke zusammen mit Mogari auch ohne große Gefahren bewältigen? Oder war den Bewohnern des Walddorfes gar etwas Unerwartetes zugestoßen? Nein, Scheißfragen, Yamuna wird da sein, Yamuna muss da sein!

Bald hatte Frank die Stadt Ciudad Guyana schon weit hinter sich gelassen. Seine Gedanken drehten sich momentan wieder mal um Enrique. Würde er auch ihn irgendwann, irgendwo wiedersehen? Hoffentlich lebte er, vor allem unter würdigen Umständen. Hatte er die Schussverletzung gar am Ende nicht überlebt? Unmöglich, dieser harte Kerl war nicht zu bezwingen. Aber dennoch war er ja wieder in den Fängen der Banditen gelandet und dies konnte gleichbedeutend mit dem Tod sein. Frank führte wieder mal Selbstgespräche: „Nein, nein, wie ich Enrique kenne, plant dieser sicherlich schon wieder die Flucht, und dieser clevere Hund, mein bester Freund, wird schon einen Ausweg finden, da bin ich mir fast sicher."

Bereits nach dem ersten Tag erreichte Frank den Abzweiger des Orinocos bei Bariancas. In der Nähe dieses Ortes hielt er Nachtruhe. Diese war aber sehr unruhig. Es war wohl die Ungeduld in Anbetracht des Wiedersehens, die zu den verrücktesten Träumen führte. Immerhin konnten sich seine müden Knochen wieder einigermaßen erholen. Die letzten Strapazen würde er nun locker überstehen und wenn weiterhin nichts Unvorhergesehenes passierte, konnte er die Zeitvorgabe recht genau einhalten. Er gab alles, ruderte wie ein Besessener, nur wenn ein Boot entgegenkam, verhielt er sich wie ein normaler Bootsbesatzer. Kaum war das Boot vorbei, schlug er gleich wieder die Ruder durch das Wasser, als wollte er diesem eine Tracht Prügel verpassen, weil es nicht schneller dahinfloss. Die letzten Tage und Nächte zogen im Flug an ihm vorbei. Außer ein paar Krokodilen, die sich ihm auf halber Strecke unerwartet näherten und sogar versuchten, sein Boot zu attackieren, und den ekligen Stechmücken und der sengenden Hitze war alles im Lot.

Der Tag X kam, der Seitenarm des Deltas wurde breiter, und da waren sie: der Atlantik, die Rettung, die Freiheit, Yamuna, Trinidad. Er war zurück im Leben, zurück in der Zukunft, einer Zukunft im Überfluss, den Steinen sei Dank. Er würde seine große Liebe in den Arm nehmen, Ziele verfolgen, vielleicht eine Heirat und Kinder planen, eine vernünftige, sinnvolle Arbeit haben, vielleicht selber eine Firma aufbauen und, und, und. Frank schossen die wildesten Gedanken durch den Kopf. Aber nein, die waren gar nicht wild, sondern ganz normal, einfach nicht geordnet und viel zu viele auf einmal. Frank musste runterkommen und so steckte er seinen ganzen Kopf in den Atlantik, um den heißgelaufenen Denkmotor abzukühlen. Niemand konnte es ihm verdenken, die Glücksgefühle waren überwältigend. Er hielt inne, mehrere Stunden verbrachte er an der ersten romantischen Küstenböschung, er genoss den Ausblick auf das wogende Meer und die letztlich sehr beruhigenden Wellen. Der Horizont hatte sich ihm geöffnet, sowohl der geistige als auch der geographische. Sein Herz stand weit offen, es war, als flossen die ganzen Meereswinde, die Wellen, die Sonnenstrahlen und vieles mehr direkt durch sein Herz, seinen Körper und seine ganze Seele. Er fühlte alle großen Felsbrocken, die über viele Monate auf seiner Seele gelastet hatten, davonrollen, zerspringen, im Meer versinken, fort und weg für immer und ewig.

Einige Zeit später erwachte Frank aus diesen angenehmen Tagträumen, er musste sich wieder der Realität widmen, auch wenn diese jetzt eine gute war, eine gute zu werden schien. Da er aber etwas Zeit übrighatte, fast sechs Tage für die eher kurze Überfahrt nach Trinidad, entschloss er sich, hier irgendwo an der Küste ein kleines Lager aufzuschlagen und rund zwei Tage zu verweilen. Er wollte diese tolle Stimmung einfach nicht loslassen. Er war so gelöst, voller Hoffnungen und Träume, befreit, es war, als schwebte er auf einer großen Wolke, von 1000 Engeln getragen. Rosafarben war die Welt, rosafarben war alles um ihn herum und in ihm drin. Und so genoss er diese beiden „Ferientage" in vollen Zügen. Er holte sich den einen oder anderen Fisch aus dem Wasser, brutzelte genüsslich seine Mahlzeit und presste

Früchte für einen fast schon „schickimickimäßigen" Cocktail aus. Am zweiten Abend nahm er sich dann endlich auch Zeit für die restliche Planung, auch wenn diese recht einfach war.

Und nun war er da, der Tag der Überfahrt nach Trinidad und hin zum kleinen Küstendorf Guayaguayaré, wo das Zusammentreffen mit seiner Yamuna geplant war. Acht Wochen hatten sie vereinbart, er würde pünktlich da sein, sogar einige Tage zu früh. Natürlich hätte er für die Überfahrt zur Insel ein Kursschiff nehmen und den Einbaum irgendwo am Ufer zurücklassen können, aber er hatte ja noch keine Dollars für ein Schiffsticket, er musste zuerst mal einen einzigen Stein zu Geld machen, aber dies müsste dann in Port of Spain bei einem Juwelier problemlos möglich sein, es dauerte ja nicht mehr lange und sie beide könnten mit diesen ersten Dollars dann mal tüchtig einkaufen. Mit „tüchtig" dachte Frank aber keinesfalls an unnütze Dinge, sondern lediglich an anständige Kleidung, ein paar währschafte Schuhe und lockere Fußschlüpfer, eine passende Kopfbedeckung, vielleicht einen Stetson, und für Yamuna ein paar der Gegend angepasste Klamotten, eine Tasche und sonst ein paar wenige Kleinigkeiten. Letztlich einfach so, dass man sich ohne aufzufallen unter die Touristen oder auch die Einheimischen mischen konnte. Dass Yamuna ja eine eher dunkle Haut mitbrachte, war hier auf einer Insel mit mehrheitlich dunkelhäutigen Menschen wohl ein gewisser Vorteil. Frank verzipfelte beinahe, in Kürze würde es so weit sein. Nur noch die blöden rund 33 Kilometer, so wie Sebi gesagt hatte, und dann noch die kurze Strecke zum Dorf.

Frank brach am folgenden Morgen um 04:00 Uhr auf. Er rechnete ohne Flussströmung mit ungefähr fünf Kilometern pro Stunde, was für 33 Kilometer etwas eine Zeit von sieben Stunden ausmachen würde. Aber er konnte ja nicht in einem Stück durchrudern, das würden seine Kräfte nicht zulassen. Also veranschlagte er mal etwa zehn Stunden, also bis etwa 10:00 Uhr die erste Etappe, danach eine schattige Pause unter der Plane, geschützt vor der brennenden Sonne, und gegen Abend den Rest. Irgendwann in der Nacht würde er am Ufer anlegen, schlafen und ein letztes Teilstück am letzten Tag entlang der Küste von

Trinidad nehmen. Sollte er länger als geplant brauchen, wäre es auch kein Problem, er hatte ja noch eine kleine Zeitreserve. Er wusste, er hätte ein Kursschiff buchen können, das wollte er aber ganz bewusst nicht, um unerkannt auf die Insel zu gelangen. Er wusste auch, dass er sich höchstwahrscheinlich von einem kleinen Kahn ins Schlepptau hätte nehmen lassen oder vielleicht auf einem Lastschiff gratis hätte mitschippern können. Das war auch nicht seine Absicht, wollte er doch so anonym wie möglich bleiben, zumindest vorerst.

„Also, auf geht's", sprach er sich selbst Mut zu. „Auf geht's zur Bewältigung des letzten Etappenziels in die vollkommene Freiheit." Das Meer war recht ruhig, der Wellengang zwar nicht stark, aber es war schon ein spürbarer Unterschied, ob ein Fluss dich trägt und die Strömung ihren Teil zum bequemeren Fortkommen beiträgt. Hier auf der unendlichen Wasserfläche war definitiv viel Manneskraft mit den Armschwingen gefordert. Er kam gut voran und blieb bemüht, ganz ruhig und stressfrei zu rudern. Auch schob er regelmäßig, teils natürlich zwangsläufig, kurze Pausen ein, damit die Muskulatur nicht übersäuerte. Es bedurfte vor allem auch mentaler Stärke, der Kopf musste die Arme unaufhörlich antreiben. Und im äußersten Notfall konnte er sich tatsächlich an einem anderen Wasserfahrzeug anhängen. Dies wurde nicht notwendig, er schaffte es letztlich, wenngleich auch in 12 Stunden; der Wind hatte ihn des Öfteren am Weiterkommen gehindert. Also, noch eine letzte Nacht auf diesem hölzernen Boot, das ihm letztlich stets gute Dienste geleistet hatte, dann ein „Ausrudern", ähnlich wie nach einer sportlichen Aktivität das „Auslaufen", bis nach Guayaguayaré.

Er kam dort am Nachmittag an, verkaufte gleich im Hafen sein Boot für ein paar Dollars, wichtige Dollars, um sich das Nötigste leisten zu können. Übernachten und auf Yamuna warten würde er draußen, direkt an der Küste, wo er eine gute Sicht auf die eintreffenden Boote und Menschen hatte. In einem kleinen, unauffälligen Wäldchen hievte er seine Hängematte in die Höhe, band diese stabil um zwei Bäume, parkte seine übrig gebliebenen Utensilien unten bei den Baumstämmen und harrte der schönen Dinge, die da in den nächsten Tagen kommen sollten.

Die altgediente Plane legte er sich bereit, sollte plötzlich ein ungestümer Regen vom Himmel prasseln. Momentan standen die Wetterampeln aber weit herum sichtbar auf Grün. So genoss er den freien Tag mehrheitlich in seiner bequemen Hängematte, teils in tiefem Schlaf, teils nur dösend, teils mit Sinnieren und teils mit Beobachtung der Naturschönheiten. Aber immer mit einem Auge auf die ankommenden Boote. Morgen würde der letzte Tag der vereinbarten beziehungsweise geplanten acht Wochen anbrechen. Würde Yamuna pünktlich sein? Kein Problem, er hatte alle Zeit der Welt, er konnte warten. „Macht ja nichts, wenn sie sich verspätet und einige Tage nach dem ‚Stichtag' eintrifft", säuselte er so vor sich hin. Zudem war ja von Vornherein klar, dass man dieses Zusammenfinden nicht auf den Tag genau planen und einhalten konnte. Also, geduldig und mit Vorfreude abwarten und „Tee trinken", das war die Devise.

So zogen die ersten drei Tage ins Land und die Verspätung wurde etwas größer. Im gleichen Ausmaß stieg auch die Nervosität von Frank, wenngleich er versuchte, ruhig zu bleiben. Drei Tage waren schließlich nichts im Verhältnis zur zurückzulegenden Strecke, im Verhältnis zu den Gefahren und unvorhergesehenen Wetterbedingungen. So aß er sich über diese Tage satt und vertrat sich die Beine mit kleinen Küstenwanderungen und ein paar Schwimmübungen im erfrischenden Nass des Atlantikzaubers. Es gab hier einfach kein Handy, mit welchem man die Sachlage hätte eruieren können.

Es zogen weitere Tage ins Land und die Verspätung betrug nun schon 12 lange Tage. Yamuna kam nicht. Frank harrte weiter aus, 30 Tage lang, aber seine große Liebe Yamuna kam nicht …

Der Autor

John Roomann, Jahrgang 1961, lebt in der Schweiz. Er machte eine Lehre als Treuhänder, wechselte dann zur Bank und arbeitet heute als Compliance Officer. Mit seinem ersten Buch „Krieg und Liebe des Soldaten Hansi" erfüllte er sich einen großen Traum. Die Freude am Schreiben ist riesig und so lag mit „Unaufhaltsam in den Abgrund" bereits seine zweite Publikation vor. „Gefangen im südamerikanischen Urwald" ist sein drittes Buch. Der Autor ist mit seiner Jugendliebe verheiratet und hat zwei erwachsene Kinder. Zu seinen vielen Interessen gehören neben dem Schreiben seine Haustiere, Eishockey, die Burgen der Schweiz und die Kunst. Einen weiteren Traum, inmitten von Natur und Bergen zu wohnen, hat er sich ebenfalls bereits erfüllt.

novum VERLAG FÜR NEUAUTOREN

Der Verlag

> *Wer aufhört*
> *besser zu werden,*
> *hat aufgehört*
> *gut zu sein!*

Basierend auf diesem Motto ist es dem novum Verlag ein Anliegen neue Manuskripte aufzuspüren, zu veröffentlichen und deren Autoren langfristig zu fördern. Mittlerweile gilt der 1997 gegründete und mehrfach prämierte Verlag als Spezialist für Neuautoren in Deutschland, Österreich und der Schweiz.

Für jedes neue Manuskript wird innerhalb weniger Wochen eine kostenfreie, unverbindliche Lektorats-Prüfung erstellt.

Weitere Informationen zum Verlag und seinen Büchern finden Sie im Internet unter:

www.novumverlag.com

Bewerten Sie dieses Buch auf unserer Homepage!

www.novumverlag.com

novum VERLAG FÜR NEUAUTOREN

John Roomann

Krieg und Liebe des Soldaten Hansi

ISBN 978-3-903155-28-2
278 Seiten

Hansi lernt in der englischen Kriegsgefangenschaft „seine" Joanne kennen, doch das Glück ist nicht von Dauer. Immer wieder prägen nun Krieg und Liebe sein Leben, doch Hansi geht seinen Weg mit Mut und Zuversicht – immer mit der Erinnerung an Joanne im Herzen.

John Roomann
Unaufhaltsam in den Abgrund
Leitfaden für das Unikat „Mensch"

ISBN 978-3-99064-328-0
402 Seiten

Was nützen uns technischer, kultureller, moralischer und sozialer Fortschritt, wenn wir ihn nicht sinnvoll und nachhaltig nutzen? John Roomann appelliert an die menschliche Vernunft, um die Erde vor dem Kollaps zu retten.